세계 속의 고리(高句麗)

ἡττηθέντων γοῦν τῶν Ἀβάρων
10 (πρὸς γὰρ τὸν λόγον ἐπάνιμεν) οἱ μὲν πρὸς τοὺς κατέχοντας τὴν
Ταυγάστ παραγίνονται. πόλις ἐπιφανής, τῶν τε λεγομένων D
Τούρκων ἀπῴκισται χιλίοις πρὸς τοῖς πεντακοσίοις σημείοις·
αὕτη ὅμορος καθέστηκε τοῖς Ἰνδοῖς. οἱ δὲ περὶ τὴν Ταυγάστ
15 αὐλιζόμενοι βάρβαροι ἔθνος ἀλκιμώτατον καὶ πολυανθρωπότατον,
καὶ τοῖς κατὰ τὴν οἰκουμένην ἔθνεσι διὰ τὸ μέγεθος ἀπαράλλη-
λον. ἕτεροι τῶν Ἀβάρων ἐπὶ τὴν ἧτταν πρὸς ταπεινοτέραν ἀπο-
κλίναντες τύχην παραγίνονται πρὸς τοὺς λεγομένους Μουχρί.
τοῦτο δὲ τὸ ἔθνος πλησιέστατον πέφυκε τῶν Ταυγάστ, ἀλκὴ δὲ
20 αὐτῷ πρὸς τὰς παρατάξεις πολλὴ διά τε τὰ ἐκ τῶν γυμνασίων
ὁσημέραι μελετήματα διά τε τὴν περὶ τοὺς κινδύνους τῆς ψυχῆς
ἐγκαρτέρησιν. ἐπιβαίνει τοίνυν καὶ ἑτέρου ἐγχειρήσεως ὁ Χα-
γᾶνος, καὶ τοὺς Ὀγὼρ ἐχειρώσατο πάντας. ἔθνος δὲ τοῦτο
τῶν ἰσχυροτάτων καθέστηκεν διά τε τὴν πολυανδρίαν καὶ τὴν
πρὸς τὸν πόλεμον ἔνοπλον ἄσκησιν.

고구리·고리사 연구총서 ③

세계 속의 고리(高句麗)

막북(몽골)초원에서 로마까지

1판 1쇄 펴낸날 2020년 12월 19일

글쓴이 서길수 | 펴낸이 이은금
펴낸곳 도서출판 맑은나라 | 출판등록 2013. 4. 30(제2013-000282호)
주소 서울시 마포구 신촌로2안길 47(B02) 고구리·고리연구소
전화 02-337-1661
전자우편 kori-koguri@naver.com

© 서길수, 2020

편집/디자인 (주)북랩 김민하
제작처   (주)북랩 www.book.co.kr

ISBN   979-11-87305-06-4 93910 (종이책)

세계 속의 고리(高句麗)
막북(몽골) 초원에서 로마까지

보정
서길수

ἡττηθέντων γοῦν τῶν Ἀβάρων
10 (πρὸς γὰρ τὸν λόγον ἐπάνιμεν) οἱ μὲν πρὸς τοὺς κατέχοντας τὴν
Ταυγὰστ παραγίνονται.   πόλις ἐπιφανής, τῶν τε λεγομένων D
Τούρκων ἀπῴκισται χιλίοις πρὸς τοῖς πεντακοσίοις σημείοις·
αὕτη ὅμορος καθέστηκε τοῖς Ἰνδοῖς.   οἱ δὲ περὶ τὴν Ταυγὰστ
αὐλιζόμενοι βάρβαροι ἔθνος ἀλκιμώτατον καὶ πολυανθρωπότατον,
15 καὶ τοῖς κατὰ τὴν οἰκουμένην ἔθνεσι διὰ τὸ μέγεθος ἀπαράλλη-
λον.   ἕτεροι τῶν Ἀβάρων ἐπὶ τὴν ἧτταν πρὸς ταπεινοτέραν ἀπο-
κλίναντες τύχην παραγίνονται πρὸς τοὺς λεγομένους Μουκρί.
τοῦτο δὲ τὸ ἔθνος πλησιέστατον πέφυκε τῶν Ταυγάστ, ἀλκὴ δὲ
αὐτῷ πρὸς τὰς παρατάξεις πολλὴ διά τε τὰ ἐκ τῶν γυμνασίων
20 ὁσημέραι μελετήματα διά τε τὴν περὶ τοὺς κινδύνους τῆς ψυχῆς
ἐγκαρτέρησιν.   ἐπιβαίνει τοίνυν καὶ ἑτέρου·ἐγχειρήσεως ὁ Χα-
γάνος, καὶ τοὺς Ὀγὼρ ἐχειρώσατο πάντας.   ἔθνος δὲ τοῦτο
τῶν ἰσχυροτάτων καθέστηκεν διά τε τὴν πολυανδρίαν καὶ τὴν
πρὸς τὸν πόλεμον ἔνοπλον ἄσκησιν.

맑은
나라

Serio da studoj pri la historio de Korio (3)

la spuroj de Kori-a
en la mondo
ekde Mongola Stepo ĝis Romio

prof. d-ro SO Gilsu

Pura Lando

고구리(高句麗)인가? 고리(高麗)인가?

이 책의 이름은 『세계 속의 고리(高麗, Kori) - 막북(몽골)초원에서 로마까지』다.

여기서 '고리(高麗)'는 궁예와 왕건이 세운 '고리(高麗)'가 아니라 추모(주몽)가 세운 '고구리(高句麗)'를 말한다. 고구리(高句麗)는 413년 장수왕이 즉위한 뒤 나라 이름을 고리(高麗)라고 바꾸었다(<고구리·고리사연구 총서> 2권 『장수왕이 바꾼 나라 이름 고리(高麗)』를 볼 것). 그런데 이 책에서 다루는 모든 사료는 장수왕 이후의 것들이므로 5세기 초반 이후 낸 (『삼국사기』를 뺀) 대부분 사료는 고구리(高句麗)가 아니라 '고리(高麗)'라고 기록되어 있다. 보기를 들어 고리(高麗)라는 나라 이름이 가장 많이 나오는 『구당서』와 『신당서』에 각각 210회씩 420회의 나라 이름이 나오는데, 『구당서』에는 고구리(高句麗)와 구리(句麗)가 1회씩 나오고 나머지 208회가 모두 고리(高麗)라고 기록되어 있고, 『신당서』에는 고구리(高句麗)는 단 한 번도 나오지 않고 오로지 고리(高麗)만 210회 나온다. 글쓴이가 이 책의 제목에 '고리(高麗)의 상징'이라고 쓴 까닭이다.

지금까지 고구리사 연구자들은 원사료에 나온 고리(高麗)를 억지로 고구리(高句麗)로 바꾸어 인용하였지만, 이 책에서는 원사료에 있는 그대로 고리(高麗)라고 쓴다. 이 책의 이름을 정할 때 많은 분이 "고리(高麗)라고 하면 왕건의 고리라고 오해를 하니 제목은 고구리(高句麗)라고 하자. 만일 검색을 하더라도 '고구려'라고 해야 많은 사람이 찾을 수 있다"고 했다. 그러나 글쓴이는 "거꾸로 고구리(高句麗)·고리(高麗)로 검색하는 사람을 생각하여 고리(高麗)를 그대로 쓴다"고 주장하였다. 실제 고구리(高句麗)가 강성했던 장수왕(413년) 이후 무려 255년 동안 고리(高麗)라는 나라 이름을 썼다. 그러므로 고구리 후반의 역사를 기록할 때는 당연히 고리라는 이름을 쓴 것이 역사적 진실이다.

이 두 가지 문제는 이미 1998년『고구려 역사유적 답사』에서 문제를 제기하였고, 2007년『고구려연구』(27)에「'高句麗'와 '高麗'의 소릿값(音價)에 관한 연구」를 발표해 학술적으로 뒷받침하였다. 학계에 공식적으로 발표하여 8년이 지나도 학술적인 반론이 없어 2015년부터는 일반화할 단계라고 생각되어 학술논문에서 고구리(高句麗)·고리(高麗)로 쓰고 있으며, 2019년 두 권의 책을 내서 자세하게 밝혔다. (『고구려 본디 이름 고구리(高句麗)』,『장수왕이 바꾼 나라 이름 고리(高麗)』, 여유당, 2019). 앞으로 교과서가 바뀌기를 바란다.

부제를 '막북(몽골)초원에서 로마까지'라고 했다. 현재의 몽골초원은 6~7세기에 막북초원이라고 했다. 몽골이란 이름은 12세기 이후에야 생겨나기 때문에 고대사에서는 쓸 수 없는 낱말이다. 막북(漠北)이란 고비사막 이북을 말하는 것으로, 일반 사람들이 잘 모르기 때문에 참고로 괄호 안에 몽골이란 말을 넣었다. 로마는 시대적으로 동로마를 말한다. 많은 사람이 로마라고 하면 현재의 이탈리아를 떠올리지만 동로마의 수도는 현재의 이스탄불로, 아시아 땅에 있었다.

이 책은 다음과 같은 〈고구리(高句麗)·고리(高麗)사 연구총서〉 7권 가운데 3번째 연구 결과다.

6~7세기 세계 속의 고리

지금까지 고구리 역사를 다룰 때는 대부분 한문으로 된 사료를 이용하였다. 사료들은 대부분 그 사서를 쓴 국가나 쓰는 사가(史家)의 입장에서 썼기 때문에 다른 나라의 입장에서 볼 때는 왜곡된 것들이 많다. 특히 한문으로 된 사료들은 중원이 세계의 중심이라는 중화사상이나 중국사상을 바탕으로 썼기 때문에 주변국에게는 정반대의 입장인 경우가 많다. 고구리 역사 705년은 이런 한문 사료를 바탕으로 연구해야 하는 한계를 가지고 있었다.

이 책에서 4마당으로 소개하는 사료들은 한문이 아니거나 한문 사료라고 하더라도 정통 사가들이 쓴 사료들이 아니기 때문에 당시 국제 사회에서 고구리의 위상을 볼 수 있는 얼마 안 되는 객관적 자료라고 할 수 있다.

세계 속의 고리(高麗) - 막북초원에서 로마까지

이 책은 『당서』와 같은 25사나 『삼국사기』 같은 전통 한문 사료를 바탕으로 하지 않고 돌궐어, 그리스어, 산스크리트어, 티베트어 같은 전혀 다른 말로 된 자료들을 바탕으로 연구한 독특한 고구리(高句麗)·고리(高麗) 역사 연구서다. 그러므로 지금까지 한문 사료를 통해 연구한 고구리(高句麗)·고리(高麗)사에 비해 아주 독특한 연구 성과들을 기대해 볼 수 있다.

이 책에서는 위에서 본 4가지 언어로 된 자료를 각각 한 마당씩 네 마당으로 나누어 연구한다.

첫째 마당 - 7세기 돌궐 비문에 나타난 고리(高麗) '뵈클리(bökli)'

몽골초원에서 발견된 돌궐 비문에 고리(高麗)에 관한 기록이 나왔다는 사실은 이미 오래전에 알려졌고, 이는 국내에서도 꽤 많이 논의되었던 자료다. 글쓴이도 이미 15년 전에 이 비들을 현지에서 답사하고 관심을 가지고 있었으나 그동안 손을 대지 못하다가 이번에 본격적으로 연구하게 되었다.

돌궐 비문 가운데서 가장 유명한 것은 건립 연대에 따라 '톤유쿡 비문(716년 세움)', '퀼 테긴 비문(732년)', '빌개 카간 비문(734년)'이다. 여기서 다루려고 하는 비문은 퀼 테긴 비문과 빌개 카간 비문으로, 이 비문에 고리(高麗)에 관한 기록이 나와 있기 때문이다. 이 돌궐 비문이 중요한 것은 소그드문자를 쓰던 유목민족 돌궐이 스스로의 말과 글자로 기록한 것으로, 동아시아에서 한자 사료 이외의 기록으로는 아주 드문 것이기 때문이다.

지리학자인 스트랄렌베르그(Philip Johan von Strahlenberg)가 1722년 예니세이강 상류에 '룬'문자로 된 비석이 몇 개 있다고 발표하였고, 1889년 러시아 고고학자 야드린체프(Nikolaj Mixajlovič Jadrincev)가 오르콘 강변에서 빌개 카간(Bilgä Kagan)과 퀼 테긴(Kül Tegin)의 비석을 발견하여 「몽골 및 오르콘 상류 여행 보고」를 발표함으로써 이 비석들은 그 실체가 세상에 드러났다. 이 비문이 오르콘 강가의 코쇼 차이담(Khosho Tsaidam)에서 발견되었기 때문에 '오르콘 비문' 또는 '코쇼 차이담 비문'이라고 부른다.

2장에서 비문의 내용과 고리(高麗)를 나타낸 '뵈클리(bökli)'에 대해서 비문 내용을 바탕으로 자세하게 정리하였다. 그리고 3장에서 그동안의 연구사를 가능한 한 자세하게 다루었다. 연구사를 통해서 그동안 논의되었던 비문, 특히 '뵈클리(bökli)'에 대한 논쟁점을 정확하게 파악하기 위해서다.

4장에서 ① '뵈클리(Bökli)=고리(高麗)'설에 대한 언어학적 고찰과 ② bökli에 대한 해석을 시도해 보았다. 그리고 ③ 마지막으로 비문에 나온 여러 나라를 검토하여 당시 북아시아 대륙의 판도와 고리(高麗)의 위상을 밝혔다.

둘째 마당 - 6~8세기 천축국(天竺國)에서 쓰인 고리(高麗) '무꾸리(Mukuri)'

『범어잡명(梵語雜名)』(大正藏第 54冊 No. 2135)은 당나라 때 일상생활에서 쓰이는 한어(漢語) 가운데 1,205개의 낱말을 뽑아 낱말마다 산스크리트로 옮겨 놓은 한어(漢語)-산스크리트 사전이다. 이 사전에 산스크리트로 '고리(高麗)=무꾸리(畝俱理)=ᘰᘩᘪᘫ(Mukuri)'라는 낱말이 나온다. 이 자료는 사전이므로 내용에 대해서는 많은 논란이 없었다. 하지만 이 자료에서 가장 중요한 것은 바로 이 자료들이 생성된 연도와 그 형성 과정이다.

『범어잡명(梵語雜名)』에는 쿠차국(歸玆國) 사문(沙門) 예언(禮言)이라는 편찬자의 이름이 뚜렷하게 나오고, 그 예언(禮言)은 쿠차의 역경승이었던 이언(利言)이라는 연구 결과도 이미 나와 있다. 이언이 732~790년 사이에 많은 경전을 번역하였다는 사실이 밝혀지면서『범어잡명(梵語雜名)』도 8세기의 저작이라는 것이 지금까지의 연구 결과였다.

글쓴이가 이 자료에 대해 완전히 새로운 생성연대를 제시할 수 있게 된 것은 불교 자료에서『당범양어쌍대집(唐梵兩語雙對集)』을 찾아냈기 때문이다.『당범양어쌍대집(唐梵兩語雙對集)』에는 중천국 마가다국 보디(깨달음)의 나무(菩提樹) 아래 금강좌사(金剛座寺)에서 비구(苾芻=比丘) 승달다얼다(僧怛多蘗多)와 파라구나미(波羅瞿那彌) 두 사람이 함께 엮었다고 출판 지역과 편찬자가 분명하게 나와 있다. 결과적으로 이 사전의 원본은 8세기 당나라에서 만들어진 것이 아니라 그보다 훨씬 이전에 천축국에서 만들어졌고, 그 단어장이 당나라에 들어와 추가되어『범어잡명(梵語雜名)』이 된 것이다.

글쓴이는 두 사전을 비교하여『범어잡명(梵語雜名)』은『당범양어쌍대집(唐梵兩語雙對集)』을 바탕으로 편찬된 것이고, 원본인『당범양어쌍대집(唐梵兩語雙對集)』은 6세기 후반 천축에서 두 스님이 만든 단어장이라는 것을 밝힘으로써 유력했던 발해설을 잠재울 수 있었다.

이 두 권의 사전에 담긴 내용은 단순히 고리(高麗)를 천축에서 무꾸리(Mukuri)라고 불렀다는 사실을 밝히는 것을 넘어서 더 중요한 사실을 밝힐 수 있는 내용이 많다. 첫째, 천축을 중국(中國)이라 하고, 우리가 중국(中國)이라고 알고 있던 당시 중원의 남북국(동진, 북위)은 변지(邊地)라고 했다는 것이다. 글쓴이는 이 사전에 나온 중국(中國)과 변지(邊地)의 개념이 적어도 당시 국제 상황에서는 보편타당성이 있다는 것을 증명하기 위해 각종 자료들에서 중국(中國)이라고 쓴 보기들을 검토하였다. 이미 BC 6세기부터 형성된 불경(佛經)에 중국(中國)이라 기록된 사례들을 뽑아 정리하였으며, 동진(東晉)과 당나라 때 천축을 다녀와서 쓴 순례기에서 진나라와 당나라 승려들이 천축국을 중국(中國)이라고 기록한 사례들도 밝혔다. '천축=중국(中國)'이라는 사실을 밝힌 연구 결과는 매우 독창적인 성과라고 본다. 둘째, 사전에 나온 나라 이름들을 자세히 연구하여 중국(中國=천축)을 중심으로 한 천하관을 정리하고 그 천하에서 고리(高麗)가 차지한 위상을 밝혔다.

이런 내용은 우리가 지금까지 대했던 한문 사서와는 완전히 다른 세계관을 보여주는 자료였기 때문에 고리(高麗)가 당시 국제적으로 어떤 위치에 있는가를 아는 데 아주 큰 역할을 하였다.

셋째 마당 - 613년 로마제국에서 부른 고리(高麗) '무크리(Mouxri)'

얼마 전까지만 해도 온라인에서 "로마제국의 역사책에 고구리(高句麗)가 나온다."라는 이야기를 가지고 많은 논란이 있었다. 그러나 구체적인 책의 이름과 내용에 대해서는 자세히 밝히지 못하였기 때문에 마치 재야사학자들이 견강부회해서 고구리(高句麗)를 과대평가하는 것처럼 보는 사람도 있었다. 이런 온라인상의 논란에 대해 학계에서 제대로 된 평가 작업이 전혀 이루어지지 않았다. 이 마당은 바로 이 부문에 대한 구체적인 학술적 연구다.

동로마 헤라클리우스 황제 때인 613년(고리 영양왕 24년) 테오필락티 시모캅타(Theophylacti Simocattae)가 쓴 『역사(Historiarum)』(613년)라는 책에 고리(高麗)가 무크리(Mouxri)라는 이름으로 나온다.

이 마당에서는 먼저 1장에서 『역사(Historiarum)』(613년)의 그리스어 원문 가운데 고리(高麗)라는 나라 이름이 나오는 부분을 찾아 싣고, 프랑스어 번역본(1685), 라틴어 번역본(1834), 영어 번역본(1896, 1986)에서 무크리(Mouxri)가 나온 부분을 찾아 정리하였으며, 마지막에 영역본에서 우리말로 중역하였다.

2장에서는 무크리(Mouxri)에 대한 연구사를 검토하였다. 무크리(Mouxri)란 낱말을 몽골·물길·메르크리트 같은 여러 가지 뜻으로 해석하다가, 1936년 일본 학자 이와사 세이이치로(岩佐精一郎)가 처음으로 고구리(高句麗)라고 주장한다. 이와사(岩佐)의 연구 결과가 1936년 유고로 출간되자 이 연구 결과를 바탕으로 프랑스 학자 폴 펠리오가 1937년 발행된 산스크리트-중국어 사전(Deux lexiques sanskrit-chinois)의 Mukuri를 설명하면서 '무크리(Μουχρι)=산스크리트 무꾸리(Mukuri)=티베트어 무글릭(Muglig)=뵈클리(Bökli)'라는 것을 밝힘으로써 일반화되기 시작한다. 한국에서는 노태돈이 돌궐 비문을 논하면서 간단히 소개하고 있고, 우덕찬도 논문에서 간단히 소개하고 있다. 최근 김병호도 돌궐 비문을 논하면서 간단히 자료를 소개하는 선에서 끝났다.

3장에서는 무크리(Mouxri)에 대한 논란을 정리하면서 특히 『역사(Historiarum)』에서 언급한 유연(柔然)과 고리(高麗)의 관계를 자세히 검토하였다. 로마 역사책에 나온 내용은 "6세기 돌궐에 패한 유연(柔然)의 일부가 무크리(Μουχρι), 곧 고리(高麗)로 도망갔다."라는 것이다. 이러한 내용은 한문 사서에 전혀 나타나지 않는 것으로, 새로운 측면에서 고구리·고리 역사를 연구하는 데 큰 도움이 된다. 실제로 이 연구를 통해서 얻은 결론을 〈고구리·고리사연구 총서〉 5권에서 고리(高麗) 사신이 사마르칸드에 사신을 보냈다는 것을 주장할 때 아주 중요한 근거 자료로 활용할 수 있었다.

넷째 마당 - 8세기 둔황 티베트 문헌에서 나온 고리(高麗) '무글릭(mug-lig)'

프랑스 국립도서관 둔황문헌(敦煌文獻) 분류번호 P. 1283호(Pelliot tibetain 1283)인 이 티베트어 문헌은 영국의 탐험가 마르크 오렐 스타인(Marc Aurel Stein, 1862~1943)이 1907년 2차 탐험 때 둔황에서 발굴해 간 것이다. 바로 이 문서에 고리(高麗)가 '무글릭(mug-lig)'으로 나온다.

이 마당에서는 우선 2장에서 P. 1283호에 대한 기본 연구를 위해 프랑스 국립도서관에 간직된 문서의 원본을 찾아 싣고 필요한 부분에 대한 우리말 번역을 시도한다.

3장에서는 문서를 만들어 낸 Hor국에 대한 연구와 나라 이름을 표시한 두 가지 언어인 르갸(rgya=漢人)와 드루구(dru-gu=突厥)에 대해 살펴보았다.

4장에서는 '고리(高麗)=Mug-lig'에 대한 연구사를 정리하였다. 펠리오를 비롯한 국내외 학자들은 대부분 '무글릭(mug-lig)'이 발해라고 보았다. 그것은 이 문서의 생성연대 때문이다.

그래서 5장에서 이 문서의 생성연대에 대해서 자세하게 검토하였다. 연구자들의 연구 결과를 종합해 보면 ① 문서에 나온 사실들은 8세기 중엽의 정세를 반영한 것이고, ② 그때 파견된 사절들이 돌아와 보고서를 작성하고, ③ 문서보관소에 보관되어 있던 이 문서를 티베트어로 옮긴 것은 토번이 둔황(沙州)를 지배하고 있었던 787~848년 사이라고 보았다.

이 마당에서 가장 중요한 문제 제기는 위의 연대를 인정하였지만, 지금까지 연구사에서 정설로 굳어진 발해설을 부정한 것이다. 글쓴이는 P.1283 문서에 나온 Mug-lig(Keu'li, 高麗)은 발해를 말하는 것이 아니고 그 이전부터 돌궐과 수당(隋唐)에 내려오던 고리(高麗) 이야기를 전설처럼 옮긴 것이라고 보았다. 내용을 검토해 볼 때 문서에 나온 내용은 발해를 직접 가서 본 것이 아니고 중간에서 들은 이야기를 기록한 것이다. 문서의 내용을 검토해 보면 Mug-lig(Keu'li, 高麗) 다음에 백제가 나오는데, 백제는 고리(高麗)보다 먼저 망했기 때문에 만일 북쪽이 발해가 되려면 백제는 신라가 되어야 한다는 점을 지적하였다. 이 점은 앞으로 논의가 있을 것으로 보인다.

결론적으로 Mug-lig은 앞의 세 마당에서 본 것과 같은 이름의 티베트식 발음으로, 'Bökli=Mukri=Mukuri=Mug-lig'이라고 보는 것이 타당하다. 이와 같은 결론은 고리(高麗, Kori)라는 나라 이름이 로마·천축·돌궐에 알려져 있었으며, 고리(高麗) 조정이 당에 항복한 뒤에도 오랫동안 전설적인 이름으로 이어졌다는 것을 역사적으로 방증해 준다고 볼 수 있다.

덧붙이는 말

1. 이 책에 나오는 자료들은 오래된 것들이 많아 구하기가 쉽지 않았다. 그래서 앞으로 연구할 분들을 위해 가능한 한 중요한 부분은 원문을 주에 실었다. 여러 언어를 공부했지만, 초보 수준인 언어가 많아 글쓴이의 번역에 오역이 있을 수 있기 때문이다.

2. 사진은 가능한 한 글쓴이가 찍은 것을 쓰고, 글쓴이가 직접 찍은 사진은 괄호 안에 (1990. 8. 9.)처럼 찍은 날짜를 넣었다.

3. 몇 년 전에 비해 온라인에서 오래된 논문이나 책을 스캔해서 올린 것이 많아 크게 도움이 되었다. 특히 미국의 여러 도서관이 공개한 자료가 큰 도움이 되었다.

감사드리는 말

1) 첫 마당은 고대 튀르크어를 전공한 이용성 박사와의 토론이 완성도를 높이는 데 크게 도움이 되었고 결정적인 부분도 있었다. 우리나라에 이처럼 고대 튀르크어

전문가가 있다는 것은 무척 자랑스러운 일이라고 생각한다.

2) 둘째 마당은 불교사를 비롯한 불교학 공부가 크게 도움이 되었다. 특히 대만의 CBETA(中華電子佛典協會)에서 개발한 DVD는 불교학 연구의 새로운 지평을 열도록 해 주었다. "대만이 일본과 청구권협정을 맺을 때 대정신수대장경(大正新修大藏經)의 무료 사용권을 포함시켰다"는 이야기도 감동적이지만, 그 대정신수대장경(大正新修大藏經)은 물론 우리나라 『삼국유사』와 『조선불교사』 자료까지 모두 한 판에 검색할 수 있는 DVD라는 실용적인 면에서 학계에 대한 큰 공헌이 아닐 수 없다. 더구나 해마다 업그레이드하고, 무료로 보급하였기 때문에 앞으로도 기대되는 보물 창고다.

3) 셋째 마당에는 국내에서 구하기 어려운 논문이 많고 100년이 넘는 자료들이 있어 원본을 찾기 어려웠는데 네덜란드 라이덴(Leiden)도서관의 고문서 전문가 Benata Hengstmengel-Koopmans 여사(Leiden의 에스페란토 delegito)가 복사해 보내 주어 큰 도움이 되었다. 이제 정년퇴직을 했지만, 남편과 함께 노구를 이끌고 도서관에 가서 복사해 pdf 파일로 보내 주었다. 그 밖에 라틴어나 독일어 같은 특수한 말을 해독할 때는 에스페란토 조직을 통해 현지인들의 도움을 받을 수 있었다.

3) 각 마당의 일본어 자료도 이제는 오래되어 구하기 힘들었는데 용곡대의 서광휘 선생이 도움을 주었으며, 국내 자료들은 단국대 동양학연구소의 박찬규 박사의 도움이 컸다.

4) 교정은 늘 그렇듯이 아내 이은금 실장과 김남진 선생이 애써 주었고, 특별히 이번에는 이용성 박사가 꼼꼼히 교정해 주어 큰 도움이 되었다.

위의 모든 분에게 감사를 드린다.

창천동 맑은나라에서
2020년 7월 1일
보정(普淨) 서길수

차 례

첫째 마당

7세기 돌궐 비문에 나타난 고리(高麗)

ἡττηθέντων γοῦν τῶν Ἀβάρων
10 (πρὸς γὰρ τὸν λόγον ἐπάνιμεν) οἱ μὲν πρὸς τοὺς κατέχοντας τὴν
Ταυγὰστ παραγίνονται. πόλις ἐπιφανής, τῶν τε λεγομένων D
Τούρκων ἀπώκισται χιλίοις πρὸς τοῖς πεντακοσίοις σημείοις·
αὕτη ὅμορος καθέστηκε τοῖς Ἰνδοῖς. οἱ δὲ περὶ τὴν Ταυγὰστ
αὐλιζόμενοι βάρβαροι ἔθνος ἀλκιμώτατον καὶ πολυανθρωπότατον,
15 καὶ τοῖς κατὰ τὴν οἰκουμένην ἔθνεσι διὰ τὸ μέγεθος ἀπαράλλη-
λον. ἕτεροι τῶν Ἀβάρων ἐπὶ τὴν ἧτταν πρὸς ταπεινοτέραν ἀπο-
κλίναντες τύχην παραγίνονται πρὸς τοὺς λεγομένους Μουκρί.
τοῦτο δὲ τὸ ἔθνος πλησιέστατον πέφυκε τῶν Ταυγάστ, ἀλκὴ δὲ
αὐτῷ πρὸς τὰς παρατάξεις πολλὴ διά τε τὰ ἐκ τῶν γυμνασίων
20 ὁσημέραι μελετήματα διά τε τὴν περὶ τοὺς κινδύνους τῆς ψυχῆς
ἐγκαρτέρησιν. ἐπιβαίνει τοίνυν καὶ ἑτέρου ἐγχειρήσεως ὁ Χα-
γᾶνος, καὶ τοὺς Ὀγὼρ ἐχειρώσατο πάντας. ἔθνος δὲ τοῦτο
τῶν ἰσχυροτάτων καθέστηκεν διά τε τὴν πολυανδρίαν καὶ τὴν
πρὸς τὸν πόλεμον ἔνοπλον ἄσκησιν.

I. 돌궐 비문에 나타난 고리(高麗)

고리(高麗) 말기 돌궐은 중원의 여러 세력과 함께 북방의 최대 세력이었다. 6세기 중반 중원의 북방이 혼란한 틈을 타서 552년(고리 안장왕 4년) 나라를 세운 돌궐은 동쪽으로는 고리(高麗)와 국경을 접하고 서쪽으로는 중앙아시아를 넘어 동로마까지 이어지는 큰 제국을 건설하였다.

그동안 돌궐사 연구는 주로 한문 사서를 바탕으로 진행되었으나, 18세기 이후 많은 돌궐 비문들이 발굴되면서 새로운 연구의 지평이 열리기 시작했다. 돌궐비가 연구되기 시작하면서 비문에 고리(高麗)라는 나라 이름이 나왔기 때문에 돌궐비는 우리 학계에서도 큰 관심거리가 되었다. 지금까지 한문으로 된 사료를 빼고 고리(高麗)라는 나라 이름에 대해 가장 많이 논의된 것은 바로 돌궐 비문에 나온 뵈클리(Bökli)일 것이다. 그러므로 이 마당에서는 그런 돌궐비에 나온 고리(高麗)에 관한 기록과 그 논의에 대한 문제를 집중적으로 분석해 보기로 한다.

1. 비의 발견과 해독

돌궐 비문이라 부르는 비문이 몇 개 있는데, 그 가운데서도 유명한 것이 건립 연대에 따라 톤유쿡 비문(716년 세움), 퀼 테긴 비문(732), 빌개 카간 비문(734)이다. 여기서 다루려고 하는 비문은 퀼 테긴 비문과 빌개 카간 비문으로, 이 비문에 고리(高麗)에 관한 기록이 나와 있기 때문이다.

이 돌궐 비문이 중요한 것은 소그드문자를 쓰던 유목민족인 돌궐이 스스로의 문자로 스스로의 말을 기록한 것으로, 동아시아에서 한자 사료 이외의 기록으로는 아주 드문 것이다.

8세기에 세워진 이 비석은 돌궐이 망한 뒤 무려 1,000년 동안 잊혀 있다가 18세기에 들어와서야 빛을 보게 된다. 독일에서 태어난 스웨덴의 장교이며 지리학자인 스트랄렌베르그(Philip Johan von Strahlenberg, 1676~1747)가 예니세이강 상류에 '룬'문자로 된 비석이 몇 개 있다고 발표한 것은 1722년이었고, 이어서 1730년『유럽과 아시아의 북동지역』[1]이라는 책으로 발행되었다.[2]

1889년 러시아 고고학자 야드린체프(Nikolaj Mixajlovič Jadrincev)가 오르콘 강변에서 빌개 카간(Bilgä Kagan)과 퀼 테긴(Kül Tegin)의 비석을 발견하여「몽골 및 오르콘 상류 여행 보고」를 썼는데, 프레이저(M. F. Fraser)가 영어로 옮겨《Journal of the North China Branch of the Royal Asiatic Society》에 실었다. 이 비문이 오르콘 강가의 코쇼 차이담(Khosho Tsaidam)에서 발견되었기 때문에 '오르콘 비문' 또는 '코쇼 차이담 비문'이라고 부른다.[3]

---

1)   Philip Johan von Strahlenberg, *Das Nord-und Ostliche Theil von Europa und Asia*, Stockholm, Selbstverl, 1730.

2)   이 부분은 Talat Tekin 지음, 이용성 옮김, 『돌궐비문연구』(제이엔씨, 2008)의 '오르콘 비문들 연구 약사' 29쪽 이하를 참고하였음.

3)   Nikolaj Mixajlovič Jadrincev, *A journey to the upper waters of the Orkhon and the ruins of Karakorum*, Journal of the North China Branch of the Royal Asiatic Society (26), 1892, pp.190~207.

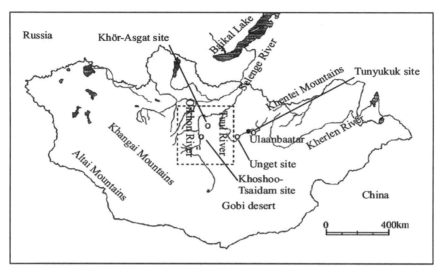

Map 2. Old Turkic sites near the eastern Khangai Mountains in Mongolia.

[그림 1] 코쇼 차이담의 위치

그리고 3년 뒤인 1892년 하이켈(Axel Olai Heikel)이 이끈 핀란드 고고학회(Archeological Association of Finland)와 핀-위구르 학회(Fin Ugor Association) 조사단의 조사보고서가 발표되었다. 그들은 비문 연구 결과를 "도해집(Atlas)"이라는 이름으로 비문의 사본을 발표하였다.[4]

라들로프(W. Radloff, 1837~1918)가 이끄는 러시아 학술조사단 연구 결과도 발표되었다. 이 보고서에서는 퀼 테긴의 비석에 나온 한문 부분을 번역하여 실음으로써 이 비석이 732년에 죽은 돌궐 왕자의 비라는 것이 밝혀졌다. 이 비문에는 '고 퀼특근의 비(故厥特勤之碑)'라는 비석의 주인 이름이 새겨져 있고 '당 개원 20년 간지로는 임신년(732) 12월 신축 초 7일 정미에 세우다(大唐 開元卄年歲次壬申十二月辛丑朔七日丁未建)'라고 되어 있다. 이 보고서에서도 "도해집(Atlas)"이라는 이름으로 비문의 사본을 발표하였다. 이 중국어의 번역은 라들로프가 1891년 북경에 왔을 때 고벨란티(George von der

---

4) *Inscriptions de l'Orkhon recueillies par l'expédition finnoise* 1890 et publiées par la Société finno-ougrienne, Helsingfors, Soc. de littérature finnoise, 1892.

Gobelanti)에게 부탁해서 독일어로 옮긴 것이 처음이다.[5)]

[그림 2] Radloff, 1892.   [그림 3] Radloff, 1892.

[그림 4] 코쇼 차이담 발굴 보고서와 당시 유물의 도면(Radloff, 1892, XI)

---

5) Friedrich Wilhelm Radloff, *Atlas der Atertümer der Mongolei*, St. Petersburg, Buchdruckerei der Akademie der Wissenchaften, 1892.
   http://dsr.nii.ac.jp/toyobunko/Lc-22/V-1/page/0021.html.en

이 비문의 고대 돌궐의 '룬'문자를 처음으로 읽어낸 것은 유명한 덴마크의 언어학자 톰슨(Vilhelm Ludvig Peter Thomsen, 1842~1927)[6]이다. 1893년 톰슨이 코펜하겐의 왕립아카데미 학술지에 「오르콘과 예니세이의 비문 해독 초고」라는 해독문을 싣자 당시 학계, 특히 튀르크 학자들 사이에 큰 흥분을 일으켰다.

그 뒤로 많은 연구자가 수많은 연구 실적을 냈는데, 다음 장에서 Bökli에 관한 연구사만 따로 정리하려고 한다.

2. 몽골 알타이 탐사와 돌궐 유적의 발굴

글쓴이는 2003년과 2004년 러시아 과학아카데미 시베리아 고고인류학연구소와 공동으로 러시아 알타이지역 학술조사를 마치고, 이어서 2005년과 2006년에는 몽골 알타이지역 학술조사를 마쳤다.[7] 그리고 2007년에는 본격적으로 몽골 고고학연구소까지 참여하여 돌궐 무덤을 발굴하고, 몽골의 역사유적 현장을 방문하는 답사단을 이끌고 돌궐비 현장을 직접 답사하였으며, 몽골과학원 역사연구소와 국제학술대회를 가졌다.

1) 몽골 알타이 1차 고고학 탐사

- 때: 2006년 6월 26일(월)~7월 21일(수), 25박 26일
- 탐사대상 지역: 몽골 고비 및 알타이지역
- 공동탐사 기관 및 참가 대원: 총 10명
  ① (사)고구리연구회(4명)

---

6) Vilhelm Ludvig Peter Thomsen, *Déchiffrément des Inscriptions de l'Orkhon et de l'Iénisséi, Notice Préliminaire*, Bulletin de l'Académie Royale des Sciences et des Lettres de Danemark, Copenhaque, 1893, pp.285~299. 이 내용은 3년 뒤 오르콘 비문만 따로 떼어내 돌궐어 문법과 함께 단행본으로 나오게 된다. *Inscriptions de l'Orkhon déchiffrées*, Imprimerie. de la Société de littérature finnoise, 1896.
https://archive.org/details/inscriptionsdel00thomgoog
7) 러시아 알타이와 몽골 알타이 탐사는 기획 단계부터 글쓴이의 아우인 서진수 교수(강남대 경제학과)와 함께하였다. 모든 비용도 우리 형제가 함께 나누어 부담하였다.

- 서길수(서경대 교수, 고구리연구회 이사장): 슬라이드사진, 비디오

- 서진수(강남대 교수, 고구리연구회 이사): 디지털 사진

- 정원철(길림대 고고학과 석사과정): 조사, 기록, GPS 작업

- 서상휼(경기대 서예학과 1학년): 장비, 조사 보조

② 러시아아카데미 시베리아지부 고고·민족학연구소(6명)

- 블라지미르 꾸바레프(Vladimir D. Kubarev) 교수: 총지휘, 안내, 해설

- 글레브 꾸바레프(Glev Kubarev) 연구원: 바위그림 조사 작업

- 예카테리나 말리크(Yekaterina Malik): 바위그림 조사 작업, 통역(한국어)

　　(노보시비르스크 국립대학교 동양학과 4학년 여학생)

- 알렉산드르 카르브셰프(Aleksandria Karbshev, 사샤): 텐트 설치, 살림

　　(노보시비르스크 국립대학교 기계수학학과 5학년 남학생)

- 바이루 캉기노바(Bairu Kanginova): 요리

　　(고르노-알타이스크 대학교 졸업 여학생, 노보 국립대 대학원 입학 준비)

- 니꼴라이 세묘노비치(Nikolai Semyonovich): 트럭 운전

[그림 5] 한·러탐사단 일행(소고오강 캠프, 2006. 7. 1)　　[그림 6] 한국팀(차간 아스갓, 2006. 7. 16.)

2) 몽골 알타이 2차 탐사

- 때: 2007년 6월 8~25일, 17박 18일
- 탐사대상 지역: 몽골 알타이 및 홉드지역
- 참가 대원(한국)
  - 서길수

- 정원철(발굴장까지만 동행)
- 참가 대원(몽골)
  - 호니스바이 에딜한(Khonisbay Edilkhan, 몽골 과학아카데미 얼기지부 고고학연구원)
  - 카즈벡(Kazbek, 알타이투어 사장, 변호사)
  - 사빋(Sabit, 통역, 현지 영어 교사)
  - 누르백(Nurbek Dalelkhan, 요리 담당)
- 탐사 내용: 전 지역 루트에 대한 GPS 작업 및 유적에 대한 사진·비디오 기록, 탐사기록 작성

[그림 7] 알타이의 영웅 에딜한 박사와 큰뿔사슴 바위 그림(샤르누르-부얀트, 2007. 6. 17.)

[그림 8] 인적 없는 사막에 가득한 고대 유적(Sortiin, 2007. 6. 22.)

[그림 9] 몽골팀 탐사 4명(서르타인, 2007. 6. 22.)

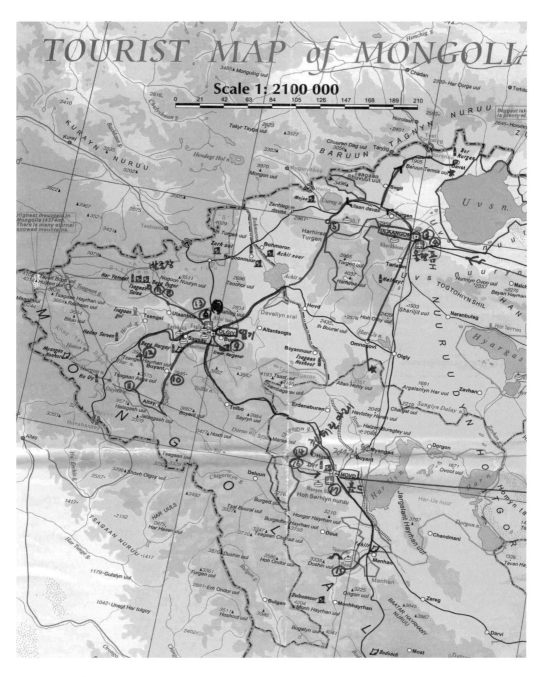

[그림 10] 2007년 탐사 일정. ①②=울란바타르 숙박, ③④=울랑곰 숙박, ⑥⑬=얼기 숙박, ⑦⑧=발굴장 숙박, ⑯⑰=홉드 숙박

3) 한·몽·러 몽골 알타이 돌궐 유적 발굴

- 대상 유적: 몽골 바얀-얼기 아이막, 하르야맛트강 상류(몽골 서쪽)

  ① A 지역: 돌궐시대 제사터(석인상 포함) 1곳(해발 2,369m, N49°2357.6", E88°3841.0")

  ② B 지역: 무덤(꾸르간) 2기, A에서 690m 떨어진 곳(2,406m, N49°2343.1 E88°39 04.1")

- 발굴기간: 2007년 6월 10일~7월 25일

- 발굴기관: 한국(사단법인 고구리연구회), 몽골(몽골과학원 고고학연구소), 러시아(러시아
  과학아카데미 시베리아지부 고고인류학연구소)

- 공동주최·후원·협찬(협의 중): KTF, 조선일보, 방송국(미정)

- 조사단

  ① 한국 측

  - 조사단장: 서길수(서경대 교수, 고구리연구회 이사장)

  - 책임조사원: 김희찬(경희대학교 박물관, 교수·학예실장)

  - 조사원: 강선(숙명여자대학교 역사학과 강사), 정원철(중국 길림대학 고고계 박사과정)

  ② 몽골 측

  - 조사단장: D. Cevendorzh(몽골과학원 역사연구소장)

  - 조사보조원: 3명(몽골과학원 역사연구소)

  ③ 러시아 측

  - 조사단장: Kubarev Glev(고고인류학연구소)

  - 조사원: Slusarenko Igor(고고인류학연구소), Kubarev Vladimir(고고인류학연
    구소), Kubareva Alexandra(고고인류학연구소), Ivlev Nikolai(GAZ-66 트럭 운전),
    Rusanova Elena(요리사)

[그림 11] 몽골고고연구소와 발굴계약 체결(2007. 6. 8.)

[그림 12] 한·러·몽 3국 발굴단(2007. 7. 15.)

[그림 13] 하르야맛트강 상류 돌궐무덤(2007. 7.)　　　　[그림 14] 발굴된 돌궐 유물(2007. 7. 15.)

4) 고구리연구회 2007 몽골 알타이 집중탐사

- 기간: 2007년 7월 7일~7월 17일
- 답사단: 27명, 몽골 지원팀 30명(총 57명)

　돌궐 비문이 있는 코쇼 차이담 답사는 첫날인 2007년 7월 8일이었다. 몽골 수도인 울란바타르에서 돌궐 비석이 있는 코쇼 차이담으로 가는 길은 북쪽으로 가는 길과 몽골제국 초기 수도인 카라코룸을 통해서 가는 길이 있다. 우리는 북쪽을 통해서 가기로 했다. 중간에 바로 코쇼 차이담이라는 호수가 있기 때문이다. 그러나 이 선택은 잘못된 것이었다. 카라코룸을 통해서 가는 길보다 아주 험난한 길이었기 때문이다. 2007년 7월 8일 새벽에 출발하였지만 코쇼 차이담에 다다른 것은 오후 늦은 시간이었다.

[그림 15] 탐사단과 몽골 지원단(차간골 캠프장 출발 직전 기념촬영, 2007. 7. 14.)

여러 자료에서 돌궐비가 코쇼 차이담 계곡에 있다고 되어 있는데 코쇼 차이담은 호수와 그 계곡의 이름이었다. 라들로프 보고서에 그려진 지도를 보면 차이담 호수(Озеро Цайдам)라고 했다. 그런데 지금은 지도에 어기 호수(Өгий Нуур, Ugii Lake)라고 되어 있고 생김새도 달라졌다는 것을 알 수 있다. 120년 전에는 호수가 둘이었는데 하나가 완전히 메워져 버리고 하나만 남은 것이다.

[그림 16] 몽골 알타이 탐사단(코쇼 차이담 돌궐비, 2007. 7. 8.)

[그림 17] 코쇼차이담 돌궐비 위치

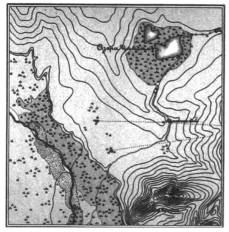
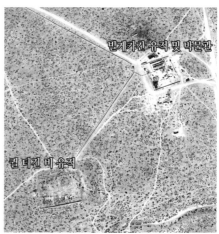

[그림 18] 유적지도(Radloff, 1892)　　　　[그림 19] 현재 위성사진(구글어스, 2018)

　차이담 호수에서 돌궐비 유적까지는 길이 꽤 좋아 시간이 그렇게 많이 걸리지 않았다. 우리가 교통 사정으로 오후 늦게 도착하였기 때문에 울란바타르 고고연구소의 소개를 받은 이곳 고고연구소 발굴팀장은 현장에 나와서 4시간을 기다렸다고 한다. 지도에서 보는 바와 같이 돌궐비 유적은 몽골제국의 수도였던 카라코룸과 차이담 호수 사이에 있기 때문에 길이 더 좋은 카라코룸을 거쳐 위로 올라가는 것이 더 좋다.

　먼저 도착한 퀼 테긴 무덤과 비석 유적은 밖에 해자가 있는 67×27m 성벽의 한 부분이었다. 이 유적은 아르항가이 아이막, 햐샤트 숨에 있는데 유적 보존을 위해 열심히 작업을 하고 있는 중이었다. 현지에서는 비석을 다음과 같이 소개하고 있다.

　　아르항가이 아이막 코쇼 차이담 지역에 있는 퀼 테긴 비석은 731년 퀼 테긴이 죽은 뒤 732년 퀼 테긴의 형인 빌개 카간의 명에 따라 세워졌다. 긴네모꼴의 비석은 퀼 테긴 무덤(陵)의 한 부분으로, 높이 335㎝, 동서 면 너비 132㎝, 남북 면은 46㎝다.

　　잿빛 대리석으로 된 비의 동쪽 면에는 40줄의 돌궐어 비문이 새겨져 있고, 남면과 북면에는 각각 13줄이 쓰여 있다. 서쪽 면의 한자는 당(唐)의 황제가 지은 한문 비문이다. 내용을 보면 중국 황제는 퀼 테긴의 뛰어난 인격과 평화의 중요성을 칭찬하였다. 한문 옆에는 2줄의 돌궐문자가 있는데 나중에 덧붙인 것이다. 돌궐시대의 사건과 함께 빌개 카간이 강조한 화합의 중요성을 기록한 돌궐문의 비문은 비석의 다른 3면에 새겨져 있다.

비석의 동·남·북면의 비문은 욜룩 테긴(Yollug Tegin)이 쓴 것이고, 서쪽의 비문은 중국의 황제 현종(玄宗)의 조카인 장 장군이 쓴 것이다. 동쪽 면에는 돌궐 백성들이 모두 상징으로 믿었던 산양이 새겨져 있고, 꼭대기에는 늑대가 새끼에게 젖을 먹이는 것을 그린 조각이 있다.

1300년이 지나는 동안 비문은 심하게 손상되었다. 동쪽과 북쪽 면이 이어지는 부분은 벼락을 맞아 깨져 나갔다. 본디 받침대는 거북이었으나 1911년 부서진 뒤 화강암 제단 석에서 잘라낸 받침대 위에 비석을 세웠다.[8]

비문의 내용은 8세기 초 설립된 돌궐제국의 빛나는 역사와 조국을 통일하고, 영토를 넓히고, 가난한 사람들을 잘살게 하고, 고아들이 큰 가족을 이룩하도록 도운 퀼 테긴의 영웅적 행적을 적고 있다. 돌궐 궁정의 대신들을 조각한 많은 입상과 좌상들이 퀼 테긴의 석상 주변에서 발견되었다. 이 장에서 다루려는 bökli는 돌궐어로 새겨진 비 동면 오른쪽 위에 새겨져 있는데, 지금은 벼락을 맞아 떨어져 나가 아쉽게도 확인할 수가 없다. 그러나 이미 발견 초기에 뜬 탁본들이 있고, 또 그때 판독한 기록들이 있어 연구에 큰 어려움은 없다.

---

8) 현장 안내판. The Kol Tegin inscription, located in the Khoshoo Tsaydam region of Arhangay Aymag, was erected in 732 upon the order of Kol Tegin's old brother Bilgä Kagan after Kol Tegin died in 731. This rectangular inscription was on part of the Kol Tegin mausoleum. With a height of 335cm, the width of its east and west sides are 132cm, the south and north sides 46cm. On the east surface of this grey marble inscription, there are 40 lines of Turkish writings, and 13 lines each on south and north sides of the inscription. On the surface of the west side, there is inscription in Chinese character by the Emperor of the Chinese Tang Dynasty. In his massage, the Chinese emperor praised Kol Tegin's outstanding personality and the importance of peace. Besides the Chinese charactuers, there are also two line inscription in Gokturk alphabet, which was added later. Writings in Gokturk alphabet, which describes the events in Gokturk era as well as the message on the importance of unity stressed by the Bilgä Kagan, can be seen on the other three sides of the inscription. The inscriptions on the east, north and south sides were inscribed by Yolug Tegin, the inscription on the west side was inscribed by General Zhang, who was the nephew of Chinese emperor Xuan Zong. On the surface of the east side, there is a symbol of mountain goat which was believed as the common symbol of the Turkish people, and on the top, there is sculpture depicting a wolfbreast feeding a child. During th past 1300 years, the inscription endured considerable damages. The party which joins the east and the north sides of the inscription was damaged by the thunderbolt. The original pedestal of the inscription was a stone turtle after it was broken in 1911, the inscription was erected on the pedestal cuyt from tranite altar stone.

[그림 20] 퀼 테긴 비 동면(돌궐어, 2007. 7. 8.)　　　　[그림 21] 퀼 테긴 비 서면(한문, 2007. 7. 8.)

　　퀼 테긴의 무덤과 비석에서 1㎞쯤 떨어진 곳에 그의 형인 빌개 카간의 무덤과 비석
이 있다. 이곳에는 박물관 건물을 짓고 비석을 박물관 안으로 옮겨 전시 준비를 하
고 있었다. 우선 빌개 카간은 왕이고 또 형이기 때문에 이곳에 박물관을 지은 것이
고 빌개 카간의 비석은 퀼 테긴 비석보다 더 많이 파손되었기 때문에 먼저 박물관 안
으로 옮긴 것이다.

　　빌개 카간의 비석은 퀼 테긴의 비석보다 몇 ㎝가 더 높다. 비석의 동쪽 면은 41줄,
남·북쪽 면은 각각 15줄의 돌궐어 비문이 새겨져 있고, 서쪽은 퀼 테긴의 비석과 마
찬가지로 한문으로 되어 있다. 그러나 이 비문은 대부분 닳아 없어져 판독된 부분은
극히 일부분이다.

　　빌개 카간의 북쪽 면 비문은 마지막 7줄을 빼고는 퀼 테긴의 비문과 같고, 동쪽 면
도 2~24째 줄도 조금 다르긴 하지만 퀼 테긴의 1~30째 줄과 같은 내용이다. 선조들
의 영웅적 통치를 찬양한 것이기 때문이다. 이 장에서 다루려고 하는 부분은 바로
이 동쪽 면에 새겨진 내용이다.

[그림 22] 빌개 카간 비 탁본(Radloff, 1892) [그림 23] 능에서 발굴된 석상(2007. 7. 8.)

이곳 두 유적의 보전 사업은 터키의 적극적인 지원으로 이루어지고 있다. 몽골 돌궐 기념비 프로젝트(MOTAP, Project of Turkish Monuments in Mongolia)는 몽골 교육문화과학부와 터키 국제협력개발부(Turkish International Cooperation and Development Administration)의 협력으로 1994년부터 진행되고 있다. 1997년 현장 보존 작업에 들어가 비문을 복사하고 발굴을 시작하였다. 2001년 본격적인 발견을 하여 이때 발굴된 유물들은 현재 국립역사박물관 '돌궐 문화유물 전시실(Turkish Cultural Entities Exhibiting Room)'에 전시되고 있다. 유명한 퀼 테긴의 머리상도 이곳에 전시되어 있다(뒤에 나오는 '그림 23' 참조). 2003년까지 빌개 카간의 무덤을 발굴하고 발굴한 유물과 4조각으로 깨진 빌개 카간의 비석을 건물 안에 보관하였는데, 그 건물은 현재 박물관을 정비하여 전시되고 있다.

2006년 처음 톤유쿡 무덤(Tonyukuk's Memorial Complex)을 답사할 때는 없던 길이 2016년 7월 답사 때는 아스팔트로 잘 닦여 있었고 발굴 중이었다[9]. 그리고 2017년 여름에 갔을 때는 발굴이 끝나 있었다. 모두 터키의 재정 지원 아래 이루어진 것이다. 터키는 이를 자신의 역사 가운데 돌궐어로 된 가장 오래된 사적으로 보고 발굴하고 있으나 중화인민공화국의 연구자들은 돌궐이 터키의 선조라는 것을 부정하고 옛날 당나라에 속한 역사라고 주장하고 있다.

[그림 24] 톤유쿡 유적 발굴(2016. 7. 7.)

[그림 25] 톤유쿡 유적 발굴(2016. 7. 7.)

---

9)　톤유쿡(Tonyukuk, 阿史德 暾欲穀, 646~?): 후돌궐의 명재상으로 묵철 시기부터 4명의 카간을 보좌했다. 『구당서』(권 194 上, 열전 144上)에 나오는 "暾欲穀曰 若築城而居, 改變舊俗, 一朝失利, 必將爲唐所並(만약 성을 쌓고 사는 것은 옛 풍속을 바꾸는 것이라 하루아침에 이로운 것을 잃으니 앞으로 반드시 당나라에 합병되고 말 것이다.)"이라는 말이 유명하다. 한문 사서에 나오는 아사덕 원진(阿史德元珍 ?~691)과 같은 사람이라는 설이 있지만 반대하는 학자도 많다. 몽골 수도 울란바타르 동남쪽에 있는데, 구글에서 'Bain Tsokto inscriptions'을 검색하면 쉽게 찾을 수 있다.

5) 한·몽 공동 학술대회

- 주제: 역사적 진실과 중국의 역사 기술 문제
- 때: 2007년 9월 24일(월)~25일(화)
- 장소: 몽골과학원 제1 종합동, 4층 회의실
- 주최: 고구리연구회, 몽골 역사학자 협회
- 후원: 몽골과학원 역사연구소

이 대회에서는 모두 22명의 학자들이 발표를 하였는데[10], 몽골에서 15명, 한국에서 7명이 발표하였다. 그 가운데 다음 3개의 논문은 여기서 다루는 돌궐 비문과 관련이 있었다.

① 돌궐 및 위구르 시대 고고 유적
- D. Bayar(몽골과학원 고고학연구소 선임연구원, 국립 울란바타르대 고고학과 학과장)
② 룬문자 사료에 나타난 고대 한국에 대한 정보와 근년에 발견된 문자유물에 대하여
- Ts. Battulga 바트톨가(몽골국립대학교 튀르크학과 학과장)

---

10) ① 중국의 새로운 역사 만들기 반반세기 : 서길수(서울, 서경대 교수, 고구리연구회). ② 중국의 몽골사 왜곡 : Ch. Dalai(과학원사, 몽골과학원 역사연구소 전 소장). ③ 몽골원인 'Mongolanthropus' : D. Tseveendorj(몽골과학원 고고학연구소 소장). ④ 흉노 수레의 특성 : D. Erdenebaatar(몽골과학원 역사연구소 고고분과장, 국립 울란바타르대 사회학부장). ⑤ 고대 유목민에 대한 중국의 역사기술 : J. Ganbold(몽골과학원 역사연구소 연구원). ⑥ 북방 선비(鮮卑)족의 한족(漢族) 지배사-북위(北魏)를 중심으로- : 강선(숙명여대 강사). ⑦ 渤海와 遊牧王朝의 交流 : 한규철(경성대 교수). ⑧ 요제국 거란족의 한족 통치사-漢契一體의 中華思想의 虛構性 批判- : 서병국(대진대 명예교수). ⑨ 몽골지역의 거란시대 정주지에 대한 문제 : A. Enkhtur(몽골과학원 고고학연구소 연구원). ⑩ 금나라 여진족의 한족 지배 : 김위현(명지대 명예교수, 전 명지대 박물관장). ⑪ 중화인민공화국의 역사 기술 중 대몽골국 연구(몽골문 출판물을 중심으로) : S. Tsolmon(몽골과학원 역사연구소 선임연구원, 국립 울란바타르대 부총장). ⑫ 원나라의 경제 발전과 중국의 역사 기술 : A. Ponsag 폰삭(몽골과학원 역사연구소 중세분과장). ⑬ 元나라의 漢族支配 -원조 관인층의 사회신분 분석을 중심으로- : 주채혁(세종대 교수). ⑭ 몽골의 봉건주의 해체시기에 대한 중국의 역사 기술 : N. Ariungua(국제문제연구소, 선임연구원). ⑮ 국명에 대하여(14세기 중반~17세기) : D. 엥흐체첵(몽골국립대 역사학과). ⑯ 몽골의 신해혁명사에 대한 중국의 역사 기술 : L. Jamsran(국제문제연구소 수석연구원)·J. Urangua 오랑고아(몽골국립대 역사학과). ⑰ 몽골현대사에 대한 일부 중국 사학자들의 논저에 대하여 : Ts. Batbayar(몽골 외무부 자문, 몽골과학원 역사연구소). ⑱ 중국의 역사 기술 중 타그나 오량하이(唐奴 烏浪海) 문제 : D. Shurkhuu(국제문제연구소, 선임연구원). ⑲ 중국의 몽골사 왜곡의 현황 : 박원길(고려대 한국학연구소 연구교수).

③ 몽골국에서의 TIKA(터키 국제협력단) 활동
 - A. Refik ÇETİNKAYA(TIKA 몽골사무소 소장)

　　몽골 학자들과 돌궐사, 특히 돌궐 유적 발굴 결과에 관한 이야기를 나누고 좋은 자료를 확보할 수 있었다. 아울러 돌궐 유적을 보존하기 위해 활동하고 있는 터키 국제협력단 몽골사무소 소장의 발표를 통해 터키가 뿌리 찾기를 위해 돌궐사에 대해 어떤 관점을 가졌는지를 아는 좋은 기회가 되었다.

[그림 26] 한·몽 공동 학술대회 장면(2007. 9. 24.)

6) 몽골 중부지역 답사(학술대회 한국참가자 현장 답사)

- 때: 2007년 9월 26~29일(3박 4일)
- 참가자: 서길수, 김위원, 서병국, 주채혁, 한규철, 강선, 양혜숙.
- 답사 지원팀: 유종식, 지니

[그림 27] 학술대회 한국 참가자 몽골 중부지역 현장 답사(체첼레그, 2007. 9. 27.)

II. 비문의 내용과 뵈클리(Bökli)

1. 돌궐 비문에 대한 기본적인 이해

퀼 테긴의 비문 동쪽 면은 돌궐 카간국의 건국 이야기부터 시작된다. 비문의 [E 1]에서 [E 4]까지의 내용은 바로 552년 부민 카간[Bum(i)n qaɣan, ?~522][11]과 이시태미 카간(Ištämi Qaɣan, ?~576) 형제가 나라를 세워 국력을 크게 떨치고, 그들이 세상을 떠날 때까지의 기록이다.

[E 1] 위에서 푸른 하늘이, 아래에서 적갈색 땅이 처음 만들어졌을 때, 둘 사이에서 사람이 처음 만들어졌다고 한다. 사람의 위에는 나의 조상 부믄 카간(과) 이시태미 카간이 (권좌에) 앉았다고 한다. 그들은 (권좌에) 앉아서 튀르크 백성의 나라를 법으로 다스렸다고 한다. 정비하였다고 한다.
[E 2] 사방은 모두 적이었다고 한다. 그들은 출정하여 사방에 있는 백성을 모두 얻었다고 하며, 모두 예속시켰다고 한다. 그들은 머리 있는 자를 숙이게 하였다고 하며, 무릎 있

---

11) Bum(i)n에서 [ï]의 소릿값은 우리나라의 [의와 같기 때문에『돌궐비문연구』(Talat Tekin 지음, 이용성 옮김)에서는 부믄 카간으로 새겼지만, 흔히 많이 쓰는 부민 카간으로 쓴다.

는 자를 끓게 하였다고 한다. 그들은 동쪽으로는 흥안령산맥까지, 서쪽으로는 테미르 카프그(Tämir Qapïɣ)까지 자리 잡게 하였다고 한다. 두 (경계) 사이에서

[E 3] 그들은 전혀 조직 없는 쾨크 튀르크(東突闕) 사람들을 〈조직하며〉 그렇게 다스렀다고 한다. 용감한 카간이었다고 한다. 그들의 지휘관도 현명하였다고 한다 분명히, 용감하였다고 한다 분명히. 그들의 배그들도 백성도 조화로웠다고 한다. 그 때문에 그들은 나라를 그렇게 다스렀다고 한다 분명히; 그들은 나라를 다스리고 법을 정비하였다고 한다.[12]

여기서 돌궐의 시조로 나온 부민 카간[Bum(ï)n qaɣan]과 이시태미 카간(Ištämi Qaɣan)은 한문 기록에 나오는 토문 카간(土門可汗)과 실점밀 카간(室點密可汗)을 말하는데, 유연의 신하였던 토무(吐務)의 아들이었다. 한문 사서인 『주서』, 『수서』, 『북서』의 돌궐전을 보면 돌궐의 건국 과정이 자세하게 나와 있다. 당시 남북국시대의 북녘 맹주였던 북위(北魏)가 534년 멸망하여 서위(西魏)와 동위(東魏)로 나뉘고, 550년에는 동위(東魏)가 멸망하고 북제(北齊)가 들어서고 557년에는 서위(西魏)가 멸망하고 같은 해 북주(北周)가 들어서는 등 세력이 다시 편성되는 혼란의 시대가 이어지면서 돌궐이 성장할 기회가 된다.

토무(吐務)가 죽은 뒤 토문(土門)이 후계자가 되어 돌궐부를 이끌었는데, 546년 철륵(鐵勒)이 유연(柔然)을 공격하자 돌궐부를 이끌고 싸워 5만이 넘는 부락을 항복시키면서 막강한 힘을 축적하였다. 토문은 이때를 이용하여 유연 카간에게 구혼을 요청하였지만 거절되자 유연을 떠나 543년에 세워진 서위(西魏)에 사신을 보내 구혼하여 551년 6월 서위의 장락공주(長樂公主)와 결혼하게 된다.[13] 바로 이해 9월, 돌궐은 고리(高麗)를 침공해 신성을 포위하였으나 이기지 못하자 백암성으로 옮겨 공격하였다. 당시 안원왕은 장군 고흘(高紇)을 보내 군사 1만 명을 거느리고 막아 싸워서 이긴다.[14]

---

12) 비문은 고대 돌궐문자로 되어 있어 글쓴이는 해독할 수가 없어 『돌궐비문연구』(Talat Tekin 지음, 이용성 옮김)를 그대로 옮긴다.

13) 『周書』 卷50, 列傳 第42. 異域(下), 突厥. 十二年, 土門遂遣使獻方物. 時鐵勒將伐茹茹, 土門率所部邀擊, 破之, 盡降其眾五萬餘落. 恃其強盛, 乃求婚於茹茹. 茹茹主阿那瑰大怒, 使人罵辱之曰:「爾是我鍛奴, 何敢發是言也?」土門亦怒, 殺其使者, 遂與之絕, 而求婚於我. 太祖許之. 十七年六月, 以魏長樂公主妻之.

14) 『삼국사기』 권19, 「고구려본기」 제7, 安原王. 七年 秋九月 突厥來圍新城 不克 移攻白巖城 王遣將軍高紇 領兵一萬 拒克之 殺獲一千餘級.

이것이 고리(高麗)와 돌궐의 첫 번째 격돌이었다. 고리(高麗)는 550년 망한 동위(東魏)의 뒤를 이은 북제(北齊)와 가까웠기 때문에 서위(西魏)와 가까운 돌궐(突闕)과는 서로 대결의 상대였다.

다음 해인 552년 토문은 유연을 격파하고 스스로 이리 카간(伊利可汗)이라 일컫고 독립하여 돌궐카간국을 세웠다. 그러니까 돌궐 비문에 나오는 부민 카간은 한문 사서에 나오는 토문(土門)·이리(伊利) 카간과 같은 사람인 것이다. 이시태미 카간(Ištämi Qaγan, 室點密可汗)은 형인 토문 카간(土門可汗)이 동쪽을 정복하여 대흥안령까지 정복할 때 고향인 알타이(金山)지역에 남아 서쪽으로 세력을 뻗어나갔다.

552년, 토문(부민, 伊利可汗)이 죽자 돌궐제국은 스텝지역의 관습대로 형제와 자식들에게 영토를 나누어 통치하게 하였다. 동녘은 부민 카간의 아들(『주서』에는 부민의 아들, 『수서』에는 부민의 동생이라고 했다) 콜로(Ko-lo, 科羅)가 대를 이어 을식기 카간(乙息記可汗, 『수서』에는 逸可汗)이라 일컬었다. 그러나 다음 해인 553년에 을식기 카간이 병으로 죽자 동생이 다시 자리를 잇는데 무칸(Mukan, 木汗; 『수서』에는 木杆) 카간이라 일컬었다.

무칸 카간(553~572)은 20년간 집권했다. 집권하자마자 유연(柔然)을 멸하고, 중앙아시아의 에프탈(嚈噠, 挹怛)을 격파했으며, 동쪽으로는 거란을 몰아내고 북쪽의 키르기즈(契骨)15)를 합병하고 여러 다른 나라를 차례로 정복하였다. 이로써 돌궐의 판도는 동쪽으로는 요해(遼海=遼河) 서녘, 서쪽으로는 서해(아랄해), 남쪽으로는 고비사막, 북쪽으로는 키르기즈(契骨, 바이칼)에 이르는 큰 제국을 이루었다.16) 당시 돌궐 남녘의 세력은 남북조로 나뉘어 있었는데 북조와는 혼인관계를 맺어 좋은 관계를 설정하였다. 막강한 돌궐에 대해 북주(北周)와 북제(北齊) 양쪽이 모두 구애하였지만 모칸 카간은 북주를 선택하여 563년과 564년 북주 편에 서서 북제 토벌전에 참가하기도 하였다. 앞에서 보았듯이 고리(高麗)는 북제(北齊)와 우호관계를 맺고 있었다. 돌궐제국의 서녘은 함께 정복 전쟁에 참여했던 동생 이시태미(室點密, ?~576)가 계속 통치하였다.

---

15) 계골(契骨): 옛날 중앙 유라시아 북부 바이칼 근방에 살던 튀르크계 유목민족.
16) 『周書』卷50, 列傳 第42. 異域(下), 突厥. 侯斤又西破獻嚈, 東走契丹, 北并契骨, 威服塞外諸國. 其地東自遼海以西, 西至西海萬里, 南自沙漠以北, 北至北海五六千里, 皆屬焉.

본문에 보면 "그들은 동쪽으로는 흥안령산맥까지, 서쪽으로는 태미르 카프그(Tämir Qapïγ)까지 자리 잡게 하였다고 한다."라고 하였다. 동쪽의 흥안령산맥은 우리가 익히 잘 알고 있지만 서쪽의 태미르 카프그는 어디를 이야기하는지 알아야 비문에 나온 돌궐의 판도를 알 수 있다.

일찍이 톰슨을 비롯한 많은 학자가 이를 한문 사료에 나오는 철문(鐵門)으로 보았다. 철문은 현장의 『대당서역기』에 자세하게 묘사되어 있다.

> 철문은 좌우로 산을 끼고 있는데, 산은 매우 높고 험하다. 비록 길이 있기는 하지만 좁은 데다 험하다. 양쪽에 돌로 만든 벽이 있는데 그 색이 쇠와 같다. 대문의 문짝에는 쇠로 만든 꺾쇠가 달려 있고 쇠로 만든 많은 방울도 매달려 있다. 이렇게 험하여 그런 이름을 갖게 되었다. 이 문을 나서면 도화라국(覩貨邏國)이다.[17]

터키에서 나온 『이슬람백과사전(İslam Ansiklopedisi)』[18]을 비롯한 터키 학자들의 연구 성과[19]에 따르면 태미르 카프그는 동남 우즈베키스탄의 사마르칸드(Samarkand, 康國)에서 아프가니스탄 발크(Balkh) 쪽으로 3km쯤 간 지역으로, 카르시(Qarshi)[20]에 가까운 곳으로 본다. 레프 구밀례프(Lev Gumilev)는 현재의 부즈갈라(Buzgala)라고 했고[21], 『실크로드 사전』[22]에서도 이 설을 인용해 "이곳은 소그디아나와 토하리스탄(아무다리야강 유역) 사이의 분수령으로 7~8세기에는 쇠방울을 달아맨 철문이 있었다고 한다."라고 했다.

위의 철문을 비롯한 시남쪽 영토는 부민 카간의 동생인 이시태미(室點密, ?~576)의 활약으로 얻은 것이다. 558년 이시태미는 동맹자이며 사위이기도 한 사산왕조의 호스로 1세와 함께 에프탈을 철저하게 부수고 동로마에 사절단을 보낼 정도로 강대해졌다.

---

17) 玄奘, 『大唐西域記』, 大正藏第 51 冊 No. 2087. 鐵門者, 左右帶山, 山極峭峻, 雖有狹徑, 加之險阻, 兩傍石壁, 其色如鐵。既設門扇, 又以鐵錮, 多有鐵鈴, 懸諸戶扇, 因其險固, 遂以為名。出鐵門, 至覩貨邏國.

18) Aurel Decei, "Demir-Kapı", *İslam Ansiklopedisi*, MEB, İstanbul 1993.

19) Imre Baski, *Demirkapılar (Temir Qapïg, Vaskapu, Dömörkapu)*, Turkish Studies, Volume 2/2 Spring 2007, 73~74쪽.

20) 원래 소그드인 도시 나흐샵(Nakhshab)으로, 카슈카다리야주의 주도이며 인구는 197,600명(1999년 기준)이다. 타슈켄트에서 남동쪽으로 520km 정도 떨어진 곳에 있다.

21) Lev Nikolayeviç Gumilev, *Eski Türkler*, İstanbul: Selenge, 2002.

22) 정수일 편저, 『실크로드 사전』, 창비, 2013.

이상에서 본 바와 같이 비석에 나온 영토는 동쪽의 흥안령산맥에서 서쪽의 사마르 칸드 남녘까지 아주 광대하다는 것을 알 수 있다. 522년 부민 카간이 나라를 세우고 그해에 세상을 떴기 때문에 그때는 아직 비문에 나온 넓은 영토를 확보했다고 볼 수 없으며, 부민 카간의 뒤를 이은 무칸 카간(木汗可汗, 553~572)과 서돌궐의 이시태미 카 간(?~576)이 확보한 모든 영토를 아우른 것이라고 볼 수 있다.

2. 돌궐 카간의 장례식에 참석한 고리(高麗)

이 책에서 다루려는 고리(高麗) 문제는 바로 위에서 본 카간들이 죽었을 때 열린 장 례식과 관계된다. 그러므로 다음 기사에 나오는 내용은 부민 카간[Bum(ï)n qaɣan]이 죽은 552년, 무칸 카간(木汗可汗)이 죽은 572년, 이시태미 카간(Ištämi Qaɣan)이 죽은 576 년의 장례식이라는 것을 알 수 있다. 어느 카간의 장례식이라고 정확하게 기록하지 않았기 때문에 기사에 나온 시기에 대한 연대는 552년이 상한이고 576년이 하한이라 고 볼 수 있다.

이 두 기사는 퀼 테긴 비와 빌개 카간의 비에 거의 같은 내용이 실려 있다.

❶ 퀼 테긴의 비문 동쪽 면(E) bükli[23] 관련 기록 원문

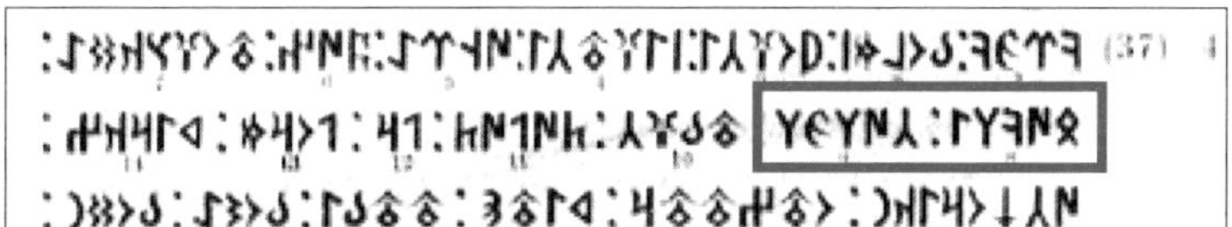

[그림 28] 퀼 테긴 비 bükli 룬문자 원문(Radloff, 1892)

---

23) Talat Tekin은 bökli를 bükli라고 옮겼기 때문에 그대로 인용하였다.

[E 3] … itm(i)š : özi (a)nča :

[E 4] … k(ä)rg(ä)k : bolm(i)š : yoγči : sïγ(ï)tčï : öŋrä : <u>küün</u> : tuγs(ï)qda : bükli : čöl(lü)g
(e)l : t(a)bγ(a)č : töpöt : (a)p(a)r : pur(u)m : q̄ïïrq(ï)z : üč q̄uurïq(a)n : ot(u)z t(a)t(a)r
: q̄ïïtań : t(a)t(a)bï : bu<u>nč</u>a : bod(u)n : k(ä)l(i)pän : sïγtam(i)š : yoγlam(i)š : (a)<u>nt</u>(a)γ
: külüg : q(a)γ(a)n : (ä)rm(i)š : (a)<u>nta</u> : kisrä : in(i)si q(a)γ(a)n ……

❷ 빌개 카간의 동쪽 면(E) bükli 관련 기록 원문

[E 4] ?itm(i)š : özi (a)nča: k(ä)rg(ä)k : bolm(i)š :

[E 5] ?yoγči : sïγ(ï)tčï : öŋrä : kün : tuγs(ï)qda : bükli : čöl(lü)g il : t(a)bγ(a)č : töpöt : (a)
p(a)r : pur(u)m : q̄ïïrq(ï)z : üč q̄uurïq(a)n : ot(u)z t(a)t(a)r : q̄ïïtań : t(a)t(a)bï : bunča⌢
: bod(u)n : k(ä)l(i)pän : sïγtam(i)š : yoγlam(i)š : (a)<u>nt</u>(a)γ : külüg : q(a)γ(a)n : (ä)
r<m(i)š : (a)<u>nta</u> : kisrä : in(i)si> q(a)γ(a)n ……

■ 퀼 테긴과 빌개 카간 비문 bükli 관련 기록 옮김

[E 3] …… (나중에) 자신들은 그렇게 …

[E 4] …… 승하하였다고 한다. (그들의 장례식에) 문상객(으로서) 앞(동)쪽에서는 해 뜨
는 곳으로부터 뷔클리(Bükli) 췰 백성, 중국, 티베트, 아바르(Apar), 비잔틴, 크르그
즈, 위치 쿠르간, 오투즈 타타르, 거란, 타타브, 이만큼의 백성이 와서 울었다고 하
며, 애도하였다고 한다. 그들은 그렇게 유·명한 카간이었다고 한다.**24)**

여기서는 장례식의 위용을 나타내기 위해 조문을 온 10개 나라를 이어서 기록하
고 있다. 그리고 가장 먼저 고리(高麗)를 나타내는 뷔클리(bökli)가 나온다. 돌궐은 해
가 뜨는 동쪽이 앞쪽이고 어떤 것보다 앞서기 때문에 동쪽에 있는 나라 뷔클리(bökli)
부터 시작한 것이다. 먼저 수·당 시대의 뷔클리(bökli)와 그 역사적인 배경을 보기로
한다.

---

24) 룬문자의 라틴문자화는 여러 학자가 했으나 여기서는 『돌궐비문연구』(Talat Tekin 지음, 이용성 옮김) 90쪽(빌개 카간
비문은 136쪽)을 그대로 옮긴다.

3. 비문에 나타난 수당(隋唐) 때의 돌궐과 고리(高麗)

비문의 앞부분에서는 돌궐을 세워 번영한 카간들을 찬양하였지만, 이어서 후대의 카간과 대신들이 슬기롭지 못하고 조화롭지 못해 나라를 잃어버린 과정을 한탄하는 글이 나온다.

> [E 4] …… 그 뒤에 그들의 남동생들이 카간이
>
> [E 5] 되었다고 한다 분명히, 그들의 아들들이 카간이 되었다고 한다 분명히. 그 뒤에 그들의 남동생들은 형들처럼 창조되지 못하였다고 한다 분명히, 그들의 아들들은 아버지들처럼 창조되지 못하였다고 한다 분명히. 어리석은 카간들이 즉위하였다고 한다 분명히, 나쁜 카간들이 즉위하였다고 한다 분명히. 그들의 지휘관들도 어리석었다고 〈한다〉 분명히, 나빴다고 한다 분명히.
>
> [E 6] 그들의 배그들과 백성이 조화롭지 않(았)기 때문에, 중국 백성이 잘 속이기 때문에 사기꾼이기 때문에, 남동생들과 형들을 서로 부추겼기 때문에, 배그와 백성을 서로 중상하게 하였기 때문에 튀르크 백성은 자기들이 세운 나라를 잃어버렸다고 한다.[25]

비문에서 영웅적으로 묘사된 무칸 카간(木汗可汗, 553~572)이 재위 20년 만에 죽자 그의 동생 타스파르 카간(他鉢可汗, 572~581, 『수서』에는 佗鉢可汗) 시대가 되었다. 타스파르 카간은 577년에 망한 북제(北齊)의 남은 무리들을 모아 자주 북주(北周)를 쳐들어 갔다. 이때는 돌궐의 기마군대가 수십만이라 망한 북제나 북주가 모두 그를 두려워 하였다. 그러나 581년 타스파르 카간(他鉢可汗)이 10년 만에 병으로 죽자 카간 자리를 두고 극심한 혼란을 겪는다. 타스파르 카간이 죽기 전 아들 암라(菴羅)에게 "무칸 카간(木汗可汗)의 아들인 대라편(大邏便)에게 자리를 물려주라"고 했지만 타스파르 카간 밑에서 동녘을 맡아 다스리던 을식기 카간(乙息記可汗)의 아들인 섭도(攝圖, 爾伏可汗)가 반대하고 나섰고 결국은 백성들의 지지를 받던 섭도가 즉위하니 이쉬바라 카간(沙鉢

---

25) Talat Tekin 지음, 이용성 옮김 『돌궐비문연구』, 제이엔씨, 2008, 118쪽·91쪽 이하.

略可汗, Îšbara qayan, 581~587)이다.**26)** 이쉬바라 카간은 대라편(大邏便)에게 아파 카간(阿波可汗)이라는 칭호를 주고 다독였으나 서돌궐로 가서 자신의 입지를 확보하려 하였다.

이즈음 돌궐 서부지역은 건국 1세대인 이시태미 카간이 죽고 아들 타르두(Tardu, 達頭, 576~603)가 새로운 제2 카간인 야브구가 되어 있었다. 그러나 타르두는 부왕과는 달리 야브구란 칭호와 부차적인 지위에 만족하지 않고, 서부 스텝에 대해 군사적으로나 경제적으로 독자적인 통치권을 바라고 있었다. 이 사실은 야브구직에 오른 직후 타르두(達頭)가 동부 지역 카간의 통제를 단호히 거부하고 자신이 카간으로 행동한 점에서도 분명히 나타난다. 심지어 그는 동로마제국과의 관계에서 자신을 돌궐제국 전체를 대표하는 카간으로 표현하면서 동돌궐의 카간 자리를 인정하지 않았다(582). 이로써 돌궐의 동서 지역 간의 대립과 분쟁은 피할 수 없게 되었다. 퀼 테긴 비문에서 "그들의 아들이 카간이 되었다", "못된 카간들이 즉위하였다."라고 한 것은 바로 이러한 상황을 이야기하는 것이다.

바로 이처럼 돌궐 내부에서 카간 자리를 둘러싼 권력 투쟁이 본격화되는 581년 북주(北周)의 관리였던 양견(楊堅)이 왕위를 빼앗아 수(隋)를 세우고 황제가 되니 수의 양제(煬帝, 581~604)다. 이 과정에서 북제의 영주자사(營州刺史)였던 고보령(高宝寧)이 북방민족들과 결탁하여 반란을 일으키자 돌궐의 이쉬바라 카간도 이에 합류하여 수나라를 치면서 새로 건국된 수나라에게 큰 위협이 된다.

양견은 즉시 돌궐 서부지역의 타르두(達頭)에게 접근하여 그를 돌궐 카간으로 칭하고, 이쉬바라에 대항한 군사 연대를 모색했다. 이로써 이쉬바라는 다로빈이 가담한 타르두의 서부 돌궐과는 물론 수나라와도 힘겨운 전쟁을 치러야 하는 부담을 갖게 되었다. 이쉬바라는 우선 자신의 통치 영역에 있는 다로빈의 근거지를 초토화시키고 그 추종 세력을 완전 소탕함으로써 서부 돌궐에 대한 적대감을 분명히 했다. 582년, 서돌궐의 타르두가 동부 돌궐의 카간을 인정하지 않는다는 공표로 돌궐은 공식적으로 동돌궐과 서돌궐로 나뉜다.

이 틈을 노린 수 양제는 두 돌궐을 이간질해서 세력을 약화시키고, 582년 돌궐에

---

26) 이 복잡한 과정은 『수서』 돌궐전에 자세히 나와 있다.

대한 대규모 반격을 하게 되며, 이쉬바라 카간은 서쪽의 서돌궐, 남쪽의 수, 동쪽의 거란과 고리(高麗)와 대적해야 하는 사면초가에 처한다.

> 천자가 크게 화를 내고 조서를 내려 말했다. …… 그 우두머리가 5명쯤 되는데, 형제
> 가 서로 자리를 다투고, 아버지와 작은아버지가 서로 싫어해 밖으로는 꿰매져 있는 것
> 같지만 믿는 신하들조차 서로 반목하니 대대로 포악하게 굴고 가법(家法)마저 포악했다.
> (그러므로) 동이의 여러 나라가 모두 사적인 복수심을 품고, 서융의 여러 추장이 모두 깊
> 은 원한을 갖게 되었다. 돌궐의 북쪽에는 거란의 무리가 이를 악물고 어금니를 갈면서 늘
> 기회를 엿보고 있다. 타르두(達頭) 카간이 전에 주천을 공격하자 그 뒤 우전(于闐)·페르시
> 아(波斯)·에프탈(挹怛)이 한꺼번에 반란을 일으켰다. 사발략(沙鉢略, 이쉬바라) (카간이)
> 주반(周盤)에 이르렀을 때 그 부락에 살던 박고속흘라심(薄孤束紇羅尋)도 배반했다. 지난
> 해 이계찰(利稽察)이 고리(高麗)·말갈에게 크게 깨지고 사비설(娑毗設)도 흘지카간(紇支可
> 汗)에게 죽는다.[27]

이 기록에서 이쉬바라 카간(沙鉢略可汗, 581~587) 때 돌궐이 고리(高麗)·말갈 연합군에
게 크게 패배했다는 사실이 나온다. 여기서 지난해가 언제인지 분명하지 않지만 이쉬
바라 카간이 재위하던 581~587년(평원왕 23~29년) 사이라고 볼 수 있다. 이계찰(利稽察),
사비설(娑毗設), 흘지카간(紇支可汗) 같은 주제어로 검색해 보았지만 『북사』를 비롯해 몇
개 나오는 모든 사료가 『수서』를 그대로 옮긴 것이라 더 자세히 나아갈 수가 없었다.
돌궐과 고리(高麗)간의 관계사에서 중요하기 때문에 앞으로 더 깊은 연구가 나오기를
기다린다.

587년 이쉬바라 카간이 죽은 뒤에서 집안싸움이 복잡하게 전개된다. 뒤를 이어 아
들 옹후라(雍虞閭)가 카간이 되니 도감 카간(都藍可汗)이다. 도감 카간은 곧 수나라에
조공하며 좋은 관계를 유지하는 대신 서돌궐과 격돌하여 여러 차례 전쟁을 치른다.

---

27) 『隋書』卷84, 列傳 第49, 突厥. 天子震怒, 下詔曰: …… 且彼渠帥, 其數凡五, 昆季爭長, 父叔相猜, 外乖彌縫, 內乖心腹,
世行暴虐, 家法殘忍. 東夷諸國, 盡挾私仇, 西戎群長, 皆有宿怨. 突厥之北, 契丹之徒, 切齒磨牙, 常伺其便. 達頭前攻
酒泉, 其後于闐·波斯·挹怛三國一時即叛. 沙鉢略近趣周盤, 其部內薄孤束紇羅尋亦翻動. 往年利稽察大為高麗·靺鞨所
破, 娑毗設又為紇支可汗所殺.

597년에는 이쉬바라의 아들 염우(染于)가 카간이 되어 계민 카간(啓民可汗, 597~609)이 되는데 북녘에서는 퇼리스 카간(Tölis-qayan, 突利可汗)이라고 부른다. 퇼리스(啓民) 카간이 즉위하고 바로 수나라와 관계를 맺자 도감 카간이 화가 나서 수나라와 관계를 끊고 수나라를 침략하는 한편, 이번에는 서돌궐의 타르두(Tardu, 達頭) 카간과 손을 잡고 퇼리스 카간의 형제 자손을 죽였다. 퇼리스 카간은 수나라로 도망하여 그 비호를 받으면서 동족상잔은 계속되었다.

퇼리스 카간 때인 607년 고리(高麗)가 수나라 몰래 돌궐에 사신을 보냈다가 마침 그곳을 방문한 양제에게 들켜 문제가 되었다.[28] 598년 수 문제가 고리(高麗)를 친 뒤 수나라와 외교관계가 끊긴 상태였는데, 이 사건을 빌미로 하여 611년 수 양제가 2차 침공을 하게 된다.

609년 퇼리스 카간이 병들어 죽자 아들 돌길세(咄吉世, 『신·구당서』에는 咄吉)가 뒤를 잇는데 시필 카간(始畢可汗, 609~619)이다. 시필 카간은 수나라와 좋은 관계를 맺어 조공하였지만, 수나라가 고리(高麗)와 4번에 걸친 전쟁으로 기울어져 천하가 어지러워지자 615년 수십만 기마 군대를 이끌고 수나라에 쳐들어가 수 양제를 포위하였고, 이 때부터 조공도 끊었다. 이처럼 수나라가 약해지자 왕세충(王世充)을 비롯해서 수나라에 항거하는 사람들이 모두 스스로 동돌궐의 신하라고 일컫고, 시필 카간으로부터 칭호를 받았다.

617년 이연(李淵)을 도왔고, 618년 당(唐)이 건국되자 당 고조는 돌궐 사신에게 연회를 베풀어 주었다. 619년 시필 카간(始畢可汗)이 죽자 둘째 아들 처라 카간(處羅可汗, 619~620)이 대를 이었지만 1년 만에 죽고 셋째 아들 돌필(咄苾)이 자리를 잇는데, 일리그 카간(Ilig-qayan, 頡利可汗, 620~630)이다. 일리그 카간의 동돌궐은 자주 당나라를 쳐서 괴롭힐 만큼 그 세력이 막강하였다. 그러나 627년 설연타부(薛延陀部)를 시작으로 철륵의 여러 부와 민족들이 돌아섰다. 그러자 당 태종은 629년 대규모 동돌궐 토벌 전쟁을 벌여 630년에는 일리그 카간을 붙잡음으로써 돌궐은 당나라의 지배 아래 들

---

28) 『隋書』卷84, 列傳 第49, 突闕. 先是, 高麗私通使啓民所, 啓民推誠奉國, 不敢隱境外之交. 是日, 將高麗使人見, 敕令牛弘宣旨謂之曰: "朕以啓民誠心奉國, 故親至其所. 明年當往涿郡, 爾還日, 語高麗王知, 宜早來朝, 勿自疑懼, 存育之禮, 當同於啓民. 如或不朝, 必將啓民巡行彼土." 使人甚懼. 啓民仍遁從入塞, 至定襄, 詔令歸藩. 明年, 朝於東都, 禮賜益厚. 是歲, 疾終, 上為之廢朝三日, 立其子咄吉世, 是為始畢可汗. 表請尚公主, 詔從其俗.

어가게 된다.

이런 상황을 퀼 테긴 비문에서는 "중국 백성이 잘 속이기 때문에, 사기꾼이기 때문에, 남동생들과 형들을 서로 부추겼기 때문에, 배그와 백성을 서로 중상하게 하였기 때문에 튀르크 백성은 자기들이 세운 나라를 잃어버렸다고 한다."[29]라고 했다.

그리고 이어서 당나라 지배 아래서 받은 치욕적인 설움을 비문에는 이렇게 기록하고 있다.

> [E 7] 자기들이 즉위시킨 카간을 잃어버렸다고 한다. (이 때문에) 중국[30] 백성에게 배그가 될 만한 그들의 딸은 계집종이 되었다. 튀르크 배그들은 튀르크 칭호를 버렸다. 중국 사람들에게 봉사하는 (튀르크) 배그들은 중국 칭호를 받아들여 중국 황제에게
> [E 8] 예속되었다고 한다. ……

❶ 퀼 테긴의 비문 동쪽 면(E) 뷔클리 카간(bükli qaɣan) 관련 기록 원문

> [E 8] körm(i)š : (ä)l(i)g yïl : Iš(i)g küč(ü)g : birm(i)š : ilg(ä)rü : <u>küün</u> : tuɣs(ï)qda : bükli : q(a)ɣ(a)nqa : t(ä)gi : sül(ä)yü : birm(i)š : quˉur(ï)ɣ(a)ru : t(ä)m(i)r : q(a)p(ï)ɣqa : t(ä)gi : sül(ä)yü : birm(i)š : t(a)bɣ(a)č : q(a)ɣ(a)nqa : ilin : törösin : (a)lï : birm(i)š : tür<u>ük</u> : q(a)ra : q(a)m(a)ɣ :

❷ 빌개 카간의 동쪽 면(E) 뷔클리 카간(bükli qaɣan) 관련 기록 원문

> [E 8] Iš(i)g küč(ü)g : birm(i)š : ilg(ä)rü : kün : tuɣs(ï)q(q)a : bükli : q(a)ɣ(a)nqa : t(ä)gi : sül(ä)yü : birm(i)š : <u>quur(ï)ɣ(a)ru</u> : t(ä)m(i)r : q(a)p(ï)ɣqa : ⟨t(ä)gi⟩ : sül(ä)yü : birm(i)š : t(a)bɣ(a)č : q(a)ɣ(a)nqa : ilin : tör(ö)sin : (a)lï : birm(i)š : tür<u>ük</u> : q(a)ra : q(a)m(a)ɣ : ……

---

29) Talat Tekin 지음, 이용성 옮김 『돌궐비문연구』, 제이엔씨, 2008, 118쪽.

30) 여기서 중국이라고 옮긴 것은 원문에 타브가츠[tabɣač, 拓拔]라고 되어 있다. 타브가츠, 곧 탁발(拓拔)이 세운 북조는 북위(北魏, 386~534)·동위(東魏, 534~550)·서위(西魏, 535~556)·북제(北齊, 550~577)·북주(北周, 557년~581)인데, 시대를 보면 북제(北齊, 550~577)·북주(北周, 557년~581) 가운데 하나인데, 앞에서 췰뤽 엘(čülüg el)이 북주(北周)이기 때문에 나머지 북제(北齊)가 타브가츠가 된다.

■ 퀼 테긴과 빌개 카간 비문 뷔클리 카간(bükli qaɣan) 관련 기록 옮김

[E 8] …… 그들은 50년 동안 봉사하였다고 한다. <u>그들은 동쪽으로 해 뜨는 곳에서 뷔클리(bükli) 카간까지 출정하였다고 한다.</u> 서쪽으로는 태미르 카프그까지 출정하였다고 한다. 중국 황제를 위하여 (이렇게) 정복하였다고 한다. 튀르크 일반 〈빌개: 백성들은 이렇게 말했다고 한다〉.[31]

[그림 29] 퀼 테긴 비 동면 돌궐문(라들로프, 1892)

[그림 30] 퀼 테킨 비 서면 한문(라들로프, 1892)

---

31) Talat Tekin 지음, 이용성 옮김, 『돌궐비문연구』, 제이엔씨, 2008, 92쪽.

비문에서 50년 동안 봉사하였다고 한 것은 630년 동돌궐이 망한 뒤 682년 쿠틀룩(Qutluɣ, 骨咄祿)이 당으로부터 독립하여 동돌궐을 다시 세운 기간을 말한다. 여기서 돌궐을 멸망시켜 지배한 당(唐)을 'Tang'이라 하지 않고 예부터 써오던 타브가츠(tabɣač)라고 했다. 앞에서 보았지만 타브가츠는 탁발(拓拔)을 소리 나는 대로 옮겼다는 것이 일반적인 견해다. 돌궐은 북위(北魏) 이하 북제(北齊)나 북주(北周)를 모두 나라 이름을 부르지 않고 그 종족 이름인 타브가츠(拓拔)라고 불렀는데, 그 뒤 전 중원을 통일한 당(唐)도 똑같이 부르고 있다는 것이다. 이는 뒤에 요나라 거란이 중원 북녘을 지배했을 때 키탄이란 이름이 일반화되면서 지금도 러시아에서 중화인민공화국을 '키타이'라고 부르는 것과 같은 맥락이다. 서양에서는 진(秦)에서 비롯된 이름인 'China'라고 부르고 일본에서 '지나(支那)'라고 한 것은 '중국(中國)'은 나라 이름이 아니기 때문이다. 중국(中國)이란 중원을 지배한 여러 나라가 스스로 높이고 주변을 얕잡아보면서 부른 이름이고, 일찍이 인두(印度)도 중국이라고 했으며, 일본도 중국이라고 했다. 이 문제는 다음 마당에서 다시 자세히 보기로 한다. 중국(中國)은 중원을 지배한 나라들이 스스로 일컫기도 하지만 주변 작은 나라에서도 사대(事大, 작은 나라가 큰 나라를 섬기는 것)할 때 쓰는 낱말이기 때문에 비문에서 돌궐은 중국이라는 낱말을 쓰지 않았다. 퀼 테긴 비문에서 현종이 내린 비석 서쪽 면의 비문에는 자신의 나라를 중국(中國)이라고 한문으로 썼지만, 돌궐은 룬문자로 타브가츠(拓拔)라고 쓴 것은 돌궐이 나름대로 자주성과 자존심을 표현한 것이라고 할 수 있다.

이어서 당나라 지배 아래 정복전쟁에 끌려다녔던 사실을 기록하면서 동쪽으로 뷔클리, 곧 고리(高麗) 원정을 참여하였다는 것을 기록할 때 뷔클리(bükli)에 대한 기록을 남긴다.

수나라 때 이미 서돌궐이 고리(高麗) 원정에 참여한 기록이 있다. 수 양제 7년(611) 겨울, (서돌궐의) 니궤처라카간(泥撅處羅可汗, 603쯤~612)이 612년 고리(高麗) 원정에 따라갔기 때문에 (황제가 그를) 갈살나카간(葛薩那可汗)이라는 호를 내리고, 아주 후한 상을 내렸다[32]는 기록이 있다. 그러나 퀼 테긴 비문에 나오는 원정은 돌궐이 630년에 당나

---

32) 『隋書』 卷84, 列傳 第49, 西突厥. 以七年冬, 處羅朝於臨朔宮, 帝享之. …… 明年 …… 處羅從征高麗, 賜號爲葛薩那可汗, 賞賜甚厚.

라에 의해 멸망한 뒤의 기록을 말한다.

『삼국사기』에 돌궐이 고리(高麗)에 원정한 기사가 나온다. 보장왕 4년(645), 당 태종이 여러 군대와 신라, 백제, 해(奚), 거란에 명하여 길을 나누어 치게 하였다. 당시 가장 치열했던 것이 안시성 전투이다. 고연수와 고혜진이 15만 군사를 이끌고 당 태종 군대와 맞선다. 이때 당 태종은 "고연수가 주저하면서 나오지 않을까 염려하여, 대장군 아사나 사이(阿史那社尒, ?~655)에게 명령하여 돌궐의 기병 1천 명을 이끌고 그를 유인하게 하였다."[33] 『구당서』에는 "주필진에 이르러 빗나간 화살을 맞았으나 그 화살을 빼고 다시 나아가자 그 부의 병사들이 용기백배하여 공을 세웠기 때문에 원정이 끝난 뒤 홍려경(鴻臚卿)을 겸했다."라고 기록하였다.[34]

이처럼 당을 위해 봉사한 아사나 사이는 돌궐의 처라(處羅) 카간의 둘째 아들로 태어나 626년 철륵, 위구르, 설연타 등이 돌궐에 반란을 일으킬 때 토벌을 하러 갔으나 설연타에게 패한다. 630년 서돌궐을 쳐서 세력을 얻자 스스로 도포(都布) 카간이라 일컫고 다시 설연타를 쳤지만 대패하고, 결국 635년 당나라로 들어가 신하가 되었다. 그 뒤 640년 고창에 쳐들어가고, 위에서 보듯이 645년 고리(高麗) 원정에 참여하였으며, 그 뒤로도 쿠차(龜玆), 서돌궐 등을 칠 때 큰 공을 세워 우위대장군(右衛大将軍)까지 올라갔으나 20년 뒤인 655년에 죽는다.[35]

돌궐 장수로 고리(高麗) 원정에 참여한 자는 아사나 사마(阿史那思摩, ?~645)도 있다. 당나라 지배 아래 있던 동돌궐의 카간으로 당나라에서 이씨 성을 하사해 이사마(李思摩)라고도 했다. 645년 이사마(李思摩)는 당 태종을 따라 우무위장군(右武衛将軍)으로 고리(高麗) 원정에 종군하였다. 가장 먼저 요동성을 치고 이어서 백암성을 쳤는데, 이사마가 쇠뇌(弩) 화살을 맞았다. 그때 태종이 그 화살 맞은 곳에서 나는 피를 빨아 주었다고 하는 기록이 있다.[36] 결국 이사마는 이 고리(高麗) 원정에서 맞은 화살 때문에 돌아와서 죽는다. 태종은 그의 업적을 높이 사서 병부상서(兵部尚書)·하주도독(夏州都督)을 내리고 소능(昭陵)에 장사지낸다.

---

33) 『삼국사기』권 21, 「고구려본기」제9, 보장왕 4년. 帝恐其低徊不至 命大將軍阿史那社尒 將突厥千騎以誘之.
34) 『舊唐書』卷109, 列傳 第59, 阿史那社爾. 十九年, 從太宗征遼, 至駐蹕陣, 頻遭流矢, 拔而又進. 其所部兵士, 人百其勇, 盡獲殊勳. 師旋, 兼授鴻臚卿.
35) 『舊唐書』卷109, 列傳 第59, 阿史那社爾; 舊唐書』卷110, 列傳 第35, 阿史那社爾.
36) 『舊唐書』卷199, 列傳第149, 東夷, 高麗. 師次白崖城, 命攻之, 右衛大將軍李思摩中弩矢, 帝親為吮血, 將士聞之, 莫不感勵.

퀼 테긴의 비에서는 이러한 공적을 "당 황제에게 예속되었다", "그들은 50년 동안 봉사하였다", "당 황제를 위하여 정복하였다."라고 평가한다. 이러한 공적을 비문에서는 돌궐의 치적으로 치지 않고 굴욕으로 평가하고 있다는 것은 뒤에 가서(비문 E 11) "나의 아버지 카간은 17명의 군사와 함께 반란을 일으켰다."라는 대목에서 알 수 있다. 즉 독립 이전의 정복전 참전은 굴욕적 삶이었고, 그것을 참고 견디어 끝내 아버지 카간이 그 굴욕을 벗어나 독립을 쟁취했다는 것을 강조한다.[37] 이렇게 다시 일어난 돌궐이 이른바 돌궐 제2카간국(突闕第二可汗國)이다.

이상의 역사적 사실과 돌궐 비문에서 "(가장 먼 동쪽으로는) bökli 카간까지 원정했다."라고 한 것은 bökli와 고리(高麗)가 일치한다는 것을 뚜렷하게 보여 주는 것이라고 할 수 있다.

4. 비문의 주인공 퀼 테긴(Kül Tegin, 厥特勤)과 빌개 카간(Bilgä Kagan)

비문에서는 선조들의 역사에 이어 비문 주인공의 아버지가 어떻게 독립을 하여 자신들까지 이어졌는가를 자세히 기록하고 있다. 비문 동쪽 면은 이처럼 돌궐의 약사를 간추려서 기록한 내용이다.

629년, 당 태종의 대규모 정벌로 작은 카간인 돌리 카간(突利可汗)이 투항하고, 다음 해인 630년, 대 카간인 힐리 카간(頡利可汗)도 붙잡히면서 동돌궐은 당나라의 기미지배 아래에 들어가게 된다. 돌궐이 다시 일어난 것은 682년 아사나 쿠틀룩(阿史那骨咄禄)이 엘테리시 카간(İltiriš-qaɣan)이 되어 독립한 뒤다(돌궐 제2카간국). 아사나 쿠틀룩은 측천무후 정권인 당에 때때로 침입하여 약탈을 이어가 당나라를 괴롭혔다. 그사이

[그림 31] 퀼 테긴 상(몽골국립박물관, 2017. 7. 7.)

---

37) 앞에서 보았지만 고리(高麗)를 침략한 당에 가서 벼슬한 고선지(高仙芝)와 끝까지 버텨 발해를 세운 대조영(大祚榮)을 어떻게 역사적으로 평가할 것인가를 잘 보여 준 보기라고 할 수 있다.

690년 당은 측천무후가 황제가 되어 주(周)를 세웠다. 엘테리시 카간이 죽은 뒤 동생인 아사나 묵철(阿史那默啜)이 캅간 카간(Qapyan-qayan, 阿波干可汗)이 된다. 여기서 다루려는 두 비문의 주인공인 퀼 테긴(Kül Tegin, 厥特勤)과 빌개 카간(Bilgä Kagan)은 돌궐을 독립시킨 쿠틀룩 엘테리시 카간의 아들이었는데, 아버지가 전사할 당시 빌개 카간은 8살이었고[38] 동생 퀼 테긴은 7살이었다.[39] 그러므로 삼촌인 묵철(默啜)이 캅간 카간이 된 것이다. 묵철은 처음 주(周)에 입조하였으나 차츰 오만해져 측천무후를 쳐서 당(唐)을 부활시킨다는 명분 아래 당에 쳐들어갈 준비를 하였다. 이에 대해 측천무후는 당의 려능왕(廬陵王)을 황태자로 봉하여 동돌궐의 침공을 단념시켰다. 그 뒤 705년, 측천무후가 려능왕에게 황제 자리를 물려주어 당나라가 부활한다.

만년에 묵철이 전사하자 빌개 카간과 동생이 다시 동돌궐을 지배하게 되는데,『구당서』에 보면 고리(高麗)에서 돌궐로 넘어간 유민 고문간(高文簡)이 다시 당나라로 간 715년의 다음 해인 716년(개원 4년)의 간략하지만 아주 구체적인 기록이 나온다. 그러니까 빌개 카간과 퀼 테긴이 활동한 시대는 668년 고리(高麗)의 조정이 당에 항복한 뒤 수십 년 뒤라는 것을 알 수 있다.

716년(개원 4년) 묵철이 북쪽의 9성(九姓)인 바이르쿠(拔曳固)를 토벌하여 독락하(獨樂河)에서 싸워 크게 이겼다. 묵철은 승리에 취해 제대로 수비를 하지 않고 가볍게 돌아오다가 바이르쿠의 병졸 힐질략(頡質略)을 만났다. (힐질략이) 갑자기 나와 묵철을 죽인 다음 곧 입번사(入蕃使) 학영전(郝靈荃)과 함께 묵철의 머리를 (당나라) 서울로 보냈다. 쿠틀룩의 아들 퀼 테긴(闕特勤)이 옛 부락들을 끌어모아 묵철의 아들인 소가한(小可汗)과 그의 아우들, 그리고 가까운 사람들을 모두 죽이고 자신의 형인 좌현왕 묵극련(黙棘連)을 세우니, 이 사람이 빌개 카간(毗可可汗, 716~734)이다.[40]

---

38) 앞에서와 마찬가지로 앞으로 나오는 비문 해석도 Talat Tekin 지음, 이용성 옮김 『돌궐비문연구』(제이엔씨, 2008)를 바탕으로 한다. 「빌개 카간 비」, 동면 E14. "카간께서 승하하셨을 때 나 자신은 8살이었다."

39) 「퀼 테긴 비」, 동면 E30. "나의 아버지 카간께서 승하하셨을 때 내 동생 퀼 테긴은 일곱 (살이었다.)"

40) 『舊唐書』卷194(상) 列傳 第144(상) 突厥(상). 四年, 默啜又北討九姓拔曳固, 戰於獨樂河, 拔曳固大敗. 默啜負勝輕歸, 而不設備, 遇拔曳固迸卒頡質略於柳林中, 突出擊默啜, 斬之, 便與入蕃使郝靈荃傳默啜首至京師. 骨咄祿之子闕特勤鳩合舊部, 殺默啜子小可汗及諸弟並親信略盡, 立其兄左賢王默棘連, 是為毗伽可汗.

아버지 쿠틀룩 카간이 죽었을 때 어려서 삼촌에게 자리를 양보했던[41] 빌개 카간과 동생 퀼 테긴이 다시 카간 자리를 차지한 것은 빌개 카간이 31세, 퀼 테긴이 30세 때였다. 퀼(kül, 闕)이 성이고, 테긴(Tegin, 特勤)[42]은 주로 카간(可汗)의 자제들을 부를 때 쓰는데, 퀼은 빌개 카간(Bilgä kagan, 毗伽可汗)의 동생이기 때문에 테긴이란 칭호를 쓴 것이다.

비문에서는 빌개 카간이 동생과 함께 나라를 일으킨 사실을 자세하게 기록한다.

> [E 26] …… 나는 결코 부유한 백성한테 즉위하지 않았다. 나는 배고프고, 헐벗고, 가난한 백성 위에 즉위하였다. 나는 나의 남동생 퀼 테긴과 합의하였다. 우리의 아버지께서, 우리의 숙부께서 획득(하신 백성의 명성이 사라지지 말라)

> [E 27] 하고 나는 튀르크 백성을 위하여 밤에 자지 않았다. 낮에 앉지 않았다. 나는 나의 남동생 퀼 테긴과 두 샤드와 죽어라 하고 획득하였다. 나는 그렇게 획득하여 뭉쳐진 백성을 불(과) 물(처럼 서로 원수를) 만들지 않았다. 나 (자신이 카간으로 앉았을 때, 각처로)

> [E 28] 갔던 백성들이 죽을 지경이 되어 걸어서 맨발로 돌아왔다. 나는 "백성을 배부르게 하겠다"고 하고 북쪽으로는 오구즈 백성을 향하여, 동쪽으로 거란과 타타브 백성을 향하여, 남쪽으로는 중국을 향하여 121번 대규모 군대를 (파견하여 …… 나는 싸웠다. 그)

> [E 29] 위 신이여 보호하소서. 나는 신의 은총이 있으므로, 나는 행운이 있으므로, 죽을 백성을 되살리고 배부르게 하였다. 나는 헐벗은 백성을 옷 입게 하고, 가난한 백성을 부유하게 하였다. 나는 적은 백성을 많게 하였다. 강력한 나라가 있는 자보다(강력한 카간이 있는 자보다 더 좋게 하였다. 사방에 있는)

> [E 30] 백성을 나는 모두 복속시켰다. (튀르크 백성을) 무적으로 만들었다. 모두 나에게

---

41) 여러 돌궐사의 기록에서 삼촌이 나이 어린 조카의 자리를 빼앗았다고 하는데 비문에서는 "나의 숙부 카간은 (권좌에) 앉아 튀르크 백성을 다시 조직하였다. 다시 배부르게 하였다. 그는 가난한 자를 부유하게 하였다."고 찬양하고 있다. 그리고 그 삼촌 밑에서 어떻게 공적을 세웠는지도 자세하게 나온다.

42) 『舊唐書』卷194(상) 列傳 第144(상) 突厥(상). 카간(可汗)은 옛날 (흉노의) 선우(單于)와 같고, 나내는 가하돈(可賀敦)이라 부르는데 옛날 알지(閼氏)와 같다. 그 아들이나 동생을 티긴(Tegin 또는 tegin, 特勤)이라고 한다(可汗者, 猶古之單於, 妻號可賀敦, 猶古之閼氏也. 其子弟謂之特勤).

예속되었다. (나에게) 봉사한다. 이토록 일하고 애쓰고는 내 동생 퀼 테긴 자신
을 그렇게 서거하였다. ……[43)

『구당서』에도 빌개 카간이 자리를 되찾는 데는 동생의 역할이 절대적이었고, 꽤 용
의주도하게 진행하였다는 것을 기록하고 있다.

빌개 카간은 개원 4년(716) 자리에 올랐는데, 돌궐에서는 (빌개 카간을) 퀴췩 샤드
(Küchük Shad, 小殺)[44)라고 불렀다. 성질이 인자하고 우애가 깊어 자기가 나라를 얻은 것
은 퀼 테긴의 공이라고 생각해 자리를 넘겨주려 했지만 퀼 테긴이 받지 않자, 결국 (그를)
좌현왕으로 삼고 군대(兵馬)를 도맡도록 하였다. 그때 해(奚)와 거란(契丹)이 함께 (백성
을) 이끌고 장성 안으로 들어왔고, 튀르기시(突騎施)의 소록(蘇祿)도 스스로 일어나 카간
(可汗)이 되는 등 여러 돌궐 부락들이 돌아서려고 하였다. 이에 묵철 시대에 벼슬을 한 톤
유쿡(Tonyukuk, 暾欲穀)을 불러들여 참모로 삼았다. 처음 퀼 테긴이 묵철 아래서 벼슬을
한 사람을 죽일 때 톤유쿡의 딸이 빌개 카간의 부인이었기 때문에 죽음을 면하고 면직되
어 마을에 돌아가 있었는데 다시 뽑아 쓰게 된 것이다. 나이 이미 70살이었지만 돌궐 사
람들이 몹시 우러러 복종하였다.[45)

여기서 현재 몽골에 있는 3개의 가장 큰 비석의 주인 가운데 하나인 톤유쿡(Tony-
ukuk, 暾欲穀, 646~724)[46)과의 관계도 정확하게 밝혀진다. 빌개 카간 당시 동생과 톤유

---

43) Talat Tekin 지음, 이용성 옮김, 『돌궐비문연구』, 제이엔씨, 2008, 102~104쪽.

44) 퀴췩 샤드(Küchük Shad)는 돌궐말로 '꼬마장군'이라는 말인데, 구당서에서 그 이름을 깎아내리기 위해 소살(小殺)
이라는 나쁜 뜻을 가진 글자를 썼다. 추모(鄒牟)를 어리석다는 뜻을 가진 주몽(朱蒙)이라고 한 것과 같은 맥락이다.

45) 『舊唐書』卷194(상) 列傳 第144(상) 突闕(상). 毗伽可汗以開元四年即位, 本蕃號為小殺. 性仁友, 自以得國是闕特勤之功,
固讓之, 闕特勤不受, 遂以為左賢王, 專掌兵馬, 是時奚_契丹相率款塞, 突騎施蘇祿自立為可汗, 突厥部落頗多攜貳, 乃
召默啜時衙官暾欲穀為謀主. 初, 默啜時衙官盡為闕特勤所殺, 暾欲穀以女為小殺可敦, 遂免死, 廢歸部落, 及復用, 年
已七十餘, 蕃人甚敬伏之.

46) 톤유쿡(Tonyukuk, 暾欲穀, 646~726)은 돌궐 제2제국의 바가타르칸(군사 지도자)으로, 4명의 카간을 섬겼으며 그 가
운데 빌개 카간이 유명하다. 톤유쿡은 본래 당나라를 섬겼으나, 이후 돌궐의 반란에 가담하여 돌궐이 당 제국에 맞설
수 있도록 하는 데 큰 역할을 했다. 카파간 카간이 죽은 뒤 퀼 테긴과 빌개가 카간의 아들 이넬 카간을 몰아낼 때 톤
유쿡은 가담하지 않았고, 퀼 테긴 일파가 승리한 뒤 일시적으로 하야했다. 그러나 빌개는 톤유쿡을 다시 중용하였다.
자세한 것은 그가 죽기 전인 716년 세워진 두 개의 비석에 기록되어 있는데, 울란바타르 날라이흐 지역(Ulaanbataar's
Nalaikh district)에 있는 바인 촉도(Bayn Tsokto)에 서 있다. 날라이흐 우체국(Nalaikha post-station)과 톨라저수지 오른

쿡의 위세를 보여 주는 좋은 자료가 있다.

개원 13년(725) (당의) 현종이 동녘을 순행하려 할 때 중서령 장열(張說)이 군대를 더해 돌궐에 대비하는 모의를 하는데 병부랑중 배광정(裴光庭)이 말했다. "봉선(封禪)이라는 것은 (하늘에) 고하는 의식인데, 갑자기 이때 (군사를) 억지로 모으면 어찌 명목과 실질이 서로 어그러지는 것이 아니겠습니까?" (장)열이 말했다. "돌궐이 이전에는 화친을 청했으나 짐승 같은 속셈은 헤아리기 어렵습니다. 또 소살(小殺=빌개 카간)이란 자는 마음이 어질어 사람들을 아끼기 때문에 백성들이 (그를) 위해 일하려 합니다. 퀼 테긴(闕特勤)은 날래고 용맹하여 싸움을 잘하여 가는 곳마다 맞설 자가 없습니다. **톤유쿡(暾欲穀)은 매우 주도면밀하고 지략이 있어 늙었다고 하나 더 슬기로워 이정(李靖)과 서적(徐勣)과 같은 인물입니다.** 세 놈이 마음을 모으면 (군대를) 움직임에 실수가 없을 뿐만 아니라 우리가 거국적으로 동녘으로 순행하는 것을 알아채고 만일 변방을 엿본다면 어떻게 그를 막을 수 있겠습니까?"[47]

당시 돌궐의 삼총사가 당(唐)에게 얼마나 큰 위협이었는가 하는 것을 알 수 있다. 그러나 이런 정세가 아주 오래가지는 않는다. 정확하지는 않지만 다음 해(726)쯤 톤유쿡이 죽고, 5~6년 뒤 퀼 테긴도 세상을 뜬다. 퀼 테긴의 죽음에 대해서『구당서』에는 개원 20년(732)이라고 기록되어 있지만 퀼 테긴의 비에 나온 기록을 Bazin이 계산한 것에 따르면 '양해(辛未)의 열일곱째 날(731년 2월 27일)'에 죽고, 장례식은 '아홉째 달의 스물일곱째 날(731년 11월 1일)'이라고 기록되어 있다. 한문으로 된 비문에는 앞에서 보았듯이 '당 개원 20년, 간지로는 임신년(732) 12월 신축 초 7일 정미에 세우다(大唐開元廿年歲次壬申十二月辛丑朔七日丁未建)'라고 되어 있어 비는 732년에 세워졌다는 것을 알 수 있다.[48]

쪽 제방 사이에 있다(47°42′N107°28′E/47.700°N 107.467°E). 이 두 비석은 1897년 여름에 Radloff와 Klementz 여사가 찾아냈다. 두 비석은 모두 4면에 룬문자로 가득 차 있다. 첫 비석에는 35줄, 둘째 비석에는 27줄이 있다.

47) 『舊唐書』卷194(상) 列傳 第144(상) 突厥(상). 十三年, 玄宗將東巡, 中書令張說謀欲加兵以備突厥, 兵部郎中裴光庭曰: 「封禪者告成之事, 忽此徵發, 豈非名實相乖?」說曰: 「突厥比雖請和, 獸心難測, 且小殺者仁而愛人, 眾為之用; 闕特勤驍武善戰, 所向無前; 暾欲穀深沉有謀, 老而益智, 李靖·徐勣之流也. 三虜協心, 動無遺策, 知我舉國東巡, 萬一窺邊, 何以禦之?」

48) Talat Tekin 지음, 이용성 옮김『돌궐비문연구』, 제이엔씨, 2008, 118쪽.

이 당시 돌궐은 토번에서 당나라를 함께 치자는 제안을 받을 때 그 글을 당나라에 바칠 정도로 당나라와 사이가 좋았기 때문에 당나라 현종도 특별히 비문을 지어 보낼 정도로 신경을 썼다.

> (개원) 20년(732) 퀼 테긴이 죽자 조서를 내려 금오장군(金吾將軍) 장거일(張去逸)과 도관랑중 여향(呂向)에게 옥새가 찍힌 조서를 가지고 돌궐에 들어가 퀼 테긴을 조문하고 제사 지내면서 비석을 세웠는데, 황제께서 친히 비문을 지었고, 또한 사묘(祠廟)를 세워 돌을 깎아서 상을 만들고 네 벽면에는 퀼 테긴의 전쟁과 진영에 있었던 모습을 그리게 하였다.[49]

빌개 카간도 퀼 테긴이 죽은 뒤 2년 만에 세상을 뜬다. 신하인 부이룩 초르(Buyruk Chor[50], 梅錄啜)가 독을 타서 죽이려 했지만 바로 죽지 않았기 때문에 부이룩 초르의 목을 베고 그 일당을 모두 멸한 뒤에 죽었다. 빌개 카간 비문에서는 "아버지 (카)간은 개해 열째 달 스물여섯(째 날)에 승하하였다."라고 하였다. 개해는 곧 갑술(甲戌)년으로 734년(발해 무왕 16년, 신라 성덕왕 33년)이고, 열째 달 스물여섯째 날은 서양력으로 11월 25일이다. 이때도 당의 현종은 이전(李佺)을 보내 조문하고 사관(史官) 이융에게 비문을 쓰게 하여 비를 세웠다. 백성들은 빌개 카간의 아들인 이넬 카간(Inäl Qayan 伊然可汗)을 세웠다. 이때부터 동족상잔의 역사가 시작되면서 카간들이 계속 단명하면서 나라가 기울기 시작한다. 빌개 카간을 이은 이넬 카간이 얼마 가지 않아 같은 해인 734년에 병으로 죽자 그의 아우인 탱리 카간(Täŋri Qayan, 登利可汗, 734~741)이 뒤를 이었다.[51]

탱리 카간은 어려서 즉위하였기 때문에 그의 어머니, 곧 톤유쿡의 딸인 곡돌록파복가돈(骨咄禄婆匐可敦)이 수렴청정을 하였는데 신하인 어사달간(飫斯達干)과 간통하여

---

49) 『舊唐書』卷194(상) 列傳 第144(상) 突闕(상). 二十年(732), 闕特勤死, 詔金吾將軍張去逸·都官郎中呂向齎璽書入蕃弔祭, 並為立碑, 上自為碑文, 仍立祠廟, 刻石為像, 四壁畫其戰陣之狀.

50) 현대 터키어로는 Buyruk Çor라고 표기한다. Erkin Ekrem, "Sarı Uygurların Kökeni", Modern Türklük Araştırma Dergisi, Vol. 4, No. 3, 2007. 165쪽.

51) 『舊唐書』卷194(상) 列傳 第144(상) 突闕(상). 二十年, 小殺為其大臣梅錄啜所毒, 藥發未死, 未討斬梅錄啜, 盡滅其黨. 既卒, 國人立其子為伊然可汗. 詔宗正卿李佺往申弔祭, 並冊立伊然, 為立碑廟, 仍令史官起居舍人李融為其碑文. 無幾, 伊然病卒, 又立其弟為登利可汗.

국정에 관여하였다. 그러므로 백성들이 이에 따르지 않고 특히 카간의 숙부 2명이 병권을 나누어 동쪽은 좌살(左殺), 서쪽은 우살(右殺)이라고 하여 둘로 나뉘어 지배하게 되었다.

741년, 탱리 카간의 어머니(骨咄禄婆匐可敦)가 서살(西殺, 右殺)을 꾀어 머리를 베고 그 백성을 끌어들이자 두려움을 느낀 좌살(左殺)이 탱리 카간을 죽이고 골돌 엽호(骨咄葉護[52])가 스스로 카간이 된다. 다음 해인 742년 골돌엽호 카간(骨咄葉護可汗)이 위구르(Uyɣur, 回紇), 카르룩(Qarluq, 葛邏禄), 바스밀(Basmyl, 拔悉蜜) 같은 세 부족에게 피살되었고, 다시 들어선 오즈미시 카간(烏蘇米施可汗)도 3부의 공격으로 피살되면서 동생인 바이메이 카간(Baymey Kaɣan, 白眉可汗; 터키에서는 Kulun Beg)이 들어선다.

바스밀부(拔悉蜜部)의 추장인 아사나 시(阿史那施)가 엘테리시 카간(Elteriš Kaɣan, 頡跌伊施可汗)이 되고 위구르와 카르룩 추장이 좌우의 야브구(Yabgu, 葉護)가 된다. 2년 뒤 744년, 위구르와 카르룩은 맹주인 엘테리시 카간을 죽이고 대신 위구르의 부족장이었던 쿠틀룩 보일라(Qutluɣ boila, 骨力裴羅)를 퀼 빌개 카간(Köl bilgä qaɣan, 骨咄禄毘伽闕可汗)으로 세움으로써 위구르가 세력을 잡게 된다. 그 뒤 당나라에서 회인 카간(懷仁可汗, 744~747)이란 칭호를 내린다.

745년 위구르가 마지막 동돌궐 카간인 바이메이 카간(Baymey Kaɣan, 白眉可汗)을 죽임으로써 동돌궐은 완전히 멸망하고 위구르(回紇)가 현재 몽골고원의 패자가 된다.[53]

---

52) 얍구(Yabɣu, 葉護)는 대신급에 해당하는 관직이다.

53) 『舊唐書』卷194(상) 列傳 第144(상) 突厥(상). 登利者, 猶華言果報也. 登利年幼, 其母即暾欲穀之女, 與其小臣飫斯達幹姦通, 幹預國政, 不爲蕃人所伏. 登利從叔父二人分掌兵馬, 在東者號爲左殺, 在西者爲右殺, 其精銳皆分在兩殺之下. 二十八年, 上遣右金吾將軍李質齎璽書冊立登利爲可汗. 俄而登利與其母誘斬西殺, 盡併其眾, 而左殺懼禍及己, 勒兵攻登利, 殺之, 自立, 號烏蘇米施可汗. 左殺又不爲國人所附, 拔悉密部落起兵擊之, 左殺大敗, 脫身遁走, 國中大亂.

III. 뵈클리(Bökli)에 대한 연구사

뵈클리 칠릭 엘(bökli : čöllüg el)과 뵈클리 카간(bökli : qaɣan), 이 두 낱말에 대한 논란은 이미 19세기부터 시작되었다. 주로 튀르크어를 전공하는 학자들은 튀르크어의 낱말 이라는 설과 홀이름씨(固有名詞), 곧 다른 나라 말을 소리 나는 대로 옮긴 것이라는 설, 두 가지로 의견이 나뉘어 있다고 할 수 있다.

1. 초기 유럽 언어학자들의 기초적 연구

유럽 학자들의 연구사에 대해서는 이미 1930년대 일본의 이와사 세이이치로(岩佐精 一郎)[54]를 비롯하여 국내에서도 근년에 김병호[55]가 자세하게 연구하였기 때문에 여 기서는 그런 연구를 바탕으로 간단히 간추려 정리하려고 한다.

---

54) 岩佐精一郎, 古突厥碑文のBökli及びPar Purmに就いて, 『岩佐精一郎遺稿』, 岩佐伝一, 1936, 62~64쪽.
55) 김병호, 「오르혼 옛 튀르크語 비문과 한반도의 옛 이름 : 퀼 테긴 碑와 빌개 카간 碑에 나타나는 'Bökli' 해석」, 동북아 역사재단 『東北亞歷史論叢』(42), 2013년, 12월, 7~45쪽.

1) 1894년, 라들로프(Radlov)의 뵈클리(bökli)에 대한 해석

라들로프(Friedrich Wilhelm Radloff, 1837~1918)는 독일에서 태어난 러시아인이다. 그래서 러시아 저서에서는 **Vasiliǐ Vasil'evich Radlov**(Василий Васильевич Ра́длов)라는 이름으로 발표된다. 튀르크어와 튀르크사 학자로 알려진 그는 평지 알타이의 수도 바르나울(Barnaul)에서 교사로 일하면서 시베리아의 원주민 문화를 연구하기 시작하여 1866년부터 1907년까지 많은 비문을 발표하였다. 그 가운데 가장 유명한 것이 1892년에 처음으로 발표한 오르콘 비문이다. 1893년부터 1899년까지 4권으로 발행한 돌궐어 사전(Versuch eines Wörterbuch der Türk-Dialecte)도 유명하다. 1884년부터 1894년까지 상트페테르부르크에서 러시아민족학박물관(The Russian Museum of Ethnography) 설립을 도왔고, 아시아박물관(The Asiatic Museum) 설립을 지휘하였다.

그의 비문 해석은 1892년 처음 비문을 발표하고 3년 뒤인 1894년 처음 책으로 출판된다. 처음 라들로프(Radlov) 씨는 bökli çölgi äl(강한 초원의 민족들) 및 bökli qaɣan[강성한 카간(可汗)]이라고 해석하였다.[56]

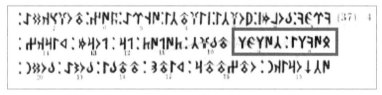

[그림 32] 라들로프 : 룬문자 원문

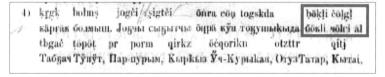

[그림 33] 라들로프 : 로마자 옮김(첫 줄), 러시아어(둘째 줄)

① 룬문자 원문: ┇Ɣ૯ɣNʌ┇ⲎɣⱵᏒⲊ (룬문자는 오른쪽에서 왼쪽으로 읽는다.)

---

56) Vasiliǐ Vasil'evich Radlov, *Die alttürkischen Inschriften der Mongolei*, St. Petersburg [u.a.] : Eggers [u.a.], 1894-, 1894, pp.4~5. 이 책은 1895년판으로 되어 있다.
http://menadoc.bibliothek.uni-halle.de/ssg/content/structure/780496.

② 로마자 옮김: bökli čölgl

③ 러시아어 옮김: bökli čölgl äl(бökli чölгl äl)

라들로프는 여기서 뵈클리(bökli)는 뵉(bök)이라는 씨뿌리(語根)에서 파생되었다고 보았다. 라들로프가 펴낸 돌궐어 사전에서 뵉(bök)은 독일어로 fest, sehr를 뜻한다고 했다.[57]

【bök】 fest, sehr

① fest: 질긴, 단단한(强한), 튼튼한, 팽팽한

② sehr: 매우, 대단히

이어지는 čölgl의 씨뿌리는 čöl이라고 보았다. ein unbewohnedes Land(사람이 살지 않는 나라), die Steppe(초원, 스텝), die Wüste(황무지, 황야, 사막)[58]라고 보았다.

【čöl】 ein unbewohnedes Land, die Steppe, die Wüste

① ein unbewohnedes Land: 사람이 살지 않는 나라

② die Steppe: 초원, 스텝

③ die Wüste: 황무지, 황야, 사막

그러므로 뵈클리(bökli)를 쵤글(čölgl)을 수식하는 매김씨(冠形詞)로 보고 "강한(단단한) 초원(사막)의 나라(민족)"[59]라고 옮긴 것이다.

---

57) Vasiliĭ Vasil'evich Radlov, *Versuch eines Wörterbuchs der Türk-Dialecte*, Commissionnaires de l'Académie impériale des sciences, 1888. Ⅲ, p.1574(Mouton, 1960 영인판).

58) Vasiliĭ Vasil'evich Radlov, *Versuch eines Wörterbuchs der Türk-Dialecte*, Commissionnaires de l'Académie impériale des sciences, 1888. Ⅲ, p.2043.

59) 이와사 세이이치로(岩佐精一郎)는 "강성한 초원의 민족들"이라고 옮겼다.

이와 같은 논리로 뒤에 나오는 뵈클리 카간(bökli qaγan)도 '강한(단단한) 카간(可汗)'이라고 해석하였는데[60] 이런 논법은 뵈클리(bökli)라는 매김씨(冠形詞)가 카간이라는 이름씨를 꾸민다고 본 것이다. 그러나 라들로프는 1895년에 발표한 책에서는 매김씨(冠形詞)가 아닌 홀이름씨(固有名詞)로 보아 새롭게 풀어냈다.

① bökli äçüliγ äl: Bökli Ätschü를 지배하는 민족
Bökli qaγan: Bökli 카간(可汗)[61]
② bökli çölig al: Bökli 초원에 사는 민족들[62]

①과 ②에서 쵤릭에 대한 해석은 차이가 나지만 뵈클리(Bökli)는 모두 '튼튼한(강한)'이란 매김씨(冠形詞)를 벗어나 '뵈클리'를 홀이름씨(固有名詞)로 보았다는 것을 알 수 있다.

2) 1896년, 빌헬름 톰슨(V. Thomsen)의 뵈클리(bökli)에 대한 해석

앞에서 보았지만, 톰슨은 비문 전체를 처음으로 해석해 내서 큰 메아리를 일으켰다. 빌헬름 톰슨(Vilhelm Ludvig Peter Thomsen, 1842~1927)은 덴마크의 언어학자이며 튀르크 언어학자로, 돌궐문자 해독에 뛰어난 업적을 남긴 사람이다.

톰슨도 라들로프와 크게 차이가 나지 않는다.

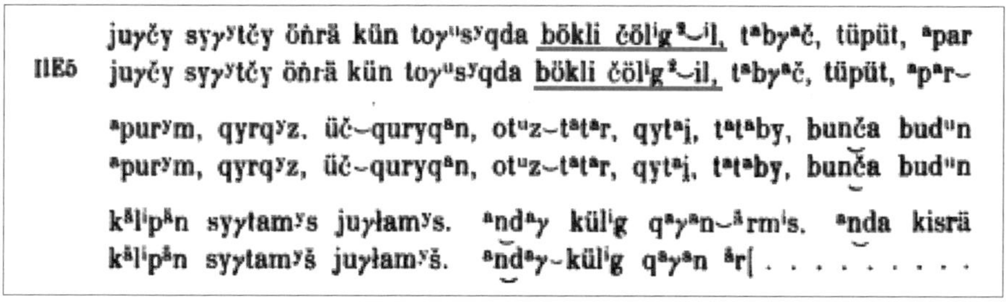
IIE5
juγčy syγ^{y}tčy öṅrä kün toγ^{u}s^{y}qda bökli čöl^{i}g^{ä}~il, t^{a}bγ^{a}č, tüpüt, ^{a}par
juγčy syγ^{y}tčy öṅrä kün toγ^{u}s^{y}qda bökli čöl^{i}g^{ä}~il, t^{a}bγ^{a}č, tüpüt, ^{a}p^{a}r~
^{a}pur^{y}m, qyrq^{y}z, üč~quryq^{a}n, ot^{u}z~t^{a}t^{a}r, qyt^{a}j, t^{a}t^{a}by, bunča bud^{u}n
^{a}pur^{y}m, qyrq^{y}z, üč~quryq^{a}n, ot^{u}z~t^{a}t^{a}r, qyt^{a}j, t^{a}t^{a}by, bunča bud^{u}n
k^{ä}l^{i}p^{ä}n syγtam^{y}s juγlam^{y}s. ^{a}nd^{a}γ kül^{i}g q^{a}γ^{a}n~^{ä}rm^{i}s. ^{a}nda kisrä
k^{ä}l^{i}p^{ä}n syγtam^{y}š juγlam^{y}š. ^{a}nd^{a}γ~kül^{i}g q^{a}γ^{a}n ^{ä}r[. . . . .

[그림 34] 빌헬름 톰슨의 해석(Thomsen, 1896, 98쪽.)

60) W. Radlov, Die alttürkischen Inschriften der Mongolei, Erste Lieferung (1894), p.4~5, Zweite Lieferung, 1894, p.140.
61) Radlov, *Die alttürkischen Inschriften der Mongolei*, Dritte Lieferung, 1895, pp.230~231.
62) Radlov, *Versuch eines Wörterbuch der Türk-Dialecte*. Bd. III. p.2043.

뵈클리(Bökli)에 대한 해석은 같지만 čölgl을 라들로프 씨가 čölgi äl이라고 읽은 것과 달리 čöl[i]g라고 [r(i)]를 더 넣어 고치고, čöl을 차가타이(Djagatai)의 사투리의 사막(desert)이라는 뜻에서 구하고, 아울러 '외국'이란 뜻이 들어 있다고 생각해 "강한(단단한) 사막의 민족들[곧 다른 민족(외국)?]"이라고 풀이하였다.

> 그들은 차례대로 떠났다. 해가 뜨는 쪽으로부터 (문상객이) 울며 슬퍼하며 이르렀으니 **사막의 강한 민족들(곧 외국인?)**, 중국인, 티베트인, 아바르와 동로마인, 키르기즈인, 3부 쿠리칸, 30부 타타르인, 거란, 해(奚)들이다. 모든 사람이 슬퍼하고 울었다. 그 카간들은 그렇게 막강하였다.[63]

그것은 뵈클리(Bökli)에 이어 나오는 여러 민족을 먼저 뭉뚱그려 나타내는 말이라고 생각하였다.

> 8) [I E 4, II E 5] toγusyq에 대해서는 37쪽 이하를 볼 것 — čölig 나 čö<l>lig il (18쪽을 볼 것) 대신, 라들로프는 čölgi äl이라고 읽고, l의 철자법이 맞지 않는다며 마지막 i가 없는 čölgl이라고 했는데, 라들로프 (논문의) 131쪽의 "(산골 민족들인 taγdaqy나 jyš áli와는 반대인) 초원민족"이 맞다면 "čöl-däki äl"이라고 할 수 있지 않는지 강한 의문을 갖는다.
>
> 그 낱말은 차가타이(Djagatai)(말)의 "사막, 도시 밖이나 주거지역의 밖에 있는 모든 것; 밖, 밖에"를 뜻하는 čöl에서 온 것이다. 그렇다면 čölig라는 낱말은 외국인(장사꾼)이란 뜻이 아닐까? 그렇게 되면 bökli čölig il, 즉 강력한 외국 민족(제국)이란 낱말은 이어지는 여러 민족의 이름, 일부 튀르크제국에 속한 적이 없는 나라와 나머지 다소 관계가 있었던 나라(비가 오지 않은 사막을 이야기하는 것으로 II SE에서는 subsyz를 쓰고 čöl을 쓰지 않는다)라는 것을 이해할 수 있고, (논리적으로도) 완전히 들어맞는다.[64]

---

63) V. Thomsen, *Inscription de l'Orkhon dechiffrées*, Helsingfors, Imprimerie de la société de Littérature Finnoise, 1896, p.98. A leur tour, ils trépassèrent. Pleurant et se lamentant arrivèrent de l'avant, du côté du soeil levant, *les puissants peuples du désert(c'est-à-dire étrangers?)*, les Chinois, les Thibétains, les Apar et Apourim, les Kirghiz, les Trois-Kourikans, les Trente-Tatars, Les Kitaï, les Tababi) - tous ces peuples vinrent se lamenter et pleure) : si vaillants avaient été ces kagans.

64) V. Thomsen, *Inscription de l'Orkhon dechiffrées*, Helsingfors, Imprimerie de la société de Littérature Finnoise, 1896, p.139. Note 8. 8) Au lieu de *čölig* ou plutôt(comp. p.10) *čöl<i>gl il*, Radloff lit *čölgl* äl, leçon prohibée par l'épellation de

톰슨도 뵈클리(Bökli)를 라들로프가 처음 해석한 것처럼 매김씨(冠形詞)로 쓰였다고 보았다. 그는 쀠쌍(puissant)이라고 해석했는데 불어에서 '권력[세력] 있는', '유력한', '강대한'이란 뜻이다.

그 뒤 말년인 1924년에는 톰슨도 새로운 해석에서는 "먼 Bökli(?)의 민족[das ferne Bökli(?) volk]", "Bökli 카간(可汗)"이라고 옮겼다.[65] 그러나 왜 앞에 '먼(ferne)'이라고 했는지는 설명이 없다.

3) 1896년, 빌헬름 방(Wilhelm Bang, 1869~1934)

독일의 동양학 학자인 빌헬름 방(Willi Bang이라고도 했다)은 우랄 알타이 지역에 대한 연구를 주로 하였다. 아버지 성 'Bang'과 어머니 성 'Kaup'를 합해서 빌헬름 '방-카우프(Wilhelm Bang-Kaup)'로 쓰기도 하였다. 라들로프와 톰슨의 뒤를 이어 돌궐학 전문가로 활동하였다.[66]

방은 "bökli čölig äl(강한 초원의 민족들)"이라고 읽고, 만일 톰슨의 해석대로 하면 그 아래 여러 민족이 모두 동녘의 주민이라고 풀이해야 하는 모순에 빠지기 때문에 이를 해결할 수 있는 앞의 구절 '동쪽 해 뜨는 방향'은 단순히 카간(可汗) 장례 행렬의 방향을 가리키는 것에 지나지 않는다고 해야 한다고 했다.

I S 7-8 = K a. 7-8에서 나오는 Ütükän jyš (산의 숲)에 반대되는 jazy(평원)에서 나는 čälig äl을 '튀르크 초원에서 사는 종족'이라고 이해한다. "동쪽"이란 단순히 장례식 행렬의

l *čölgl*, sans *i* final, et guand même l'interprétation de R, p.131, 〈das Steppenvolk(Ggensatz zu Bergbewohner taẏdaqy oder jẏš âli)〉 serait d'ailleurs correcte, ce dont je doute fort, n'aurait-on pas dû s'attendre à ≪*čöl-däki äl*≫ ? Le mot est dèrivè de *čöl* (djag.), 〈désert, tout ce qui est hors d'une ville ou d'une contrée habitée; hors, dehors〉. Le mot *čölig* n'aurait-il pas pu être employé dans le sens d'étranger(〈forain〉)? Les mots *bökli čölig il*, les puissants peuples(empires) étrangers, seraient alors une désignation compréhensive et fort appropriée des noms suivants de peuples dont les uns n'avaient jamais appartenu à l'empire turc, les autres n'avaient eu avec lui que des relations plus ou moins passgères. (Là où il s'agil du désert aride loi-même, Il SE emploie subsyz, et non čöl).

65) Thomsen, *Alltürkischen Inschriften aus der Mongolei*, Zeitschrift der Deutschen Morgenländischen Gesellschaft(ZDMG), 1924, pp.145, 146, 171.

http://menadoc.bibliothek.uni-halle.de/dmg/periodical/titleinfo/92926

66) Osman Fikri Sertkaya, *Ölümünün 50. Yil Dönümünde Willi Bang-Kaup (9. VIII. 1869-8. X. 1934) ve Eserleri*, Türk Dili Araştırmaları Yıllığı Belleten, Türk Dil Kurumu Yayınları, 1984, Ankara 1987, p.285~304

방향을 나타낼 뿐이다; 동쪽은 또한 비문이 쓰여 있는 면이 향하는 쪽이다.[67]

방은 뵈클리 칸(Bökli-Khan)에 대한 해석을 1896년 논문에서 "뵈클리 카간(bökli qaγan)을 나는 산맥이라고 이해한다(unter Bökli-Khan verstehe ich ein Gebirge)"[68]고 했다. 그 뒤 이 문제에 더 집중하여 bök(fest, sehr)을 「큰」이란 뜻으로 받아들여 해석을 바꾸었다. 방(W. Bang)은 Bökli를 돌궐어로 풀었기 때문에 뵈클리 카간(bökli qaγan)에 대한 설명에 집중하다가 드디어 이를 돌궐 동녘에 있는 산 이름, 곧 대흥안령(大興安嶺)을 뜻하고 몽골어 yak alyn의 yak는 bökli에 해당한다고 했다. "지나(支那) 사람도 대흥안령을 큰 산이라고 부르지 않았는가?"라고 하며, 확 바꾸어 앞의 bökli čöl도 또한 「큰 사막(大漠)」, 곧 고비사막을 가리킨다[69]고 보았다.[70]

4) 1898년, 밤베리(H. Vámbéry)

헝가리 출신 여행가며 동양학 학자다. 본명이 밤버거 아르민(Bamberger Ármin) 또는 헤르만 밤버거(Hermann Bamberger)였는데, 헝가리화하여 밤베리 아르민(Vámbéry Ármin, 1832~1913)이라고 했고 저서에는 표지에도 H. Vámbéry라고 줄여서 썼다.

청년 시절 터키로 건너가 터키어와 페르시아어를 배웠다. 1863년 이슬람 수도자로 변장하고 동투르키스탄에서 온 순례자와 대상을 따라 페르시아를 건너 부하라, 사마르칸드, 카르시(Karshi)를 거쳐 시베리아를 지나 마슈하드(mashhad)로 돌아오는 대장정을 마치고 1865년 헝가리 최대의 대학인 외트뵈시 로란드대학교(Eötvös Loránd Tudományegyetem, ELTE) 교수가 된다.

---

67) W. Bang, *Zu den Kök Türk-Inschriften der Mongolei*, Toung Pao(7), 1896, p.334. Da in I S 7-8 = K a, 7-8 *jazy* "Ebene" im Gegensatz zu *Ütükän jyš* (Bergwald) steht, so verstehe ich unter *čälig äl* die die Steppen bewohnenden Stämme de Türk. "Nach Osten" kann sich nur auf die Richtung des Zuges bei den Trauerfeierlichkeiten beziehen; Osten ist ja auch die Seite, nach welcher unsere Inschriften schauen.

68) W. Bang, *Zu den Kök Türk-Inschriften der Mongolei*, Toung Pao(7), 1896, p.336

69) W. Bang, *Zu den Kök Türk-Inschriften der Mongolei*, Toung Pao(7), 1896, p.336; Toung Pao(8), 1897; Zu den köktürkischen Inschriften, Toung Pao(9) 1898, pp.123, 141.
      http://www.jstor.org/stable/4525331

70) 岩佐精一郎, 「古突厥碑文のBökli及びPar Purmに就いて」, 『岩佐精一郎遺稿』, 岩佐伝一, 1936, 62~64쪽.

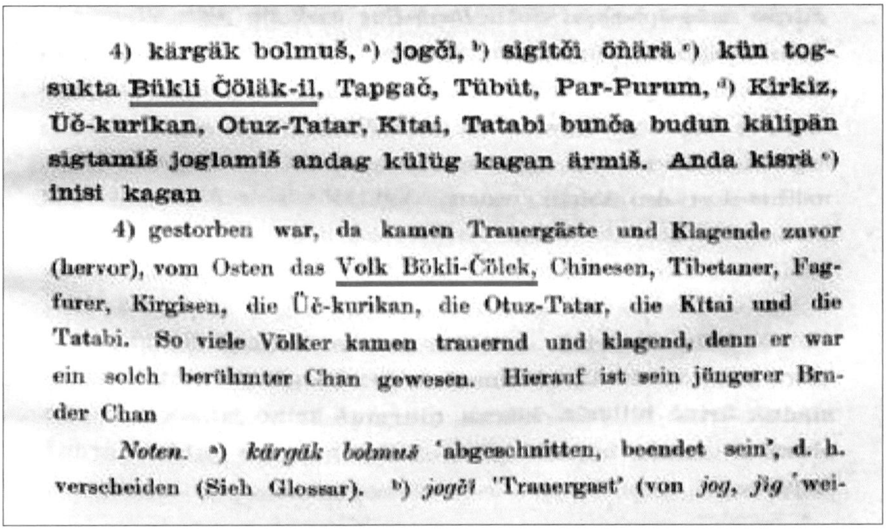

[그림 35] 밤베리의 해석 (Vámbéry, 1898, 29쪽)

밤베리는 뷔클리 쵤렉-일(Bükli Čöläk-il)이라고 옮기고 해석에서는 뵈클리-쵤렉 민족 (Volk Bökli-Čölek)이라고 했다. 라틴화하면서 뷔클리(Bükli)라고 했는데 번역에서는 뵈클리(Bökli)라고 했지만 돌궐어에서는 외(ö)와 위(ü)가 같은 글자로 표기되기 때문에 문제는 없다. E8에 나오는 Bökli는 'Bökli 카간(可汗)'이라고 풀이하고, 따로 해설을 붙이지 않았다.[71]

위에서 보는 바와 같이 초기 유럽 언어학자들은 처음에는 뵈클리(Bökli)를 돌궐어의 관형사로 보는 경향이 있었으나 결국 홀이름씨(固有名詞)이고 민족이나 나라 이름이라고 해석하고 있는 것을 알 수 있다. 그러나 뵈클리(Bökli)가 어느 민족이고, 어느 나라인가에 대해서는 완전한 결론을 얻지 못하고 있다. 빌헬름 방(Wilhelm Bang)은 bökli çölig äl을 초원지대에 사는 돌궐족의 한 파라고 생각했다가[72] 나중에는 고비사막에

---

71) H. Vámbéry, *Noten zu den alttürkischen Inschriften*, Helsingfors, Druckerei der Finnischen Literatur-Gesellshaft, 1898, pp.29, 33.

72) W. Bang, *Zu den köktürkischen Inschriften*, Toung Pao(9) 1898, p.123.

사는 돌궐인이며 뵈클리 카간(bökli qayan)은 대흥안령이라고 비정하였고, 라들로프는 동쪽에 사는 퉁그스족이라고 했으며,[73] 톰슨은 "동쪽에서 가장 먼 곳에 있는 알 수 없는 민족(unbekanntes Volk am weitesten im Osten)"이라고 했다.[74] 대부분 아주 막연한 추측에서 끝났다는 것을 알 수 있다.

2. 1930년대 이후 'Bökli=고구리(高句麗)'설의 확립과 그 논의

1) 1936년, 이와사 세이이치로(岩佐精一郎, 1911~1935)

위에서 본 것처럼 서양의 학자들이 수십 년간 기본적 연구를 통해 뵈클리(Bökli)가 민족이나 나라 이름이라는 데 이르렀지만 어떤 나라인지는 밝히지 못했다. 그런데, 1930년대에 들어서면서 "Bökli는 바로 고리(高麗=高句麗)라고 단정해도 된다"고 주장하는 논문이 일본에서 발표된다. 바로 1936년에 책으로 나온 이와사 세이이치로(岩佐精一郎, 1911~1935)의 논문이다. 이와사는 1935년 24세의 나이로 일찍 세상을 떴지만, 돌궐과 소그드 같은 중앙아시아 연구에 뚜렷한 족적을 남긴다.[75]

(1) 뵈클리(Bökli)가 고구리(高句麗)인 4가지 까닭

그는 Bökli를 고구리(高句麗)로 단정하는 까닭을 다음 4가지로 설명하였다.

① 이 비문에 나오는 두 기사의 시대 문제이다.

우선 첫째 기사에 나오는 기사에서 Bumyn과 Istämi라는 두 카간(可汗)은 돌궐이 번성했을 때의 이야기라는 점에 주목하였다.

---

73) Radlov, Die alttürkischen Inschriften der Mongolei, Dritte Lieferung (1895.) p.433.

74) Thomsen, *Alttürkischen Inschriften aus der Mongolei*, Zeitschrift der Deutschen Morgenländischen Gesellschaft(ZDMG), 1924, p.171.

75) 1935년 죽은 다음 해인 1936년 和田 淸이 그의 원고들을 모아 유고집을 냈는데, 그 내용을 보면 알 수 있다. ① 河西節度使の起原に就いて ② 唐憲宗朝に於ける飛錢禁止の理由に就いて ③ 古突厥碑文の*Bökli*及び*Par Purm*に就いて ④ 突厥の復興に就いて ⑤ 突厥毗伽可汗碑文の紀年 ⑥ 唐代ソグド城塞の發掘と出土文書 ⑦ 唐代粟特城塞之發掘及其出土文書.

비문에 전하는 것은 이 카간의 영웅적 활약에서 돌궐 역사상 가장 강성한 시대를 만들었는데, 그 뒤 여러 카간이나 귀족들이 모두 평범하고 겁 많은 신하였기 때문에 쇠퇴하였다고 이야기하고 있으므로 당(唐) 시대 돌궐 사람의 전설에서는 이 시조인 두 카간의 시대를 가지고 남북조·수·당 초에 걸쳐 그들이 발전하고 번영한 시대였다는 것을 내세우려고 한 것이 틀림없다. 물론 이 카간에 관한 기사를 그대로 역사적 사실로 보는 것은 불가능하지만 그것은 선조의 전설로서 이야기하는 것이므로 적어도 Bökli라는 민족이 이 시대에 돌궐 사람들이 돌궐의 동쪽에 자리 잡고 있다고 알았다는 것을 승인하지 않을 수 없다.[76]

Bumyn 카간이 돌궐을 재건한 것은 552년인데, 이때는 남북조시대로 남조 양나라의 보통(普通) 3년이고, 북조는 북위(北魏) 정광(正光) 3년이다. 그리고 Istämi 카간이 죽은 것은 575(6)년으로 남조는 후량(後粱)과 진(陳), 북조는 북제와 북주로 나뉘어 극도로 혼란한 시대였기 때문에 거꾸로 돌궐은 중원 북쪽에서 큰 세력으로 번성할 수 있었다. 그리고 뵈클리(Bökli)는 이 당시 그 돌궐의 동쪽에 있었고 그것이 고구리(高句麗)라는 것이다.

두 번째 기사에 나온 Bökli 카간은 돌궐이 당나라의 지배를 받은 시기에 Bökli에 침략·원정을 했다는 기사이다. 그것은 돌궐이 당나라에서 다시 독립한 682년 이전이라고 보아야 하고, 고구리(高句麗)는 668년에 멸망하기 전 원정한 기록이 있으니 고구리(高句麗)가 맞고, 고구리(高句麗)가 멸망한 뒤로는 Bökli가 나오지 않는 것도 논리적으로 타당하다는 것이다.

② 지역적으로 볼 때 Bökli는 돌궐의 사방 여러 나라 가운데 가장 동쪽에 자리 잡고 있고, 돌궐의 가장 동쪽은 고구리(高句麗)라는 것이다.

---

76) 岩佐精一郎,「古突厥碑文のBökli及びPar Purmに就いて」,『岩佐精一郎遺稿』, 岩佐伝一, 1936, 64~65쪽. 碑文の記事(1)は始祖Bumyn, Istämi両可汗の物語である。此の両可汗の何人なりやは姑く措き(22)。碑文の傳へる所では此の可汗の英武により突厥最盛時代を作り, 其の後の諸可汗や貴人達が皆凡庸怯儒であつた爲め衰へるに至つたと云ふのであるから, 唐代突厥人の傳説では此の始祖両可汗の世を以て南北朝隋唐の初に掛けての彼等の發展繁盛時代を意味せしめてゐるに相違ない。固より此の可汗に關する記事をその儘歴史的事實と見る事は不可能であつても, それは祖先の傳説として語り繼がれたものだから, 少くともBökliなる民族が此等の時代に突厥の東方に據り, 突厥人に知られてゐた事を承認せねばならぬ。

고구리(高句麗)는 돌궐과 지나(支那) 두 나라의 동쪽에 이웃하고 있다는 것, 동쪽의 큰 바다에 이르는 이 나라가 돌궐인에게 가장 동쪽에 있는 나라라고 생각하는 것이 맞는다고 하는 것 따위를 보면 지리적으로 비문에 나온 Bökli와 딱 들어맞는다고 할 수 있다.[77]

③ 이어서 돌궐과 고구리(高句麗)가 교섭한 두 가지 역사적 사실을 든다.

    ⓐ 551년 돌궐이 신성을 포위한 기록(삼국사기).
    ⓑ 수 양제가 돌궐 계민 카간(啓民可汗)을 찾아갔을 때 고리(高麗) 사신을 만났는데 숨기지 않았다는 것.

④ 마지막으로 당 태종이 고구리(高句麗)를 칠 때 참여한 돌궐의 장수와 군사들의 활약을 들어 "돌궐 부락의 추장과 여러 부락이 고구리(高句麗) 정벌에 참가한 사실은 역력히 기록에서 지적할 수 있다."라는 사실을 밝힌다.

위에서 본 4가지 사실을 내세워 이와사는 "연대, 지리적 방위, 역사적 사실 등 각 내용 모두가 서로 Bökli는 고구리(高句麗)와 일치한다는 것을 승인하여 준다고 생각한다."[78]라고 결론을 맺는다.

(2) 뵈클리(Bökli)=맥+구리(貊+句麗)

위에서 여러 가지 사료 검토를 통해 뵈클리(Bökli)가 고구리(高句麗)라고 증명하였는데 뵈클리(Bökli)와 고구리(高句麗)가 전혀 다른 음이라는 것이 문제로 떠오른다. 이 부분은 앞으로 꽤 비중 있게 논의될 문제이고, 또 이와사(岩佐)가 가장 먼저 내세운 뛰어난 논리이기 때문에 내용을 줄이지 않고 그대로 옮겨 보면 다음과 같다.

---

77) 岩佐精一郎, 「古突厥碑文のBökli及びPar Purmに就いて」, 『岩佐精一郎遺稿』, 岩佐伝一, 1936, 65쪽. 即ち高句麗は突厥支那両者の東隣である事, 東大海に臨む此の國が突厥人の最東國と考へるに適する事等の諸點に依つて地理的に碑文のBökliと合致してゐる。

78) 岩佐精一郎, 「古突厥碑文のBökli及びPar Purmに就いて」, 『岩佐精一郎遺稿』, 岩佐伝一, 1936, 66쪽. 即ち年代, 地理的方位, 歴史的事實等各内容總てに亙つてBökliは高句麗に一致する事が承認して戴けると思ふ。

이상의 차례에서 Bökli는 바로 고구리(高句麗)를 비정하여도 지장이 없다고 생각하지만, 한 가지 문제는 이 두 명칭이 음성으로 일치시킬 수 없다는 것이다. 그렇지만 맥인(貊人)의 한 가지인 고구리사람(高句麗人)은 한나라 때 좁은 의미에서 맥인(貊人)이라고 불렸고, 일본서기에 뽑은 백제기(百濟記)나 백제 국왕 상소문에 狛(고마)라는 나라가 있어, 백제 사람이 고구리(高句麗) 이름을 고마(狛: 貊과 같고 陌과 통한다)라 부르는데, 우리 옛말인 고마는 본디 그 뜻을 새겨 읽는 것(訓讀)이다. 그렇다면 와다(和田) 선생께서 암시해 주신 것처럼 Bökli의 Bö(k)는 맥(貊, 옛말 baku, haku)이고, '*miak'에 붙은 '-kli'는 물론 고구리(高句麗)의 나라 이름 구리(句麗)[고구리(高句麗)의 씨줄기(語幹)가 구리(句麗)인 것은 틀림없다]를 붙여 맥인(貊人)의 구리(句麗), 곧 맥구리(貊句麗, *miak-kjiu-liäi)라는 이름을 억측해 내는 것이 가능하지 않을까! 물론 이께우찌(池內) 선생의 교시처럼 그것이 후대에 구리(句麗)라는 이름에 무언가 뚜렷하지 않은 말을 덧붙인 것이라고 볼 수 있다. 간추려 보면 이 문제는 상상에 지나지 않는다. 부디 같은 분야를 연구하는 여러분들이 꾸짖어 바로잡아 주시길 바라마지 않는다.[79]

Bökli를 Bö(k)+kli로 의 겹씨(合成語)로 보고 Bö(k)는 맥(貊), kli는 구리(句麗)로 해석하여 '맥인(貊人)의 구리(句麗)'라고 추정을 하였다. 이러한 추정을 스스로 억측이라고 했고 상상에 지나지 않는다고 했다. 그러나 이후 이 억측을 대치할 만한 대안은 나오지 않고 있으며, 이 제안에 대한 추가 논의가 이어졌는데, 그 문제는 다음에 보기로 한다.

---

79) 岩佐精一郎, 「古突厥碑文のBökli及びPar Purmに就いて」, 『岩佐精一郎遺稿』, 岩佐伝一, 1936, 67쪽. 以上の次第でBökliは即ち高句麗に比定して差支へなからうと思ふが 唯問題は此の兩名稱が音聲上一致し得ない事である。併し乍ら貊人の一種である高句麗人は漢代狹義の貊人の名で呼ばれ 日本書紀に引かれた百濟記や百濟國王上奏文に狛(コマ)國とあつて百濟人が高句麗を狛(貊と同じく陌に通ず)と呼んだ事を示し 我が古訓にこまは固より其の訓讀である。然らば和田先生が御暗示下さつた如く BökliのBö(k)は貊(國昔baku, haku)*miakに -kliは勿論高句麗の國名句麗(高句麗の語幹が句麗である事は疑無い)に充て貊人の句麗即ち貊句麗(*miak-kjiu-liäi)の名を臆測する事は恐らく可能であるまいか。勿論池内先生の御敎示の如く それは後代句麗の名の上に何か不明な語を附加へたものとも見得る。要するに此の問題は想像を出ない 切に同學諸兄の御叱正を希求して息まぬ。

(3) 동로마 역사서에 기록된 Moukri(μουκρι)를 통한 증명

뵈클리(Bökli)가 고구리(高句麗)라는 것을 증명하기 위해 다른 사료들을 들었다. 동로마의 역사가 Theophylactus Simocattae(580~630)가 쓴 『역사』라는 책에 Moukri(μουκρι)라는 나라가 나오는데 같은 고구리(高句麗)라는 것이 틀림없고, 그것은 자신의 논리를 뒷받침해 준다고 주장하는 것이다. 다시 말해 'Bökli=Moukri'라는 것으로 'Bö+kli=Mou+kri'라고 분석한 것이다. 여기서는 두 가지 문제가 발생한다.

① 'Böi=Mou'에서 [b]와 [m]의 소리가 확연하게 다르다는 것이다. 이와사는 이에 대해 다음과 같은 주를 달았다.

> 돌궐어에서 [b]와 [m] 두 음이 바뀌어 변하는 것(轉化)에 대해서는 맞춤법(orthographie)에 나온다(Radlov, Alttürkische Studien V. i, Die alte norddialekt, S. 431-432).[80] [ou(=u)]는 [i]와 잘 어울리지 않기 때문에 아마 돌궐에서 동로마 사람에게 전해질 때 후자에 의해 [ö]가 [ou]로 변했을 것이다.[81]

여기서 가장 중요한 것은 [b]와 [m]에 관한 것인데 관련 참고문헌만 소개하고 자세한 설명이 없다는 것이다. 이 문제는 마지막에 가서 자세하게 짚어 보려고 한다.

② 'kli=kri'에 관한 문제이다. 이 문제는 전혀 다루지 않았는데, 글쓴이가 여기서 두 가지 문제만 제기하고 다음에 다루기로 한다. 첫째, 'kli=kri'에서 'k[l]i'와 'k[r]i'의 자음 [l]과 [r]의 차이에 대한 언급이 없었다는 것이다. 둘째, 그 문제에 대한 해답이 나왔더라도 구리(句麗)는 'kuri'여야 하는데 'k[u]ri'에서 [u]라는 모음이 빠진 이유에 대한 설명이 필요하다는 것이다.

---

80) http://www.mathnet.ru/php/archive.phtml?wshow=paper&jrnid=im&paperid=6896&option_lang=eng

81) 岩佐精一郎, 「古突厥碑文のBökli及びPar Purmに就いて」, 『岩佐精一郎遺稿』, 岩佐伝一, 1936, 67쪽. 주50) 突厥語にb,m 兩音の轉化のあつた事はorthographieに現はれてゐる(Radlov, Alttürkische Studien V. i, Die alte norddialekt, S. 431-432) ou(=u)はiと諧調しないから, 恐らく突厥から東羅馬人に傳へられる際, 後者によつてöがouに變つたのだらう。

2) 1958년, 첸종몐(岑仲勉)의 막리(莫離)설

첸종몐(岑仲勉, 1886~1961)은 중화민국의 유명한 역사학자다. 광둥에서 태어나 1912년 북경 고등전문세무학교를 나와 1934~1935년 상하이(上海) 지난대(暨南大) 비서 및 문서주임으로 근무하면서 역사학에 관심을 갖기 시작하였으며, 1937년 중앙연구원 역사언어연구소(中央研究院 歷史語言研究所)에 들어가면서 본격적인 연구를 하였다. 그는 특히 비각(碑刻)을 고증하는 작업을 많이 하여 큰 업적을 남겼다. 11년 뒤인 1948년에 중산대학(中山大學) 역사학과 교수로 부임하여 세상을 뜰 때까지 그곳에서 연구하였다.

첸종몐(岑仲勉)이 1937년 역사언어연구소에 들어가서 낸 것이 「돌궐문 퀼 테긴 비발문(跋突厥文闕特勤碑)」이었다.[82] 그리고 돌궐 연구를 꾸준히 계속해 21년 만인 1958년 『돌궐집사(突闕集史)』라는 대작을 내는데, 그 안에 「돌궐문 퀼 테긴 비(突闕文闕特勤碑)」가 들어 있다.

첸종몐(岑仲勉)은 『통전(通典)』 고구리(高句麗) 전의 "그 뒤 동부대인 (연)개소문이 그의 왕 고무(高茂)를 죽이고 그의 조카 장(藏)을 군주로 세우고 스스로 막리지(莫離支)가 되었다."[83]라는 기사를 들어 '막리지(莫離支)'의 막리(莫離)는 곧 '뵈클리(Bökli)'를 소리 나는 대로 옮긴 것(音寫)이라고 판단하였다. 『법어잡명』에 나오는 산스크리트 무꾸리(Mukuri)는 고리(高麗)라는 설명과 펠리오의 티베트어 문서(No 1283)에 나온 "Drugu(튀르크)가 Mug-lig으로, 당(rgya)이 Ke'u-li(高麗)라고 부르는 지역"이라고 볼 수 있는 기사에 주목하여 "b에서 m으로 바뀌는 것 역시 Bökli는 곧 막리(莫離)라는 것을 증명하는 것"이라 해서 'Bökli=莫離=mokuri=Mug-lig'설을 주장하였다.[84]

첸종몐(岑仲勉)은 이미 『법어잡명』이나 펠리오의 티베트어 문서를 통해서 bökli가 고구리(高句麗)를 가리키는 것이라는 것을 충분히 이해하고 받아들였으나 그 음에서 뵈클리(Bökli)와 고구리(高句麗)가 전혀 일치되지 않는다고 보고 그 대안을 찾은 것이 고구리(高句麗)의 한 관직인 '막리지'였고, 그것이 그 나라를 나타내는 낱말이라고 해

---

82) 岑仲勉, 「跋突厥文闕特勤碑」, 『輔仁學誌』 6의 1·2合期, 1937.

83) 唐, 杜佑, 『通典』, 蝦夷卷一百八十六 邊防二, 東夷下, 高句麗. 其後 東部大人蓋蘇文 弑其王高武 立其姪藏爲主 自爲莫離支 …….

84) 岑仲勉, 「突闕文闕特勤碑」, 『突闕集史』 下冊, 北京, 中華書局, 1958, 880·892~893·1133쪽.

석하였으며, 그래서 고구리(高句麗) 왕을 bökli kaɣan 곧 '막리 카간(莫離可汗)'이라고
주장한 것이다.

첸종멘(岑仲勉)의 주장은 언어학적 측면이나 문맥으로 볼 때 아주 무리가 있다고 본
다. 이 점은 이미 1977년 모리 마사오(護雅夫)도 비판하였다.[85]

3) 1963년, 포타포프(L. P. Potapov)의 부클리

레오니드 파블로비치 포타포프(Leonid Pavlovich Potapov, 1905~2000)는 남시베리아 민
족을 연구한 민족사 연구자다. 이 논문을 쓴 1957년부터 1966년까지는 투바 고고인
종학원정대(The Tuva Archeological Ethnographical Expedition)에서 민족문화의 형성과 투바인
의 역사를 연구하고 있었을 때였다.

그는 연구사를 개관하면서 bökli čöl(l)ig äl을 'bökli 평원의 민족'이라고 해석한 말
로프의 설을 받아들여 bökli는 홀이름씨(固有名詞)라는 것을 인정하였다. 그는 그 '평
원의 민족'을 17세기 러시아 역사 문서에 보이는 '부클리 사람(단수 Buklinec, 복수 buk-
lincy)'이나 '보클리 사람(단수 boklinec, 복수 boklincy)', 또 예니세이강 오른쪽 지류, 투바
(Tuba, 17세기에는 Upsa강이라 불렀다)강 유역에 사는 '부클리(사람)'의 땅이라고 해석하였
다.[86]

유럽 학자로서는 막연하지 않게 어느 한 종족을 bökli에 직접 연결하여 연구했다
는 점에서 관심을 가질 만하다. 모리 마사오(護雅夫)는 그의 논문 25쪽 가운데 무려
10쪽을 할애하여 이 논문을 아주 자세하게 소개하고 있다. 글쓴이는 러시아어 실력
이 부족하기 때문에 모리 마사오가 쓴 내용을 참고하였으며, 아울러 그의 평가까지
옮겨 보려 한다.

포타포프는 원래 민족학자로서, 그가 종래 발표한 저서·논문의 내용을 보면 주된 연구
관심이 투바·사얀 알타이 산지의 여러 종족에 있다고 보아도 좋다. 이 논문은 그 사얀·알
타이 지역 주민의 기원·형성 문제를 밝히기 위한 과제 가운데 하나로서 돌궐 카간국 시대

---

85) 護雅夫, 「いわゆるBökliについて」, 『江上波夫教授古稀紀念論集 - 民俗·文化篇』, 山川出版社, 1977, 305쪽.
86) L. P. Potapov, "O narode Bëklijskoj stepi", Tjurkoloičeskie Issledovanija, Moskva-Leningrad, 1963, str. 282~291(護雅夫, 「いわゆるBökliについて」, 306쪽 재인용).

의 bökli를 골랐었다. 결국 이 논문은 17세기 문서를 바탕으로 오늘날의 종족기원과 민족 형성 문제를 생각해 보려는 '민족학과 역사학의 종합'을 시도했다고 할 수 있다. 이러한 태도는 포타포프에 머물지 않고 현대 많은 소련의 민족학자들에게 나타난 현저한 경향 가운데 하나라고 생각한다. 내가 포타포프의 논문을 비교적 상세하게 요약했던 것은 첫째 그런 소련 민족학의 한 경향을 국내 학계에 소개하기 위해서였다. …… 포타포프의 '민족학과 역사학의 종합' 시도는 완전히 실패로 돌아갔다고 할 수 있다. 그 이유는 앞에서 본 바와 같이 역사적 감각의 결여, 문헌학과 역사학적 시야의 결여에 있다.[87]

4) 1977년, 모리 마사오(護雅夫)

모리 마사오(護 雅夫, 1921~1996)는 1941년 도쿄제국대학 문학부 동양사학과에 들어가 고대 동양사를 공부하다가 1943년 태평양전쟁 당시 해군병학교에서 예비학생 교육을 받고 교관으로서 '국사'를 가르쳤다. 1945년 도쿄대학 대학원 특별연구생으로 들어가 와다 세이(和田 淸, 1890~1963), 에노끼 카즈오(榎一雄, 1913~1989)의 지도를 받고, 나중에 그들이 한 강좌를 이어받았다. 주로 중앙아시아사와 돌궐민족을 연구하였다. 1948년 홋카이도대학 문학부 조교수로 갔다가 1956년 모교인 도쿄대학으로 돌아와 1981년 정년퇴임을 할 때까지 재임하였다. Bökli에 대한 논문은 도쿄대학 재임 당시인 1977년, 같은 대학의 명예교수였던 유명한 고고학자인 에가미 나미오(江上 波夫, 1906~2002)의 고희기념논문집에 「이른바 Bökli에 대하여」라는 제목으로 발표하였다.

그는 1930년대 이와사(岩佐) 논문에서 Bökli가 고구리(高句麗)라고 한 것은 아주 날카로운 지적이라고 받아들이면서 다만 이와사가 '억측'이며 '상상에 지나지 않는다'고 했던 '맥구리(貊句麗)'에 대해 집중적으로 연구하였다. 그는 어학적인 측면에서 두 가지 문제를 제기한다.

Bökli에 해당하는 「貊句麗」란 명칭은 어떤 사료에도 나오지 않는다는 것을 어떻게 해석할 것인가? 다음 kəu(kiu')Liei'(liie)(句麗)라는 두 음절을 -kli라는 한 음절로, 특히

---

87) 護雅夫, 「いわゆるBökliについて」, 『江上波夫教授古稀紀念論集-民俗·文化篇』, 山川出版社, 1977, 315·318쪽. 모리 마사오(護雅夫)는 그의 논문 25쪽 가운데 거의 10쪽이 넘는 지면을 할애해 포타포프의 논문을 자세하게 설명하고 분석·비판하고 있다.

kəu(kiu̯)를 [k]라고 하나의 자음만 쓴 것은 아무래도 부자연스럽지 않은가? 돌궐문자에서는 äk, k를 나타내는 문자와 ök, ük, kö, kü, k를 나타내는 문자가 있다. Bökli, Bükli의 [k]가 후자로 쓰였으면 이를 Bök(k)üli, Bük(k)üli로 옮길 수 있으므로, 그 경우 -küli는 구리(句麗)의 음사라고 생각하는 것도 불가능한 것은 아닐지도 모른다. 그러나 문제의 말에 나오는 [k]는 äk, k이므로 이것을 [kü]라고 옮길 수는 없다. 이 문제를 어떻게 풀 것인가? 이와사 씨의 「Bökli=貊句麗」설에는 적어도 2개의 의문이 있다. 특히 이 의문은 Bökli라는 돌궐어가 「貊句麗」라는 말에서 옮겼다고 생각할 때 생기는 것이기 때문에, 돌궐인이 「貊人의 句麗」를 나타내는 원어를 직접 귀로 들어 그 음을 Bökli라고 나타냈다고 가정하면 문제는 그 자체로 다른 것이 된다. 그러나 이와사 씨도 「구리(句麗)의 원어를 명확히 할 수 있다면 (가운데 생략) 문제는 쉽지만, 불행히도 그 점이 분명하지 않다」고 하였듯이 그것은 확실하지 않다. 그러므로 이것-구리(句麗의 원음)-이 명확하지 않는 한 「kli=句麗」설, 곧 「Bökli=貊句麗」설은 어디까지나 「상상할 수 없는 것」이다.[88]

그런 확신 속에 다음과 같이 결론을 내린다.

나는 bökli čölgl(Ⅰ E 4), bökli čölgl el(Ⅱ E 5)은 bök eli čöl(l)ig로, 또 bökli qγn(Ⅰ E 8, Ⅱ E8)은 bök eli kaγan으로 옮겨야 한다고 생각한다. 그렇다면 bök eli란 무엇을 뜻하는가? 말할 것도 없이 그것은 「bök의 나라」를 나타낸다.

그렇다면 다시 묻는다. bök는 무슨 뜻인가? 나는 대답한다. 이것은 이미 이와사 씨가 명민하게 지적한 '맥(貊)'에 지나지 않는다고, 고구리(高句麗)가 맥인(貊人)이 세운 나라라는

88) 護雅夫, 「いわゆるBökliについて」, 『江上波夫教授古稀紀念論集 - 民俗·文化篇』, 山川出版社, 1977. 304쪽. Bökliに當てておられる「貊句麗」という名稱が如何なる史料にも見えぬのを,何と解釋すべきか,つぎに,＊kəu(k i u̯)Liei'(liie)(句麗)という二音節の語を-kliという一音節の語で,とりわけ,kəu(kiu̯)を-k-と,ただ一個の子音のみで寫すのは如何にも不自然ではないか,突厥文字には,äk, kを示す文字と,ök, ük, kö, kü, kを示あらわす文字とがある. Bökli, Bükliの-k-が後者で書かれているならば,これをBök(k)üli, Bük(k)üliとtranscribeすることができ,その場合の-küliは,句麗の音寫と考えることも不可能でないかもしれぬ,しかし問題の語の-k-は, äk, kであって,これを-kü-とtranscribeすることはできぬ,この問題をどう解くべきか,岩佐氏の 「Bökli=貊句麗說には,少なくともこの二つの疑問がある。もっとも,この疑問はBökliごいう突厥語が「貊句麗」ごいう語を寫したと考えたさいにおこるものであって,突厥人が「貊人の句麗」を示す原語を直接耳にしてその音をBökliとあらわしたと假定すれば,問題は自ずかあ別になる,しかし岩佐氏も「句麗の原語が明確にし得れば(中略),問題は容易であるが,不幸にしてその点明かでない」といわれるように,それは不明である. そして,これ一句麗の原音一が明確でない限り,「kli=句麗」說,すなわち「Bökli=貊句麗說は,あくまで「想像を出ない」であろう.

것은 『후한서』 권85 동이전에 나온 「句驪, 一名貊耳(?), 有別種, 依小水爲居, 因名曰小水貊, 出好弓, 所謂貊弓是也」 같은 기록을 인용하지 않아도 만인이 알고 있는 것이다. 결국 고구리(高句麗)는 「맥(貊)」의 나라」였다.[89]

이 문제에 대해서는 뒤에서 종합적으로 검토하면서 다시 논하기로 한다.

5) 1977년, 모리야스 다까오(森安孝夫)의 'Bök+li=貊+나라(사람)'

모리야스 다까오(森安孝夫, 1948~)는 1972년 도쿄대학 문학부 동양사학과를 졸업하고 1975년 같은 대학 인문과학연구과 동양사전공 석사과정을 마쳤으며, 1981년 박사과정을 마친다. 그 뒤 1982년 가나자와대학(金沢大学) 교수로 갔다가 1984년부터는 오사카대학(大阪大学) 문학부로 옮겨 2012년 정년퇴임 때까지 재직한다. 주로 둔황과 투루판에서 나온 문서와 몽골고원에서 발견된 비문 및 한문 서적의 사료를 중심으로 이슬람화 이전 중앙 유라시아의 역사를 연구하는 학자이다. 1977년은 그가 도쿄대학 박사과정에서 모리 마사오(護雅夫) 교수의 지도를 받으며 연구할 때로, 그 지도교수의 논점을 이었다고 할 수 있다.

모리야스는 티베트 문서에서 고리(高麗)라고 이름한 'Mug-lig'을 논하면서 Bökli가 고리(高麗)라는 이와사(岩佐)의 논리를 100% 받아들이고 'Mug-lig=Bökli'라는 것을 확인한다. 다만 이와사의 'Bö(k)+kli=貊+句麗'에 대해 지도교수인 모리 마사오의 'Bök+li=貊+나라(사람)'으로 볼 수 있다는 관점을 이어받는다.

> Bökli에 대한 설명으로 이와사(岩佐) 씨는 「Bö(k)+kli=貊+句麗」라고 추정하였지만, 어쩌면 「Bök+li=貊+접미사인 -lig에서 g가 탈락한 것=맥(貊)의 나라(사람)」라고 생각해 보는 것도 가능할지 모르겠다. 다만 마지막 결론은 다음날로 미룬다. 어떻든 7세기 첫머리부터 고

---

89) 護雅夫, 「いわゆるBökliについて」,『江上波夫教授古稀紀念論集 - 民俗·文化篇』, 山川出版社, 1977. 320쪽. 私は‚bökli čölgl(ⅠE 4), bökli čölgl el(Ⅱ E 5)は bök eli čöl(l)igと, また‚bökli qyn(Ⅰ E 8, Ⅱ E8)は bök eli kayanと それおれ轉寫すべきであると考える。では‚bökeliとは如何なる意味か‚いうままでもなく‚それは「bökの國」をあらわす。では‚さらに問う‚bökとは何か, 私か答える。これは‚すでに岩佐氏が明敏にも指摘された「貊にほかならぬ」と。高句麗が貊人の建てた國であることは『後漢書』卷八五東夷傳の「句驪, 一名貊耳(?), 有別種, 依小水爲居, 因名曰小水貊, 出好弓, 所謂貊弓是也」などの記述を引かずとも萬人の知るところである。つまり, 高句麗は「貊の國」であった。

구리(高句麗)는 튀르크족들 사이에서 Bökli나 Mug-lig이라고 불렸다.[90]

마지막 결론을 다음날로 미룬다고 했지만 논문을 발표하려는 찰나에 앞에서 본 모리 마사오의 논문이 발표되자 마지막에 보주를 단 뒤, 더 새로운 연구 성과는 나오지 않았다. 마지막 마당에서 보겠지만 그럼에도 둔황 문서 연구에서 집중적으로 Mug-lig 문제를 다루어 꽤 큰 성과를 낸다.

6) 기타 여러 학설

그 밖에 멜리오란스키이(P. M. Melioranskij)는 "나는 라들로프를 따라서 bökli čöl을 홀이름씨(固有名詞)로 보지만 bökli-kaɣan산맥 가까이 있는 평원의 명칭이라고 생각한다."라고 했다. 오르쿤(H. N. Orkun)은 bükli čölig el, bükli kaɣan이라고 옮기고, bük를 마흐므드 알-카슈가리(Maḥmūd al-Kāshgharī)의 『사전』[91]에 근거하여 '삼림(森林)'이란 뜻으로 새겼다. 그리하여 bükli čölig el을 '여러 삼림, 여러 사막에 사는 부족들', bükli kaɣan은 '삼림에 사는 카간'이라고 옮겼다. '여러 삼림, 여러 사막에 사는 부족들'은 그대로 둔다고 하더라도 '삼림에 사는 카간'이란 번역은 명확하지 않아 이를 따를 수가 없다.

이에 대해 오르쿤 이후의 언어학자와 문헌학자는 모두 bökli·bükli를 홀이름씨(固有名詞)로 생각하고 번역하지 않고 그대로 두기에 이르렀다. 몇 가지 보기를 들면 가벤(A. von Gabain)은 bökli(ü?)라고 옮기고 이를 '민족명'이라고만 했고, 말로프(S. E. Malov)는 bökli를 땅 이름으로 보고 bökli čöl(l)ig äl을 'bökli 평원(사막)의 백성(narod stepi Bëkli-jskoj)', bökli kaɣan을 'bökli 카간'이라고 옮겼다. 티긴(T. Tekin)은 bükli라고 옮기고, 이것을 땅 이름이라고 생각해 bükli čöl(l)üg el을 'bükli 평원의 백성', 그리고 bükli kaɣan을 'bükli 카간'이라고 옮겼다. 아이다로프(G. Ajdarov)는 말로프의 번역을 그대로

---

90) 森安孝夫,「チベット語史料中に現われる北方民族 - DrugとHor」,『アジア·アフリカ語文化研究』(14), 1977, 19쪽. Bökliの 説明として岩佐氏は「Bö(k)+kli=貊+句麗」と推定したが, あるいは「Bök+li=貊+接尾辞の-ligのgが落ちたもの=貊の國(人)」と考えることも可能かもしれない. ただし最終的結論は後日に俟ちたい. いずれにせよ, 既に7世紀初頭から高句麗はチュルク族の間でBökliとかMug-ligとか呼ばれたわけである.

91) 마흐므드 알-카슈가리(Maḥmūd al-Kāshgharī)의 『사전』: 11세기 중앙아시아 카슈가르 출신의 튀르크 학자인 마흐므드가 1078년쯤 바그다드에서 세계 최초로 편찬해 펴낸 『튀르크어 사전(Dīwān lughāt al-Turk)』. 11세기 튀르크 여러 민족의 언어, 역사, 지리, 문학, 사회를 연구하는 데 쓰이는 1급 사료다.

따르고 Bökli만 가지고 'Bökli 평원'을 뜻한다고 생각했다.[92]

3. 1990년대 이후 한국 학자들의 연구

1) 1989·1999년, 노태돈의 '고돌궐 비문의 Bökli'

노태돈(盧泰敦)은 서울대학교 사학과 교수로 재직하면서 한국 고대사, 특히 고구리(高句麗)에 뚜렷한 발자국을 남긴 원로 학자다. 1989년 「5~6세기 동아시아의 국제정세와 고구려의 대외관계」라는 논문을 발표하였는데[93] 1999년에는 그동안 발표한 논문들을 묶어서 낸 『고구려사연구』에 1989년 논문을 실으면서 크게 보강하였다.

이 책 보론에서 「고구려·발해인과 내륙아시아 주민과의 교섭에 관한 고찰」이란 제목으로 티베트 둔황문서와 고돌궐 비문 Bökli를 꽤 비중 있게 다룬다. 앞에서 다룬 이와사 세이이치로(岩佐精一郎)와 모리 마사오(護雅夫)의 논문 등을 바탕으로 연구사를 비롯한 내용을 자세하게 다루고, 나름대로 이 자료에 대한 의견을 제시하고 있다.

우선 뵈클리(Bökli)가 고구리(高句麗)를 가리키는 것은 분명하다고 인정하였다. "그러나 522년은 아직 돌궐의 초창기로서 이들 나라 모두에서 조문사가 왔다고 보기는 어렵다. 따라서 이 기사 자체의 사실성에 근본적인 의문이 제기될 수 있다."라고 보았다.[94] 다시 말해 당시 과연 고리(高麗)가 실제로 조문사를 파견했을 것인가 하는 문제를 제기한 것이다.

노태돈은 551년 돌궐의 침입 기사를 역사적 사실로 여기고 "고구려와 돌궐은 550년대의 이른 시기부터 상호 교섭을 가졌고 이어 무력대결을 벌였던 것으로 볼 수 있다. 따라서 호쇼차이담의 돌궐 비문에서 Bumin 가한의 장례식에 고구리 사절이 참석했다는 기사는, 설사 552년 그때는 아닐지라도, 양측간의 교섭 사실을 반영한 것이라 할 수 있다."[95]라고 해서 두 나라의 교섭은 인정하지만 552년은 아니라는 점을

---

92)　護雅夫, 「いわゆるBökliについて」, 『江上波夫教授古稀紀念論集 - 民俗·文化篇』, 山川出版社, 1977, 300쪽.

93)　노태돈, 「5~6세기 동아시아의 국제정세와 고구려의 대외관계」, 성균관대학교 대동문화연구원 『대동문화연구』(23), 1989.

94)　노태돈, 『고구려사연구』, 사계절, 1999, 535쪽.

95)　노태돈, 『고구려사연구』, 사계절, 1999, 538쪽.

다시 강조한다.

이어서 이 비문의 의의를 "오늘날 몽골공화국 호쇼촤이담에 우뚝 서 있는 Bökli에 관한 간략한 언급을 담은 고돌궐비는 6세기 후반 한국사의 전개에 큰 영향을 미친 고구리와 돌궐 간의 교섭을 상징적으로 반영해 주고 있는 역사적 기념물로서 의미를 지닌다."[96]라고 하였다.

이 문제는 결국 장례식의 시기에 관한 문제로, 글쓴이는 앞에서 이미 보았지만, 상한은 522년, 하한은 서돌궐의 이시태미 카간(?~576)까지 보아야 한다고 보았다.

2) 1998·2003년, 우덕찬의 '맥의 나라'

부산외국어대학교에 재직 중인 우덕찬(禹悳燦) 교수는 국내에는 많지 않은 중앙아시아사 연구자다. 1993년 터키에서 박사과정을 밟으면서 돌궐비 문제에 대해 관심을 가지고 논문을 쓴다.[97] 그 뒤로도 1996년 「오르콘 비문에 나타난 고유명사에 관한 연구」[98]를 안카라대 문과대학 논총에 발표하고, 1997년 부산외국어대학교에 부임한 뒤 「고대 튀르크비문에 전하는 종족명 타타비(Tatabï)에 대한 연구」[99]를 발표한다. 이 논문의 주제는 타타비에 관한 것이지만 바로 bökli와 같은 줄에 나오는 나라 이름이다. 그래서 우덕찬은 bökli에 주를 달아 그 뜻을 설명하고 있다.

> Bökli는 Bök eli로 轉寫되어야 한다. 왜냐하면, 古代튀르크碑文에 國家를 의미하는 單語인 'el' 또는 'il'은 'l'이라는 形態로 表記된 예가 많기 때문이다. 또 古代튀르크語에서 'b'音과 'm'音은 相互交替가 가능하기 때문에 Bök eli는 Mök eli를 의미하는데 즉, 이것은 貊의 나라 다시 말하면 당시 突闕과 政治的 外交的 關係를 갖고 있던 高句麗를 指稱한다.[100]

---

96) 노태돈, 『고구려사연구』, 사계절, 1999. 539쪽.

97) Woo Duck Cahan, "Eski Türker ve Eski Koreliler Arasindaki İlişkiler", Doğu Dilleri Dergisi 2, 1993.

98) 우덕찬, 「오르콘 비문에 나타난 고유명사에 관한 연구」, 안카라대학교 문과대학 논총, 1996.

99) 禹悳燦, 「古代 튀르크碑文에 傳하는 種族名 타타비(Tatabï)에 대한 研究」, 『외대논총』(18), 1998, 215~231쪽.

100) 禹悳燦, 「古代 튀르크碑文에 傳하는 種族名 타타비(Tatabï)에 대한 研究」, 『釜山史學會』(18), 1998, 280쪽.

이는 모리 마사오의 설을 그대로 따른 것이다. 그리고 2003년의 논문에서는 이와
사의 학설을 소개하고 펠리오의 티베트 문서 Mug-lig과 테오필락트 시모칼타의
Mukri를 통해서 뵈클리가 고구리(高句麗)라는 것을 증명하는 전통적 방법을 채용하
고 있다.[101]

3) 2003년, 이용성의 bök(kö)li

1998년 터기 앙카라의 하젤테페(Hacettepe)대학에서 튀르크어문학으로 박사학위를
받았는데, 당시 석박사 지도교수가 돌궐 비문 연구의 권위자인 탈랕 테킨(Talat Tekin)이
었다. 이용성은 석사학위를 받은 1993년에 이미 스승인 Talat Tekin의 저서『오르콘
비문들』(1988)을 옮긴『고대 튀르크 비문의 연구』를 펴내고,[102] 1996년 박사과정을 하
는 동안 Talat Tekin의 저서『투뉴쿠크 비문』(1994)을 옮긴『고대 튀르크 비문의 연구
(II) -투뉴쿠크 비문-』[103]을 펴냈으며, 2008년에는 이 두 번역문을 합쳐서『돌궐비문
연구 - 퀼 테긴 비문, 빌개 카간 비문, 투뉴쿠크 비문』(제이엔씨)이란 이름으로 펴냈다.
이 번역문은 고대 돌궐 비문 가운데 가장 중요한 세 가지를 완역하고 전문적인 주석
을 달았기 때문에 이 부분을 연구하는 한국 학자들에게 아주 좋은 기초 자료를 제
공하여 주었다.

이용성은 2003년 톤유쿡에 관한 논문을 쓰면서 비록 주석에서 간단히 언급했지만
bökli에 대한 아주 새로운 주장을 내놓는다.

> **ΓΥϺΝȣ** bẅkli kann은 bök(kü)li(<*bäkküli <*mäkküli) 또는 bök(kö)li(<*bäkköli
> <*mäkkoli)라고 읽을 수 있으며, 뜻은 mäkkuli 貊句麗=mäk(민족이름 貊)+kuli(나라 이
> 름 句麗); mäkkoli 貊高麗=mäk(민족이름 貊)+koli(나라 이름 高麗)이다. 그러니까 '맥족
> (貊族)의 (나라) Kuli(句麗)·Koli(高麗)'다.
>
> 일본의 역사학자 이와사 세이이치로(岩佐 精一郎, 1936, s. Mori 1984, 139)는 bökli를
> 貊句麗라고 읽고, '맥족(貊族)의 (나라) 句麗·高麗'라고 새겼다. 맥(貊)은 한어(漢語)에서 구

---

101) 우덕찬, 「6-7세기 고구려와 중앙아시아 교섭에 관한 연구」, 『韓國中東學會論叢』 제24-2호, 2003.
102) 탈랴트 테긴 지음, 김영일·이용성 옮김, 『고대 튀르크 비문의 연구』, 부산교육대 출판부, 1993.
103) 탈랴트 테긴 지음, 김영일·이용성 옮김, 『고대 튀르크 비문의 연구 II』, 중문출판사, 1996.

리(句麗) 또는 고리(高麗)다.[104]

이용성은 이와사 세이이치로의 설을 그대로 수용하고 있다는 것을 알 수 있다. 그렇지만 그가 bökli를 bök(kö)li라고 읽어 낸 것은 아주 탁월한 견해다. bök+köli라고 나눌 수 있어 kli는 한 음절이지만 köli는 두 음절이 되기 때문에 맥(貊)+고리(高麗)설을 완전히 뒷받침한다. 고대 튀르크 문자에는 o/u를 위하여 한 개의 글자, 그리고 ö/ü를 위하여 한 개의 글자만 있으므로[105] bök+küli bök+köli라고 읽을 수 있고, o/u와 ö/ü 음은 아주 가까운 음으로 서로 넘나들 수 있으므로 이용성은 과감하게 bäk+kuli와 bäk+koli라고 옮겼다. 또한 튀르크어에서는 [b]음과 [m]음이 서로 넘나들기 때문에 mäk+kuli와 mäk+koli가 되는 것이다. 정리하면 다음과 같다.

- mäkkuli 貊句麗=mäk(민족이름 貊)+kuli(나라 이름 句麗)
- mäkkoli 貊高麗=mäk(민족이름 貊)+koli(나라 이름 高麗)

다만 kuri(句麗)와 kori(高麗)가 kuli와 koli로 읽힐 때 [r]음과 [l]음에 대한 해결이 없었던 점이 아쉽다.

이용성은 최근 2017년 말에 bökli 문제를 본격적으로 다루는 논문을 발표한다. 이 논문은 주로 유럽과 터키 학자들의 bökli에 대한 해석을 모두 정리한 것이다.[106]

---

104) Yong-Sŏng Li, Zu QWRDN ṬA in der Tuńuquq-Inschrift, *Central Asiatic Journal* Vol.47, No.2, 2003, p236 주 26). *bẅkli* kann *bök(kü)li* (<*bäkküli* <*mäkküli) oder *bök(kö)li* (<*bäkköli* <*mäkkoli) gelesen werden: *mäkkuli* 貊句麗 =*mäk*(Ethnonym 貊)+*kuli*(Staatsname 句麗); *mäkkoli* 貊高麗=*mäk*(Ethnonym 貊)+*koli*(Staatsname 高麗). Also mit der Bedeutung '(der Staat) *kuli* (句麗 ~ *koli* 高麗) des Volkes Mäk 貊. Der japanische Historiker Seiichiro Iwasa(1936, s. Mori 1984, 139) liest *bökli* 貊句麗 mit der Bedeutung '(der Staat) *kuli* 句麗/高麗 des Volkes 貊. 貊, 句麗 und 高麗 sind in den chines. Quellen einzeln, aber nicht in der Verbindung 貊句麗 oder 貊高麗 belegt.
    * 『돌궐비문연구 - 퀼 테긴 비문, 빌개 카간 비문, 투뉴쿠크 비문』(탈랴트 테긴 지음, 이용성 옮김, 2008) p.90의 역주 47, p.221의 역주 42에서 다시 언급되었다.
105) Talat Tekin 지음, 이용성 옮김, 『돌궐비문연구』, 제이엔씨, 2008, 57쪽.
106) 이용성, 「고대 돌궐 비문에 나오는 B'W̌K'L'I에 대하여」, 『몽골학』 (51), 2017, pp.107~145(39 pages)

4) 2013년, 김병호의 붉고리(高麗)

김병호는 비엔나대학에서 학위를 받은 외교관으로, 이 논문을 투고할 당시에는 덴마크 대사였다. 연구에 집중할 수 없는 현직 대사였지만 방대한 자료조사와 정리를 통해 연구사를 정리한 것이나 기존 학설과 다르게 몇 가지 특별한 주장을 한 것이 특징이다.

우선 그는 이용성의 bök(kö)li를 바탕으로 라들로프의 '강한'이란 뜻을 합해 '강한 고구려'라는 추론과 아울러 자신이 가장 중점적으로 주장하는 '밝은 나라'를 주장하였다. 그의 논문 핵심과 새로운 주장은 바로 이 '밝은 나라'에 있다고 할 수 있다.

논리 전개가 복잡해 그의 주장을 간추리기 쉽지 않지만, 다음과 같은 두 가지로 볼 수 있다.

> ① 'Bökli'의 'Bök' 튀르크어 자체의 '강한', '힘 센'이란 뜻을 가진 'Bök'과 고구려의 Kao-(ko)li가 합쳐진 bök(kö)li이거나
>
> ② Bök이 오히려 볼 또는 붉이라는 한반도어의 튀르크어 음사가 'Bök'일 수 있다는 가능성이 더 설득력이 있다.[107]

①은 라들로프가 ['Bök-li]를 독일어 stark(강한, 힘센), mächtig(힘 있는, 강력한, 거대한)로 옮긴 것을 'Bök'으로 보고, 이용성이 밝힌 bök-koli에서 Koli를 고구리(高句麗)로 해석하여 '강한 고구리(高句麗)'라고 해석하는 것이다.

②는 이와사 세이이치로가 맥(貊)+구려(句麗)라고 한 해석에서 Bök을 맥(貊)으로 바꾸지 않고 '볼'이나 '붉' 해석하고, 특히 ②에 대해 나머지 대부분의 지면을 할애해 증명하려고 노력하였다. 김병호는 '붉(밝은) 고구리(高句麗)'라는 해석과 함께 고리(高麗)라는 특정한 나라 이름이 아니라 그냥 '붉(밝은) 나라'라는 주장에 더 힘을 쏟고 있다.

김병호가 이처럼 '붉(밝은) 나라'에 집중한 것은 다음과 같은 역사적 인식 때문이다. 우선 이와사 세이이치로가 주장한 맥구리(貊句麗)에 대한 문제를 제기하고, Bökli를

---

107) 김병호, 「오르혼 옛 튀르크語 비문과 한반도의 옛 이름 - 퀼 테긴 碑와 빌개 카간 碑에 나타나는 'Bökli' 해석 -」, 동북아역사재단 『東北亞歷史論叢』 (42), 2013. 28쪽.

고구리(高句麗)라는 특정한 나라 이름이 아니라 한반도 국가·민족의 통칭으로 본 것이다. 그 첫 번째 이유는 8세기 돌궐 비문이 2세기 이전의 시조들에 대한 기사를 쓰면서 정확한 이름보다는 비슷하게 뭉뚱그려 기술했다는 것이다. 그 보기로 타브가츠를 들었다.

> 과연 8세기 중엽 그 비문을 새겼을 때, 모두 다 '고구려'를 특정하고 새겼는지 짚고 넘어갈 필요가 있다. 돌궐제국을 지배했고 돌궐인들에 잘 알려졌던 중국조차 '타브가츠'로 뭉뚱그려 기술하고 있는데 한반도의 특정 국명으로 꼭 새겼느냐는 의문이다.[108]

그러나 이런 출발은 전체적 역사 맥락에서 좀 무리한 문제 제기로 보인다. 앞에서도 이야기한 바와 같이 중국 황제가 보낸 한자 비문에는 중국(中國)이라고 새겼지만, 돌궐어 비문에서는 일부러 중원 북쪽을 지배했던 북위를 비롯한 탁발(타브가츠)계 정권을 특정하고 남송 같은 남조와 북조를 뭉뚱그려 부른 중국이란 표현을 쓰지 않은 것은 오히려 정확하게 북조를 차별화함으로써 아주 자주적인 관점을 가졌다고 볼 수 있다.

Bök이 불 또는 붉이라는 논리에 대해서도 간단히 보기로 한다.

* 고대에는 해와 달을 뜻하는 '밝'을 '발' 또는 '박'으로 발음하였다.
* 발해의 발도 불 내지 붉과 관련되며 발해에서 '불', '발' 음이 'Bökli' 경우에는 '벅', '박' 음이 작용했을 가능성에 대해서도 앞으로 연구해볼 만하다고 본다.
* Bökli의 뒷부분 köli가 (高)句麗의 Kao-li일 가능성과 함께 句麗, 溝漊(kuru)의 異寫로 본다면 溝漊의 上古代 발음인 골(Kol)과의 연관 주장에서 Bökli의 뒷부분의 새로운 해석 가능성이 엿보이고, 골(Kol) 音韻을 가지는 溝漊·溝樓·溝婁가 중국 역사서에 고구려의 원칭이고, 고구려 한자 국명의 원래 발음이 '골'을 포함했을 가능성은 5부로 나뉘고 성이 176개인 고구려는 城골의 나라로 불렸을 개연성에 주목된다.

---

108) 김병호, 「오르혼 옛 튀르크語 비문과 한반도의 옛 이름 - 퀼 테긴 碑와 빌개 카간 碑에 나타나는 'Bökli' 해석 -」, 동북아역사재단 『東北亞歷史論叢』(42), 2013, 26쪽.

* 한반도 국가·민족을 지칭하는 '붉·복 골'을 옛 튀르크인들은 'Bök(kö)l 뵐퀼'로 음사하고 이에 옛 튀르크어 토씨 i·ï를 붙여 Bökli로 새겨 넣었을 가능성에 대해서는 언어학계에서도 연구할 대상이다.[109]

그러나 이러한 연구는 전제로 하고 있는 여러 가지 추정에 대한 답이 없으므로 쉽게 받아들일 수 없다. 'Bök'이 당시 고리(高麗) 말로 '붉(밝은)'이란 것은 지금까지 연구된 고리(高麗)시대 언어에서 찾아볼 수 없다. 구리(句麗)가 구루(溝漊), 홀(忽), 골(骨) 같은 성읍(城邑)이나 국읍(國邑)라고 하였다. 일찍이 일본인 시라토리 쿠라키치(白鳥庫吉)가 처음 주장하고 이병도에 의해 일반화된 '구루(溝漊)=구리(句麗)'라는 설은 잘못 해석된 해석이었다. 『삼국지』「위서」에 나온 문장을 보면 간단하게 이해할 수 있다.

溝漊者 句麗名城也
구루(溝漊)란 구리(句麗) 나라말(또는 구리사람들이)로 성(城)을 일컫는 말이다.

이 문장에서 ⓐ 구루(溝漊) ⓑ 구리(句麗) ⓒ 성(城)이란 3가지 이름씨가 나온다. 이 문장을 영어로 옮겨 보면 "ⓐ구루(溝漊) is ⓒ성(城) in ⓑ구리(句麗)=Kuru is fortress in Kuri-an(Korean)"이 되는데, 여기서 ⓐ=ⓒ라는 것이 확실하지만 ⓐ=ⓑ가 될 수 없다. 이에 대해서는 이미 다른 책에서 자세하게 다루었다.[110]

---

109) 김병호, 「오르혼 옛 튀르크語 비문과 한반도의 옛 이름 - 퀼 테긴 碑와 빌개 카간 碑에 나타나는 'Bökli' 해석 -」, 동북아역사재단『東北亞歷史論叢』(42), 2013. 29~33쪽.
110) 서길수, 『고구려의 본디 이름 고구리(高句麗)』, 여유당, 2019, 88~92쪽.

III. Bökli에 대한 문제의 검토와 맺음말

1. 뵈클리 연구사에 대한 종합 검토

위에서 본 연구사의 결과를 정리해보면 다음과 같다.

<표 1> bökli에 대한 연구사

	연도	저자	로마자 옮김	해석
1	1894	V. Radlov	bökli çölgi äl	강한 초원의 민족들
2	1895	V. Thomsen	bökli čö<l>lig il	강한(단단한) 사막의 민족들 [곧 다른 민족(외국)?]
3	1895	W. Bang	bökli čölig äl	강한 초원의 민족들
4	1895	V. Radlov	bökli äčüliɣ äl	Bökli Ätschü를 지배하는 민족
5	1898	H. Vámbéry	Bükli Čöläk-il	뵈클리-쵤렉 민족
6	1936	岩佐精一郎	Bö(k)-kli	貊+句麗
7	1958	岑仲勉	Bökli	막리지의 막리(莫離)
8	1963	L. P. Potapov	bökli	Bukli나 Bokli 사람의 땅
9	1977	護雅夫	bök eli	맥(貊)의 나라
10	1877	森安孝夫	Bök li	맥(貊)의 나라

11	1989	노태돈	Bökli	고구려
12	1998	우덕찬	Bök eli	맥(貊)의 나라
13	2003	이용성	mäk+kuli mäk+koli	貊句麗 貊高麗
14	2013	김병호	bök(kö)li bök-li	강한 고구려 붉(밝은) 나라

<표 1>에서 보는 바와 같이 1894년부터 돌궐 비문이 발표된 뒤 처음에는 라들로 프, 톰슨, 방처럼 뵈클리(Bökli)를 매김씨(冠形詞)로 여겨 뜻으로 새기려는 노력이 있었 다는 것을 알 수 있다. 주로 언어학적인 접근으로 'bök=강한'이란 뜻으로 새겨 '강한 초원의 민족' '강한 사막의 민족'처럼 옮겼다. 그러나 몇 년 뒤 뵈클리(Bökli)는 그런 매 김씨가 아니고 어떤 민족이나 나라를 나타내는 홀이름씨(固有名詞)로 보는 것이 주류 를 이루었다. 그러나 그 뵈클리(Bökli)가 어떤 나라인지는 밝히지 못했다.

처음 뵈클리(Bökli)가 '고리(高麗)'라는 나라라고 주장한 것은 1936년 이와사 세이이 치로(岩佐精一郞)다. 그는 Bökli를 'Bö(k)+kli'로 나누어 보고 'Bö(k)=貊+kli(句麗)'라는 해 석을 내어놓았다. 이 이와사의 주장은 그 뒤로 여러 연구자에 의해 논의되고 보강되 었다. 그러나 이와사의 주장에는 3가지 해결해야 할 문제가 있었다.

① 왜 뵉[bö(k)]이 맥[mö(k)]이 되었는가 하는 문제이다. 곧 소리가 [b]→[m]으로 바뀐 것 에 대한 해명이다.

② kli=구리(句麗)에서 [k] 다음에 [u]라는 모음이 없는데 어떻게 k<u>li(句麗)가 되었는 가 하는 문제이다.

③ 지금까지 거의 논의가 되지 않았지만 [l]과 [r]의 소릿값(音價)에 관한 것이다. kuli 라고 하더라도 당시의 나라 이름 kori(高麗)와 견주어 보면 [o][u]와 [l][r]이란 두 가 지 문제가 있다. 돌궐어에서 [o]와 [u]는 같은 글자로 표기되기 때문에 더 논의할 필요는 없지만 [l]과 [r]의 소릿값 문제는 남는다.

이와사 이후 중국의 첸중몐(쑥仲勉)이 막리(莫離)라고 해석하고 러시아의 포타포프가 사얀산맥 언저리에 사는 부클리(Bukli)라는 부족 이름이라고 주장하는 설도 있었지만 많은 연구자가 뵈클리(Bökli)=고리(高麗)라는 전제하에 연구를 진행하였다. 일본의 모리 마사오(護雅夫)와 모리야스 다까오(森安孝夫)는 고리(高麗)가 맥(貊)이라는 것은 인정하였지만 뒤에 이어지는 소리마디(音節)는 구리(高麗)가 아니고 'bök+eli'로 읽어 '맥(貊)의 나라'라고 주장하였다. 이런 논리는 1980년대 이 방면의 연구를 시작한 노태돈이나 우덕찬도 그대로 이어받고 있었다.

이와 같은 논의를 새로운 방향으로 볼 수 있게 한 것은 튀르크 말을 깊이 있게 전공한 이용성의 공이 크다. 이하 최근의 연구를 더 검토하면서 언어학적 고찰을 통해서 글쓴이의 의견을 제시하고자 한다.[111]

2. Bökli=고리(高麗)설에 대한 언어학적 고찰

1) bök과 mök(貊)에 관한 문제

맥(貊)+구리(句麗)설을 가장 먼저 주장한 이와사(岩佐)는 "그렇다면 와다(和田) 선생께서 암시해 주신 것처럼 Bökli의 Bö(k)은 맥(貊, 옛말 Baku, haku) miak에 -kli(물론 고구리(高句麗)를 붙여 맥인(貊人)의 구리(句麗), 곧 맥구리(貊句麗, mak-kjiu-liöi)라는 이름을 억측하는 것은 아마 가능하지 않을까?"라고 해서, 와다 선생의 암시를 받고 시론을 제시했지만 스스로 억측이라고 하였다. 그러므로 bök을 왜 mök(貊)으로 읽을 수 있는지 깊이 있는 연구는 없었고, 주석에서만 간단히 언급하였다.

> 돌궐어에 [b]와 [m] 두 음이 바뀌어 쓰이는 것(轉化)은 맞춤법(orthographie)에 나와 있다
> (Radlov, Alttürkische Studien V. i, Die alte norddialekt, S. 431-432).[112]

이 내용은 라들로프가 1894년 처음 발표한 내용이 아니라 7년 뒤인 1911년도에 발표한 것이었는데, 자세히 보기로 한다.

---

111) 이 논문을 쓰고 있는 사이에 서녘 학자들의 연구사를 정리한 논문이 두 편 나왔다. 글쓴이가 정리한 연구사도 그 줄기를 보는 데는 무리가 없으므로 전체를 소개하지 않는다.

112) 岩佐精一郎, 「古突厥碑文のBökli及びPar Purmに就いて」, 『岩佐精一郎遺稿』, 岩佐伝一, 1936, 67쪽. 주46,突厥語にb,m 両音の轉化のあつた事はorthographieに現はれてゐる(Radlov, Alttürkische Studien V. i, Die alte norddialekt, S. 431-432).

홍미로운 것은 룬문자 기록에 있는 작은 언어자료에서 이에 관계된 사투리의 변형을 볼 수 있었다는 것이다. 톤유쿡(의 비문)에서는 늘 **(bän)과 **(baŋa)라고 썼는데 졸룩 테긴(Jolluk Tegin)에서는 늘 **män과 ***мaŋa(мaна)라고 쓴 것이다. 그렇다, 졸룩 테긴(비)에서도 이중 철자법으로 쓴 지명이 필요했다. 1) ******* känü‑tarban (X. 18, 2.)과 ****** känü‑tarman (K. 21, 11.). 에니세이 비문에서는 일반적인 **** (baŋga) 대신 **** (maŋka)라고 쓰여 있다.[113]

라들로프는 러시아어로 토를 달았기 때문에 더 쉽게 풀어서 그 내용을 정리해 보면 다음과 같다.

① 똑같은 낱말인데 두 비문에서 서로 다르게 쓰고 있다.
　톤유쿡(Tonjukuk)의 비문: 밴(**, bän) 방아(***, baŋa)
　졸룩 테긴(Jolluk Tegin)의 비문: 맨(**, män) 망아(***, maŋa)
② 같은 비문인 욜룩 테긴(Jollug Tegin)에서도 같은 이름이 다르게 쓰이고 있다.
　(X. 18, 2.): 캥위-타르반(******* känü‑tarban)
　(K. 21, 11.): 캥위-타르만(****** känü‑tarman)
③ 에니세이 비문에도 나타난다.
　일반적인 낱말: 방아(****, baŋa)
　비문에 나온 낱말: 망아(****, maŋa)

①은 같은 시대의 다른 비석에서 같은 낱말을 어떤 것은 [b]로 읽고 어떤 것은 [m]으로 읽었다는 것이다. 톤유쿡은 비는 앞에서 본 바와 같지만 욜룩 테긴(Jollug Tegin)의 비문은 자료를 찾기가 쉽지 않았지만 Josef Strzygowski의 연구에 따르면 빌개

---

113)　W. Radlov, "Alttürkische Studien." V. Bulletin de l'Académie Impériale des Sciences de St,-Pétersbourg. VI série, 1911, Volume 5, Issue 6, pp.431~432. Interessant ist, dass in dem geringen Sprachmaterial, das uns in Runenschrift vorliegt, schon in dieser Beziehung Dialektschwankungen auftreten. Tonjukuk schreibt stets ** und ***, während Jolluk Tegin stets ** Män und 888 Maна schreibt. Ja selbst Jolluk Tegin braucht einen Ortsnamen in doppelter Orthographie: 1) ******* känÿ‑тарбан (X. 18,2.) und ****** känÿ‑тарман (K. 21,11.). In den Jenissei-Inschriften findet die Schreibung **** statt des gewöhnlichen ****.

카간의 집안일 가능성이 크다.[114]

②번의 타르반(tarḅan)→타르만(tarṃan)은 이미 1896년 톰슨(V. Thomsen)의 논문에서도 두 가지로 쓰인다는 것을 기록하였다.

> 우리는 앞(곧 동쪽)으로 Kadïrkan 숲을 넘어 사람들을 일으키고 그들을 조직하였다: 뒤(곧 서쪽)로 Kengu-tarḅan(또는 tarṃan)[115]까지 튀르크 백성들을 자리 잡게 하고 그들을 조직하였다. 주 27)[116]

원문에는 **tarman**으로 되어 있는 것을 **tarban**(또는 tarman)이라고 **tarban**으로 옮기면서 **tarman**과 같다고 하였다. 주를 달면서도 'tarban 또는 tarman'이라고 해서 [b] 음과 [m]은 서로 넘나든다는 것을 보여 주었다.[117]

위에서 ①②③의 보기를 보면 거의 같은 시대의 비문에 같은 단어가 다른 비석이나 심지어는 같은 비석에서도 [b]와 [m]으로 함께 쓰인 것은 두 소리가 [b]↔[m]처럼 넘나든다는 것을 알 수 있다.

1960년 클로슨(G. Clauson)은 13세기 몽골어 발생 이전의 돌궐어와 위구르어 등을 비교·연구하며 그 연관성을 「돌궐어와 몽골어학에 대한 연구」에서 다음과 같이 설명하였다.

---

114) Josef Strzygowski, "Altai-Iran und Völkerwanderung", Leipzig, J. C. Hinrichs, 1917, 298쪽. Verzierungen und Kunst habe ich, der Verwandte(?) des Bilgä-Chan, Jolluk-Tegin, einen Monat und vier Tage verweilend geschrieben, verziert. https://archive.org/details/altaiiranundvlke00strz

115) 이렇게 주를 달고 있다. 켕우-타르반(Kengu-tarban) 또는 (켕우)-타르만(-tarman)이란 이름은 알려지지 않았다. 이 이름은 옛날 튀르크의 서쪽 국경에서 더 나아간 지점을 가리키는 것 같다. 타르반(Tarban)과 오늘날의 타르바가타이(Tarbagataï)와 관계가 있을지 모르겠다. 또 보주에는 "(M. Parker)는 타르만(Tarman)은 키르기즈 나라에 있는 T'an-man산맥(貪漫山) 안에 있다."고 했다.

116) V. Thomsen, *Inscription de l'Orkhon dechiffrées*, Helsingfors, Imprimerie de la société de Littérature Finnoise, 1896, p.104. [1 E 21] En avant (c.-à-d. vers l'est) au delà de la forêt de Kadirkan, nour fîmes s'établir le peuple et nous l'organisâmes; en arrière(c.-à-d. à l'ouest) jusqu'à Kengu-tarban (ou - tarman), nous fîmes s'établir le peuple turc et ous l'organisâmes. 27).

117) 탈랴트 티긴 지음, 이용성 옮김, 『돌궐어 문법』, 한국학술정보, 2012, 145쪽. 앞에서 본 톰슨의 타르반(tarban)→타르만(tarman)이란 보기를 들면서 두 입술 콧소리 m이 b와 바뀌는 것은 땅 이름 딱 한 가지 경우만 있다고 했다.

콧소리(鼻音)가 든 모든 낱말의 머리글자 b-는 m-이 된다. 초기 튀르크어와 위구르어의 텍스트, 투바 비문들(옛 키르기즈) 그리고 오구즈(Oghuz) 어군의 몇몇 언어에서 머리글자 b-는 이런 식으로 계속 실행되었다. 후기 튀르크와 위구르에서 시작된 m-으로의 전환은 이제 거의 보편화가 되었다.[118]

클로슨은 콧소리가 든 낱말은 모두 b가 m-으로 바뀐다고 주장하였다. 그리고 후기에 들어오면 그런 전환이 일반화된다고 주장하였다.

이 문제는 터키의 권위 있는 튀르크 언어학자 Talat Tekin이 꽤 설득력 있는 설을 내놓았다. 1968년 낸 『오르콘 튀르크어 문법(A Grammar of Orkhon Turkic)』에서 balbal이란 낱말을 보기로 들었다.

① 어중모음소실(syncope)에 대한 보기로
  balbal ⟨ *balïbal ⟨ *barïmal
② b-b ⟨ b-m 및 l-l ⟨ r-l에 대한 보기로
  balbal ⟨ *balmal ⟨ *barmal

그리고 이 두 가지를 몽골어의 할아버지말(祖語) 바리말(barimal)(조각상, 彫像)과 비교하였다.[119]

syncope는 어중모음소실(語中母音消失) 또는 어중음탈락(語中音脫落)이라고도 하는데 발음할 때 낱말의 중간에서 음이 생략된 것을 말한다. 그 과정에서 ① '발발(balbal)⟨*발르발(balïbal)⟨*바르말(barïmal)'과 '발발(balbal)⟨*발말(balmal)⟨*바르말(barmal)'로 발음하는 과정에서 [l]→[r], [b]→[m]으로 변했다는 것을 알 수 있다. 돌궐인들의 무덤 앞에

---

118) G. Clauson, "Studies in Turkic and Mongolic Linguistics", London and New York, RoutledgeCurzon Taylor & Francis Group, 1962, 137쪽. (8) initial **b-** had become **m-** in all words containing nasals; initial **b-** was retained in this position in the earliest Türkü and Uyğur texts, in the Tuvan inscriptions(Old Kirğiz) and in some languages of the Oğuz group; the change to **m-** which began in the later Türkü and Uyğur texts is now almost universal.

119) Tekin Talât, 『A Grammar of Orkhon Turkic』, Indiana University Publications, Uralic and Altaic Series: 69, Bloomington & The Hague, 1968, pp.73·99·100 (이용성 옮김, 『돌궐비문연구』, 97쪽 주 70에서 재인용).

죽 늘어서 있는 돌들을 발발이라고 하는데, 현지 고고학자들은 이 돌이 전투에서 적군의 목을 벤 숫자만큼 세우는 것이라는 설과 장례식 때 타고 온 말들의 고삐를 매기 위해 세운 것이라는 설(사진 참조)이 있다. 이것을 돌궐말로 발발(balbal)이라고 하는데, 몽골어의 조어(祖語)에서 바리말(barimal)로 변하는 과정을 통해 [l]→[r], [b]→[m]으로 변하는 과정을 설명한 것이다.

이용성이 주를 단 것을 보면 G. Doerfer는 몽골 조어(祖語) *바르말(barïmal) > *bar-mal(어떤 몽골 방언)→튀르크어 balbal이라고 조금 다르게 설명하였다고 한다.[120] 이 주장은 [l]←[r], [b]←[m]으로 이해된다. 결국, 이 두 닿소리(子音)는 서로 넘나든다고 볼 수도 있다.

[그림 36] 돌궐 무덤의 발발(balbal): 몽골알타이의 호튼(2007. 7. 12.)

---

120) G. Doerfer, "The older Mongolian layer in Ancient Turkic", TDA 3, 1993, p.79.

끝으로 최근 이용성의 논문에서 [b]←[m]의 가능성을 현실 경험에서 겪은 것을 기록하고 있는데 이 문제를 이해하는 데 도움이 되므로 소개한다.

2016년 7월 8~9일, 일본 니이가타대학(新潟大)에서 "북동 유라시아 언어에 관한 서술·대조 분석(Descriptive and Contrastive Analysiss on Languages of Northeast Eurasia)"을 주제로 한 국제 공동연구회에 참석했을 때, 머리글자 m의 탈비음화에 관한 실례를 직접 보았다.

어느 날 (러시아 과학아카데미) 언어연구소에서 온 투바의 아르자나 쉬륜(Arzhaana Syuryun)이 한국말로 '먹다'를 발음해 달라고 했다. 나는 '먹다[məkta]'라고 발음했다. 하지만 그녀는 자신의 손전화에 '먹(meok)'이라고 쓰지 않고 '벅(beok)'이라고 썼다. 아마 고구려의 서녘 이웃인 거란, 타타브 또는 튀르크에게도 mäk이 bäk이나 bök으로 들렸을 것이다.[121]

2) kli와 koli/kuli에 관한 문제

이 문제는 이미 1977년 모리 마사오(護雅夫)가 제기하였다. 즉, 구리(句麗, Kuli)는 ku-li처럼 소리가 2마디(二音節)인데 kli는 한 음절이기 때문에 논리적 하자가 있다는 것이었다.[122] 그는 꽤 구체적인 언어학적 논리를 제시하였다.

돌궐문자에는 [k] 음이 다음과 같은 두 가지로 나온다.

ⓐ äk / k
ⓑ ök, ük / kö, kü / k

---

121) Yong-Sŏng Li, "on ČW̌LGL(or ČW̌LGIL) in the Kül Tegin and Bilgä Kagan inscriptions", *Acta Orientalia Academiae Scientiarum Hung,* Volume 70(4), 2017, p.407. I witnessed an example of the denasalisation of initial *m* when I took part in the International Workshop: "Descriptive and Contrastive Analysis on Languages of Northeast Eurasia" at Niigata University in Japan in July 8-9, 2016. One day a Tuvan participant named Arzhaana Syuryun from the Insitute for Language Studies(Russsian Academy of Sciences) asked mi to pronounce 'to eat' in Korean. I pronounced 먹다 *meokta*[məkta]. However, she wrote no *meok* but *beok* as the verb stem on her cell phone. Perhaps the western neighbours of Goguryeo, the Kïtańs or the Tatabïs or the Türks, also heard *mäk* as *bäk* or *bök*.

122) 일본 사람은 [l]와 [r]의 소리에 대한 구별을 하지 못하기 때문에 [l]과 [r]에 대한 문제는 제기하지 않았다.

그러므로 만일 ⓑ의 경우로 쓰인다면 Bökli를 Bök(k)üli, Bük(k)üli라고 읽을 수 있지만 Bökli의 [k]는 ⓐ의 경우인 "äk, k이므로, 이것을 [kü]라고 옮길 수는 없다"며, 오로지 Bök-li라고 읽어야 하므로 Bök eli라고 새겨, Bök(맥)의 eli(나라)라고 주장하였다.[123]

그 뒤 25년이 지난 2003년에 이용성이 모리 마사오와는 정반대의 논리로 ⓑ를 선택하여 새로운 해석을 하였다. 즉, Bökli는 다음과 같이 읽을 수 있다는 것이다.

ⓐ bök(kü)li(<*bäkküli<*mäkküli)=mäkkuli 貊句麗=mäk(민족이름 貊)+kuli(나라 이름 句麗)

ⓑ bök(kö)li(<*bäkköli<*mäkkoli)=mäkkuli 貊句麗=; mäkkoli 貊高麗=mäk(민족이름 貊)+koli(나라 이름 高麗)이다.

이용성의 이런 새로운 풀이는 두 가지 측면에서 이 문제에 대한 새로운 해석을 가능하게 하였다. 첫째, ⓑ를 가능하게 해석하면서 이와사(岩佐)의 논리를 완전히 뒷받침했다. 그렇게 함으로써 Bökli는 mäk+koli 또는 mäk+kuli라는 두 낱말로 나눌 수 있고, 뒤쪽의 koli(高麗)나 kuli(句麗)는 확정 지어 놓고 Bök과 Mök에 관한 해석에 집중할 수 있게 하였고, 아울러 구리(句麗)와 고리(高麗)라는 나라 이름의 차이를 해결할 수 있게 했다는 것이다. 앞에서 보았지만, 구리(句麗)라는 이름은 고구리(高句麗) 초기에 쓰인 것이고 413년 이후는 완전히 고리(高麗)가 정착했기 때문에 돌궐이 성립될 당시는 구리(句麗)라는 이름이 전혀 쓰이지 않고 고리(高麗)라고만 쓰였다는 측면에서 보면 구리(句麗)와 아울러 고리(高麗)라는 가능성을 제시한 것은 아주 뛰어난 견해라고 할 수 있다. 돌궐어 비문에서는 사실 [u]와 [o]는 같은 글자로 표기되기 때문이다.

이용성의 이러한 해석은 그 뒤 김병호의 연구에 튼튼한 바탕을 제공하였다. 김병호는 두 가지 가설을 가지고 논리를 펴 나간다.

---

123) 護雅夫, 「いわゆるBökliについて」, 『江上波夫教授古稀紀念論集 - 民俗·文化篇』, 山川出版社, 1977, 304쪽.

① 우선 'Bök-koli'에서 Bök는 라들로프를 비롯한 초기 연구가들이 밝힌 'Bök=강성하다'는 뜻을 취하고 여기에 이용-성이 주장하는 고리(高麗)를 연결할 수 있다는 추정과 ② Bök이 순순한 우리말에서 '밝다'는 뜻이 있는 '볼'이나 '붉'으로 해석할 수 있다는 추정이었다. 그리고 이어서 ②의 추정을 뒷받침하기 위해 많은 지면을 할애하였고, 바로 그 견해가 그 논문의 성과요 핵심이 된다. 그러나 앞에서도 보았듯이 글쓴이는 ②안은 무리가 있어 재검토 대상에서 제외하고, 오히려 다음절에서 ①안에 대해 좀 더 자세히 보려고 한다.

3. bökli에 대한 해석: bök+kori(高麗)와 mök(貊)+kori(高麗)

앞에서 보았지만, bökli는 고리(高麗)라는 것이 거의 밝혀졌지만 그 음이 같지 않아 많은 논의가 되었고 갖가지 견해가 있었다. 이제 bök+koli(高麗)와 mök+koli(高麗)까지 접근이 되었지만 'bök-'과 'mök-'이 무엇인가 하는 것이 중요한 문제이다.[124]

① bök+koli = bök+koli(高麗) = bök(?)+koli(高麗)
② mök+koli = mök+koli(高麗) = mök(貊)+koli(高麗)

1) 뵐콜리(Bök+koli)의 '뵐(bök)-'

라들로프는 뵈클리(bökli)는 뵐(bök)이라는 씨뿌리(語根)에서 파생되었다고 보았고, 라

---

124) 앞에서 보았듯이 2005년 이후 현장에서 돌궐 유적을 발굴하고, 학술대회를 꾸리고, 텔레비전 프로그램을 도우면서 고구리(高句麗)로 해석되는 Bökli에 대해 깊은 관심을 가졌다. 당시 글쓴이는 고구리(高句麗)의 나라 이름에 대해 논문을 쓰고 있었기 때문이다. 그 뒤 글쓴이는 2007년 고구리(高句麗)의 나라 이름에 대해 두 가지 문제를 중심으로 논문을 발표하였다. 첫째는 '高句麗=고구리(Koguri)'라고 읽어야 한다는 것이고, 둘째는 고구리(高句麗)가 장수왕 즉위 (413) 이후 나라 이름을 고리(高麗, Kori)로 바꾸었다는 것이다. 이때 고구리(高句麗)를 뜻하는 Bökli의 마지막 소리마디가 [려]가 아니고 [리, li]라는 사실에 깊은 관심을 가지고 논문에서 인용하고 싶었지만, 나머지 소리마디(音節)에 대한 연결이 불가능해 논문에서 활용하지 못했다. 다음 해인 2008년 이용-성이 'Bök-koli'라고 읽을 수 있다는 가능성을 제시하였을 때 글쓴이는 새로운 해석을 할 수 있었다. 물론 그때는 이용-성이 이미 2003년에 이 문제를 언급하였다는 사실을 알지 못했다. 이용-성의 해석에서 'Bök-koli<Bök-kori'로 해석을 할 수 있다면 kori(高麗)는 글쓴이가 연구한 소릿값과 정확하게 일치하기 때문이다. 이러한 진전은 먼저 글쓴이가 高句麗=고구리(Koguri)와 高麗=고리(Kori)라고 밝혔기 때문에 그런 접근이 가능했다고 할 수 있었다. 이와사와 모리가 연구를 심화시킬 때 어려웠던 것은 [麗] 자의 소릿값을 [li]라고 읽지 않았고 맥(miak)-구(kjiu)-려(liäi)라고 읽었기 때문이라고 볼 수 있다.

들로프가 펴낸 돌궐어 사전에서 뵉(bök)은 독일어로 fest, sehr를 뜻한다고 했다.[125]
연구사를 정리하는 과정에서 이 해석에 관심을 가지고 깊이 있게 검토해 보았다.

　【bök】fest, sehr

　　① fest: 질긴, 단단한(强한), 튼튼한, 팽팽한

　　② sehr: 매우, 대단히

그가 1894년에 처음 낸 책의 85쪽부터 「코쇼 차이담 비석 용어사전(Glossar zu den
Denkmälern von Koscho-Zaidam)」이 시작되는데 【Bökli】라는 올림말(標題語)을 이렇게 설명
하고 있다.

　【Bökli】['Bök+li']: stark, mächtig[126]

독일어로 stark, mächtig을 뜻한다고 하였다.

　　① stark: 〈형용사〉 (육체적으로) 강한; 힘센, 튼튼한, 옹골찬

　　② mächtig: 〈형용사(gewaltig; ↔ schwach)〉 힘이 있는, 강력한, 유력한, 권력이 있
　　　는; 영향력이 큰; 두드러진, 거대한, 대단한

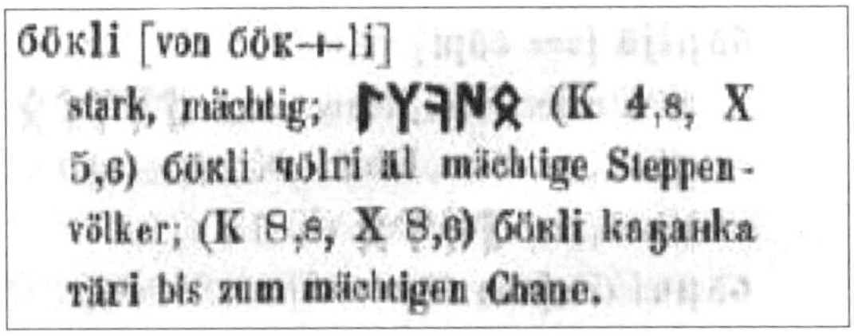

бӧкli [von бӧк-+-li]
stark, mächtig; ΓΥϡΝⳠ (K 4,8, X
5,6) бӧкli ɥӧlri äl mächtige Steppen-
völker; (K 8,8, X 8,6) бӧкli каɦанка
тäri bis zum mächtigen Chane.

[그림 37] Bök+li의 뜻(Radlov, 1894)

125)　Vasiliĭ Vasil'evich Radlov, *Versuch eines Wörterbuchs der Türk-Dialecte*, Commissionnaires de l'Académie impériale
　　　des sciences, 1888, Ⅲ, p.1574(Mouton, 1960 영인판).

126)　W. Radlov, Die alttürkischen Inschriften der Mongolei, Erste Lieferung(1894), p.4~5, Zweite Lieferung, 1894, p.140.

stark, mächtig 두 낱말의 뜻 가운데 중요한 것을 간추리면 '강(强)한', '힘센', '강력 (剛力)한', '영향력이 큰(大)', '거대(巨大)한' 같은 매김씨(冠形詞)다. 바로 이런 뜻을 바탕으로 라들로프는 이렇게 옮겼다.

【bökli čölgl äl(бökli ҷölгı äl)】mächtige Steppen-völker. 강력한(큰) 초원의 민족

라들로프의 이와 같이 '강(强)한' 또는 '큰(巨大)'이란 관형사를 고리(高麗)에다 붙이면 "강한 고리(强高麗)", "큰 고리(大高麗)"라고 옮길 수 있다.

① bök+koli=bök+koli(高麗)=bök(大, 强)+koli(高麗)=대고리(大高麗)

톰슨도 라들로프가 처음 해석한 것처럼 뵈클리(Bökli)를 매김씨(冠形詞)로 보았다는 것을 알 수 있다. 그는 프랑스말로 쀠쌍(puissant)이라고 해석했는데 프랑스말에서 권력 [세력] 있는, 유력한, 강대한, 이란 뜻이다.

방(W. Bang)은 bök(fest, sehr)을 「강성한, 큰」이란 뜻으로 받아들여 해석을 바꾸었다. 방(W. Bang)은 Bökli를 돌궐어로 풀었기 때문에 뵈클리 카간(bökli qaγan)에 대한 설명에 집중하다가 드디어 이것이 돌궐 동녘에 있는 산 이름, 곧 대흥안령(大興安嶺)을 뜻하고 몽골어 yak alyn의 yak는 bökli에 해당한다고 했다. bökli çöl도 또한 「큰 사막(大漠)」, 곧 고비사막을 가리킨다[127]고 보았다.[128]

마침내 "나라 앞에 크고(大) 강하다(强)는 뜻의 관형사를 붙이는 것은 'Great Britain', '대한민국(大韓民國)', '대청(大淸)', '대일본(大日本)'처럼 나라 앞에 큰 대(大) 자를 써서 스스로를 높이기 위해 붙이는 경우가 아니겠는가?"라는 결론까지 나아갔다.

이렇게 연구가 진행되는 과정에서 한 가지 큰 벽에 부딪혔다. 라들로프가 【Bökli】

---

127) W. Bang, *Zu den Kök Türk-Inschriften der Mongolei*, Toung Pao(7), 1896, p.336; Toung Pao(8), 1897; *Zu den köktürkischen Inschriften*, Toung Pao(9) 1898, pp.123, 141.
http://www.jstor.org/stable/4525331

128) 岩佐精一郞, 「古突厥碑文のBökli及びPar Purmに就いて」, 『岩佐精一郞遺稿』, 岩佐伝一, 1936, 62~64쪽.

=['Bök+li']라고 했지만 초기 학자들은 【Bökli】 전체를 '강성하다'는 뜻으로 해석하였기 때문에 【Bökli】=[Bök+koli]로 확대할 수가 없는 한계가 있었기 때문이다. 그 뒤 이용성 연구에 의해 [Bök+koli] 문제는 해결되었지만 【bök】의 뜻에 대한 확신을 가질 수 없었다. 그래서 고대 돌궐어를 깊이 있게 공부한 이용성 박사를 만나 이 문제에 대한 질문을 했더니 "그런 해석은 초기에 나왔으나 그 뒤로는 거의 받아들여지지 않고, 【bök】을 그렇게 해석할 수 있는 어학적 근거를 찾기도 힘들다."라는 대답을 들었다. 사실 이런 해석은 고리(高麗) 입장에서 쓴 것을 돌궐에서도 그것을 그대로 받아들여 비석에 썼을까 하는 의문이 생기고, 글쓴이의 능력으로서는 더 나아갈 수 있는 길이 없으므로 아쉽지만 여기서 그칠 수밖에 없다. 후학들의 연구를 기다린다.

2) 뵐콜리(Bök+koli)의 '맥(mök)-'

②의 맥구리(貊句麗)설에 대해 보기로 한다. ①에 비해 ②의 맥구리(貊句麗)설은 좀 더 진전이 있었다고 볼 수 있다. "bök"을 "mök"으로 읽을 경우 'mök+kuli=맥(貊)+구리(句麗)', 곧 '맥(貊의 나라)+구리(句麗)'라는 이와사(岩佐)의 설을 완전히 뒷받침할 수 있기 때문이다. 아울러 'mök+koli=맥(貊)+고리(高麗)'로도 쓸 수 있기 때문에 역사적으로도 훨씬 더 정확하게 된다. 앞에서도 보았지만 구리(句麗)는 고구리(高句麗) 초기에만 사용하였고 413년 이후는 나라 이름을 바꾸어 고리(高麗)라고 썼기 때문에[129] 522년 건국한 돌궐에서는 당연히 고리(高麗)를 썼을 것이기 때문이다.

글쓴이는 아직 이 설에 대한 대안을 찾지 못하였기 때문에 여기서는 맥(貊)에 대한 문제를 좀 더 보충하는 선에서 그치려고 한다.

우선 『후한서』에 나온 자료를 보면 '맥(貊)=구리(句麗)'라는 것을 뚜렷이 볼 수 있다.

① 왕망(王莽) 초 구리(句驪) 군사를 내어 흉노를 치려 했으나 그 사람들이 가려고 하지 않아 눌러서 억지로 보냈더니 모두 국경 넘어 도망가 노략질하였다. 요서 대윤 전담이 그들을 뒤쫓다 전사하자 (왕)망이 장수 엄우(嚴尤)에게 쫓아가도록 하였다. **구리후(句驪侯)** 추(騶)를 꾀여 국경 안으로 들어오자 머리를 베어 그 머

---

129) 서길수, 『장수왕이 바꾼 나라 이름 고리(高麗)』, 여유당, 2019.

리를 장안으로 보냈다. (왕)망은 크게 기뻐하며 고구리 왕(高句麗王)을 바꾸어 하구리 후(下句驪侯)라 이름하였다. 그러자 맥인(貊人)들의 변방 노략질이 더욱 심해졌다.130)

② 건무(建武) 25년 봄 정월, 요동 국경 밖의 맥인(貊人)이 우북평(右北平)·어양(漁陽)·상공(上谷)·태원(太原)을 쳐들어와 요동태수 제융(祭肜)이 불러 타이르니 항복하였다.131)

③ 건무(建武) 25년 봄 구리(句驪)가 우북평(右北平)·어양(漁陽)·상공(上谷)·태원(太原)을 쳐들어와 요동태수 제융(祭肜)이 은혜와 믿음으로 불러 타이르니 모두 다시 항복하였다.132)

④ 구리(句驪) 일명(一名) 맥(貊)이라고도 부른다. 다른 갈래(別種)가 있는데, 소수(小水)에 의지해 살기 때문에 소수맥(小水貊)이라고 부른다. 이른바 '맥궁(貊弓)'이 그것이다.133)

①의 기사에서는 왕망의 '신(新)' 왕조(AD 8~24) 때의 기사로 이때 구리(句驪)=고구리(高句驪)=맥인(貊人)이라고 기록하였다. ②는 본기에서 나오고 ③은 고구리(高句麗) 열전에서 나온 것인데, 똑같은 사실에 본기에서는 맥인(貊人)이라 했고, 열전에서는 구리(句驪)라고 했다는 것을 알 수 있다. 결국 맥인(貊人)과 구리(句驪)는 같다는 것을 알 수 있다. ④에서는 구리(句驪)=맥(貊)이라는 것을 바로 표기한 것이다. 이런 기사들은 맥(貊)이 곧 구리(句驪)와 고구리(高句麗)라는 것을 분명하게 보여 주는 기사다.

이처럼 『후한서』에서는 맥(貊)=구리(句驪)라는 것이 뚜렷하지만 맥(貊)은 일찍이 고구리(高句麗)가 성립되기 이전부터 중원에서 동북 민족들에 대한 통칭으로 쓰였다. 『사기(史記)』나 『한서(漢書)』에 나온 기록을 보면 알 수 있다.

---

130) 『後漢書』 卷85 「東夷列傳」 第75. 王莽初, 發句驪兵以伐匈奴, 其人不欲行, 彊迫遣之, 皆亡出塞為寇盜. 遼西大尹田譚追擊, 戰死, 莽令其將嚴尤擊之, 誘句驪侯騶入塞, 斬之, 傳首長安. 莽大說, 更名高句驪王為下句驪侯, 於是貊人寇邊愈甚. 『후한서』보다 먼저 편찬된 『삼국지』에도 같은 내용이 실려 있다.

131) 『後漢書』 卷1(下) 光武帝紀 第1(下). 建武 二十五年 春正月 遼東徼外貊人寇右北平·漁陽·上谷·太原, 遼東太守祭肜招降之.

132) 『後漢書』 卷85 「東夷列傳」 第75. (建武) 二十五年春, 句驪寇右北平·漁陽·上谷·太原, 而遼東太守祭肜以恩信招之, 皆復款塞.

133) 『後漢書』 卷85 「東夷列傳」 第75. 句驪一名貊(耳). 有別種, 依小水為居, 因名曰小水貊. 出好弓, 所謂「貊弓」是也

[사기] 한(漢)은 양신(楊信)을 흉노에 사신으로 보냈다. 그때 한은 동쪽으로 예맥(濊貉)·조선(朝鮮)을 쳐서 군으로 삼았다.[134]

[한서] 고제(高帝) 4년(BC 203) 북맥(北貉) 연인(燕人)이 와서 날쌔게 말을 타고 한(漢)을 도왔다.[135]

[한서] 팽오(彭吳)가 예맥(穢貊)과 조선을 치고 창해군을 설치하였다.[136]

그래서 지금까지 이 분야를 연구한 학자들은 맥(貊)이 일찍이 동북의 민족을 부르는 통칭이었는데, 나중에 고구리(高句麗)를 특정해서 부르게 되었다고 보고 있다.

정조모(鄭早苗)는 "'맥인(貊人)'이라 불리던 민족 가운데 가장 일찍 고대국가를 형성한 종족을 가리켜 '구리(句麗)'족이라 했는지도 모른다."[137]라고 했으며, 여호규는 "『사기(史記)』 단계까지의 맥(貊)은 중국 대륙 북방의 족속을 지칭하는 명칭이며, 고구려의 모체를 이룬 주민집단인 원고구려인은 고조선이나 부여와 마찬가지로 본래 예족(濊族)의 일원이었다가 그로부터 분화해 '구리(句麗)'라는 주민집단을 형성했고, 기원을 전후하여 한인에 의해 맥(貊)으로 불렸다고 보았다."[138]라고 했다. 김현숙도 "선진시기 이래 요동 지역에 거주해오던 예가 곧 예맥이고, 여기에서 맥으로 지칭되는 세력과 예로 지칭되는 세력이 나왔다고 보는 것이 타당한 것 같다. 즉 예와 다른 별개의 종족으로서 맥족이 존재한 것이 아니라 원래 예인데 중국인들이 지칭하던 범칭인 맥이 결합되어 예맥이라 칭하게 되었으며, 이 예맥 가운데 적석총을 조성하는 독특한 문화적 정체성을 가진 세력 집단을 맥이라고 보는 것이 현재로선 제일 합리적일 것 같다."[139]라고 했다.

그러나 맥(貊)=고구리(高句麗)·고리(高麗)라고 단정하기 어려운 사료들도 있다.

---

134) 『史記』卷110 「匈奴列傳」第50. 漢使楊信於匈奴, 是時漢東拔穢貉·朝鮮以爲郡.
135) 『漢書』卷1(상) 「高帝紀」第1(上). 四年 八月, 北貉·燕人來致梟騎助漢.
136) 『漢書』卷24(下), 食貨志 第4(下). 彭吳穿穢貊·朝鮮, 置滄海郡.
137) 鄭早苗, 「漢書·後漢書·三國志の高句麗と句麗の名稱について」, 『朝鮮學報』(89), 1978, 57쪽.
138) 여호규, 『삼국지』 「동이전」과 夫餘傳과 高句麗傳의 비교검토, 『삼국지 동이전의 세계』, 성균관대학교출판부, 2013, 173~174쪽.
139) 김현숙, 「고구려의 종족기원과 국가형성과정」, 『대구사학』(89), 2007, 41쪽.

① **[후한서]** 고구리(高句麗)는 요동 동쪽에 있으며, 남으로는 조선·예맥(濊貊), 동으로는 옥저, 북으로는 부여와 이어서 닿아 있다.[140]

② **[삼국지]** 고구리(高句麗)는 요동 동쪽에 있으며, 남으로는 조선·예맥(濊貊), 동으로는 옥저, 북으로는 부여와 이어서 닿아 있다.[141]

③ **[후한서]** 동옥저는 고구리(高句驪) 개마대산 동쪽에 있고, 동쪽으로 큰 바닷가에 이르고, 북으로 읍루·부여, 남으로 예맥(濊貊)과 이어서 닿아 있다.[142]

④ **[삼국지]** 동옥저는 고구리(高句驪) 개마대산 동쪽에 큰 바닷가에 사는데 동북으로는 좁고 서남으로 길어 가히 1000리가 된다. 북으로 읍루·부여, 남으로 예맥(濊貊)과 이어서 닿아 있다.[143]

①과 ②, ③과 ④는 똑같은 내용인데 『후한서』, 『삼국지』 두 역사서에 나온다. 시대는 후한(後漢)이 삼국시대보다 빠르지만 사서는 『삼국지』가 『후한서』보다 더 먼저 편찬되었기 때문에 『후한서』가 『삼국지』의 내용을 베꼈다는 것을 알 수 있다. 내용 가운데 ①과 ②는 고구리(高句麗)가 예맥(濊貊)의 북쪽에 있다고 했고, ③과 ④는 동옥저가 고구리(高句驪)의 동쪽 예맥의 북쪽에 있다고 했기 때문에 '고구리(高句驪)=예맥(濊貊)'이 될 수가 없다.

끝으로 한문 사료에서 맥+고리(高麗)로 이어 쓰는 보기를 찾아보려고 모든 사서들을 검색해 보았지만 성공하지 못했다. 아쉽지만 이 정도 선에서 마치고, 앞으로 다른 학자들의 더 깊은 연구를 기다린다. 이 맥+고리(高麗)는 앞으로 볼 『범어잡명』의 무꾸리(Mu-kuri), 동로마의 시모칼타(Theophylactus Simocattae, 약 580~630)가 쓴 『역사』에 나오는 무크리(Mou-kri), 펠리오 티베트 문서에 나오는 Mug-lig과 연관시켜 비교 연구할 때 다시 논의가 이어진다.

---

140) 『後漢書』卷85 「東夷列傳」第75. 高句驪, 在遼東之東千里, 南與朝鮮_濊貊, 東與沃沮, 北與夫餘接.
141) 『三國志』卷30 「魏書」第30. 烏丸鮮卑東夷傳. 高句麗, 在遼東之東千里, 南與朝鮮_濊貊, 東與沃沮, 北與夫餘接.
142) 『後漢書』卷85 「東夷列傳」第75. 東沃沮在**高句驪**蓋馬大山之東, 東濱大海; 北與挹婁_夫餘, 南與濊貊接.
143) 『三國志』卷30 「魏書」第30. 烏丸鮮卑東夷傳. 東沃沮在高句麗 蓋馬大山之東, 濱大海而居. 其地形東北狹, 西南長, 可千里, 北與挹婁·夫餘, 南與濊貊接.

3) [l]→[r], koli→kori(高麗)

① bök+koli=bök+koli(高麗)=bök(大, 强)+koli(高麗)=대고리(大高麗)
② mök+koli=mök+koli(高麗)=mök(貊)+koli(高麗)=맥고리(貊高麗)

앞에서 보았듯이 장수왕 때(413) 나라 이름을 고리(高麗)로 바꾸었고 소릿값(音價)은 kori(高麗)였다. 그런데 지금까지 비문 연구에서는 'koli=고리'였기 때문에 고리(高麗)의 본디 소릿값인 kori와 마지막 소리마디(음절)의 소릿값이 [li]와 [ri]로 다르다는 문제를 해결해야 한다.

같은 이름이지만 돌궐 비문과 티베트 문서에서는 koli와 Mug-li(g)라고 쓰고 있어 마지막 소리마디가 [li]로 되지만, 『범어잡명』은 Mukuri라고 쓰고, 동로마제국 시모칼타의 『역사』에서는 (Mou)kri라고 쓰고 있어 마지막 소리마디가 [ri]다. 그렇다면 [li]와 [ri]의 차이를 어떻게 극복할 것인가?

고리(高麗)에 나오는 우리말 '麗'에 나오는 [리]의 소릿값(音價)은 두 가지로, 혀앞소리 (舌前音)와 혀옆소리(舌側音)가 있다. [ri]은 혀앞소리(舌前音)로 혀의 끝에서 소리가 나고, 혀옆소리(舌側音) [li]은 혀의 옆에서 소리가 난다.

한국 사람들은 이 두 소리를 쉽게 그리고 정확하게 구별할 수 있다.

kori=고리(혀앞소리)
koli=골리(혀옆소리)

이처럼 [ri]는 우리말 [리]처럼 소리가 나고, [li]은 우리말 [ㄹ리]처럼 앞 음절에서 [리] 을 받침으로 한 번 더 내 주면 정확한 소리가 난다. 그런데 고대 돌궐어에서 [l]과 [r] 음이 서로 넘나들었다는 것을 앞에서 잠깐 보았는데, 여기서 다시 한번 옮겨 보기로 한다.

Talat Tekin의 『오르콘 튀르크어 문법(A Grammar of Orkhon Turkic)』에서 balbal이란 낱말을 이렇게 설명했다.

① 어중모음소실(syncope)에 대한 보기로

balbal<*balĭbal<*barĭmal

② l-l<r-l에 대한 보기로

balbal<*balmal<*barmal

이것을 돌궐말로 발발(balbal)이라고 하는 몽골어의 할아버지말(祖語)에서 바리말(barimal)로 변하는 과정을 통해 [l]→[r]로 변하는 과정을 설명한 것이다. 결국, 이 두 닿소리(子音) [l]과 [r]은 서로 넘나든다고 볼 수도 있는 것이다.

[l]과 [r] 음은 각 민족과 언어습관에 따라 이 두 소리를 전혀 구별하지 못한 나라도 있다. 우선 가까운 중국과 일본을 예로 들 수가 있다.

kori=고리

koli=고리

[l]과 [r]에서 [l] 음은 전혀 소리를 내지 못하고 인식도 못 하며, 두 가지 음을 모두 [r]로 인식하여 소리 낸다. 그런 측면에서 보면 고리(Kori, 高麗)라는 이름을 소리로 듣고 자기 나라 글로 옮길 때는 골리(Koli)로 들려 그렇게 옮길 수 있다고 본다. 여기서 가장 우선으로 기준이 되는 것은 바로 우리 음의 고리(Kori)이기 때문에 Kori(高麗)가 맞지만 Koli(골리)라고 옮겨 쓴 것도 자연스럽게 받아들일 수 있다는 것이다.[144] 결국, 다음과 같은 결론을 얻을 수 있다.

---

144) 돌궐어를 전공한 이용성 박사와 다음과 같은 토론이 있었다. 【이】돌궐 비문에 있는 형태에 /r/이 아니라 /l/로 되어 있고, 몽골어와 만주어, 튀르크어에서는 /r/과 /l/이 구별된다. 돌궐 비문에 나오는 고구리를 가리키는 낱말의 형태는 거란이나 해를 통해 돌궐에 전해진 것일 수 있다. 【서】책에서 다룬 Bökli=Mukri=Mukuri=Mug-lig은 모두 같은 음이 전하는 과정에서 달라진 것으로 볼 때 r/l은 넘나들었다고 보았다. 시작이 Kori라고 보는 입장에서 그리스어로 된 613년 로마의 Muxri, 6세기 후반 산스크리트의 Mukuri에서 /r/로 쓰인 것을 어떻게 설명할 것인가? 그리스어나 산스크리트의 정확성에 문제를 제기할 수 없기 때문이다. 【이】돌궐이나 거란, 해는 고구리와 직접 접촉한 반면 산스크리트어 표기자나 그리스어 표기자는 그렇지 않았다. 【서】그렇다면 지금 우리 음도 고구리 때 골리(Koli)인데 고리(Kori)로 변했다고 볼 수 있으며, 또 그것을 돌궐 비문 같은 돌궐어의 음운을 가지고 증명하여 바꿀 수 있는가? 【이】현재 우리가 알고 있는 '고리'라는 명칭은 발음부터 시작하여 옛 한국어 발음을 제대로 유지한 것이라고 보기는 힘들다. 오히려 돌궐 비문의 형태가 원형을 보존하고 있을 가능성이 있다. 물론 자료가 너무 없어서 이렇게 추정만 할 수 있다. ※ 앞으로 이용성 선생을 포함해서 후학들의 깊은 연구를 기대한다. 아울러 고리(高麗, Kori)에 대한 음성학적 고찰은 글쓴이의 『고구려의 본디 이름 고구리(高句麗)』(여유당, 2019)를 참조하기 바란다.

① bök+koli=bök+kori(高麗)=bök(大, 強)+kori(高麗)=대고리(大高麗)

② mök+koli=mök+kori(高麗)=mök(貊)+kori(高麗)=맥고리(貊高麗)

위의 두 가지 결론 가운데 글쓴이는 ①의 '큰 고리(大高麗)'가 더 언뜻 와닿는다. 그러나 앞에서 본 바와 같이 이용성 박사의 '큰' '강한' 뜻으로 보는 것은 무리라는 조언에 따라 강력하게 주장하지는 못한다.

4. bökli 기록 당시 대륙의 판도

1) bökli란 기록의 연대

위에서 본 바와 같이 bökli에 관한 기록은 돌궐의 카간들이 죽었을 때 열린 장례식과 관계된다. 본문에서는 어느 카간의 장례식이라고 정확하게 기록하지 않고 "(나중에) 자신들은 그렇게 …… 승하하였다고 한다."라고 복수를 쓰고 있어 그 장례식이 단순히 한 카간의 장례식이 아니라는 것을 알 수 있다. 이 카간들이란 당연히 돌궐을 세워 번영시킨 카간들을 말한다. 비문에서 돌궐을 건국한 두 영웅적인 카간은 바로 유연을 쳐부수고 나라를 세운 형제 카간이다. 두 카간이 세상을 뜬 연대는 다음과 같다.

• 동돌궐의 부민 카간[Bum(ï)n qaɣan]: 552년
• 서돌궐의 이시태미 카간(Ištämi Qaɣan): 576년

부민(한적에는 土門) 카간이 세력을 키운 것은 546년 철륵이 유연을 공격할 때 돌궐부를 이끌고 맞서 싸워 5만이 넘은 부락을 항복시킨 뒤였다. 그 뒤 유연의 지배를 벗어나 영토를 더욱 넓혀 가는 도중 551년에는 고리(高麗)까지 쳐들어왔다는 사실은 앞에서 보았다. 적군으로 만났지만 두 나라는 이미 접촉이 있었다는 것을 알 수 있다. 다음 해인 552년 부민 카간은 드디어 유연을 완전히 무찌르고 돌궐카간국을 세웠다. 그러나 북아시아 최강자로 등장한 돌궐카간국의 초대 카간은 그해에 세상을 뜨게 된다. 고리(高麗)는 이 장례식에 참석했을 가능성이 크다. 비록 1년 전 고리(高麗)를 침

입해 온 나라지만 새로 세운 강력한 국가로 등장하고 북위가 망하고 동위와 서위로 갈라지는 급변하는 국제 정세 아래서 첫째는 주변국의 형세를 파악하고, 둘째는 돌궐과의 원만한 관계를 유지하기 위해서는 당연히 장례식에 참석했을 것으로 보인다.

동돌궐은 부민 카간이 죽은 뒤 왕이 여러 번 바뀌었지만, 서돌궐의 이시태미 카간은 서쪽의 동로마나 페르시아의 국경까지 돌궐의 영토를 넓힌 카간이었다. 이때 중원 북부에는 동위와 서위가 망하고 북제와 서주가 들어서 서로 다투고 있었기 때문에 부민 카간 때와 마찬가지로 고리(高麗)는 24년 전에 비해 북아시아의 최강 카간이 된 이시태미 카간의 장례식에 참석하지 않을 수 없었다고 생각한다.

한편 부민 카간이 죽은 뒤 아들인 을식기 카간(乙息記可汗, 552~553)이 뒤를 이었으나 바로 다음 해에 죽었기 때문에 그의 동생인 무칸 카간(木汗可汗, 553~572)이 즉위하여 20년 가까이 동돌궐을 반석에 올려놓게 된다. 우선 유연을 완전히 멸망시키고, 동쪽의 거란을 치고, 북의 키르기즈(契骨)를 아울러 돌궐을 대제국으로 키우자 북조의 북주와 북제가 다투어 구혼을 할 정도였다. 이 무칸 카간이 이시태미 카간보다 4년이 빠른 572년에 죽었는데 이 무칸 카간의 장례식에도 주변의 여러 나라가 다투어 참석했을 것이고 고리(高麗)도 참석했다고 보아야 할 것이다.

이상에서 보듯이 돌궐 비문에 나온 카간들의 장례식은 부민 카간이 죽은 552년을 상한으로 돌궐의 최고 정복자인 무칸 카간이 죽은 572년, 그리고 이시태미 카간이 죽은 576년을 하한으로 볼 수 있다.

2) bökli란 기록 당시 북아시아 대륙의 판도

위에서 본 것처럼 돌궐 당시 돌궐은 북아시아의 최강자였기 때문에 이때 조문하러 온 국가들을 잘 살펴보면 당시 북아시아 대륙의 판도를 그려 볼 수 있다고 본다.

비문에 나온 조문 참가국은 다음과 같은 10개 나라다.

> [E 4] …… 승하하였다고 한다. (그들의 장례식에) 문상객(으로서) 앞(동)쪽에서는 해 뜨는 곳으로부터 ① 뷔클리(Bükli) 쵤 백성, ② 타브가츠(拓拔), ③ 티베트, ④ 아파르 (Apar), ⑤ 동로마, ⑥ 키르기즈(크르그즈), ⑦ 위치 쿠르간, ⑧ 오투즈 타타르, ⑨ 거란, ⑩ 타타브, 이만큼의 백성이 와서 울었다고 하며, 애도하였다고 한다.

조문을 온 나라들을 순서대로 좀 자세히 살펴보면 다음과 같다.

(1) 동쪽의 뷔클리(bükli): 고리(高麗, BC 37~AD 668)

앞에서 보았듯이 551년 돌궐은 처음으로 고리(高麗)를 쳐들어왔으나 실패하였다. 그리고 다음 해인 552년 토문이 카간이 되고 같은 해 세상을 뜬다. 이 당시 고리(高麗)는 양원왕 8년이다. 559년 평원왕이 즉위한 뒤 고리(高麗)의 외교는 북제와 진(陳)에 사신을 보내 등거리외교를 한 것으로 나타나는데, 만일 여기 나오는 뷔클리가 고리(高麗)라면, 고리(高麗)가 돌궐을 비롯한 서녘과 적극적인 외교 관계를 가졌다는 것을 보여 준다. 이시태미 카간이 죽은 576년 돌궐에 사신을 보냈다면, 이 시기는 중원 북녘의 세력 판도가 변화하면서 요동을 칠 때다. 고리(高麗)로서는 이러한 판도를 정확하게 읽을 필요가 있었고, 조공이나 장례식 참석은 가장 좋은 기회가 된다. 574년까지 진(秦)과 북제(北齊)에 연달아 사신을 보내고 576년 돌궐에 조문단을 보냈는데, 다음 해인 577년 북주(北周)의 침공으로 북제(北齊)가 망하자 바로 북주(北周)에 사신을 보내 조공하고 외교 관계를 맺는다.[145] 그러나 북주와의 교섭은 581년 북주가 수(隋)에게 망하면서 마지막이 된다. 고리(高麗)는 바로 수나라에 사신을 보내 조공하고 외교 관계를 맺는다.

고리(高麗)는 부민 카간 때부터 조문사를 보낼 수도 있지만, 참가국들의 면모를 보면 이처럼 중원 북부가 요동쳤던 무칸 카간과(572) 이시태미 카간(576)의 장례식에 참석했을 가능성이 크다. 이는 앞에서 말했듯이 당시 국제 관계의 현황을 파악하는 동시에 참석한 여러 나라의 사신들과도 교류할 수 있는 좋은 계기가 되었을 것이기 때문이다.

(2) 칠글(Čělgl): 주(周)=북주(北周, 556~581)

뷔클리(Bükli)를 고리(高麗)라고 보았을 때 이어지는 칠글(Čělgl)을 어떻게 해석할 것인가 하는 문제는 오랫동안 논의되어 왔다. 논의의 핵심은 뷔클리(Bükli)를 고리(高麗)라고 보았을 때 이어지는 칠글(Čělgl)이 한 나라를 나타내는가, 두 나라를 나타내는가

---

145) 『삼국사기』 권 19, 「고구려본기」 제7, 평원왕.

히 조문단을 보냈을 것이다. 그런데 齊와 周라는 2개의 타브가치 국가가 있었으므로 돌궐족은 이 둘을 구분해야 했을 것이다. 그러므로 齊는 그대로 '타브가치'라고 부르고 周는 '취(Čü) 사람들의 나라'라고 불렀을 것이다.[147]

이용성은 지금까지 이 문제가 해결되지 못했던 이유 3가지를 다음과 같이 들고 있다.[148]

ㄱ 콜론(:)은 다른 낱말과 낱말그룹을 나누는 표시다. 그런데 '뷔클리(Bükli) : 칠글(Čělgl)'은 가운데 콜론(:)이 있어 두 나라로 봐야 한다. 그러므로 두 나라가 튀르크 카간 장례식에 대표단을 파견한 나라 수를 헤아리는 리스트에 들어 있는 것이다. 그러므로 이 두 가지를 합쳐서 한 나라 이름으로 읽는 것은 문제가 있다.

ㄴ 위에서 인용한 바와 같이 부믄(Bumïn) 카간이 죽은 552년부터 그의 동생인 이시테미(Ištämi, 室點密)가 죽은 576년까지는 남북조시대 북조인 북제(北齊, 550~577)와 북주(北周, 556~581) 두 나라가 옛날 북위의 땅을 차지하고 있었다. 그러므로 장례식에는 두 나라가 동시에 참석해야 한다. 그러므로 북제(北齊)는 타브가치(拓拔)라고 쓰고 나머지 한 타브가치(北齊)는 '취(周, Čü) 사람들의 나라'라고 한 것이다.

ㄷ 많은 학자가 칠글(Čělgl)이 몽골어 čöl이란 낱말에 사막이란 뜻이 있다고 해서 '사막(의)'이나 '초원(의)'이라고 했는데, Klauson이나 Clark 등이 이미 지적했듯이 뷔클리(Bükli)는 사막이란 뜻이 될 수 없다는 점이다.[149]

결론적으로 Bökküli, Čülüg el, Tabgač는 Bökküli(=고구리), Čülüg el(=北周), Tabgač (=北齊)라고 하였다. 글쓴이는 이 설의 타당성을 받아들여 칠클(čölgl)을 주(周)=북주(北周, 556~581)로 해석한다.

---

147) 이용성, 「고대 돌궐 비문에 나오는 B'WK'L'I에 대해어」, 『몽골학』 (51), 2017, 139쪽.

148) Yong-Sŏng Li, "on ČWLGL(or ČWLGIL) in the Kül Tegin and Bilgä Kagan Inscriptions", Acta Orientalaia Academiae Scientiarum Hung. Volume 70(4), 2017, p.404~406.

149) 사막이나 초원지대가 아니라는 점을 강조하기 위해 그 지역이 평원이었다고 하며 요하평원, 삼강평원, 동북평원을 예로 들었는데, 그런 평원들은 현재의 요령성, 길림성, 흑룡강성 지역으로 당시 북주(北周)의 땅이 아니라 고리(高麗)의 땅이었다.

(3) 타브가츠[Tabɣač]: 북제(北齊, 550~577)

탁발(拓拔)을 말하는 것으로, 당시 탁발이 세운 북위(北魏, 386~534)를 비롯하여 동위(東魏, 534~550)·서위(西魏, 535~556)·북제(北齊, 550~577)·북주(北周, 557年~581)가 지배했던 북조(北朝)를 총칭한다고 볼 수 있다. 앞에서도 보았지만 부믄(부민, Bumïn) 카간이 죽은 552년부터 그의 동생인 이시태미(Ištämi, 室點密)가 죽은 576년까지는 남북조시대 북조는 북제(北齊, 550~577)와 북주(北周, 556~581), 두 나라가 옛날 북위의 땅을 차지하고 있었다. 그리고 칠뤽 엘(čülüg el)이 북주(北周, 556~581)였기 때문에 나머지 하나의 타브가츠[tabɣač, 拓拔]는 북제(北齊)가 된다.

일반적으로 남북조시대 북조(北朝)를 말하는데, 서양학자들은 쉽게 China라고 옮긴다. 서양 학자들이 타브가츠[tabɣač]를 China라고 옮긴 것은 전통적인 중원왕조와 이민족 세력인 북조에 대한 역사적 인식의 차이를 소홀히 한 결과일 수 있다. China는 진(秦)에서 비롯된 것이기 때문에 돌궐에서는 주로 남조를 칭하는 것이었고 북조는 민족이름인 타브가츠(tabɣač)를 내세운 것이다. 그러므로 우리가 China나 타브가치를 모두 중국(中國)이라고 옮기는 것은 생각해 볼 필요가 있다. 현재 중화인민공화국(中華人民共和國)을 줄여서 '가운데(中心) 나라(國)'라는 뜻을 가진 '중국(中國)'이라고 부르지만, 이는 그 이전에 '중국(中國)'이라는 나라 이름이 없었기 때문이다. 다음 마당에서 자세히 보겠지만 인두(Indu, 印度)도 자기 나라를 중국이라 했고, 일본도 자기 나라를 중국이라고 했다. 그러므로 고대 천축국에서는 China를 산스크리트로 치나(cīna)라고 했고, 일본제국주의시대 일본 학자들은 지나(支那)라고 썼다. 부민 카간이 죽은 552년은 양(梁), 이시태미(室點密)가 죽은 576년은 후양(後梁)과 진(陳)나라 때다. 그러므로 여기서 타브가츠(tabɣač)는 북제(北齊)를 말하는 것이고, 후양(後梁)이나 진(陳)을 말하는 것은 아니라고 볼 수 있다. 당나라 현종이 내린 한문 비문에는 스스로를 중국(中國)이라 했지만, 돌궐은 남조와 북조를 분명히 차별화해서 부르고 있다.

(4) 퇴푈(töpöt): 티베트

지금까지 대부분의 연구자가 퇴푈(töpöt)은 토번(吐蕃) 또는 티베트라고 했다. 그런데 한문으로 기록된 정사에서 퇴푈(töpöt)이라고 비정한 토번(吐蕃)을 검색해 보면 이시태미 카간의 장례식이 있었던 576년보다 66년이나 뒤인 630년에 송첸감뽀가 세운 토번국(吐蕃國)을 그 시작으로 본다. 그렇다면 돌궐 카간의 장례식에 참석한 퇴푈(töpöt), 즉 토번이란 어떻게 해석해야 할 것인가?

한문 정사(正史) 중 토번이란 나라 이름이 가장 먼저 나오는『구당서』에서도 토번은 한나라 때 서강(西羌)의 땅인데, (그) 종족과 부락(種落)이 어디서 왔는지 알 수 없다며 이렇게 추정하고 있다.

후위(後魏) 신서(神瑞) 원년(414) 녹단(褥檀)이 서진(西秦) 걸불치반(乞佛熾盤)에게 망하자 번니(樊尼)가 나머지 무리를 모아 (北涼의) 저거몽손(沮渠蒙遜, 武宣王, 366~433)에게 투항하였고, 몽손은 그를 임송(臨松)의 태수로 삼았다. 북량(397~493)의 몽손이 멸망하자 번니는 무리를 이끌고 서쪽으로 달아나 황하를 건너고 적석(積石)을 넘어 강(羌)의 무리 사이에서 나라를 세우고 1,000리가 넘는 영토를 개척하였다. 번니는 위엄과 은혜로움이 이름나서 많은 강(羌)족에게 사랑받았으며, 모두들 은혜와 신실한 믿음으로 위무하니 그에게 위의함이 시장에 오는 것 같았다. 마침내 (번니는) 성을 솔발야(窣勃野), 나라 이름을 독발(禿髮)로 삼았는데, (당나라 말로) 잘못 옮겨 토번(吐蕃)이라고 하였다.[150]

이렇게 볼 때 번니(禿發樊尼)가 493년에 북량이 망하자 강(羌)의 무리 사이에서 나라를 세워 토번(吐蕃)의 시조가 되었으며, 적어도 6세기 초에 이미 건국되었다고 볼 수 있다. 그러나 토번이 공식적으로 국제 사회에 이름을 나타낸 것은 643년이다.

정관 8년(634) 찬보(贊普) 기종농찬(棄宗弄讚)이 처음 사신을 보내 조공하였다. (기종)농찬(弄讚)은 어린 나이에 즉위하였으나 성품이 용맹하고 재략이 뛰어나 이웃 나라 양동(羊同)[151] 및 여러 강(羌)족들이 공물을 바치고 복종하였다.[152]

---

150) 『舊唐書』卷196(上), 列傳 第146(上), 吐蕃. 吐蕃, 在長安之西八千裏, 本漢西羌之地也. 其種落莫知所出也, …… 後魏神瑞元年, 褥檀為西秦乞佛熾盤所滅, 樊尼招集餘眾, 以投沮渠蒙遜, 蒙遜以為臨松太守. 及蒙遜滅, 樊尼乃率眾西奔, 濟黃河, 逾積石, 於羌中建國, 開地千裏. 樊尼威惠夙著, 為群羌所懷, 皆撫以恩信, 歸之如市. 遂改姓為窣勃野, 以禿髮為國號, 語訛謂之吐蕃. 其後子孫繁昌, 又侵伐不息, 土宇漸廣. 歷周及隋, 猶隔諸羌, 未通於中國.

151) 양동(羊同): 상웅(象雄)을 말하는 것으로, 현재 티베트 서남부 아리 일대에 자리 잡고 있다. 644년 송첸감뽀에 의해 토번에 편입되었다.

152) 『舊唐書』卷196(上), 列傳 第146(上), 吐蕃. 貞觀八年, 其贊普棄宗弄讚始遣使朝貢. 弄讚弱冠嗣位, 性驍武, 多英略, 其鄰國羊同及諸羌並賓伏之.

여기 나오는 기종농찬(棄宗弄讚)은 송첸감뽀(松贊干布)를 말하는 것으로, 630년에 아버지 나무리 송첸이 독살되자 왕으로 즉위(630~650)하여 반란을 일으킨 여러 부족을 평정하고 라사에 수도를 정했다. 전통적으로 토번왕조의 33번째 찬보(贊普, btsanpo)라고 하는데, 토번왕조를 세운 군주로 치고 있다. 그러므로 만일 라사에 수도를 둔 송첸감뽀를 토번 건국자로 보는 역사에서 본다면 토번이 돌궐 선조들의 장례식에 참석할 수가 없는 것이다. 그러므로 송첸감뽀가 나라를 세워 당나라와의 통교를 하기 이전에 이미 다른 찬보(贊普)가 돌궐에 조문사절을 보냈다고 볼 수 있다.

여기서 한 가지 더 보고 갈 것이 있다. 이 당시 돌궐과 토번 사이에는 토욕혼(吐谷渾)이 있었는데, 장례식에 토욕혼은 참석하지 않고 토번(吐藩)이 참석하였다는 것은 좀 살펴볼 필요가 있다. 토욕혼은 4~7세기까지(329~663년) 토번의 북쪽인 청해(靑海) 일대를 지배했으나 663년 토번에게 망한다. 돌궐의 장례식이 있을 때는 청해 지역을 지배하고 있었다. 444년 토욕혼 내부에서 권력 투쟁이 있었고, 북위의 침공을 받았기 때문에 왕이었던 모리연(慕利延)이 우전국(于闐国)으로 도망가 우전국 왕을 죽이고 그 땅을 점거하였다. 그 뒤 옛 땅으로 돌아와 남조인 송과 관계를 갖고 북위를 자주 침범하였다. 그 뒤 토욕혼은 서역 남로의 여러 나라도 지배하여 실크로드의 국제무역을 통제하고 있었다. 581년 수나라가 나라를 세우자마자 실크로드 교역을 확보하기 위해 토욕혼을 친 것을 보면 이때까지도 실크로드의 교역로를 지배하고 있었다고 볼 수 있다. 앞으로 토번-토욕혼-돌궐에 대한 관계사 연구가 더 필요하다.

(5) 아파르(apar): 페르시아

대부분의 연구자들이 아파르(apar)를 아바르(Avar)라고 보는데, 아바르는 유연(柔然)이라는 설이 가장 우세하다. 바로 돌궐을 지배했던 카간국으로 앞에서 보았듯이 토문(伊利 카간)이 독립하여 유연을 쳐서 쇠약해졌고, 나중에 555년 무칸(木汗) 카간이 서부 유연까지 쳐부수어 멸망하게 된다. 그러므로 아파르(Apar)=아바르(Avar)설에 대해서 의문을 갖지 않을 수 없다.[153] 그러므로 글쓴이는 아파르(apar)가 아니고 파르(par)로 읽어 페르시아라고 주장하는 이와사(岩佐)설이 더 설득력이 있다고 본다. 이와사(岩佐)

---

153) 아바르는 동로마의 『역사』에 나온 무크리(Moukri)를 볼 때 자세히 다룬다.

는 서돌궐의 국경이 페르시아와 접한 것에 착안하였다.

> Par Purm 기사에서 두 줄 앞에 '내가 할아버지 부민 카간과 이스타민 카간을 세워 사
> 방을 경략하였다'고 하였다. …… 라고 하는 철문(鐵門)이 페르시아와 접한 경계인 이상,
> 이 전설의 두 카간이 죽을 때 조문을 온 서쪽 경계는 대국을 들면 당연히 페르시아와 비
> 잔틴일 수밖에 없다. 그래서 돌궐문의 Par는 페르시아 곧 Pars(Parsa-波斯는 斯가 s를 쓰
> 고 있다는 것은 틀림없으므로 힐트 씨, 라우퍼 씨 등이 비정한 Parsa보다 Pars를 택할 만
> 하다)이고, 그 마지막 S를 탈락시킨 것에 지나지 않으며, Prum Purum은 이미 펠리오 씨가
> 설파한 것처럼 불름(佛菻)[154], 즉 From을 옮긴 것이라는 것이 틀림없다고 생각한다.[155]

아바르(柔然)가 무카 카간(木汗可汗, 553~572年) 때 이미 망했다는 점을 고려하면 이와
사의 주장이 더 진실에 가깝다고 생각한다.

(6) 푸룸(purum): 동로마

탈랴트 테긴은 '비잔틴'이라고 했는데, 이 용어는 후대 독일 학자가 동로마를 그 수
도 이름인 비잔틴을 따서 부르면서 생긴 용어이기 때문에 당시의 나라 이름으로 쓰
기는 적합하지 않으므로 여기서는 동로마라고 한다.

1900년대 초 학계에서는 동로마로 알려진 한문 사서의 불름(佛菻)[156]에 대한 논의
가 이어질 때, 1904년 샤반이 동로마라고 주장했고, 10년 뒤인 1914년 펠리오(Pelliot)
가 퀼 테긴 비문에 나타난 푸름(Pur'm)이 동로마라고 주장하였다. 돌궐어에는 [f] 음이
없으므로 Frõm을 Pr(u)m이나 Pr(u)m으로 발음했다는 것이다.[157] 그 뒤 페르시아어
의 Frõm이 왜 불름(佛菻)인가에 대한 명확한 설명이 없어 그대로 받아들이지 않는 학
자도 있고[158], 날카로운 통찰력을 가진 펠리오 씨가 그 Purm(Purum)은 From(佛菻),
곧 동로마여야 한다고 단정한 탁견에 대해서는 그대로 따를 수밖에 없다는 학자도

---

154) 『隋書』, 『旧唐書』, 『宋史』, 『明史』 같은 사서에 나오는 이름으로 동로마 제국으로 비정하는 설이 유력하다.
155) 岩佐精一郎, 「古突厥碑文のBökli及びPar Purmに就いて」, 『岩佐精一郎遺稿』, 岩佐伝一, 1936, 71쪽.
156) 불름(佛菻): 『隋書』, 『旧唐書』, 『宋史』, 『明史』 같은 사서에 나오는 이름으로, 동로마 제국으로 비정된다.
157) Paul Pelliot, *Sur l'origine du nom Fou-lin*, Journal Asiatique, mars-avril 1914, 499쪽.
158) 白鳥庫吉, 「拂菻問題の新解釋」, 『東洋学報』 19(3), 1931-12, 311~313쪽.

있다.159)

이란의 낙셰 루스탐(Naqsh-e Rustam)의 절벽 바위에 사산왕조의 왕 샤푸르 1세(Shāpūr, 215~272?)160)가 말을 타고 로마 황제 발레리아누스(Valerianus)와 필리푸스 아라부스 (Philippus Arabus)의 항복을 받는 장면이 새겨져 있는데, 이곳에 로마를 파르티아어로 'prwm(Frōm)'이라고 기록하였다.161) 푸름이 로마라는 명확한 증거가 되는 것이다.

[그림 38] 낙셰 루스탐 절벽의 돌을새김. 동로마 황제가 항복하고 있다.(2014. 3. 14.)

---

159) 岩佐精一郎, 「古突厥碑文のBökli及びPar Purmに就いて」, 『岩佐精一郎遺稿』, 岩佐伝一, 1936, 69쪽.

160) 샤푸르 1세(Shāpūr I, ?~272, 재위 241~272)는 사산조 페르시아 제국의 두 번째 왕이다. 전왕 때부터 계속된 로마와의 전쟁에 공헌하여 그 세력을 메소포타미아에서 구축하였다. 로마의 세력을 메소포타미아에서 몰아내고 그가 시리아에 침입함과 동시에 아르메니아를 정복, 로마 황제를 사로잡을 때의 장면이 낙셰 루스탐의 절벽에 조각되어 있다.

161) "The Inscription of Shapur I: Chapter 6", Parthian Sources Online, http://parthiansources.com/texts/skz/skz-6/, "ud kaδ naxwišt pad šahr awištād ahēm, Gōrdanyos Kēsar až hamag Frōm, Gōt ud Garmāniyā šahr zāwar hangāwišn kerd; ud ō Asūrestān abar Ērānšahr ud amā āγ[a]d, ud pad Asūrestān m[arz] pad Mišīk paddēmān wuzurg zambag būd."

[그림 39] 샤푸르 1세가 탄 말꼬리 뒤에 새겨진 명문. 동로마를 'prwm(Frōm)'이라고 기록.(2014. 3. 14.)

앞에서 보았듯이 서돌궐은 이미 일찍이 동로마와 관계를 가진다. 568년, 이시태미 카간은 에프탈을 멸하고 동로마제국에 사는 소그드인 사절을 보내 비단무역 협정을 맺었는데, 그 사절단이 돌아오는 길에 동로마제국의 제마르코스(Zemarchos) 사절단이 함께 와 돌궐을 견문한다. 575년 말, 이시태미 카간은 시자 아난카스테스(Anancastes)를 동로마에 보냈으나 그사이 세상을 떴다. 동로마제국의 황제 유스티누스 2세(Justinus II, 565~578)는 576년 발렌티누스(Valentinus)가 이끄는 사절단을 보냈는데, 돌궐에 도착했을 때는 카간의 장례식이 진행되고 있었다고 했다.[162] 그러므로 비문에서 말하는 장례식은 바로 576년 있었던 이시태미 카간의 장례식일 가능성이 크다. 그리고 이때 참석한 고리(高麗)의 사신은 동로마 사신과도 교류가 있었다고 보아야 한다. 576년은 고리(高麗) 평원왕 18년, 북제(北齊)가 망하기 2년 전인 융화(隆化) 1년, 북주(北周) 건덕(建德) 5년 때다.

---

162)   John Robert Martindale, Arnold Hugh Martin Jones, J. Morris, *"Anancastes", The Prosopography of the Later Roman Empire*, Volume III: A.D. 527~641. Cambridge: Cambridge University Press, 1992, 59쪽.

(7) 키르기즈(qïïrqïz, 契骨)

키르기즈[163]는 한문 사서에 나오는 계골(契骨)을 고대 튀르크어로 소리 나는 대로 적은 것이다. 이 키르기즈는 이미 돌궐의 건국신화에도 등장한다.

> …… 한 아내가 임신하여 아들 넷을 낳았다. 그 가운데 하나는 흰 기러기로 바뀌고, 하나는 아보수(阿輔水)와 검수(劍水) 사이에 나라를 세워 계골(契骨)이라 불렀다. 하나는 처절수(處折水)에 나라를 세우고, 하나는 천사처절시산(踐斯處折施山)에 살았는데 그가 바로 큰아들이었다. 산 위에는 아직도 아방보(阿謗步)라는 족속들이 살고 있었는데, 대다수가 추위에 드러나 있었다. 큰아들이(그들을) 위해 불을 피워 따뜻하게 보살펴 모두를 구제해 냈다. 마침내 모두가 큰아들을 받들어 임금으로 삼고 (나라 이름을) 돌궐(突闕)이라 부르니, (그 큰아들이) 바로 눌도류설(訥都六設)이다.[164]

이 전설에 따르면 키르기즈(契骨)는 돌궐과 같은 형제로 태어나 다른 나라를 세웠다는 것을 알 수 있다. 지금까지 연구에 따르면 키르기즈(契骨)의 땅은 아보수(阿輔水)와 검수(劍水) 사이에 있는데, 두 강 모두 예니세이강의 지류로, 바이칼에서 흘러나오는 유일한 강인 앙가라와 합쳐 예니세이로 흘러 들어간다. 돌궐이 세워진 천사처절시산(踐斯處折施山)도 앙가라강과 추누강이 발원하는 사얀산맥으로 추정한다. 사얀산맥은 현재 몽골과 시베리아를 가르는 산맥이다. 쉽게 말해 바이칼 호수 남쪽이라고 할 수 있다.

무칸 카간의 업적에 "동으로 거란을 패주시키고 북으로 키르기즈(契骨)를 아울렀다(東走契丹, 北並契骨)."라고 했기 때문에 장례식에 참석한 키르기즈는 바로 돌궐의 북쪽 세력을 대표하는 것이다.

키르기즈는 시대에 따라 견곤(堅昆), 계골(契骨), 거물(居勿), 결골(結骨), 흘골(紇骨), 흘흘사(紇扢斯), 힐알사(黠戛斯), 알알사(戛戛斯), 길리길사(吉利吉思), 걸력길사(乞力吉思), 걸

---

163) qïïrqïz에서 모음 [ï]는 우리나라의 [ㅡ(으)]와 같은 소리이기 때문에 크르그즈라고 해야 한다. 그러나 지금까지 대부분 [ㅣ]로 읽었기 때문에 관용을 따른다. [부민] 카간도 [브민]으로 읽어야 하지만 [부민]으로 읽는다.

164) 『周書』 卷50, 列傳 第42, 異域(下), 突厥. 一孕而生四男. 其一變為白鴻; 其一 國於阿輔水, 劍水之間, 號為契骨; 其一國於處折水; 其一居踐斯處折施山, 即其大兒也. 山上仍有阿謗步種類, 並多寒露. 大兒為出火溫養之, 鹹得全濟, 遂共奉大兒為主, 號為突厥, 即訥都六設也.

아길사(乞児吉思), 럴리길사(乞里吉思) 따위로 기록되어 있다. 흔히 키르기즈라고 옮기기 때문에 현대의 키르기즈인(천산의 키르기즈)과 구분하기 위해 예니세이 키르기즈라고 부른다. 현재 시베리아의 하카스 공화국에 사는 하카스(Khakas)인의 선조라고 본다.

(8) 위치 쿠르칸(üč quurïqan)

골리간(骨利幹)은 쿠르간을 소리 나는 대로 옮긴 것으로, 『신당서』 회흘전에 처음 등장한다.

> 회흘(回紇)의 선조는 흉노인데, 바퀴가 높은 수레를 타는 습속이 있어 북위(386~534) 때는 고차(高車)라고도 불렀고, 또는 칙륵(敕勒)이라고도 했는데 잘못되어 철륵(鐵勒)이 되었다. 그 부락은 원흘(袁紇)·설연타(薛延陀)·계필우(契苾羽)·도파(都播)·골리간(骨利幹)·다람갈(多覽葛)·복골(仆骨)·발야고(拔野古)·동라(同羅)·혼(渾)·사결(思結)·곡설(斛薛)·해결(奚結)·아질(阿跌)·백습(白霫)같이 모두 15가지가 있는데 모두 고비사막의 북쪽(磧北)에 흩어져 산다.[165]

회흘, 곧 철륵의 주요 부족 가운데 하나라는 것을 알 수 있다. 비문에 나오는 위치(üč)는 3을 뜻하기 때문에 3성(三姓) 골리간(骨利幹)이라고 옮기기도 한다. 3부족을 뜻하는 것이다. 돌궐이 강성할 때는 돌궐에 속해 있었으나 돌궐이 망한 뒤, 당 태종 때인 647년 당나라에 예속되어 현관주(玄闕州)가 된다. 바이칼 호수 서북녘으로 추정된다.

(9) 오투즈 타타르(otuz tatar): 30부족 타타르

타타르(tatar)는 퀼 테긴 비문에서 처음 등장한다. 오투즈 타타르(otuz tatar)라고 했는데 오투즈는 '30'을 뜻하기 때문에 '30부족 타타르'로 새길 수 있다. 일본 학자들은 '30성(三十姓) 타타르'라고 옮겼다. 그 밖에 이 비문에는 '9부족 타타르(Toquz Tatar)'도 등

---

165) 『新唐書』 列傳 第142(상), 回鶻(上), 回紇, 其先匈奴也, 俗多乘高輪車, 元魏時亦號高車部, 或曰敕勒, 訛爲鐵勒. 其部落曰袁紇·薛延陀·契苾羽·都播·骨利幹·多覽葛·仆骨·拔野古·同羅·渾·思結·斛薛·奚結·阿跌·白霫, 凡十有五種, 皆散處磧北.

장한다. 이 비에 나온 30부족 타타르가 실위(室韋)라고 비정한 학자도 있다.[166] 실위는 6~10세기 만주 북쪽 치치하루 언저리에 있는 눈강(嫩江)·아르군강(Argun 額爾古納河)·흑룡강 유역에 살고 있던 나라인데 『위서(魏書)』에는 실위국(失韋国)이라고 나온다. 그러나 『신오대사(新五代史)』에서는 타타르의 한자 낱말인 달단(達靼)은 말갈의 후예(遺種)라고 했으며, 본디 해(奚)의 영토에 살다가 거란의 침공을 받아 거란과 발해(渤海)로 흡수되었다고 기록하고 있다.[167]

(10) 키탄(qïtań): 거란(契丹)

키탄은 거란(契丹)이 확실해 보인다. 거란은 이미 4세기부터 사서에 등장하였는데 『신당서』에서는 옛날 흉노를 깨고 도망해 온 동호의 자손이라 하였다. 『위서(魏書)』·『북사』·『수서』 등에는 선비 우문부(宇文部)였던 해(奚, 庫莫奚)와도 관련이 있어 4세기 후반에 전연(前燕)의 모용황(慕容皝)에게 패하여 송막(松漠, 지금의 赤峰地区)으로 도망가 살다가 388년 북위에게 패해 해(奚)에서 분리되어 그 동녘에서 살게 되었다고 되어 있다.[168]

거란에 관한 기사는 먼저 광개토태왕비에 나온다. 광개토태왕의 업적 가운데 첫 번째인 영락 5년(AD395) 패려(稗麗)정벌 기사인데, 그 패려가 거란이라는 것은 학계의 정설이다.

영락 5년, 을미년에 패려(稗麗)가 △△△하지 않기 때문에 친히 군대를 거느리고 가서 토벌하였다. 부산(富山)과 부△(負△)을 지나 염강(鹽水)에 이르러 세 부△ 6, 7백 영(營)을 처부수고 소·말·양 떼를 얻은 것이 헤아릴 수 없이 많았다. 수레를 돌려 양평도(襄平道)를 지나 동쪽의 △성·역성(力城)·북풍(北豊)으로 왔다. 왕은 사냥을 준비하도록 하고 국경을 시찰한 뒤 사냥(田獵)을 하고 돌아왔다.[169]

---

166) 宮脇淳子, 『モンゴルの歴史 遊牧民の誕生からモンゴル国まで』, 刀水書房, 2002, 41쪽.

167) 『新五代史』 卷74, 四夷 附錄 第3. 達靼 鞋鞨之遺種. 本在奚·契丹之東北, 後爲契丹所攻, 而部族分散, 或屬契丹, 或屬渤海, 別部散居陰山者, 自號達靼.

168) 『魏書』 卷100, 列傳 第88. 契丹國, 在庫莫奚東, 異種同類, 俱竄於松漠之間. 登國中, 國軍大破之, 遂逃迸, 與庫莫奚分背.

169) [고구리연구회 판독 광개토태왕비문] 永樂五年 歲在乙未, 王以稗麗不△△△ 躬率往討. 過富山負△至鹽水上 破其三部 △六七百營 牛馬군羊 不可稱數. 於是旋駕 因果襄平道 東來△城·力城·北豊. 王備獵 遊觀上境 田獵而還.

5세기에 이르러 인구가 늘어나 북위(北魏)의 북녘을 침공하기에 이르고, 5세기 중반부터는 북위에 조공하고 무역을 하였다. 『위서』의 열전에는 고구리(高句麗)의 침략을 두려워해 북위로 간 기사가 있다.

> 태화 3년(479) 고구리(高句麗)가 유유(蠕蠕=柔然)와 함께 지두우(地頭于)를 취하여 몰래 나누어 가지려고 꾀하였다. 거란이 (고구리가) 쳐들어오는 것을 두려워하여 막불하물우(莫弗賀勿于)가 그 부족의 수레 3,000대, 만 명이 넘는 백성들을 이끌고 갖가지 가축들을 몰고 들어와 (북위에) 복속하기를 원하니 (북위가) 백랑수(白狼水, 지금의 大凌河) 동쪽에 머물러 살도록 하였다.[170]

553년 북제의 국경을 침입했다가 패배하고 남은 부족들도 돌궐의 침입을 받아 일부는 고구리(高句麗)로 넘어오기도 하였다. 바로 이즈음 돌궐 카간의 장례식에 참석했을 것으로 보인다.

(11) 타타브(tatabï): 고막해(庫莫奚)·해(奚)

『위서』에서는 고막해(庫莫奚)나라의 선조는 흉노계 선비의 우문부(宇文部)의 한 갈래라고 되어 있고,[171] 『신당서』에는 조조에게 토벌당한 오환(烏桓)의 후예라고 하였다. 북위(386~534)의 태조가 388년 토벌한 뒤 한때 배반한 적도 있었지만, 북위가 망할 때까지 줄곧 북위의 지배 아래 있었다. 고막해는 534년 북위가 동위(東魏)와 서위(西魏)로 갈라진 뒤 주변 여러 종족에 대한 통제력이 약해지면서 착실히 성장하여 산서성(山西省) 대동(大同)까지 내려갈 정도로 세력이 커졌다. 북위를 이어 세워진 동위(534~550)에게도 계속 조공하며 우호 관계를 유지하였다. 이처럼 거란과 함께 돌궐의 동쪽에 있는 대표적 세력으로서 당시 북아시아의 신흥 유목국가인 돌궐에 조문단을 파견하였을 가능성이 크다.

남북조시대가 지나면 『수서』에서는 고막해가 해(奚)가 되었다고 기록한다. 남북조

---

170) 『魏書』 권100, 열전 88, 契丹. 太和三年(479년), 高句麗竊與蠕蠕謀 欲取地頭于以分之. 契丹懼其侵軼 其莫弗賀勿于率 其落車三千乘 衆萬餘口 驅徙雜畜 求入內附 止於白狼水東.

171) 『魏書』 권100, 열전 88. 庫莫奚國之先, 東部宇文之別種也.

말기 혼란한 시대 돌궐이 강성해지자 돌궐의 신하가 되었다. 돌궐의 무칸 카간(木汗可汗, 553~572)이 유연을 멸하고 중앙아시아를 장악하게 되었을 때 고막해(庫莫奚)는 5가지로 분열하여 욕흘주부(辱紇主部)·막하불부(莫賀弗部)·계개부(契箇部)·목곤부(木昆部)·실득부(室得部) 같은 5부가 되어 돌궐의 부족으로 살았다.[172] 그러므로 576년 이시태미 카간이 세상을 떴을 때도 신하국가인 고막해도 장례식에 조문단을 파견했을 것이다.[173]

위에서 11개 나리 를 자세히 살펴보았는데 간추리면 다음과 같다.

① 뷔클리(Bükli): 고리(高麗, BC 37~AD 668).

② 칠뤽 엘(čülüg el): 주(周)=북주(北周, 556~581)

③ 타브가츠[tabɣač, 拓拔]: 탁발(拓拔)이 세운 북조는 북위(北魏, 386~534)·동위(東魏, 534~550)·서위(西魏, 535~556)·북제(北齊, 550~577)·북주(北周, 557~581)인데, 시대를 보면 북제(北齊, 550~577)·북주(北周, 557~581) 가운데 하나인데, 앞에서 칠뤽 엘(čülüg el)이 북주(北周)이기 때문에 나머지 북제(北齊)가 타브가츠가 된다.

④ 퇴푈(töpöt): 토번(吐藩) 또는 티베트. 630년 송첸감뽀(松贊干布) 이전의 6세기 초 토번.

⑤ 아파르(apar): 파르(par), 곧 페르시아. 당시는 사산왕조(208·224~637·651).

⑥ 푸룸(purum): 동로마. 돌궐과 관계를 가졌을 때는 유스티니아누스 1세(Justinianus I, 527~565). 황제 시대의 과도기를 거쳐 왕권이 안정기에 접어든 헤라클리우스 황제(Heraclius, 610~641) 때 전성기를 누렸다.

⑦ 키르기즈(qïrqïz): 키르기즈(契骨)는 예니세이강의 지류 앙아보수(阿輔水)와 검수(劍水) 사이에 있는데, 바이칼에서 흘러나오는 유일한 강인 앙가라와 합쳐 예니세이로 흘러 들어간다.

---

172) 『隋書』卷84, 列傳 第49, 北狄, 奚. 初臣於突厥, 後稍強盛, 分為五部: 一曰辱紇王, 二曰莫賀弗, 三曰契個, 四曰木昆, 五曰室得. 每部俟斤一人為其帥. 隨逐水草, 頗同突厥. 有阿會氏, 五部中為盛, 諸部皆歸之, 每與契丹相攻擊, 虜獲財畜, 因而得賞.

173) 禹惠燦, 「古代 튀르크碑文에 傳하는 種族名 타타비(Tatabï)에 대한 研究」, 『釜山史學會』(33), 1997, 282쪽. 이 논문은 국내에서 유일하게 타타비(Tatabï)를 비문과 중국 사서에 나온 기록을 꼼꼼하게 대조하여 연구한 논문이다.

⑧ 위치 쿠르간(üč quurïqan): 골리간(骨利幹), 회흘(回紇, 鐵勒)의 주요 부족 가운데 하나. 바이칼호수 서북녘으로 추정된다.

⑨ 오투즈 타타르(otuz tatar): 실위(室韋)라고 비정한 학자도 있고, 한자 낱말인 달단(達靼)은 말갈의 후예(遺種)라고도 한다.

⑩ 키탄(qïïtań): 키탄은 거란(契丹)이 확실해 보인다.

⑪ 타타브(tatabï): 고막해(庫莫奚), 곧 해(奚)로 비정된다.

위의 11개 나라를 보면 당시 북아시아에 자리 잡은 주요 나라들의 판도를 알 수 있다. 이때 한자리에 모인 각 나라의 조문 사절들은 서로 교류할 기회가 있었으리라고 본다. 동로마와 페르시아의 사산왕조 사신이 참석했기 때문에 함께 참석한 고리(高麗)의 사신과 만났을 것이고, 이것은 고리(高麗)가 서녘의 두 대국과 만난 중요한 기록이라고 할 수 있다. 바로 이즈음 고리(高麗)라는 이름이 페르시아와 동로마에 알려졌다고 보는 것은 자연스러운 추측으로 볼 수 있다. 이 점은 다음에 볼 동로마의 『역사』라는 책에 등장하는 무크리(Moukri)를 연결해 주는 중요한 사료라고 할 수 있다.

[그림 40] 6세기 돌궐 비문에 나온 12개 나라

둘째 마당

6~8세기 천축국(天竺國)에서 쓰인 고리(高麗) '무꾸리(Mukuri)'

ἡττηθέντων γοῦν τῶν Ἀβάρων
10 (πρὸς γὰρ τὸν λόγον ἐπάνιμει) οἱ μὲν πρὸς τοὺς κατέχοντας τὴν
Ταυγὰστ παραγίνονται. πόλις ἐπιφανής, τῶν τε λεγομένων D
Τούρκων ἀπῴκισται χιλίοις πρὸς τοῖς πεντακοσίοις σημείοις·
αὕτη ὅμορος καθέστηκε τοῖς Ἰνδοῖς. οἱ δὲ περὶ τὴν Ταυγὰστ
αὐλιζόμενοι βάρβαροι ἔθνος ἀλκιμώτατον καὶ πολυανθρωπότατον,
15 καὶ τοῖς κατὰ τὴν οἰκουμένην ἔθνεσι διὰ τὸ μέγεθος ἀπαράλλη-
λον. ἕτεροι τῶν Ἀβάρων ἐπὶ τὴν ἧτταν πρὸς ταπεινοτέρας ἀπο-
κλίναντες τύχην παραγίνονται πρὸς τοὺς λεγομένους Μουκρί.
τοῦτο δὲ τὸ ἔθνος πλησιέστατον πέφυκε τῶν Ταυγὰστ, ἀλκὴ δὲ
αὐτῷ πρὸς τὰς παρατάξεις πολλὴ διά τε τὰ ἐκ τῶν γυμνασίων
20 ὁσημέραι μελετήματα διά τε τὴν περὶ τοὺς κινδύνους τῆς ψυχῆς
ἐγκαρτέρησιν. ἐπιβαίνει τοίνυν καὶ ἑτέρου· ἐγχειρήσεως ὁ Χα-
γᾶνος, καὶ τοὺς Ὀγὼρ ἐχειρώσατο πάντας. ἔθνος δὲ τοῦτο
τῶν ἰσχυροτάτων καθέστηκεν διά τε τὴν πολυανδρίαν καὶ τὴν
πρὸς τὸν πόλεμον ἔνοπλον ἄσκησιν.

I. 『범어잡명(梵語雜名)』과 『당범양어쌍대집(唐梵兩語雙對集)』에 나온 무꾸리(Mukuri)

이 마당에서는 『범어잡명(梵語雜名)』과 『당범양어쌍대집(唐梵兩語雙對集)』에 나온 고리 (高麗) 나라 이름 무꾸리(畝俱理, Mukuri)에 대해서 보기로 한다. 이 두 자료는 모두 정확한 생성연대가 나와 있지 않기 때문에 이 장에서는 전체 내용을 분석하는 과정에서 이 자료가 생성된 연대를 가능한 한 가깝게 추정하는 것이 일차적인 목표다. 따라서 이 장은 두 자료를 검토하여 두 자료의 생성연대를 추적해 보고, 아울러 이 자료를 통해서 고리(高麗)가 당시 아시아에서 차지한 위상을 보기 위해 자료에 나온 여러 나라와 그 위치를 정확하게 분석해 보려고 한다.[174]

1. 『범어잡명(梵語雜名)』과 저자 예언(禮言) 스님

『범어잡명(梵語雜名)』[175]은 당나라 때 일상생활에서 쓰이고 있는 한어(漢語) 가운데

---

174) 서길수, 「6세기 인도의 천하관(天竺=中國)과 高(句)麗의 위상에 관한 연구」, 『백산학보』(100), 2014. 12.에 실린 논문을 다듬은 것임.

175) 大正藏第 54 冊 No, 2135 『梵語雜名』.

1,205개의 낱말을 뽑아 낱말마다 산스크리트로 옮겨 놓은 한어(漢語)-산스크리트 사전이다. 1,205개의 올림말(標題語)은 내용에 따라 나뉘어 있으므로 산스크리트 초보자에게 아주 편리한 사전이고, 한자음 옆에 실담문자가 나와 있으므로 당시 산스크리트에 대한 지식을 얻는 데 있어서 아주 귀중한 자료다. 바로 이 사전에 산스크리트로 고리(高麗)=무꾸리(畝俱理)=**ちるⓒ**(Mukuri)라는 낱말이 나온다. 이 자료는 사전이므로 내용에 대한 많은 논란이 없었다. 하지만 이 자료에서 가장 중요한 것은 바로 이 자료들이 생성된 연도와 그 형성 과정이다. 따라서 이 장에서는 먼저 이 사전의 생성연대에 대해 자세하게 고찰해 보고자 한다.

이 사전은 당나라 때 번경대덕 겸 한림대조(翻經大德兼翰林待詔)라는 벼슬을 받고 경전을 번역하며 광정사(光定寺)에 주석한 쿠차국(龜玆國) 사문(沙門) 예언(禮言) 스님이 편집(集)한 것으로 나와 있다.[176] 그런데 이 사전에는 편찬연도가 나오지 않는다. 편찬연도를 추적하기 위해 편찬자 예언(禮言)에 대해 불교사전을 비롯하여 여러 자료를 찾아보았으나 편찬자에 대해 자세하게 나온 자료를 발견하지 못했다. 그런데 일본의 모리야스 다까오(森安孝夫)는 『범어잡명(梵語雜名)』을 편찬한 예언(禮言)은 쿠차의 역경승이었던 이언(利言)이라고 보았다.[177] 그리고 이어서 최근 중국 학자의 연구도 이 설을 뒷받침하고 있다.

당대(唐代) 사문 예언(禮言)이 편집한 《범어잡명(梵語雜名)》은 한어 성운(漢語聲韻) 연구에서 널리 알려져 있다. 《대정장(大正藏)》에서는 작가가 "번경대덕 겸 한림대조(翻經大德兼翰林待詔)라는 벼슬을 받고 경전을 번역하던 광정사(光定寺) 주석한 쿠차국(龜玆國) 사문(沙門) 예언(禮言)"이라고 되었다. 그러나 이 사람은 바로 《대승이취육바라밀다경(大乘理趣六波羅蜜多經)》 번역에 참여한 한림대조(翰林待詔) 광택사(光宅寺) 사문 이언(利言)이 틀림없다.[178]

---

176)　翻經大德兼翰林待詔光定寺歸玆國沙門 禮言 集, 睿山沙門 真源 較.

177)　森安孝夫, 「唐代における胡と佛教的世界地理」, 『東洋史研究』(66-3), 2007, 536쪽.
　　　『梵語雜名』の編者は, 西域のクチャ(亀慈)出身の人物で多数の言語に習熟していた利言である.

178)　慶昭蓉, 「龜玆僧利言的生平事業(上)——兼論唐人所謂'吐火羅言'」, 『唐研究』(20), 2014, 469쪽. 導論: 唐代沙門禮言所集《梵語雜名》馳名於漢語聲韻研究. 《大正藏》載作者為"翻經大德兼翰林待詔光定寺歸玆國沙門禮言", 然此人應即參與《大乘理趣六波羅蜜多經》翻譯的翰林待詔光宅寺沙門利言.

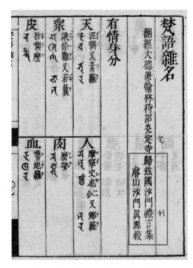

[그림 41] 『범어잡명』 지은이 예언

예언(禮言)에 대한 자료는 찾을 수 없었지만 이언(利言)에 관해서는 『정원신정석교목록(貞元新定釋教目錄)』에서 「보편지장반야바라밀다심경(普遍智藏般若波羅蜜多心經)」을 설명하면서 자세하게 나온다.

삼장사문 달마전열라(達摩戰涅羅, 당나라 말로 法月)는 동천축 사람이다. 중인두(中印度)를 돌아다닐 때는 마가다(摩提國)[179]인이라고도 했다. 삼장을 배워 통달하고 의학에도 밝았다. 좋은 인연 따라 구자국(龜玆國, 한서에 丘玆라고 한 것은 잘못된 것)에 왔는데 바른말로는 굴지(屈支)라고 한다. (법월이) 가르친 문인 지전습라(地戰濕羅, 당나라 말로 眞月)는 자가 포나선(布那羨)이고 이언(利言)이라고도 부른다. (그 제자에게) 산스크리트 본 「대승월등삼마지경(大乘月燈三摩地經)」 7천 게(偈) 전체, 5천 게가 넘는 「역제기(曆帝記)」, 「유가진언(瑜伽真言)」 5천 게를 외어 지니게 했는데 한 번 귀에 들으면 늘 마음에 새기고 있었다. 개원(開元) 14년(726) 구족계를 받았다.

그 뒤 율론(律論)·대소승경전·산스크리트 책(梵書)·한서(漢書)·당나라문자(唐言文字)·석

---

179)   大正藏第 08 册 No. 0252 普遍智藏般若波羅蜜多心經에 摩竭多로 되어 있다.

성(石城)·4진(四鎭, 안서 4진)·호밀(護密, 현 아프가니스탄 동쪽 Wakhan), 선우(單于, 훈족의 족장)¹⁸⁰⁾·토화라어(吐火羅言, 현 아프가니스탄 북부 Tokhārā)에 대해서 듣고 배웠는데, 눈으로 보고 귀로 들으면 모든 것을 알아듣고, 바로 번역하는 말과 생김새가 서로 들어맞게 하였다.

개원 18년(730) 안서절도사 여휴림(呂休林)의 추천으로 입조한 이언은 스승을 따라 번역하는 일을 맡았다. …… 그리고 20년(732) 장안(長安)에 이르렀다. …… 제자인 비구 이언(利言)은 스승(법월)을 따라 번역 작업을 하면서 『방약본초(方藥本草)』를 번역해 올렸다. 3년 남짓한 기간에 드디어 「보편지장반야바라밀다심경(普遍智藏般若波羅蜜多心經)」을 옮겼는데 옛날 번역한 두 경전과 조금도 다름이 없었다.¹⁸¹⁾

개원 29년(741) 스승과 함께 서녘으로 돌아가다가 식닉국(式匿國) 반역자들을 만나 길이 막히자 호탄(于闐)으로 돌아왔다. (여기서) 스승이 입적하자 다시 고향으로 돌아갔다. 천보(天寶) 13년(754) 다시 동쪽으로 길을 떠나 다음 해인 2월 무위(武威)에 들어가 용흥사(龍興寺)와 보은사(報恩寺)에 머물며 불공(不空)의 역경을 도왔다. 정원(貞元) 4년(788)에는 (황제의) 명을 받들어 역어(譯語) 자리를 맡았는데, 작업을 마쳐 조정에 바치자 포상을 받았다. 다음 해 반야삼장(般若三藏)을 모시고 『나라연력경(那羅延力經)』을 옮기는 일을 맡았다. 이후 행적은 알 수 없다. 저서 목록에 『범어잡명(梵語雜名)』 1권이 있다. 서명사(西明寺)의 원조(圓照)가 유문(遺文)을 모아 『번경대덕한림대조광택사이언집(翻經大德翰林待詔光宅寺利言集)』 2권을 엮었다.¹⁸²⁾

---

180) 본문에는 '戰于'라고 되어 있지만 대정장 주석에서 奈良正倉院聖語藏本에는 '單于'라고 되어 있다고 했다.

181) 大正藏第 55 冊 No. 2157 貞元新定釋教目錄. 三藏沙門 達摩戰涅羅(唐言法月) 東天竺國人也. 遊中印度 亦稱摩提國人焉. 學通三藏 善達醫明。利物隨緣 至龜玆國(漢書云玆並訛謬) 正曰屈支. 教授門人 地戰濕羅(唐言真月) 字布那羨 亦稱利言. 使令記持 梵本 大乘月燈三摩地經 滿七千偈 及曆帝記 過一萬偈 瑜伽真言 獲五千偈, 一聞於耳恒記在心. 開元十四年受具足戒. 自後聽智 律論·大小乘經·梵書·漢書·唐言文字·石城·四鎭·護密·戰于·吐火羅言 眼見耳聞悉能領會 便令譯語形影相隨. 開元十八年 安西節度使呂林休 表薦入朝 利言隨師以充譯語. …… 至二十祀屈于長安. …… 弟子 比丘利言隨師譯語,方藥本草隨師上聞,三餘之間遂譯普遍智藏般若波羅蜜多心經 與古舊二經中無少異.

182) 『佛光大辭典』, 2,808쪽, 利言.

이언은 일생 불경 번역하는 일을 하였는데 표를 만들어 보면 다음과 같다.

<표 2> 이언(利言)의 저서 목록

	책 이름	저작 연대	같은 번역한 사람
1	방약본초(方藥本草)	개원 20년(732) 이후	법월(法月)과 함께 번역
2	보편지장반야바라밀다심경 (普遍智藏般若波羅蜜多心經)	개원 20년(732)~23년(735)	법월(法月)과 함께 번역
3	밀교 경전 몇 권	천보(天寶) 14년(755)~	불공(不空)을 도와 번역
4	대승이취육바라밀다경 (大乘理趣六波羅蜜多經)	정원(貞元) 4년(788)	반야(般若) 등과 번역
5	나라연력경(那羅延力經)	정원(貞元) 5년(789)	반야(般若) 등과 번역
6	반야바라밀다심경 (般若波羅蜜多心經)	정원(貞元) 6년(790)	반야(般若) 등과 번역
7	범어잡명(梵語雜名)	저작 연대 알 수 없음	

이언(利言)의 저서는 대부분 그 연대와 함께 작업한 역경자들이 나와 있지만, 우리가 가장 필요로 하는『범어잡명(梵語雜名)』만 저작 연대에 대한 기록이 나와 있지 않다. 그것은 이런 문제를 정확히 밝힐 수 있는『범어잡명(梵語雜名)』원본이 중국에서 모두 없어지고 전해 내려오는 것이 없기 때문이다. 당나라 이후 일어난 법란(法亂) 때문이었을 것이다. 여기서 이언(利言)이『범어잡명(梵語雜名)』을 편찬한 시기는 구족계를 받은 726년에서 마지막 반야바라밀다심경을 옮긴 790년으로 어림잡아 볼 수 있다.

지금 우리가 다루고 있는 자료는 다행히 당나라 때 일본의 구법자들이 가져온 책들이 남아 있었기 때문에 그나마 살아남을 수 있었다.『범어잡명(梵語雜名)』을 베껴서 일본으로 가져온 것은 원인(圓仁)이 확실하다. CBETA에서『범어잡명(梵語雜名)』을 검색해 보면 다음과 같은 목록에『범어잡명(梵語雜名)』이 들어 있기 때문이다.

- 원인(圓仁) 찬, 日本國 承和五年(834~847) 入唐求法目錄[183]
- 원인(圓仁) 찬, 자각대사재당송진록(慈覺大師在唐送進錄)[184]

---

183)   大正藏第 55 冊 No. 2165 日本國承和五年入唐求法目錄.
184)   大正藏第 55 冊 No. 2166 慈覺大師在唐送進錄.

• 원인(圓仁) 찬, 입당신구성교목록(入唐新求聖教目錄)[185]

　　원인(圓仁, 794~864)은 일본 헤이안(平安)시대의 천태종(天台宗) 고승으로, 838년 견당사(遣唐使)의 배를 타고 당나라에 가 수행하다가 당 무종(武宗)의 불교 탄압으로 외국 승려들이 추방되자 난을 피해 장안으로 갔다가 847년 귀국하였다. 귀국할 때 많은 불전과 만다라(曼茶羅)를 가지고 왔다. 원인(圓仁)은 여행기『입당구법순례행기(入唐求法巡禮行記)』[186]에서 당나라 체류 10년간의 행각과 당대 말엽의 지리·역사·사회상을 자세히 기술하였다. 죽은 뒤 천황으로부터 자각대사(慈覺大師)라는 이름을 받았다. 여기서 우리는『범어잡명(梵語雜名)』이 9세기 중반 이전에 원인이 당나라 가서 가져온 것이다. 지금 일본에서 영인되어 보급되고 있는 것은 바로 원인, 곧 자각대사가 가져온 것으로, 글쓴이가 참고로 한 것은 선통사(善通寺)가 간직한 판본이다.[187]

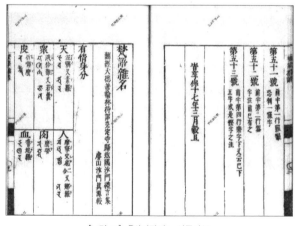

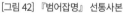

[그림 42]『범어잡명』선통사본

[그림 43] 일본에 소장된
『범어잡명(梵語雜名)』(1732)

---

185)　大正藏第 55 冊 No. 2167 入唐新求聖教目錄.

186)　大藏經補編第 18 冊 No. 0095 入唐求法巡禮行記. 이 책은 원인이 난을 피해 신라방에서 신세를 졌기 때문에 신라방에 대해 자세하게 기록하고 있어 신라역사 연구에도 좋은 자료가 된다.

187)　글쓴이가 참고한 것은 향보(享保) 17년(1732) 영인하여 선통사(善通寺)에서 소장한 것을 2002년 광락당(光樂堂)에서 발행한 것이다.『범어잡명(梵語雜名)』이란 제목 아래 자각대사청래(慈覺大師請來)라고 되어 있다. https://www.nijl.ac.jp/(國文學研究資料館)

2. 『범어잡명(梵語雜名)』에 대한 연구사와 생성연대

앞에서 보았듯이 일본에만 남아 있는 『범어잡명(梵語雜名)』이 학계에서 크게 빛을 발한 것은 다른 자료에 비해 그렇게 빠르지 않았고, 사전류이기 때문에 쟁점도 많지 않아 이 자료를 연구한 실적도 그렇게 많지 않다. 그리고 연구사도 사전의 체제와 그를 통한 생성연대에 집중되어 있다.

1) 1929년, 『2권 산스크리트-중국어 단어집(Deux lexiques sanskrit-chinois)』의 Mukuri=고리(高麗)

『범어잡명(梵語雜名)』이 일반 학계에서 널리 쓰이기 시작한 것은 1929년과 1937년 발행된 『2권 산스크리트-중국어 단어집(Deux lexiques sanskrit-chinois)』의 발간부터이며, 이 『2권 산스크리트-중국어 단어집(Deux lexiques sanskrit-chinois)』이 나오면서 산스크리트의 Mukuri가 고리(高麗)라는 확실한 증거가 나타난다. 1935년까지 활동한 이와사(岩佐)가 이 문헌을 인용하지 않은 것을 보면 이 자료가 아직 이 방면을 연구하는 연구자들에게 크게 활용되지 못한 것으로 보인다.

이 사전을 낸 프라보드 찬드라 박치(Prabodh Chandra Bagchi 1898~1956)는 방글라데시에서 태어나 역사를 공부하기 위해 산스크리트를 배웠다. 1918년 크리슈나가르 국립대학(Krishnagar Government College)에서 산스크리트 전공으로 학사학위, 칼쿠타대학에서 1920년 고대사로 석사학위를 받고, 1926년 파리대학에서 박사학위를 받는다. 그는 네팔에 가서 티베트어와 중국어를 배우고 탄트라 불교를 깊이 연구하여 이 방면에서 세계적인 학자가 된다.

1929~1930년 네팔에 파견되어 탄트라 불교를 비롯한 중국어와 티베트어 문서를 연구하고, 1931년에 다시 돌아와 칼쿠타대학(Calcutta University)에서 스터디 서클을 만들어 비교언어학이라고 알려진 역사언어학 이론에 대해 폭넓게 토론하였다. 바로 이 때 1929년부터 시작한 『2권 산스크리트-지나어 단어집(Deux lexiques sanskrit-chinois)』[188]

---

188) Prabodh Chandra Bagchi, "Deux lexiques sanskrit-chinois, an-yu tsa-ming(『梵語雜名』) de Li Yen (禮言) et Fan-yu ts'ien-tseu-wen(『梵語千字文』) de Yi-tsing(義淨)". 2 vols., (Sino-Indica, Publications de l'Université de Calcutta, Tom. 2-3), Paris: Librarie Orientaliste Paul Geuthner, 1937.

을 본격적으로 편찬하기 시작한다. 여기서 말하는 두 단어집이란 예언(禮言)의 『범어잡명(梵語雜名)』과 의정(義淨)의 『범어천자문(梵語千字文)』을 말한다. 그 뒤 산스크리트와 한문에 능통한 박치가 이 두 희귀한 자료를 파리에서 불어로 번역하여 출판하였다. 그러므로 『범어잡명(梵語雜名)』에 나오는 Mukuri=고리(高麗)라는 올림말(標題語)은 당연히 그 방면 연구자들에게 큰 관심을 일으켰고, '무크리(Μουχρι)=산스크리트 무꾸리(Mukuri)=티베트어 무글릭(Mug-lig)=뵈클리(Bökli)'라는 설로 이어지게 된다.

[그림 44] Deux lexiques sanskrit-chinois

[그림 45] 『범어천자문』

우선 박치가 이 사전을 어떻게 평가했는지 보자.

이 사전을 써서는 불전 번역 같은 것은 할 수 없고 기껏해야 여행자나 상인이 여행이나 장사하는 데 쓸 수 있을 정도이다(Bagachi 1937, pp.355~357).[189]

학문적인 수준으로 보았을 때 이 사전은 불교 경전을 옮길 때 쓸 수 있을 만큼 전

189) Prabodh Chandra Bagchi, "Deux lexiques sanskrit-chinois, an-yu tsa-ming(『梵語雜名』) de Li Yen (禮言) et Fan-yu ts'ien-tseu-wen(『梵語千字文』) de Yi-tsing (義淨)", 2 vols,, (Sino-Indica, Publications de l'Université de Calcutta, Tom. 2-3), Paris: Librarie Orientaliste Paul Geuthner, 1937, pp.355~357.

문적인 사전이 아니라는 것이다. 이 점은 지은이로 나오는 예언(禮言) 또는 이언(利言)이 당대 최고의 역경사라는 측면에서 보면 쉽게 이해가 가지 않는 점이다. 박치의 평가에 따르면 '여행자나 상인들의 간단한 단어집'에 불과하다는 것이다.

일본에서 재발견된 『범어잡명(梵語雜名)』을 유럽에 소개한 박치의 연구에 따르면 인두(印度) 말을 소리 나는 대로 옮기기 위해 『범어잡명(梵語雜名)』에 쓰고 있는 한자의 시스템이 8세기 후반에 크게 활약한 밀교승 불공(不空)이 쓴 시스템과 아주 비슷해 의정(義淨)시대까지 올라가지 않는다고 결론을 맺고 있다(Bagchi 1937, 416쪽).**190)**

한편 박치는 이 작은 사전의 형성연도를 8세기 후반으로 보고 있다는 것을 알 수 있다. 다시 말해 의정을 생성연대의 상한으로 보고 불공을 하한으로 본 것이다. 의정(義淨, 635~713)은 37세 때 광주(廣州)를 떠나 수마트라(Sumatra)·팔렘방(Palembang) 등을 거쳐 탐라입저(耽羅立底)에 도달하여 범어(梵語)와 성론(聲論)을 배웠다. 법현(法顯)이나 현장의 위업(偉業)을 흠모하여 산스크리트 불전(佛典) 등을 얻고 남해 제국을 거쳐 귀국하였다. 694년 귀국하여 남해(南海) 제국과 인두(印度)에 머물며 얻은 견문(見聞)을 살려 불교의 상황, 승니(僧尼)의 생활, 일반 풍토생활 등을 상세히 기록하였다. 측천무후(則天武后)로부터 삼장(三藏)의 호를 하사받아 역경에 전념했다. 그의 『남해기귀내법전(南海寄歸內法傳)』, 『대당서역구법고승전(大唐西域求法高僧傳)』은 당시의 인두(印度) 및 동남아시아 등지의 사정이 상세히 기록되어 문화교류사에서 귀중한 자료다. 그러므로 『범어잡명(梵語雜名)』의 상한은 의정이 귀국한 694년에서 세상을 뜬 713년이 되는 것이다. 불공(不空: 705~774)은 당나라시대의 불교승이자 밀교 경전의 역경자이다. 720년(개원 8년)에 스승인 금강지(金剛智)를 따라 남중국해를 경유하여 낙양에 와서 약 30년간 금강지에게서 밀교를 배우고 산스크리트어와 중국어의 재능을 살려 스승의 역경사업을 도왔다. 박치는 불공이 774년까지 활동했기 때문에 불공의 마지막 활동기에 만들어졌다고 추정하여 8세기 후반으로 본 것이다.

---

190) Prabodh Chandra Bagchi, "Deux lexiques sanskrit-chinois, an-yu tsa-ming(『梵語雜名』) de Li Yen (禮言) et Fan-yu ts'ien-tseu-wen(『梵語千字文』) de Yi-tsing(義淨)", 2 vols., (Sino-Indica, Publications de l'Université de Calcutta, Tom. 2-3), Paris: Librarie Orientaliste Paul Geuthner, 1937, p.416.

뒤에 문제를 좀 더 깊이 다루기 위해 박치가 본 『범어잡명(梵語雜名)』의 특징을 보면 다음 2가지다.

① 불교 경전 번역에 쓰인 사전이 아니고 여행자나 상인의 단어장 수준이다.
② 한자의 시스템이 8세기 후반 불공(不空)이 쓴 시스템과 같다.

2) 1977년, 모리야스 다까오(森安孝夫)

모리야스 다까오(森安孝夫)는 1977년 넷째 마당에서 볼 티베트 문서를 다루면서 고리(高麗) 문제도 다루었다. 그러나 그때는 그 자료에 나온 나라 이름과 연결하여 여기서 다루는 『범어잡명(梵語雜名)』도 같은 연대라는 것을 뒷받침하는 정도로 간단히 언급하였다.

> Dad-pyi, 곧 해(奚, He)의 동쪽에 있는 민족이나 국가는 Dru-gu에서는 Mug-lig이라고 부르고, 중국에서는 Ke'u-li라고 부르고 있다고 한다(Ⅱ. 15~16). 한·티베트(番) 대음천자문(對音千字文)에 따르면 「高=Ke'u」이니 Ke'u-li가 고리(高麗)에 해당되는 것은 틀림없다. 문제는 Mug-lig인데, 8세기 말에 나온 책인 『범어잡명(梵語雜名)』에는 「高麗=Muquri」라고 되어 있으므로 이 Muquri와 본 문서의 Mug-lig은 같은 것이라고 생각한다.[191]

그 뒤 파리에 유학하여 현지 학자들과 교류를 하고 1984년부터 오사카대학에 자리를 잡으면서 본격적으로 위구르와 티베트 역사 연구를 시작하였다. 그리고 2007년 「당대(唐代) 호(胡)와 불교적 세계지리」라는 논문에서 『범어잡명(梵語雜名)』을 다루면서 '『범어잡명(梵語雜名)』의 생성은 8세기 후반이라고 단정해도 좋다.'라는 결론을 내렸다. 2012년 정년퇴직을 하기 5년 전의 논문이다. 모리야스가 연대를 추정하기 위해 쓴 자료는 저자인 이언(利言)의 직함인 「변경대덕(翻經大德) 겸(兼) 한림대조(翰林待詔) 광

---

191) 三安孝夫, 「チベット語史料中に現われる北方民族 - Drug Hor」, 『アジア・アフリカ語文化研究』(14), 1977, 19쪽. Dad-pyi 卽ち奚(He)の東にある民族ないし國家は Dru-gu からは Mug-lig と呼ばれ, 中國からは Ke'u-li と呼ばれているという(Ⅱ. 15~16). 漢番對音千字文によれば「高=Ke'u」とあり, Ke'u-li が高麗にあたることにが何の疑いもない. 問題は Mug-ligである が 8世紀末の書『梵語雜名』には「高麗=Muquri」とあるから, この Muquri と本文書の Mug-lig とは同じものと考えられる。

정사(光定寺) 구자국(龜茲國) 사문(沙門) 예언(禮言) 편집(集)」이다.

755년 11월에 일어난 안사의 난 진압을 위한 법회와 역경 등으로 활약하였다. 이언(利言)이 『범어잡명(梵語雜名)』을 엮은 때의 직함은 장안 광택사(光宅寺)에 머문 번역대덕(翻經大德), 또 조정의 벼슬인 한림대조(翰林待詔)가 되고, 안사의 난은 끝났을 때이므로 그 성립은 763년 이후 8세기 후반이라고 단정해도 좋다. 〈주3〉 788년 기년을 가진 불전오서(佛典奧書)에서도 이언(利言)은 거의 같은 직함이 보인다.[192]

여기서 중요한 것은 '8세기 중엽에는 고리(高麗)가 존재하지 않았기 때문에 이런 사료에 나오는 것은 고리(高麗)가 아니라 발해다.'라고 보았다는 점이다. 이러한 주장은 한국에서도 같은 경향을 보이고 있었기 때문에 마지막 마당에서 둔황문서를 통해 더 자세히 보기로 한다.

모리야스는 『범어잡명(梵語雜名)』을 연구하고 생성연대를 추정하면서 확신을 갖지 못하고 힘들어했던 것으로 보인다. 그의 논문은 『범어잡명(梵語雜名)』에 나온 '호(胡)'에 대해서 서문부터 '호(胡)=소그드'라는 전제를 가지고 논리를 전개하였다. 그러나 그것을 명확하게 할 만한 자료가 『범어잡명(梵語雜名)』에는 나오지 않았다. 먼저, 호(胡)가 소그드라고 했는데 당시 여행이나 장사하며 가장 많이 썼던 소그드 사전이 아닌 산스크리트 사전이란 점이 걸려서 이 문제에 대한 의문을 해소해야 했다.

당시 여러 수준의 산스크리트-한어(漢語) 사전이 있었을 것인데, 『범어잡명(梵語雜名)』은 그다지 수준이 높은 것이 아니었다. 채록된 단어를 계통적으로 분류한 박치(Bagchi)가 지적한 것처럼, 이 사전을 써서 불전 번역 같은 것은 할 수 없고 기껏해야 여행자나 상인이 여행이나 장사하는 데 쓸 수 있을 정도다(Bagachi 1937, pp.355-357). 여행이나 장사가 목

---

192) 森安孝夫, 「唐代にぉける胡と佛教的世界地理」, 『東洋史研究』(66-3), 2007, 537쪽. 755年11月に勃發した安史の亂鎭壓のための法會や譯經などに活躍した。利言が『梵語雜名』を編んだ時の肩書きは長安の光宅寺に止宿する翻經大德で, 且つ朝廷に仕える翰林待詔となっており, 安史の亂は終わっているから, その成立は763年以降の8世紀後半と斷定してよい。〈註3〉788年の紀年をもつ佛典奧書でも同じ肩書きで現れる。
https://repository.kulib.kyoto-u.ac.jp/dspace/bitstream/2433/138226/1/JOR_66_3_538.pdf

적이라면 오히려 당시 유라시아 동부의 대표적 국제어였던 소그드 말을 배우는 것이 손쉽고, 소그드어-한어 사전이 다수 남게 되었을 것이다. 그러나 현존 사료의 상태를 보면 그렇지 않다는 것을 보여 주고 있다. 그것은 왜 그럴까?

중국 본토에서 여러 한어(漢語) 사투리를 말하는 사람들은 말할 것 없고, 조선·발해·일본·안남 등을 아우르는 동아시아 문화권 사람들은 어디까지나 한문을 공통의 문장어로 하고 있고, 게다가 그들 사이에는 불교가 가장 광범위하게 스며들어 있었다. 결국 동아시아 으뜸 국제어는 한어(漢語)이고, 동아시아 종교로서는 불교가 우위를 확립하고 있었다. …… 하지만 당나리 때(唐代)까지는 인두(印度)는 물론 파미르 이동의 서녘도 남해도 아직 이슬람교에 휩쓸리지 않았고, 모두가 불교 문화권이었기 때문에 인두(印度) 말까지 할 수 있게 되면 여행도 장사도 어떻게든 할 수 있었을 것이다. 그렇다면 그들이 한어 말고 여행에 쓸 다른 하나의 언어를 배우려 할 때 고른 것이 인두(印度) 말이고 소그드어가 아니었다는 것은 충분히 수긍할 수 있는 것이다.[193]

모리야스는 여기서 당시 동북아시아의 국제어는 한문(漢文)이고, 서남녘을 여행하거나 장사를 하기 위해서 인두(印度) 말을 배우는 것이 도움이 되었을 것이라고 보았다. 결국 이 사전을 지은 사람은 역경가인 '이언=예언'이라고 보고 이언의 행적에 따라 8세기 후반에 편집된 사전이라고 했지만, 결과적으로 여행객을 위한 단어집 정도라고 보았다. 이어서 생성연도에 대한 것이다.

일본에서 재발견된 『범어잡명(梵語雜名)』을 유럽 학계에 소개한 박치의 연구에 따르면 인두(印度) 말을 소리 나는 대로 옮기기 위해 『범어잡명(梵語雜名)』에 쓰고 있는 한자의 시스템이 8세기 후반 크게 활약했던 밀교승 불공(不空)이 쓴 시스템과 아주 비슷해, 의정(義淨)시대까지 올라가지 않는다고 결론을 맺고 있다(Bagachi 1937, 416쪽). 그러므로 『범어잡명(梵語雜名)』의 성립은 8세기 후반이라는 것이 옳다. 그러나 그 단어장에 포함된 정보 가운데 많은 것이 오히려 그 자신이 서녘에 있었던 8세기 전반에 수집되었다고 보는 것이 자연스럽다. 그리고 그것을 방증하는 최대의 근거로 『범어잡명(梵語雜名)』에는 아직 회흘

---

193) 森安孝夫, 「唐代における胡と佛敎的世界地理」, 『東洋史硏究』(66-3), 2007, 533쪽.

(回紇, 위구르)도 대식(大食, 타지크)도 나오지 않는다는 사실을 지적할 수 있다. 8세기 중엽~9세기 중앙 유라시아 정세를 전하는 문헌에 이 두 가지가 나오지 않는 것은 도무지 생각할 수 없기 때문이다.[194]

모리야스는 박치의 8세기 후반설과 자신이 저자의 생애에 비추어 본 바에 따라 자신도 8세기 후반이라고 했지만, 전체적인 연구 성과를 종합해 보면 아무래도 들어맞지 않았다.

① 『범어잡명(梵語雜名)』에 나온 여러 정보가 8세기 후반에 들어맞지 않는다. 그러므로 적어도 8세기 전반에 수집된 것을 8세기 후반에 편찬했을 것이다.
② 특히 8세기 중엽 무렵 반드시 포함되어야 할 회흘(回紇, 위구르), 대식(大食, 타지)[195] 같은 주요 나라들이 빠져 있다.

그러므로 합리적인 결론을 끌어내기 위해서는 편찬은 8세기 후반에 했어도 자료 수집은 8세기 전반에 했을 것이라고 상상은 하였으나, 8세기보다 훨씬 이전에 수집된 내용이라고는 생각하지 못했다. 특히 『범어잡명(梵語雜名)』에 남북조시대를 비롯해 수당(隋唐)이라는 나라 이름들이 하나도 나오지 않는다는 사실을 빠트리고 넘어간 것이다. 모리야스는 내용을 충분히 연구하여 『범어잡명(梵語雜名)』에 나온 나라 이름과 「티베트-한(漢) 대조 동양지도(蕃漢對照東洋地圖)」에 나온 나라 이름을 비교했기 때문에 누구보다 깊이 검토했지만, 그보다 시대를 더 올려 잡지 못했다. 모리야스는 두 자료를 거의 같은 시기라고 보고 검토하였기 때문에 왜 두 자료 사이에 그렇게 큰 차이가 나고 있는지를 밝히기 위해 애를 썼으나 결국 이렇게 결론을 내린다.

『범어잡명(梵語雜名)』보다 「번한대조동양지도(蕃漢對照東洋地圖)」가 확실히 커버하는 범위가 확대되어 있기 때문이다. 먼저 『범어잡명(梵語雜名)』에 들어 있는 정보의 연대는 8세기 전반이라고 보는 것이 자연스러울 것이고, 한편 「번한대조동양지도(蕃漢對照東洋地

---

194) 森安孝夫, 「唐代にぉける胡と佛教的世界地理」, 『東洋史研究』(66-3), 2007, 532쪽.
195) 대식(大食)은 페르시아어 타지(Tāzī)를 한자로 옮긴 것으로, 아랍을 뜻한다.

圖)」의 연대는 8세기 말~9세기 중엽으로 한정하였는데, 그 추정은 시대의 진행에 따라 외국에 대한 정보가 상세해진다고 하는 일반론과 모순되지 않는다. 결국 오래된『범어잡명(梵語雜名)』이 좁은 의미의 서역 세계만 나타낸 것에 대하여 새로운 「변한대조동양지도(蕃漢對照東洋地圖)」는 훨씬 넓게, 적어도 육지와 바다의 실크로드를 통해 알아냈던 동양 세계, 당대의 불교도가 보기에는 전 세계를 파악하고 있다.[196]

3. 『범어잡명(梵語雜名)』의 생성연대와『당범양어쌍대집(唐梵兩語雙對集)』

1) 『당범양어쌍대집(唐梵兩語雙對集)』을 통해 새로 설정한 생성연대

『범어잡명(梵語雜名)』의 제작연대는『범어잡명(梵語雜名)』의 성립연대를 뒷받침하는 중요한 잣대이기 때문에 좀 더 자세히 분석해 보기로 한다. 우선 앞에서 박치와 모리야스가 이 자료를 연구하면서 한 평가와 의문 사항을 종합해 보면 다음과 같다.

　① 불교 경전 번역에 쓰인 사전이 아니고 여행자나 상인의 단어장 수준이다.
　② 한자의 시스템이 8세기 후반 불공(不空)이 쓴 시스템과 같다.
　③ 서남녘을 여행하거나 장사를 하기 위해서 만든 단어장이다.
　④『범어잡명(梵語雜名)』에 나온 여러 정보가 8세기 후반에 들어맞지 않는다.
　⑤ 특히 8세기 중엽 무렵 반드시 포함되어야 할 회흘(回紇, 위구르), 대식(大食, 타지크)
　　같은 주요 나라들이 빠져 있다.

　그런데 글쓴이가『범어잡명(梵語雜名)』을 연구하는 과정에서 위의 의문을 모두 없애주는 확실한 자료를 발견하였다. 『범어잡명(梵語雜名)』은 '산스크리트(梵語)-당어(唐語) 사전'이다. 그러므로 앞에서 본 이언(利言)의 일생에서 스승인 법월(法月)로부터 당나라 말(唐語)을 배우기 시작한 시기에 이미 그 사전이 존재했다고 볼 수 있고, 그때부터 꾸준히 일생 보충하며 편찬했을 것이다. 사전이란 번역본처럼 단시간에 완성할 수 없

---

196)　森安孝夫, 「唐代にぉける胡と佛教的世界地理」, 『東洋史研究』(66-3), 2007, 516~517쪽.

기 때문이다. 그렇다면 8세기 후반이 아니라 전반까지 저작 연대를 끌어올릴 수 있다. 좀 더 추적해 보면 처음 당어(唐語)를 배울 때 스승으로부터 인두(印度)에서 이미 발행되어 쓰고 있던 초간본을 받아 일생 보강했다고 해석할 수 있다.

 글쓴이가 이런 관점으로 이 문제를 다루는 과정에서 『범어잡명(梵語雜名)』보다 시대가 훨씬 올라간 자료를 발견하였는데, 바로 『당범양어쌍대집(唐梵兩語雙對集)』이다.[197] 다시 말해 『범어잡명(梵語雜名)』은 『당범양어쌍대집(唐梵兩語雙對集)』의 내용을 바탕으로 더 자세하게 개정한 것이고, 원본인 『당범양어쌍대집(唐梵兩語雙對集)』은 고리(高麗)가 망하기 훨씬 이전인 인두(印度=天竺國)[198]에서 처음 쓰인 것이란 명확한 기록이 나타나 있었으며, 이 기록에 이미 '고리(高麗)=무꾸리(畝俱理)'라는 내용이 뚜렷하게 보인다. 이는 『범어잡명(梵語雜名)』에 나오는 고리(高麗)는 발해가 아니라는 것을 보여 주는 아주 명백한 자료이기도 하다. 다만 『당범양어쌍대집(唐梵兩語雙對集)』도 고리(高麗) 멸망 이전에 쓰인 것은 분명하지만 정확한 연대가 나와 있지 않기 때문에 본문 내용에서 이 문제를 밝히고 아울러 그 의의도 살펴보려고 한다.

 한나라 이후 산스크리트 경전을 한문으로 많이 옮기고, 또 3세기 이후 인두(天竺)로 불법을 구하러 가는 스님들이 늘어나면서 구법승들이 천축(印度)을 많이 드나들었다. 『구법번역록(求法飜譯錄)』에 따르면 위진남북조시대 서쪽으로 가서 불법을 구한 스님들은 다음과 같다. 서진(西晉, 266~316) 때 주사행(朱士行)·축법호(竺法護)·축숙란(竺叔蘭), 동진(東晉, 317~420) 때 법현(法顯)·보운(寶雲)·지엄(智嚴)·지맹(智猛) 같은 37명을 살펴볼 수 있다. 유송(劉宋, 420~479) 때 저거경성(沮渠京聲)·도태(道泰)·현무갈(縣无竭)·승맹(僧猛)·현랑(縣朗) 같은 7명 남짓한 사람이 있다. 북조(北朝, 386~581)에는 송운(宋雲)·혜생(慧生) 같은 19명이 있다.[199]
 그러므로 역경승과 구법승들에게 이에 상응하는 한자-산스크리트(唐梵) 용어집이

---

197) 불교 경전을 비롯한 모든 사료를 검색할 수 있는 CBETA에서 고리(高麗)를 검색하면서 찾은 것으로, 일반 사료에서는 접하기 아주 어려운 것을 불교 자료에서 찾을 수 있었던 것은 행운이었다.
198) 뒤에 보겠지만 산스크리트로 '천축=인두(Indu)'라고 했다.
199) 尹晶, 「从≪高僧传≫看魏晋南北朝时期佛教徒人格的塑造」, 新疆師範大學 석사학위 논문, 2007, 20쪽.

나 사전들이 절대적으로 필요했다. 바로 이런 필요에 따라 만들어진 것이 『당·범양어 쌍대집(唐梵兩語雙對集)』이라는 사전인데, 초기의 것이라 단어집에 가까운 것이었다.200) 이 단어집의 제목을 자세히 살펴보면 『당나라 말(唐)-산스크리트(梵) 두 가지 말(兩語)을 서로 대조한(雙對) 단어집(集)』이라고 옮길 수 있다. 그러나 펴낸 곳과 엮은 이를 보면 이 단어집은 당나라에서 편찬된 것이 아니고 인두(印度=天竺) 현지에서 엮은 것이라는 것을 알 수 있다. 마치 한-영 사전을 한국에서 발행하지 않고 미국에 가서 필요에 따라 현지에서 발행한 것과 같은 이치다.

[中天竺 摩竭提國 菩提樹下 金剛座寺 苾蒭 僧怚多蘗多 波羅瞿那彌 捨沙(二合)出]

펴낸 곳: 중천국 마가다국 보디(깨달음)의 나무(菩提樹) 아래 금강좌사(金剛座寺)

엮은 이: 비구(苾蒭=比丘) 승달다얼다(僧怚多蘗多)와 파라구나미(波羅瞿那彌) 두 사람이 함께 엮음.201)

여기서 우리는 이 용어집이 붇다가 깨달음을 얻은 천축(印度) 마가다국의 금강좌사(金剛座寺)에서 두 스님이 만들어 낸 것이라는 것을 알 수 있다.

[그림 46] 보디나무(菩提樹, 2018. 10. 18.)

[그림 47] 金剛座寺(현 大菩提寺, 2007. 1. 1.)

---

200) 僧怚多蘗多·波羅瞿那彌 出, 『唐梵兩語雙對集』, 大正藏第 54 冊 No. 2136, 永承三年(1048) 閏正月十七日 書寫校合已了, No. 2136【原】唐招提寺 藏本, 【甲】青蓮院 藏本.

201) 사사(捨沙): 갑본(甲本=청령원 소장본)에서는 사사이합(沙捨二合)이란 대체로 두 사람이 함께 냈다는 뜻(蓋二人合出之意)이라고 되어 있다. 그러나 大正藏第 55 冊 No. 2174A 『新書寫請來法門等目錄』에서는 "『梵漢兩語對注集』一卷(中天竺 摩竭提國 菩提樹下 金剛座寺 苾蒭 瞿那畔捨沙 集)九張"이라는 책이 나오는데, 주집(注集)이라고 한 것을 보면 『唐梵兩語雙對集』에 대한 주석을 한 것으로 보인다. 이 책은 "비구 瞿那畔捨沙 集"이라고 해서 瞿那畔捨沙가 이름으로 나온다. 한문을 다시 산스크리트로 옮겨 보면 정확하게 알 수 있으나 글쓴이 능력이 부족하여 여기서 그친다.

마가다국의 금강좌사는 BC 3세기 마우랴왕조의 아쇼카 왕이 그곳을 찾아 금강좌(金剛座) 자리에 절을 짓고 곳곳에 돌기둥과 승원을 세우고 주위에 돌담을 쌓았다. 그 뒤 AD 5세기쯤 굽타왕조 때 이 절을 크게 늘려 지어 현재 모습을 갖추었다. 바로 이 굽타왕조 때 동진(東晉)의 법현(法顯, 334~420)이 이곳을 찾은 뒤 처음으로 기록을 남긴다.[202]

굽타왕조는 5세기 초, 금강좌사에서 머지않은 날란다(Nālandā)에 큰 승원을 세워 불교학의 중심지를 이루지만 법현이 방문했을 때는 아직 날란다사가 세워지지 않았던 것으로 보인다. 법현의 기록에는 나타나지 않기 때문이다. 법현 이후 천축국에 가는 구법승들이 많이 늘었는데, 구법승들이 몇 년씩 눌러앉아 공부한 곳은 바로 이 날란다 대승원과 승원에 부설된 대학이었다. 그러므로 이 용어집의 상한 연도는 5세기 초라고 볼 수 있다. 그런데 5세기 초보다 더 늦게 세워진 돌궐이라는 나라가 나온다. 그러므로 돌궐이 세워진 552년을 이 자료가 생성된 상한 연도로 볼 수 있다. 물론 5세기 초부터 생성된 단어집이 그 뒤 추가되어 돌궐이 들어갈 수도 있다.

5세기 말, 서북 인두(印度)에 후나(Hūṇa, 匈奴)와 친연관계가 있는 에프탈(Ephtalites)이 침입하여 굽타왕조는 점차 쇠하게 된다. 그 뒤 하르사바르다나(Harṣavardhana, 戒日王)가 일시적으로 통일(606~646)하였다. 바로 계일왕이 통일한 이 시기에 현장(玄奬)이 이곳을 방문하게 된다(629~645). 현장이 이 지역을 방문했을 때는 이미 당(唐)이라는 나라 이름이 널리 쓰이던 시기인데 『당범양어쌍대집(唐梵兩語雙對集)』에는 당(唐)은 물론 수(隋)라는 나라 이름이 전혀 나오지 않는다. 그러므로 수(隋)가 세워진 581년이나 당(唐)이 세워진 618년이 이 책의 편집 하한 시기가 될 것으로 보인다. 그렇다면 어림잡아 6세기 후반이라고 하는 것이 타당성이 있다고 본다. 내용에는 없는데 제목을 『당범양어쌍대집(唐梵兩語雙對集)』이라고 붙인 것은 이 용어집은 내용이 많지 않기 때문에 제목이 없던 것을 나중에 당나라 때 『당범양어쌍대집(唐梵兩語雙對集)』이란 제목을 붙였다고 본다. 이언(利言)의 저서 목록집에 나오지만, 편찬연도를 기록하지 않은 것은 이언이 직접 편찬한 것이 아니고 연대도 기록할 수 없었기 때문일 것이다.

이렇게 연대를 8세기로부터 거의 2세기를 거슬러 올라간 6세기 후반으로 본다면 앞에서 박차나 모리야스가 제기한 여러 가지 문제가 모두 풀리게 된다.

---

202) 大正藏第 51 冊 No. 2085 『高僧法顯傳』, 佛得道處 有三僧伽藍 皆有僧住. 眾僧民戶 供給饒足 無所乏少. 戒律嚴峻 威儀坐起 入眾之法 佛在世時 聖眾所行 以至于今.

① 불교 경전 번역에 쓰인 사전이 아니고 여행자나 상인의 단어장 수준이다.

　　→ 실제로 스님들이 여행하기 위해 만든 단어장이었다.

② 한자의 시스템이 8세기 후반 불공(不空)이 쓴 시스템과 같다.

　　→ 이 점은 박치의 관점에 의심할 만한 부분이다.

③ 서남녘을 여행하거나 장사를 하기 위해서 만든 단어장이다.

　　→ 모리야스가 박치의 설을 이어받으면서 한 평가인데, 정확한 판단이다.

④ 『범어잡명(梵語雜名)』에 나온 여러 정보가 8세기 후반에 들어맞지 않는다.

　　→ 당연한 일이다. 이 문제는 앞으로 볼 내용 편에서 자세히 보기로 한다.

⑤ 특히 8세기 중엽 무렵 반드시 포함되어야 할 회흘(回紇, 위구르), 대식(大食, 타지) 같은 주요 나라들이 빠져 있다.

　　→ 회흘이나 대식은 물론 수나라나 당나라도 빠져 있다. 바로 이 점 때문에 이 자료는 수당(隋唐) 이전 시기의 것으로 볼 수 있다. 모리야스가 내용을 보고 시대를 추정해야 하는데 시대를 정해 놓고 내용을 평가했던 데 한계가 있었다.

2) 첸스쟝(陳士強)의 『당범양어쌍대집(唐梵兩語雙對集)』 생성연대 검토

지금까지 『당범양어쌍대집(唐梵兩語雙對集)』의 생성연대를 연구한 성과가 별로 없었다. 글쓴이가 최근에 2008년 중국에서 나온 책에 864년이란 발행연대를 발견하고 간단히 짚어 보고 넘어가려고 한다.

- 書名:《唐梵兩語雙對集》, 又名《梵漢兩語對注集》[203]
- 卷數: 1卷
- 作者: 怛多蘖多·波羅瞿那彌舍沙 二人合撰
- 成書時代: 唐咸通五年(864)
- 收入於:《大正藏》第54卷[204]

---

203) 大正藏第 55 冊 No. 2174A 新書寫請來法門等目録에 나와 있는 이름이다. 저자가 같다.

204) 陳士強, 『大藏經總目提要·文史藏』, 上海古籍出版社, 2008, 282~283쪽 불학사회연구자원(佛學詞彙研究資源) 재인용. https://sites.google.com/site/buddhistreferencetools/shu-mu-jie-shao/-tang-fan-liang-yu-shuang-dui-ji

[그림 48] 최근 중국에서 나온 책 표지

　여기서는 당나라 함통 5년(864)에 나온 것으로 되어 있고, 출처는 '《大正藏》第54卷' 이라고 되어 있다. 그런데 대정장에는 함통 5년이란 출간연도가 나오지 않고 일본에 서 제문(題文)을 쓴 날짜와 이름만 나온다.

　永承三年(1048) 閏正月十七日 書寫·校合已了. 求法沙門 寂圓本

　앞에서 본 모리야스 다까오(森安孝夫)도 정확한 연도가 나와 있지 않기 때문에 직함 으로 연대를 추정하고 있었다. 그러므로 어떻게 함통 5년이 나왔는지는 알 수 없으 나 저자인 첸스챵(陳士强)은 『당범양어쌍대집(唐梵兩語雙對集)』을 거꾸로 『범어잡명(梵語 雜名)』에서 간추려 뽑아 만든 것으로 보고 있다.

　전 책은 약 700개의 한자를 수록하고 있는데 대부분 한자 단어이고, 합성어(複合詞), 짧 은 낱말(短語, 詞組), 일본어-산스크리트 번역명사(和梵語翻譯名詞)들이다. 본서에는 산 스크리트 원문이 나오지 않는데, 범어잡명에 나온 한자들을 수록하고 있고, 한자의 편집 과 배열 순서도 거의 서로 같다. 아마 범어잡명에서 가려 뽑아 만든 것으로 보인다.205)

---

205)　　• 本書特色: 1. 是一部供查檢漢字的梵語讀音的著作 2. 全書收漢字約700個, 大多為漢語單字, 亦有複合詞, 詞組, 和
　　　梵語翻譯名詞. 本書並不出現梵語原文, 所收漢字全出自《梵語雜名》, 且漢字編排次序亦多相同, 恐是摘抄《梵語雜名》

챈스쟝(陳士强)은 『범어잡명(梵語雜名)』에서 뽑은 것으로 일본어-산스크리트 번역명사(和梵語翻譯名詞)로 보았다. 그러나 앞에서도 보았듯이 이 단어집은 인두(印度, 天竺)의 금강좌사에서 쓴 것으로 되어 있어 일본의 『범어잡명(梵語雜名)』에서 가려 뽑은 것이 아니라 거꾸로 『범어잡명(梵語雜名)』의 바탕이 된 단어집이라고 보아야 한다.

이렇게 인두(印度)에서 만들어진 용어집이 수·당시대 중원으로 들어왔다가 일본까지 전해진 것이다. 신수대장경(No. 2136)[206]에 실린 『당범양어쌍대집(唐梵兩語雙對集)』은 본디 당 초제사(招提寺)[207]에서 간직하고 있던 것을 원인(圓仁)이 베껴 가지고 와서 나중에 몇몇 사찰에서 간직하게 되었다. 챈스쟝(陳士强)이 생성연대라고 하지 않고 글을 쓴 연대(成書時代)라고 하고 원인(圓仁, 794~864)이 세상을 뜬 해인 864년을 썼기 때문에 이는 자료의 생성연대와는 상관이 없는 것이다. 다만 보는 사람들은 이 자료가 864년에 생성된 것으로 오해할 수 있다는 점을 지적해 둔다.

결론으로 『당범양어쌍대집(唐梵兩語雙對集)』은 6세기 후반 천축에서 두 스님이 만든 단어장이라고 볼 수 있다.

而成. 3. 編排體例: 列出作為詞目的漢字(或為詞, 或為詞組), 下注梵語讀音(以同音漢字示之), 所注的梵音大多與《梵語雜名》相同, 少數略有差異.

206)　여기 나온 한문 원문들은 모두 中華電子佛典協會에서 제공한 『CBETA電子佛典集成 April 2011』판을 이용하였다.

207)　초제사(招提寺): 유송(劉宋) 원가(元嘉) 15년(438) 승유(僧瑜)·담온(曇溫)·혜광(慧光) 등이 여산(廬山) 남쪽 산줄기에 세운 절로, 초은사(招隱寺)라고도 한다.

II. 두 자료에 대한 비교 분석

1. 『당범양어쌍대집(唐梵兩語雙對集)』에 나온 고리(高麗)

먼저 나온 『당범양어쌍대집(唐梵兩語雙對集)』부터 보기로 한다. 이 단어집은 몸, 숫자, 광물, 먹을거리, 시간과 계절, 천문기상, 짐승, 나라 이름, 새, 식물, 친척 같은 생활에 꼭 필요한 낱말 187개를 모아 산스크리트 발음을 한자로 토를 달아 놓은 작은 단어장이다. 이 가운데 천축과 한나라(漢國)를 비롯한 당시 아시아 각국의 이름들을 모아 놓은 부분이 있는데, 그 가운데 땅 이름이나 나라 이름에 관계되는 것만 뽑으면 다음 24가지다.

① 中國(麼馱也泥舍) ② 邊地(鉢囉底也麼迦) ③ 邊地人(宜例車) ④ 漢國(支那泥舍) ⑤ 天竺國(呬怒[上]泥舍) ⑥ 波斯(波自羅悉) ⑦ 突厥(覩嚕沙迦亦云護曩) ⑧ 胡(蘇理) ⑨ 罽賓(劫比舍也) ⑩ 吐火羅(吐佉羅) ⑪ 龜茲(俱支曩) ⑫ 于闐(嬌[引]㗚多曩) ⑬ 吐蕃(僕吒) ⑭ 崑崙(爾波[引]多[重]羅) ⑮ <u>高麗(畝俱理)</u> ⑯ 烏長(烏儞也[引]曩) ⑰ 摩伽陀國(麼迦那尾沙野) ⑱ 王舍(囉惹訖囉呬) ⑲ 舍衛(室囉縛悉底) ⑳ 迦毘羅城(迦尾囉沙多) ㉑ 迦閃弭

(迦閃弭囉) ㉒ 京師(矩畝娜曩) ㉓ 吳(權權縛那) ㉔ 蜀(阿弭里努) ……**208)**

당시 인두(印度)를 중심으로 한 여러 나라 가운데 이 마당의 주제가 되는 것은 ⑮번 이름으로, '고리(高麗)=무꾸리(畝俱理)'라 한다고 기록되어 있는 것이다. 이 단어집 내용에서 ④ 한국(漢國, 전한: BC 202~AD 7, 後漢: 25~220)이라는 대국이 나오지만 수(隋, 581~617)·당(唐, 618~907)이 나오지 않는 점, 마지막에 삼국시대의 오(吳, 221~280)와 촉(蜀, 221~263)이 나오는 점으로 보아 수·당시대 이전에 작성된 것이 확실해 보인다. 한편 돌궐이 나오기 때문에 돌궐 성립이 중요한 잣대가 될 수 있다. 돌궐은 처음 철륵(鐵勒)의 한 부족으로 알타이산맥 방면에서 유연(柔然)에 소속되어 있었다. 그중 한 씨족인 아사나씨(阿史那氏)의 족장 토문(土門)이 유연·철륵을 격파하고 독립하여 일리가한[伊利可汗]이라 칭한 것(552)이 돌궐의 성립이라고 볼 수 있다. 그러므로 앞에서 이 자료는 6세기 후반쯤 생성된 것이라고 보았다.

이처럼 『당범양어쌍대집(唐梵兩語雙對集)』의 생성연대가 고리(高麗) 멸망 이전으로 올라가므로 그 사전을 바탕으로 편찬된 『범어잡명(梵語雜名)』에 나오는 고리(高麗)=무꾸리(mukuri)는 『범어잡명(梵語雜名)』이 생성된 8세기 이전인 6세기에 이미 인두(印度)에서 쓰이고 있었고, 그 낱말이 사전에 들어갔다고 봐야 할 것이다.

2. 『당범양어쌍대집』과 『범어잡명』에 나온 나라 이름들

앞에서 『범어잡명(梵語雜名)』은 『당범양어쌍대집(唐梵兩語雙對集)』을 바탕으로 이루어졌다고 했는데 지금부터는 두 자료의 내용을 함께 비교 분석해서 그 사실을 증명하려고 한다. 『범어잡명(梵語雜名)』은 『당범양어쌍대집(唐梵兩語雙對集)』에 비해 그 내용이 늘어났을 뿐 아니라 산스크리트 문자인 실담(siddhaṃ, 悉曇) 글자까지 덧붙여 놓았기 때문에 아주 본격적인 당(唐)-산스크리트 단어집209)이라고 할 수 있다. 여기서 우리

---

208) 唐 僧怛多蘗多·波羅瞿那彌 出, 『唐梵兩語雙對集』.

209) 그 밖에도 당나라 이후 여러 가지 산스크리트 사전이 나왔다. 당나라 의정(義淨)이 지은 『범어천자문(梵語千字文)』·전진(全眞)이 지은 『당범문자(唐梵文字)』·지은이가 알려지지 않은 『번범어(翻梵語)』·『일체경음의(一切經音義)』·산스크리

는 중천축국을 돌아다니던 법월 스님이 앞으로 당나라에 가려고 당어(唐語)를 공부할 때 현지에 이미 나돌던『당범양어쌍대집(唐梵兩語雙對集)』을 가지고 스스로 공부를하고, 그것을 가지고 쿠차에 들어와 제자인 이언을 가르칠 때 전해 주었다고 볼 수있다.

앞에서 보았듯이 이언(利言)은 스승인 법월(法月)로부터 ① "'율론(律論)·대소승경전·산스크리트 책(梵書)·한서(漢書)·당나라문자(唐言文字)·석성(石城)·4진(四鎭, 안서 4진)·호밀(護密, 현 아프간 동쪽 Wakhan), 선우(單于, 훈족의 족장)·토화라어(吐火羅言, 현 아프가니스칸 북부 Tokhārā)' 같은 것에 대해서 듣고 배웠는데, 눈으로 보고 귀로 들으면 모든 것을 알아듣고, 바로 번역하는 말과 생김새가 서로 들어맞게 하였다."라고 했다. 여기서 스승인법월이 이언에게 당나라문자(唐言文字)를 가르칠 때 분명히 자신이 배울 때 쓴『당(唐)-산스크리트 사전』을 전해 주었다는 것은 너무 당연하다. ② 앞으로 보겠지만 두 자료의 단어 선정이나 내용이 일치하고,『범어잡명(梵語雜名)』이『당범양어쌍대집(唐梵兩語雙對集)』의 내용을 더욱 발전시켰다는 것을 알 수 있다. 이것은 이언이 스승으로부터 받은 작은 단어집을 조금씩 제대로 된 단어집으로 완성했다는 것을 뚜렷하게 보여 주는 것이다.

우선 이 논문의 주제가 되는 고리(高麗)에 대한 것도『당범양어쌍대집(唐梵兩語雙對集)』에서는 '고리(高麗)=무꾸리(畝俱理)'라고만 했는데,『범어잡명(梵語雜名)』에서는 '무꾸리(畝俱理)'라는 한문식 발음에 무꾸리(𑀫𑀼𑀓𑀼𑀭, Mukuri)라는 산스크리트를 덧붙여 놓아정확한 표기와 발음을 알 수 있게 해 준다.

트와 티베트어를 견주어 옮긴『번역명의대집(翻譯名義大集, Mahāvyutpatti)』·송나라 법운(法雲)이 주석을 단『번역명의집(翻譯名義集)』·일본 신행(信行)이 지은『범어집(梵語集)』, 이런 여러 사전을 모아 일본 가나순으로 배열한 진언종(眞言宗) 심각(心覺)이 지은『다라엽기多羅葉記』같은 것들이 있다.

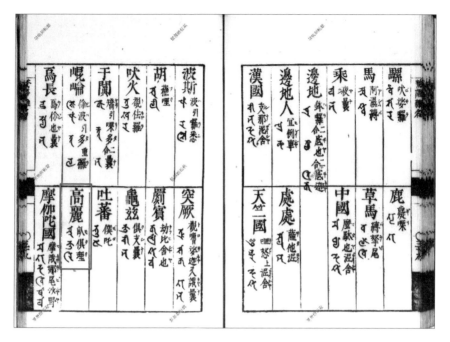

[그림 49] 『범어잡명(梵語雜名)』에 나온 고리(高麗)=Mukuri

　『범어잡명(梵語雜名)』과 『당범양어쌍대집(唐梵兩語雙對集)』에 나온 무꾸리(칙ᅑᄃ, mukuri, 畝俱理)[210]는 서녘(西域)에서 고리(高麗)를 어떻게 부르는가 하는 단순한 나라 이름 문제를 넘어 당시 국제 사회에서 고리나라(高麗國)가 어떤 위치와 상태에 있는지를 알려주는 귀중한 자료이기 때문에 전체적인 내용을 꼼꼼하게 분석해 볼 필요가 있다. 당시 아시아 동녘에는 고리(高麗)뿐만 아니라, 거란·일본·신라·백제 같은 여러 나라가 있었는데, 특별히 고리(高麗)만 나오는 것은 그만큼 천축국을 비롯한 서역에 잘 알려져 있었다는 고리(高麗)의 위상을 말해 주는 것이기 때문이다.

　우선 위의 두 책에 나온 내용을 견주어 보기 위해 〈표 3〉을 만들어 보았다.

---

210)　그림에서 보는 바와 같이 [高麗, 畝俱理(モクリ), 칙ᅑᄃ]라고 해서 한자 옆에 일본말로 '모꾸리(モクリ, mokuri)'라고 토를 달았다. 그러나 산스크리트는 '무꾸리(mukuri)'라고 되어 있는 것을 보면 일본에서 옮길 때 음을 잘못 단 것으로 보인다.

❷=『범어잡명(梵語雜名)』 ❸=글쓴이

	낱말	한자 음독	❷ 산스크리트	❷ sanskrit	❸ 바른소리(正音)
1	중국(中國)	麼駄也泥舍		madhya-deśa	마댜데사
2	변지(邊地)	鉢囉底也麼迦 ❷ 鉢囉(二合)底也(二合)底迦		pratyantika	쁘라 띠까
3	변지인(邊地人)	宜例車		precha	쁘레차
❷	처처(處處)	薩他泥		sthane	쓰타네
4	한국(漢國)	支那泥舍		cīna-deśa	치나-데사
5	천축국(天竺國)	啊怒[上]泥舍		indu-deśa	인두-데사
6	파사(波斯)	波自羅悉 ❷ 波(引)囉悉		pārasi	빠라씨
7	돌궐(突厥)	覩嚕沙迦 亦云護曩 ❷ 覩嚕娑迦 又䬚曩		trūsaka, gana	뜨로싸까, 가나
8	호(胡)	蘇理		sulī	쑬리
9	계빈(罽賓)	劫比舍也		karpiśaya	까르삐사야
10	토화라(吐火羅) ❷ 吠火	吐伐羅 ❷ 覩伐羅		tukhara	뚜카라
11	구자(龜玆)	俱支曩		kucīna	꾸치나
12	우전(于闐)	嬌[引]喋多曩 ❷ 矯[引]喋多(二合)曩		korttana	꼬 따나
13	토번(吐蕃)	僕吒		bhuṭa	부따
14	곤륜(崐崘) ❷ 곤륜(崑崙)	儞波[引]多[重]羅		jipāttala	지 딸라
15	고리(高麗)	畝俱理		mukuri	무꾸리
16	우장(烏長)	烏儞也[引]曩		udyana	우댜나
17	마가타국(摩伽陀國)	麼迦那尾沙野 ❷ 摩誐娜尾沙野		magadabiṣaya	마가다비싸야
18	왕사(王舍)	囉惹訖囉 ❷ 囉惹訖哩(二合)啊		rājakṛhi	라자끄리히
19	사위(舍衛)	室囉縛悉底 ❷ 室囉(二合)縛悉地(二合)		śravasthi	스라바스티
20	가비라성 (迦毘羅城)	迦尾囉沙多 ❷ 迦尾攞縛娑多(二合)		kabilavasta	까빌라바스따

21	가섭미(迦閃弭)	迦閃弭囉	кашмир	kaśamira	까사미라
22	경사(京師)	矩畝娜曩		kumudana	꾸무다나
23	오(吳)	㰤㰤縛那 ❷ 播囉縛娜		paravada	빠라바다
24	촉(蜀)	阿弭里努		amṛdu	암리두

　〈표 3〉에서 보면 두 용어집의 내용이 '처처(處處)'라는 낱말 하나만 빼놓고는 완전하게 일치한다. 『범어잡명(梵語雜名)』에 더 넣은 '처처(處處)'라는 낱말은 이 논문의 주제와 관계가 없으므로 특별히 다루지 않는다. 이 〈표 3〉의 내용을 자세히 검토해 보면 단순히 나라 이름들을 나열해 놓은 것이 아니고 나름대로 뜻을 가지고 순서를 매겼다는 것을 발견할 수 있다.

　다음 장에서 위의 자료를 다음과 같은 4가지로 나누어 분석해 보기로 한다.

　　1) 중국(中國)과 변지(邊地)에 대한 용어 정리
　　2) 천축국(天竺國) 주변의 큰 나라(大國)들
　　3) 한국(漢國)과 천축국(天竺國) 중간에 있는 나라들
　　4) 천축국(天竺國) 안에 있는 나라들 및 기타

Ⅲ. 중국(中國)과 변지(邊地)

이 사전에서는 먼저 여러 나라의 이름을 밝히기 전에 다음 3가지 낱말을 보여 준다.

<표 4> 중국(中國)과 변지(邊地)

1	중국(中國)	麼馱也泥舍	지ᅉᄌ챠	madhya-deśa	마댜데사
2	변지(邊地)	鉢囉底也麼迦 ❷鉢囉(二合)底也(二合)底迦	티ᄉ간챠	pratyatika	쁘라댜띠까
3	변지인(邊地人)	宜例車	덕ᄎ	precha	쁘레차

이 3가지 낱말 가운데 중국(中國)은 '한가운데 있는 중심이 되는 나라(中國)'라는 뜻이고, 변지(邊地)는 '가장자리에 있는 나라'라는 뜻이며, 거기에 사는 사람을 변지인(邊地人)이라고 정리할 수 있다. 이런 사상은 옛날 주(周)나라가 왕실이 있는 곳을 중국(中國)이라 하고 변방의 나라들을 동이(東夷)·서융(西戎)·남만(南蠻)·북적(北狄)이라는 '오랑캐의 나라'라고 불렀던 것과 마찬가지로 인두(印度)의 천하관을 볼 수 있는 중요한 자료이고, 이런 천하관 속에 고리(高麗)가 들어 있으므로 '인두(印度)=중국(中國)'이라는 천하관에 대한 좀 구체적인 자료 분석을 해 보려 한다. 지금까지 우리가 중국(中國)을 치나(支那)에서만 쓰인 홀이름씨(固有名詞)라고 알고 있었는데 고대 큰 나라들이 스스로 중국(中國)이라고 했고, 강대국이 썼던 일반 이름씨였다는 것을 보여 주는 아주 귀한 자료이기 때문이다.

1. 중국(中國)과 변지(邊地)의 언어학적 의미

1) 중국(中國): 마댜데사(मध्यदेश, madhya-deśa)

산스크리트 마댜데사를 사전[211]에서 찾아보면 다음과 같다.

> 【madhya】 [남·여·중성]: 가운데(middle), 한가운데(middlemost), 사이(intermediate), 중앙·중심(central)
>
> 【deśa】: 지역(province), 나라(country), 왕국(kingdom)
>
> 【madhya-deśa】 [남성]: 가운데 지역(middle region), 가운데 나라(中國, the midland country)

사전에서는 중국(中國)의 범위를 '북쪽으로는 히말라야산맥(Himâlayas), 남으로 빈댜산맥(Vindhya), 서쪽으로 비나사나(Vinaśana, 현재의 Haryana주) 동쪽으로 쁘라야가(Prayāga), 그리고 현대의 지방인 알라하바드, 아그라, 델리, 오두데 등도 포함된다.'[212]라고 했다. 한문 번역은 중국(中國)·중방지처(中方之處)·중천축국(中天竺國)이라고 했다.[213]

2) 변지(邊地)와 변지인(邊地人)

먼저 '변지(邊地)'를 보면『당범양어쌍대집(唐梵兩語雙對集)』에서는 '鉢囉底也麼迦'라고 했고,『범어잡명(梵語雜名)』에서는 '鉢囉(二合)底也(二合)底迦'라고 했다. 두 자료 사이에는 한 글자의 차이가 나는데 후대의 것이 맞다고 본다. 한자의 반절법을 산스크리트로 풀어 보면 쁘랴땨띠까(प्रत्यतिक, pratyatika)가 된다. 그런데 이 단어는 사전에 나오지 않는다. 이 낱말은 1899년 산·영 사전에는 나오지 않고, 1999년 판 산스크리트·일본어 사전에서는 쁘랴딴띠까(pratyantika)로 나온다.

---

211) M. Monier-Williams,『Sanskrit-English』, oxford, 1899.

212) the midland country lying between the Himâlayas on the north, the Vindhya mountains on the south, Vinaśana on the west, Prayāga on the east, and comprising the modern provinces of Allahabad, Agra, Delhi, Oude &c.

213) 冨尾武弘, 1999,『梵漢音寫例一覽表 ― 萩原雲來「漢譯對照 梵和大辭典」より―』, 京都, 松香堂.

【pratyantika】[형용사]: 경계에 있다, [漢譯] 변지(邊地), 변국(邊國), 변지국(邊地國)[214]

　'변지 사람(邊地人)'이라고 나오는 쁘레차(precha)는 산스크리트 사전에 나오지 않는다. 이는 한자로 소리를 따라 옮겨 쓰는 과정에서 잘못된 글자를 그대로 옮겼을 수도 있다. 『신수대장경(新修大藏經)』에서는 의례차(宜例車)를 필례차(畢例車)로 써야 한다고 주를 달고 있다(宜字應是畢字【原】). 그러나 그렇게 해도 산스크리트 원문으로 바꾼 낱말이 사전에 나오지 않는다. 글쓴이가 보기에는 믈레차(Mleccha)를 잘못 옮긴 것으로 보인다.

　　【mleccha】[남성]: 다른 나라 사람(a foreigner), 야만인(Barbarian), 아리아인이 아닌 사람(non-Aryan), 따돌림받는 사람(man of an outcast race), 산스크리트를 못하는 사람이나 인두(印度) 관습에 따르지 않는 사람(any person who does not speak Sanskrit and does not conform to the usual Hindū institution)
　　[한자-뜻] 다른 나라 사람(他國人), 야만인(野蠻人), 변지인(邊地人), 비천(卑賤), 무도(無道)
　　[한자-소리] 밀열차(蜜列車), 미려차(彌戾車), 멸려차(篾戾車), 멸례차(蔑隸車), 밀리차(蜜利車)[215]

2. BC 6~5세기 초기 경전에 나오는 중국(中國)과 변지(邊地)

　중국(中國)과 변지(邊地)라는 낱말은 이미 BC 6~5세기 붇다의 설법에도 많이 나오는 말이다. 고대 인두(印度)에서는 각 왕조사와 사회경제사에 대한 체계적인 기록이 없으므로 인두사(印度史) 연구는 지금까지 가장 정확하고 많이 남아 있는 불교 경전에 주로 의지하고 있다. 이러한 경전에는 사꺄무니(Śākya-muni, 釋迦牟尼)가 45년간 각국을

---

214)　荻原雲來 編著, 『梵和大辭典』, 講談社, 1986(초판), 1999(11쇄). 사전에는 【pratyanta】라는 표제어가 나오고 경계(境界), 변경(邊境)이라고 해석하고, 【pratyanta-yanapada】 경계에 있는 나라, 변국; 【pratyanta-deśa】 국경을 접한 나라; 【pratyanta-devipa】 변지; 【pratyanta-dvipika】 변국 같은 표제어들도 나와 있다.
215)　자세한 것은 대장경에 나온 산스크리트나 외래어의 뜻과 발음을 기록한 혜림(慧琳), 『일체경음의(一切経音義)』, 元和 2年(807)을 참고할 것.

돌아다니며 가르침을 펴면서 모두가 알아들을 수 있게 많은 비유를 들고 있어 당시 상황을 잘 보여 주는 대목이 많기 때문이다. 이런 설명들이 당시 인두(印度) 사회를 그대로 반영해 주고 있어 1차 사료로서 가치가 큰 것이다. 그렇다면 경전에 나오는 사꺄무니(Śākya-muni, 釋迦牟尼)의 활동 연대는 언제인가? 인두사(印度史)의 연대 개념 부족으로 사꺄무니에 대한 정확한 기록이 없어 옛날부터 많은 학설이 전해지고 있다. 그 가운데 가장 확실한 것은 그리스 기록에 남아 있는 마우랴왕조 찬드라굽따(Chandragupta) 왕의 즉위 연대(BC 317)와 아쇼카(Aśoka) 왕의 즉위 연대(BC 268)를 통해 역산하는 것이다. 스리랑카 상좌부에서 전해 내려오는 바에 따르면 아쇼카 왕의 즉위가 붇다가 입멸한 뒤 218년 뒤라고 했다. 이 설에 따르면 붇다의 입멸 연대는 BC 485(268+218-1)년이 되며, 80살에 입멸했으니 태어난 해는 BC 565(485+80)년[216]이 된다.[217] 그러므로 초기 경전에 나온 기록들은 BC 565~485년의 일이라고 볼 수 있다. 다시 말해 BC 6~5세기 때의 일이다.

우선 이 초기 경전에 나온 중국(中國)에 대한 기록을 보자.

① 4가지 이루어야 할 것(成)이 무엇인가? 이른바 4륜법(四輪法)으로, **첫째 중국(中國)에서 살아야 하고**, 둘째 좋은 벗을 가까이해야 하고, 셋째 스스로 힘쓰고 삼가야 하며, 넷째 오랫동안 좋은 뿌리를 심어야 한다(『장아함경(長阿含經)』).[218]

② …… 동녘에 왕이 있는데 두사라(兜沙羅)라고 한다. 백천 권속들이 탑과 절을 때려 부수거나 헐어 버리고 비구를 죽인다. (이처럼) 사방이 모두 난리가 나니 **모든 비구가 중국(中國)으로 와서 모인다**(『잡아함경(雜阿含經)』).[219]

③ 사람이 깨끗한 삶을 살아가기(梵行)에 8가지 어려움(八難)과 8가지 때가 맞지 않는 것(八非時)이 있다. …… 그 사람이 이때 비록 **중국(中國)에 태어났지만** 양이 우는 것처럼

216) 현재 쓰고 있는 불기(佛紀)는 사꺄무니가 입멸한 1주기인 다음 해 484년을 1년으로 했기 때문에 이 책을 쓰는 2018년은 불기 2562년이 된다. 중국에서는 주나라 소왕(昭王) 26년인 BC 1027년을 불기 1년으로 하였기 때문에 한국에서도 그대로 썼으나 1967년부터 이 새로운 불기를 쓰기 시작하였다. 새로운 불기는 1956년 11월 15일 네팔에서 열린 제4차 세계불교도우의회(World Fellowship of Buddhists[WFB])에서 결정된 것이다.

217) 佐々木敎悟 等, 1966, 『佛敎史槪論 インド篇』, 京都, 平樂寺書店(權五民 譯, 1985, 『印度佛敎史』, 경서원, 47쪽).

218) 後秦 弘始年(399~416) 佛陀耶舍·共竺佛念 譯, 『佛說長阿含經』(9) 第二分 十上經 第六. 云何四成法? 謂四輪法: 一者住中國, 二者近善友, 三者自謹愼, 四者宿植善本. D. 34. Dasuttara-suttanta[No. 13].

219) 宋 天竺三藏 求那跋陀羅 譯, 『雜阿含經』(25)-640. 東方有王, 名兜沙羅, 百千眷屬, 破壞塔寺, 殺害比丘. 四方盡亂, 諸比丘來集中國。

귀가 먹고 벙어리가 되어 늘 손을 가지고 말을 한다면 좋고 나쁜 뜻을 말할 수 없게 된다. 이것이 사람이 깨끗하게 살아가기 어려운 6번째 어려움이고 6번째 때가 맞지 않은 것이다(『중아함경(中阿含經)』).220)

①에서 붇다가 말하는 깨달음을 얻기 위해서는 중국(中國)에서 태어나 살아야만 가능하다고 했다. 그것은 ②에서 보듯이 불교를 탄압하고 비구를 죽이는 곳에 태어나면 수행이 불가능하므로 수행하기 가장 좋은 중국(中國)으로 모이게 되어 있다는 것을 말한다. ③에서는 중국(中國)에서 태어났다고 해서 다 깨끗한 삶(梵行)을 닦아 깨달음을 얻을 수 있는 것이 아니고 업이 무거워 듣고 배우고 말하지 않으면 깨달음을 얻을 수 없게 된다는 것을 말하고 있다.

그렇다면 중국의 반대 개념인 변지(邊地)란 어떤 곳인가?

　① 8가지 어려움을 푸는 법은 무엇인가? …… 여래는 참으로 세상에 나타나 미묘한 가르침을 펴고 나고 죽음을 벗어나 무위상태에서 깨달음의 길로 간다. 그러나 중생은 짐승으로 태어나거나, 아귀로 태어나거나, 오래 사는 하늘나라에 태어나거나, **변지(邊地)에서 무식하고 붇다의 가르침이 없는 곳에 태어난다**. 이것이 한가할 틈이 없는 곳으로 범행(梵行)을 닦을 수 없게 된다(『長阿含經』).221)
　② 8가지 것을 여의고 팔관재법을 받들어 지키면 3가지 나쁜 길로 떨어지지 않으며, 이 공덕으로 지옥·아귀·짐승 같은 8가지 어려움 속에 떨어지지 않고, 늘 좋은 스승을 얻고, 나쁜 스승을 만나지 않으며, 늘 좋은 어버이가 있는 집에 태어나고, **붇다의 가르침이 없는 변지(邊地)에서 태어나지 않는다**(『增壹阿含經』).222)

---

220)　東晋 罽賓三藏 瞿曇僧伽提婆 譯, 『中阿含經』(29), 「大品」(1), 人行梵行而有八難 八非時也. …… 彼人爾時雖生中國, 而聾瘂如羊鳴, 常以手語, 不能知說善惡之義. 是謂人行梵行第六難 第六非時.

221)　後秦 弘始年 佛陀耶舍·共竺佛念 譯, 『佛說長阿含經』(9)-(10) 「第二分十上經」(6). 云何八難解法? 如來 至真出現於世, 說微妙法, 寂滅無為, 向善提道, 而有眾生在畜生中 餓鬼中 長壽天中 邊地無識, 無佛法處, 是為不閑處, 不得修梵行.

222)　東晋 罽賓三藏 瞿曇僧伽提婆 譯, 『增壹阿含經』(10) 「高幢品」 第二十四之三. 我今字某, 離此八事, 奉持八關齋法, 不墮三惡趣 持是功德, 不入地獄 餓鬼 [19]畜生八難之中, 恒得善知識, 莫與惡知識從事, 恒得好父母家生, 莫生邊地無佛法處.

앞에서 중국(中國)이 '불법이 있어 수행하기 좋은 곳'인데 반해 변지(邊地)는 '붇다의 가르침이 없는 곳'이라는 뜻이 뚜렷하게 드러난다. 쉽게 정리하면 이렇다.

① 중국(中國): 붇다의 가르침에 따라 수행할 수 있는 곳
② 변지(邊地): 붇다의 가르침에 따라 수행할 수 없는 곳

3. 1세기 전후 성립된 대승경전에 나타난 중국(中國)과 변지(邊地)

붇다가 세상을 떠난 뒤 500년쯤 지나 1세기 전후가 되면 이른바 대승불교가 일어난다. 대승불교에서는 자기만 붇다가 되는 것은 작은 수레(小乘)라고 하면서 남을 이롭게 하는 것(利他行)을 강조한다. 그리고 이렇게 남을 이롭게 하는 것(利他)이 바로 자기를 이롭게 하는 것(自利)이기 때문에 자신이 피안의 세계에 도달하기 전에 먼저 다른 사람을 건지지 않으면 안 된다. 이처럼 다른 사람을 이롭게 하는 사람을 보디쌑똬(bodhisattva, 菩薩)[223]라고 했다.[224] 그리고 그런 보살행을 완성하는 것이 바로 붇다인 것이다. 이처럼 대승불교가 일어나면서 동시에 대승경전들이 성립되기 시작한다. 그런 대승경전에도 중국(中國)과 변지(邊地)라는 개념이 계속 이어진다.

① 보살은 반드시 중국(中國)에서 태어나서 영리한 본성(利根) 슬기(智慧) 말솜씨를 갖추고 말의 뜻을 잘 아는 것이 불법의 그릇이다(『대반야바라밀다경(大般若波羅蜜多經)』).[225]
② 첫째 붇다가 계신 세상 만나기 어렵고, 둘째 바른 법을 듣기 어렵고, 셋째 두려운 마음 생기기 어렵고, 넷째 중국(中國)에 태어나기 어렵고, 다섯째 사람 몸 얻기 어렵고, 여섯째 모든 감각기관을 갖추기 어렵다. 이처럼 얻기 어려운 6가지를 얻었기 때문에 나쁜 깨달

---

223) 우리가 흔히 말하는 보살(菩薩)이란 낱말은 산스크리트 보디쌑똬(bodhisattva)를 한자로 소리 나는 대로 옮기면서 보제살타(菩提薩埵)라고 했는데 중국어의 속성이 모든 용어를 1자나 2자로 줄여야 하므로 4자 가운데 첫째, 셋째 글자를 뽑아 보살(菩薩)이라 한 것이다. 그러나 이것은 마치 프란시스코(Francisco)란 외래어를 '프시스(fcis)'라고 옮긴 것처럼 철저하게 본디 말을 무시한 것이다. 여기서는 산스크리트 본디 말과 가장 가까운 소리로 옮겼다.

224) 中村元, 『印度思想史』(金容植·朴在權 共譯, 1983, 『印度思想史』, 서광사, 98~99쪽).

225) 三藏法師 玄奘 奉詔譯, 『大般若波羅蜜多經』(568) 「第六分法界品」(4-2). 菩薩受生必在中國, 利根智慧言詞辯了, 善知語義是佛法器.

음이 생길 수가 없었다(『대반열반경(大般涅槃經)』).**226)**

　③ 수부띠(Subhūti, 須菩提)여, 아비니바르따니아(avinivartanīa, 阿惟越致)보디쌑똬**227)** 들은 욕계와 색계에 많아 목숨이 다하면 **중국(中國)에 태어나** 기예에 능하고, 경서를 잘 해석하고, 주술과 점상(占相)을 모두 잘 알게 된다. 일부는 변지(邊地)에 태어나지만, 만일 변지에 태어나면 반드시 큰 나라이다. 이처럼 공덕이 있다는 것이 아비니바르따니아-보디 쌑똬라는 것을 알아야 한다(『소품반야바라밀경(小品般若波羅蜜經)』).**228)**

　① 보살은 반드시 중국(中國)에 태어나야 하는데 보살행을 제대로 닦지 않은 사람은 ② 중국(中國)에 태어나기 어렵다. 그러나 ③ 열심히 닦아 '한 번 오른 자리에서 다시는 물러나지 않는 아비니바르따니아(avinivartanīa, 阿惟越致)에 오르면 대부분 중국(中國)에 태어나고, 변지(邊地)에 태어나도 크고 강한 나라에 태어난다고 한다.

　대승경전에도 초기경전들과 같은 맥락에서 중국과 변지라는 용어를 썼다는 것을 알 수 있다.

4. 5세기 이후 구법승의 기록에 나타난 중국(中國)과 변지(邊地)

　이처럼 경전에 나온 중국(中國)과 변지(邊地)에 대한 개념과 사상은 인두(印度) 사람들의 실제 생활에 큰 영향을 미치게 되었고, 처음에는 인두 안에서만 적용되던 사상이 국제적인 관계에서도 널리 쓰이게 되었다. 이러한 현상은 5세기부터 붐이 일어났던 구법승들의 인두(印度) 방문과 그 기록에서 뚜렷하게 나타나 있다.

---

226) 北涼 天竺三藏 曇無讖 譯, 『大般涅槃經』(3), 「光明遍照高貴德王菩薩品」(10-3). 一佛世難遇, 二正法難聞, 三怖心難生, 四難生中國, 五難得人身, 六諸根難具, 如是六事, 難得已得, 是故不應起於惡覺。
227) 높은 경지에 올라간 보살로, 한 번 얻은 경지에서 다시는 뒤로 물러서지 않는 자리에 오른 보살을 말한다.
228) 後秦 龜玆國三藏 鳩摩羅什 譯, 『小品般若波羅蜜經』(六), 「大如品」(15). 須菩提！阿惟越致菩薩, 多於欲界 色界命終來生 中國, 善於伎藝, 明解經書 呪術占相, 悉能了知 少生邊地 若生邊地, 必在大國, 有如是功德相貌, 當知是阿惟越致菩薩。

1) 법현(法顯)의 『불국기(佛國記)』에 기록된 중국과 변지

　구법승으로 인두(天竺)[229]에 다녀와 가장 먼저 기록을 남긴 것은 법현(法顯, 340~
418·423)이다. 법현은 동진(東晉, 317~419)시대 사문으로, 399년 장안을 떠나 파미르고원
(葱嶺)을 넘어 천축으로 들어가[230] 마가다 나라의 서울인 빠딸리뿌뜨라(Pāṭaliputra)에서
3년, 강가강(Ganga, 영어로는 갠지스강) 하류 부근에서 2년, 그리고 돌아오는 길에 세일론
(현재 스리랑카)에서 2년을 공부하고 413년, 14년 만에 동진으로 돌아온다. 자기 나라에
돌아온 법현은 북인두(北印度) 출신인 붇다바드라(Buddhabhadra, 佛馱跋陀羅)와 함께 가
져온 경전을 번역하는 한편, 여행하면서 보고 들은 것을 기록한 것이 『불국기(佛國記)』
또는 『고승법현전(高僧法顯傳)』이다. 이 기록은 당시 인두(印度)와 중앙아시아의 실정을
자세하게 묘사하여 불교사뿐 아니라 일반사를 연구하는 데도 아주 중요한 문헌이
되고 있다.[231]

　법현이 파미르고원을 넘어 간다라의 북녘인 현재 파키스탄 스와트(Swat)에 이르게
되는데, 그곳에 대해서 이렇게 기록하고 있다.

　　① 강을 건너면 곧 우댜나 나라(Udyāna, 烏長國)[232]에 이른다. 이 우댜나 나라는 바로
북천축(北天竺)인데, 모두 중천축말을 쓴다. 중천축이란 이른바 중국(中國)을 말하는데,
(이곳) 일반 사람들의 옷과 먹을거리는 중국(中國)과 같다.[233]

　천축을 동서남북 4천축과 가운데 나라를 중천축이라고 하는데, 이 중천축이 바로
중국(中國)이라는 것이다. 이것은 현재 자기가 방문하고 있는 북천축은 같은 천축이지

---

229)　당시는 천축이라고 불렀고, 그 뒤 현장이 실제 현장에서는 인두(印度)라고 부른다며, 인두(印度)를 추천하였다.

230)　당시 동진에서 천축으로 가는 구체적인 루트는 김규현 역주 『불국기』(글로벌콘텐츠, 2013)에서 지도와 함께 자세하
　　　게 설명하였다.

231)　이미 1836년에 A. 레뮈사가 프랑스말로 옮기고, S. 빌이 영어로 옮긴 뒤, 서양은 물론 인두에서도 자국의 역사 서술
　　　의 최고의 고전으로 활용되고 있다.

232)　우댜나 나라(Udyāna, 烏長國): 오장나국(烏仗那國)·오손국(烏孫國)·오장국(烏場國)·오전국(烏纏國)·오장국(烏萇國)이
　　　라고 한다.

233)　東晉沙門 釋法顯 自記遊天竺事, 『高僧法顯傳』(1), No. 2085. 度河便到烏長國,其烏長國是正北天竺也,盡作中天竺語。
　　　中天竺所謂中國,俗人衣服飲食亦與中國同。

만 변지(邊地)고 아직 중국은 아니라는 것을 뜻하는 것이다.

법현은 강가강(갠지스강)을 건너 지금의 뉴델리에서 남쪽으로 160㎞ 내려온 마투라(Mathura, 摩頭羅國)에서 야무나강(Yamunā, 遙捕邦那河)[234]을 건너며 "여기서부터 남쪽을 중국이라 부른다."라고 하며 중국이 얼마나 좋은 나라인지 자세하게 적고 있다.

② 여기서부터 남쪽을 중국(中國)이라 부른다. 중국(中國)은 추위와 더위가 조화를 이루어 서리와 눈이 내리지 않는다. 백성들은 풍류를 즐기고 호적이나 법관도 없다. 오로지 왕의 땅을 짓는 사람만 땅세(地代)를 낸다. 가고 싶은 사람은 편하게 가고, 살고 싶은 사람은 편하게 살 수 있다. 왕이 나라를 다스릴 때는 목을 베는 형벌을 주지 않고 죄가 있는 사람은 벌금을 내도록 했고, 일의 무게에 따라 형구를 사용하지 않고 죄가 있는 사람은 죄의 경중에 따라 벌금을 부과할 뿐이다. 비록 또 죄를 짓고 부모를 죽이려 했던 사람이라도 오른손을 자르게 할 뿐이다. 왕이 거느리고 있는 사람들에게는 모두 녹봉을 주었다. 온 나라 백성들은 모두 살아 있는 것을 죽이지 않고 술을 마시지 않고 파와 마늘을 먹지 않는다.[235]

법현이 기록한 당시 중국(中國)은 가히 그 이름에 걸맞게 유토피아에 가까운 나라로 묘사되고 있다. 이 당시 중국(中國)은 굽타왕조시대(320~550년경)다. 굽타왕조는 320년 찬드라굽타(Candragupta, 320~335)가 세웠다. 북인두(北印度)는 AD 78년에 꾸샨(Kuṣan, 貴霜)왕조가 일어나 크게 힘을 떨쳤으나 바수데바(Vāsudeva) 왕 때 페르시아 사산(Sāsan)에 의해 241~252년 사이에 멸망하였다. 그러나 사산왕조의 영향력이 느슨해지

---

234) 야무나강(Yamunā, 遙捕邦那河): 인두 문화의 바탕을 만든 아리아인들이 처음 인두강(Indus, 身毒) 유역인 펀잡지방에 정착한 뒤, 점점 동쪽으로 옮겨가 강가강(Gaṅgā, 恆河, 영어로 갠지스강)과 야무나강 유역, 강가강과 브랗마뿌뜨라(Brāhmaputra)강이 만나는 사다리꼴 힌두스탄(Hindustan) 평야에 자리 잡게 된다. 그리고 BC 1000~800년 리그베다를 비롯한 3가지 베다(Sāma-Veda, Yaur-Veda, Atharva-Veda)를 만들어 인두문화의 바탕을 만든다. 이 3가지를 브랗마나(Brāhmaṇa, 梵書)라고 한다. 베다는 제사에 관한 문헌으로 당시 사회에는 4가지 계급제도가 확립되어 제관인 브랗마나(Brāhmaṇa, 婆羅門)가 사회의 지도자가 된다. 그 뒤 화폐유통과 함께 사회 환경이 변하면서 많은 새로운 정신적 지도자들이 등장하는데, 이런 사상가들을 스라마나(śramaṇa, 沙門)라고 한다. 불교를 일으킨 사꺄무니도 처음에는 이런 스라마나 가운데 한 사람이었다.

235) 法顯, 『高僧法顯傳』, 從是以南名為中國. 中國寒暑調和無霜雪. 人民殷樂無戶籍官法. 唯耕王地者乃輸地利, 欲去便去欲住便住. 王治不用刑[8]斬. 有罪者但罰其錢. 隨事輕重. 雖復謀為惡逆. 不過截右手而已. 王之侍衛左右皆有供祿. 擧國人民悉不殺生. 不飮酒不食葱蒜.

면서 꾸샨은 다시 명맥을 유지하고 있었는데 찬드라굽타가 정복하였다. 한편 찬드라굽타의 후계자인 그의 아들 싸무드라굽타(Samutragupta, 335~375)가 남녁을 정벌함으로써 인두(印度)는 마우랴왕조 이래 5세기 만에 다시 통일되었다. 오랫동안 서북인두(西北印度)의 외국계 세력이나 남인두(南印度)의 변방(邊方) 세력에 의해 장악되어 있던 정치상의 지도권이 다시 아리아인들에 의해 인두(印度) 중원에서 회복되었다는 사실은 문화적으로도 커다란 의의가 있다. 역대 왕들의 문화정책에 따라 바라문 교학이나 산스크리트 문학은 전에 없던 융성기를 맞이하였고 불교 역시 종교상의 관용정책으로 인해 일단의 발전을 꾀하게 되었다.[236]

중국에 들어온 법현은 그 밖에도 중국의 상황에 대해 꽤 꼼꼼하게 적고 있다.

③ 전하는 바에 따르면, 요즈음 그 일이 있고 나서 기원정사를 둘러싸고 있는 18개 절에 모두 중들이 살고 있고 한 곳만 비어 있다고 한다. 이 **중국(中國)에는 96가지 외도가 있는데** 모두 이 세상과 뒷세상을 안다고 한다.[237]

④ 무릇 **여러 중국(中國)의 나라 가운데 이 나라가 고을이 크다.** 백성들의 재물이 넉넉하며 다투어 인의(仁義)를 행한다.[238]

⑤ 또 북쪽으로 2리를 가면 미가(彌家) 여인이 붇다께 젖죽(乳麋)을 올린 곳에 이른다. 여기서 북쪽으로 2리를 가면 붇다가 큰 나무 아래 바위 위에서 동쪽을 바라보고 앉아 죽을 먹었던 곳이다. 지금도 나무와 바위는 모두 남아 있는데 돌의 너비와 길이가 6자이고 높이가 2자쯤 된다. **중국(中國)은 추위와 더위가 조화를 이루기 때문에 살아 있는 나무가 수천 년이나 만 년에 이르기도 한다.**[239]

중국에는 종교의 자유가 있어 많은 능력 있는 외도들이 있고, 재물이 넉넉하고 인의를 행하고, 기후가 살기 좋아 오래된 나무들이 많다는 등 중국(中國)을 아주 이상적

---

236)　佐々木教悟 等, 1966, 『佛教史概論インド篇』, 京都, 平樂寺書店(權五民 譯, 1985, 『印度佛教史』, 경서원, 118쪽).

237)　法顯, 『高僧法顯傳』. 傳云, 近有此事繞祇洹精舍, 有十八僧伽藍, 盡有僧住, 唯一處空此中國有九十種外道, 皆知今世後世.

238)　法顯, 『高僧法顯傳』. 凡諸中國唯此國城邑為大, 人民富盛競行仁義.

239)　法顯, 『高僧法顯傳』. 又北行二里得彌家女奉佛乳麋處, 從此北行二里, 佛於一大樹下石上東向坐食麋, 樹石今悉在. 石可廣長六尺高二尺許. 中國寒暑均調, 樹木或數千歲乃至萬歲.

인 나라라고 기록하고 있다. 이곳의 토지제도가 좋은 것은 법현보다 200년이나 뒤에 (602~664) 이곳에 온 현장(玄奬)도 같은 내용을 쓴 것을 통해 알 수 있다.

> 임금의 논밭은 크게 넷으로 나뉜다. 첫째는 나라에서 제사 지낼 때 차리는 음식에 쓰인다. 둘째는 임금을 곁에서 모시는 벼슬아치들에게 봉토로 나누어 준다. 셋째는 슬기 있는 큰 학자나 뛰어난 재주를 가진 사람에게 상을 내린다. 넷째는 복전(福田)을 삼아서 (불교를 믿지 않는) 다른 교도들에게 준다. 거두어들이는 세금이 가볍고 부역도 많지 않고 분명하게 부과하기 때문에 모두 편안하게 대대로 물려서 내려오고 함께 밭을 나누어 간다. 왕의 논밭을 빌어서 붙이면 6분의 1을 세금으로 낸다.[240]

법현이 인두(천축)에 간 동진(東晉, 317~419)시대는 후한이 멸망한 뒤 위·촉·오 삼국이 50년 넘게 피비린내 나게 싸웠고 서진(西晉, 265~316)이 다시 통일하였으나 안으로 왕자의 난과 밖으로는 화북지역에 진출한 5개의 북방민족(五胡)의 위협 아래 놓여, 결국 남흉노에게 멸망하게 된다. 317년 동진이 들어섰으나 남북으로 나뉘어 양자강 이남 땅만 차지하게 되었으며 늘 대치 상태가 계속되었다. 이런 본국의 상황과 비교하여 법현이 본 중국(中國=印度)은 훨씬 안정되고 살기 좋은 이상적인 나라였던 것이다.

지금까지 법현이 '중국(中國)=중천축(中天竺)'이라고 정의한 내용을 검토해 보았다. 실제로 현지에서는 국제적으로 천축국(天竺國)이 중국(中國)이고 다른 나라는 변지(邊地)라는 개념으로 쓰였고, 동진에서 간 법현도 천축(天竺)은 중국(中國)이고 고국인 동진(東晉)은 변지(邊地)라는 관점을 뚜렷하게 가졌음을 기록을 통해 알 수 있다. 자신이 '중국(中國)=중천축(中天竺)'이라고 정의한 야무나강에 이르기 전 비다국(毘荼國)에 들렀을 때 현지인들과 대화하는 장면이 나온다.

① 여기서(跋邢國) 동쪽으로 3일을 가서 다시 인두강(산스크리트: indu, 新頭河)[241]을

---

240) 玄奬, 『高僧法顯傳』. 王田之內, 大分為四: 一充國用, 祭祀粢盛; 二以封建輔佐宰臣; 三賞聰叡碩學高才; 四樹福田, 給諸異道,所以賦斂輕薄, 徭稅儉省, 各安世業, 俱佃口分,假種王田, 六稅其一.

241) 영어의 인더스강(Indus river)이다. 1498년 포루투칼의 항해가 바스코 다 가마가 희망봉을 돌아 인두(印度)의 남해안 항구인 카리쿠터에 도착한다. 이때부터 산스크리트 Indu(印度)에 라틴어로 나라를 나타내는 씨끝(語尾) -ia를 붙여 인디아(Ind+ia)라고 불렀다. 그 뒤 영국인들이 인두(Indu)의 어원이 된 인두(Indu)강을 복수 어미 -s를 붙여 인더

건넜다. 양쪽 기슭이 모두 평지인데, 강을 건너니 나라가 있어 비도(毘荼)라고 했다. 불법이 흥성하여 대승과 소승을 함께 배우고 있다. 진(秦)나라 도인이 가는 것을 보고 크게 가엾게 여겨 말했다.

"어떻게 변지인(邊地人)이 출가의 도를 알아 멀리 와서 불법을 구하는가!"라고 하면서 필요한 것을 모두 대주고 법에 따라 대접해 주었다.[242]

이 이야기가 전개된 비도(毘荼)는 여러 곳으로 비정했지만 뚜렷하지 않다. 하나 분명한 것은 인두강(新頭河, Indu), 곧 지금의 인더스강을 바로 건너서 있는 나라로 아직 법현이 정의한 중국(中國)이 시작되는 야무나강과는 아주 멀리 떨어진 곳이라는 것이다. 그런데 여기 사는 사람들도 진(秦)나라에서 오는 중들을 보고 '변지인(邊地人)'이라고 했다. 이곳은 중천축이 아닌 북천축이지만 천축에서 사는 사람들 입장에서 동진(東晋)이란 북쪽 어느 지역에 있는 변지 나라였다. 당시 동진(317~419) 사람도 여기서는 몇백 년 전의 진(秦, BC 221~206)나라 사람이라고 부른다는 것도 알 수 있다.

다음 기록을 보면 현지 사람들은 물론 동진(東晋)에서 이곳을 찾은 법현 일행도 스스로 변지(邊地)에서 태어난 사람으로 인정하고 있다는 것을 알 수 있다.

② 법현과 도정은 처음으로 기원정사에 이르러 세존께서 옛날 25년 동안 머무셨던 것을 생각하였다. 스스로 변지(邊地)에 태어난 것을 마음 아파하면서 여러 동지와 함께 여러 나라를 거쳐 오는 동안 (조국으로) 돌아가는 이도 있고, 세상을 뜬 이도 있었는데, 오늘 마침내 붇다의 빈자리를 보니 슬프고 마음이 아프다. 그 대중들이 나와서 법현 일행에게 물었다.

"당신들은 어느 나라에서 오셨습니까?"

(이렇게) 답하였다.

"한(漢)나라 땅에서 왔습니다."

그 대중들이 칭찬하며 말했다.

스(Indu+s)라고 불렸다. 인더스는 후대에 만들어진 영어식 이름이고, 본디 이름은 인두(Indu)인 것이다. 앞으로 이 장에서 자세히 나온다.

242) 法顯, 『高僧法顯傳』. 從此東行三日復渡新頭河。兩岸皆平地。過河有國名毘荼。佛法興盛兼大小乘學。見秦道人往乃大憐愍。作是言。如何邊地人能知出家為道遠求佛法。悉供給所須。待之如法.

"대단하다. **변국(邊國)의 사람이 가르침을 찾아 이곳까지 오다니!**"

그리고 (자기들끼리) 서로 말했다.

"우리는 여러 스승과 윗분들에게 늘 전해 들어 왔지만, 한(漢)나라 도인이 이곳에 왔었다는 것은 들은 적이 없습니다."[243]

③ 법현은 이곳에서 3년을 머물면서 산스크리트 글과 말을 배우고 율장을 베껴 썼다. **도정(道整)도 이미 중국(中國=天竺, 옮긴이 주)에 이르러 사문들의 법도와 여러 대중이 엄숙한 차림새와 부딪치는 일들이 볼 만하다고 보고, 진(秦)나라 변지(邊地) 쌍가(僧伽) 계율이 무너져 깨진 것을 한탄하면서 스스로 붇다가 될 때까지는 다시 변지(邊地)에 태어나지 않길 발원하였기 때문에 마침내 그곳에 머물고 돌아오지 않았다.** 법현은 본래 마음으로 한나라 땅(漢地)에 계율을 널리 펴고자 하였기 때문에 혼자서 한(漢)으로 돌아오게 되었다.[244]

법현은 중국 현지에서 자기 나라를 진(晋)나라라고 하지 않고 이미 없어진 치나(秦, BC 221~206)[245]나 한(漢, BC 202~AD 220)이라고 했는데, 이것은 당시 중국 사람(天竺人)들은 북녘에 있는 나라를 치나(秦)나 한(漢)이라고 부르고 있고, 법현의 고국인 진(晋)이란 이름은 모르고 있거나 나라가 바뀐 것은 알아도 통상적으로 치나(秦)나 한(漢)이라고 불렀다는 것을 알 수 있다. 그리고 중국인(印度人)들의 입장에서는 치나나 한이나 모두 변지(邊地)이고 그 땅에서 온 법현도 스스로를 변지인(邊地人)이라고 했다는 것을 알 수 있다.

2) 사자국과 현장의 기록에 나온 중국과 변지

천축을 중국이라고 한 것은 북녘의 나라에 대한 개념뿐이 아니었다. 남녘 나라인

---

243) 法顯, 『高僧法顯傳』. 法顯道整初到祇洹精舍。念昔世尊住此二十五年。自傷生在邊地。共諸同志遊歷諸國。而或有還者。或有無常者。今日乃佛空處愴然心悲。彼眾僧出問法顯等言。汝等從何國來。答曰。從漢地來。彼眾僧歎曰。奇哉邊國之人乃能求法至此。自相謂言。我等諸師和上相承以來未見漢道人來到此也。

244) 法顯, 『高僧法顯傳』. 法顯住此三年。學梵書梵語。寫律道整既到中國。見沙門法則。眾僧威儀觸事可觀。乃追歎秦土邊地眾僧戒律殘缺。誓言自今已去至得佛願不生邊地。故遂停不歸。法顯本心欲令戒律流通漢地。

245) 이 치나가 China의 어원이 된다.

사자국에서도 천축을 중국이라고 했다.

④ 그 나라(스리랑카, 獅子國) 전 왕은 중국(中國)에 사신을 보내 빨뜨라 나무(貝多樹, pāttra)[246] 씨를 가져오게 하였다. 대웅전(佛殿) 옆에 심게 했는데 높이가 20길이나 된다.[247]

법현보다 200년 늦게 천축에 간 현장(玄奘, 602~664)은 나중에 기록한 『대당서역기』(629~645년의 기록) 첫머리에서 나라 이름을 '인두(indu, 印度)'라고 규정한다.

이 천축(天竺)이라는 이름을 자세히 알아보면 서로 다른 주장이 많다. 옛날에는 신독(身毒, Sindhu)이라거나 현두(賢頭, Hindhu)라고 불렀는데, 이제 바른 소리에 따라 인두(印度 Indu)라고 부르는 것이 마땅하다. 인두 사람(印度人)은 지방에 따라 방향도 다르고 풍속도 다르지만 멀리서 모두를 엮어서 부르는 이름 가운데 가장 아름다운 것은 인두(印度)라고 한다.[248]

천축(天竺)은 앞에서 본 신독(身毒)과 현두(賢頭) 외에도 신독(申毒)·천독(天篤)·신독(身篤)·건독(乾篤)·희도(呬度)·인제아(印第亞)·인특가라(印特伽羅) 같은 수많은 이름이 있지만 결국은 모두 히말라야에서 생겨나 인두양(印度洋)으로 들어가는 인두(Indu, 印度)강에서 온 말이다. 이 강 이름을 페르시아 사람들은 힌두(Hindhu, 賢頭)라고 했고, 나중에 그리스 사람들은 인두(Indu, 印度)라고 불렀다. 한자로는 『사기(史記)』 「대완열전(大宛列傳, 63)」에 '신독(身毒)'이라는 이름이 나오고, 『한서(漢書)』 「서역전(78)」에 '천축(天竺)'이라는 이름이 나온다. 위진(魏晉) 이후 불전 가운데 천축이란 이름이 많이 나오는데, 당나라 이후에는 주로 인두(印度)라고 썼다.[249] 현장이 천축의 제대로 된 발음을 찾

---

246) 패다수(貝多樹): pāttra(貝多羅)를 소리 나는 대로 옮긴 것이다. 그 잎에 경전을 쓰는데 줄여서 패다(貝多)라고 하고 그 잎을 패엽(貝葉)이라고 한다. 학명은 Laurus oassia이다. 글씨 쓰는데 가장 좋은 잎은 딸라나무(tāla, 多羅樹) 잎이다.

247) 法顯, 『高僧法顯傳』. 其國前王遣使中國取貝多樹子.於佛殿傍種之,高可二十丈.

248) 三藏法師 玄奘 奉詔譯 『大唐西域記』(1). No. 2087. 詳夫天竺之稱, 異議紛紜, 舊云身毒, 或曰賢豆, 今從正音, 宜云印度。 印度之人, 隨地稱國, 殊方異俗, 遙擧總名, 語其所美, 謂之印度。

249) 『불광대사전』 「賢頭」 「印度」.

아 일관되게 인두(印度)를 쓴 것도 한몫했다고 보인다. 현장의 『대당서역기』에는 모든 이름을 인두(印度)로 통일하여 썼지만, 곳곳에 천축을 중국(中國)이라고 한 대목이 나온다.

① 지난 시대에 경전과 율을 옮긴 분들은 (안거를) 좌하(坐夏)라고 하거나 좌랍(坐臘)이라고 했다. 이것은 모두 **변지 후손(邊裔)들의 특이한 풍속이고, 중국(中國)의 바른 소리(正音)에 미치지 못한 것**이며, 아직 사투리를 완전히 통하지 못하고 옮겼기 때문에 잘못이 있는 것이다.[250]

② 까스미르 나라(Kaśmir, 迦濕彌羅國):『국지(國志)』에 따르면 이 나라 땅은 본디 용이 사는 못이었다. 옛날 붇다 세존께서 우다냐나 나라(烏仗那國)에서 **나쁜 신을 진압하고 중국(中國)으로 돌아가고자 공중을 타고 가시다** 이 나라 위에 이르러 아난다에게 말씀하셨다.[251]

③ 카반다 나라(Khabandha, 朅盤陀國)[252]: 글자와 말은 가사국(佉沙國, 현재의 카슈가르)과 거의 같다. …… 자손들은 대대로 오늘날까지 이어오면서 그 선조 대는 어머니는 한(漢)나라 사람이고, 아버지는 바로 해신(日天)의 핏줄이라고 생각했다. 그러므로 스스로 한나라와 해신의 핏줄(漢日天種)이라 불렀다. 그러나 **그 왕족의 모습은 중국(中國)과 같고**, 머리에는 네모난 관을 쓰고 몸에는 호복(胡服)을 입는다.[253]

현장(玄奘, 602~664)이 다녀온 629~645년보다 50년쯤 뒤 671~694년 사이에 의정(義淨, 635~713)이 인두를 방문하고 쓴 기록에도 중국(中國)이 등장한다.

도생(道生) 법사는 …… **중국(中國)을 가서 돌아다니다 보디사(菩提寺)에 이르러** 경의를

---

250) 三藏法師 玄奘 奉詔譯 『大唐西域記』. 前代譯經律者, 或云坐夏, 或云坐臘, 斯皆邊裔殊俗, 不達中國正音, 或方言未融, 而傳譯有謬.

251) 三藏法師 玄奘 奉詔譯 『大唐西域記』. 迦濕彌羅國 …… 國志曰: 國地本龍池也。昔佛世尊自烏仗那國降惡神已, 欲還中國, 乘空當此國上, 告阿難曰.

252) 카반다 나라(Khabandha, 朅盤陀國): 서역에 있는 왕국으로 다른 기록에는 갈반타(渴槃陀), 갈라반타(喝囉槃陀), 한반타(漢盤陀)라고도 부르고, 뜻으로는 대석국(大石國)이라고 했다. 현재의 타시쿠르간(Tashkurghan, 塔什庫爾干)이다.

253) 三藏法師 玄奘 奉詔譯 『大唐西域記』.
朅盤陀國 …… 文字,語言, 大同佉沙國。…… 子孫奕世以迄于今,以其先祖之世, 母則漢土之人, 父乃日 天之種, 故其自稱漢日天種。然其王族, 貌同中國, 首飾方冠, 身衣胡服。

표하고 날란다에서 공부하는 동자가 되었다.[254]

　이상에서 보는 바와 같이 기원전 6~5세기 붇다가 살아 있을 때부터 구법승들이 천축을 찾았던 AD 5~7세기까지 1,000년이 넘는 기간 동안 천축국을 중심으로 중국(中國)과 변지(邊地)라는 개념이 널리 쓰였다는 것을 알 수 있다. 일찍이 붇다의 가르침이 퍼진 곳을 중국이라 부르고, 그렇지 못한 가장자리 나라들을 변지라고 부르던 것이 나중에는 천축국 스스로는 물론 다른 나라에서도 천축을 중국(中國)이라 불렀고, 그 밖의 나라는 변지(邊地)라고 부르는 천축 위주의 천하관이 존재했다는 것을 뚜렷하게 볼 수 있었다.

　천축국의 이러한 천하관은 주나라 이후 이어져 내려온 치나(秦)의 천하관과 이름은 똑같지만 품고 있는 속뜻은 꽤 차이가 난다. 주나라의 중국관은 정치적으로 종속관계를 유지하며 경제적으로는 일정한 세금이나 공물을 바치는 강제성이 특징인 반면, 천축의 중국관은 정신적인 측면에서 계발이 된 나라와 아직 계발이 안 된 나라, 종교적인 측면에서 불법이 퍼져 실천되는 나라와 그렇지 못한 나라를 가르는 개념으로 정치적 경제적 종속관계가 없다는 점이 크게 다르다.

---

254)　義淨, 『大唐西域求法高僧傳』, No. 2066, 「道生」. 道生法師者. …… 往遊中國, 到菩提寺禮制底訖. 在那爛陀學爲童子.

IV. 천축국(天竺國)과 주변의 큰 나라(大國)들

『당범양어쌍대집(唐梵兩語雙對集)』과 『범어잡명(梵語雜名)』에서는 앞에서 본 중국과 변지라는 개념을 설명하고 이어서 '중국(中國)=천축'과 '변지(邊地)=다른 나라'의 이름들이 나열되어 있다. 그 가운데 다음 표에 나오는 중국(中國)인 천축국과 나머지 한국(漢國), 페르시아(波斯), 돌궐(突厥)은 큰 나라(大國)에 든 것으로 보인다.

<표 5> 천축국과 주변의 큰 나라들

4	한국(漢國)	支那泥舍	त्रैन्द्रस	cīna-deśa	치나-데사
5	천축국(天竺國)	咽怒[上]泥舍	८॒द्र्स	indu-deśa	인두-데사
6	파사(波斯)	波自羅悉 ❷ 波(引)囉悉	दार्स	pārasi	빠라씨
7	돌궐(突厥)	覩嚕沙迦 亦云護曩 ❷ 覩嚕娑迦 又誐曩	ऊर्सक, गन	trūsaka, gana	뜨로싸까, 가나

1. 한국(漢國)과 천축국(天竺國)

① 한국(漢國): 치나-데사(त्रैन्द्रस, cīna-deśa, 支那泥舍)

② 천축국(天竺國): 인두-데사[८॒द्र्स, indu-deśa, 咽怒(上)泥舍]

가장 먼저 나오는 이름이 한국(漢國)이다. 한자로 漢國이라고 쓰는 이 나라는 천축에서 쓰는 산스크리트로는 치나-데사(𑀘𑀻𑀦𑀤𑁂𑀰, cīna-deśa)라고 하였다. 여기서 치나는 진(秦)을 천축에서 산스크리트로 기록한 것이 거의 틀림없을 것이다. 진나라는 비록 기원전 221~206년 사이 15년밖에 지배하지 못한 아주 단명한 나라였지만 그만큼 나라 안팎에 충격과 영향을 준 나라이기 때문에 천축에서도 그 이름이 기록되었으며, 큰 나라로서 오래 지속된 한나라를 지나서 당나라에 이르기까지도 치나-데사(𑀘𑀻𑀦𑀤𑁂𑀰, cīna-deśa)로 불렸다는 것을 알 수 있다. 우리가 현재 쓰고 있는 차이나(China)도 바로 이 치나(秦)를 영어식으로 읽는 것이고, 일본에서 많이 쓴 지나(支那)도 여기서 온 것을 알 수 있다. 앞에서 법현의 기록을 분석할 때도 진나라와 한나라가 망한 지 몇백 년이 지났지만, 천축에서는 진(秦)이나 한(漢)이라고 불렸다는 것을 보았다.

다음으로 나오는 천축국은 한문으로는 천축국(天竺國)이고 산스크리트로는 인두-데사(𑀇𑀦𑁆𑀤𑀼𑀤𑁂𑀰, indu-deśa)라고 기록하고 있다. 여기서 '천축(天竺)=indu'라는 것을 알 수 있다. 앞에서 '인두(indu)라는 강에서 비롯된 이 이름은 신독(身毒)과 현두(賢頭)·신독(申毒)·천독(天篤)·신독(身篤)·건독(乾篤)·희도(呬度) 같은 여러 이름으로 불렸다는 것을 보았다. 그러나 산스크리트의 정확한 철자법은 인두(𑀇𑀦𑁆𑀤𑀼, indu)라는 것을 알 수 있다. 현장이 『대당서역기』 첫머리에서 바른 소리(正音)에 따라 제대로 기록하면서 인두(印度, 𑀇𑀦𑁆𑀤𑀼, indu)라고 한 것은 바로 이 점을 지적한 것이다. 다시 말해 '印度=indu'라는 것이다. 한국에서 한국식 한자음에 따라 인도(印度)라고 하지만 지금도 중국에서는 인두(印度, yìndù)라고 읽는다.

산스크리트에서 데사(𑀤𑁂𑀰, deśa)는 지역(region), 지방(province), 나라(country), 왕국(kingdom) 같은 뜻으로 쓰이고 '특별히 나라나 몸의 기관을 나타내는 말 뒤에 많이 쓰인다(esp. after a word denoting a country or a part of the body)'.[255] 그런데 『당범양어쌍대집』과 『범어잡명』에는 크고 작은 20개 나라 이름들이 나오지만 그 가운데 데사(𑀤𑁂𑀰, deśa), 곧 나라(國)라는 글자를 덧붙인 것은 한국(漢國)과 천축국(天竺國)뿐이다. 천축을 다녀온 여러 기록에 수많은 나라 이름 뒤에 나라(國)라는 낱말을 덧붙여져 있는 것과 비교하면 이례적이다. 작성자가 생각하기에 두 나라가 가장 중요한 나라라고 보았던 것이 아닌가

---

255) M. Monier-williams, 『Sanskrit-English』, oxford, 1899.

하는 생각도 들고, 현지에서 습관적으로 두 나라에만 붙였을 수도 있다. 만일 후자의 경우라면 두 나라를 상대적으로 다른 나라에 비해 큰 나라나 제국으로 여겼다고 볼 수 있다.

한편 이 두 나라는 이 용어집을 만든 사람이 용어집에 대칭해서 쓸 두 가지 언어의 국가이기 때문에 가장 먼저 크게 내세웠을 수도 있다. 그런 관점에서 본다면 이 용어집은 한국(漢國) 사람이 천축국(天竺國) 말을 공부하거나 다른 한국(漢國) 사람에게 알려 주기 위해 만들었을 가능성도 크다. 이 작은 사전을 만든 곳은 '중천국 마가다국 보디나무(菩提樹)²⁵⁶⁾ 아래 금강좌사²⁵⁷⁾'라고 밝혔고, 또 승달다얄다(僧怛多蘗多)와 파라구나미(波羅瞿那彌) 두 비구(苾芻=比丘)가 함께 엮었다(中天竺 摩竭提國 菩提樹下 金剛座寺 苾芻 僧怛多蘗多 波羅瞿那彌 捨沙出)고 밝혔다. 천축으로 유학 간 구법승들은 산스크리트 이름을 가진 경우가 많이 있기 때문에 두 비구를 한국(漢國) 사람으로 추측할 수 있다.

2. 파사(波斯): 빠라씨(པཱ་ར, pārasi, 波(引)囉悉)

파사(波斯)는 산스크리트 빠라씨(pārasi, 波囉悉)의 한문 번역으로 페르시아를 말한다. 현재 산스크리트 사전에도 올림말로 나와 있는데, 나라 이름은 빠라씨(pārasi, 산스크리트-일본어 사전)와 빠라싸(pārasa, 산스크리트-영어 사전)가 나와 있고, 페르시아인과 페르시아어를 뜻하는 빠라씨까(pārasika)도 올라와 있다. 한문 사료에는 파랄사국(波剌斯

---

256) 보디나무(菩提樹): 우리가 흔히 보리수라 부르고 사전에도 그렇게 나와 있다. 그러나 한문경전에 나타난 菩提樹는 우리가 아는 보리수가 아니다. 산스크리트로는 보디브릭샤(bodhi-vṛkṣa), 보디드루마(bodhi-druma)·보디따루(bodhi-taru)라고 하는데 모두 '보디나무(菩堤樹)'라는 뜻이다. 현장 이전의 옛 번역에서는 붇다가 이 나무 밑에서 도를 깨달아 붇다가 되었다고 해서 도나무(道樹)라 하고, 현장 이후 새 번역에서는 깨달음나무(覺樹), 붇다나무(佛樹)라고 옮겼다. 이처럼 이 나무는 붇다의 깨달음과 관계 지어 특별히 부르는 이름이기 때문에 깨달음을 뜻하는 '보디나무'라고 해야지, 뜻이 전혀 다른 '보리나무'라고 해서는 안 된다. 보디나무의 본디 이름은 아스받타(aśvattha, 학명 icus religiosa)이며, 그 열매를 삡빨라(pippala, 畢鉢羅)라고 하기 때문에 삡빨라나무라고도 한다. 한국에는 옛날부터 보리수라는 나무가 있었는데, 삡빨라나무와는 전혀 다른 나무다. 보리수나뭇과에 딸린 좀나무로, 팥알 같은 열매가 달리는데 가을에 빨갛게 익으면 먹을 수 있는 나무다. 바로 이것이 보리수나무이기 때문에 보디나무(菩堤樹)와는 반드시 구별하여야 한다.

257) 현재 인두의 보드가야(Bodhgaya)에 있는 마하보디(Mahabodhi) 절을 말한다.

國), 파랄사국(波剌私國), 파라실국(波囉悉國) 같은 여러 가지 음역이 있다.

BC 559년에 페르시아 첫 왕조인 아케메네스가 일어나고, 40년쯤 뒤인 BC 518년에 아케메네스의 다리우스 1세가 간다라 지역을 정복하면서 세력을 인두강(인더스강)[258] 까지 뻗는다. BC 333년, 알렉산더에 의해 멸망한 뒤 BC 3세기 중반에 파르티아와 박트리아가 들어서게 되는데, 이때의 파르티아는 한국(漢國)의 문헌에 안식(安息)이라고 기록되어 있고 박트리아는 대하(大夏)라고 기록되어 있다. 파르티아와 박트리아는 모두 간다라지방에 진출하였다. AD 226년에 아르다시르 1세(Ardashir I, 226~241)가 파르티아(Parthia) 왕국을 점령한 뒤 페르시아 사산왕조가 들어선다. 그리고 그 사산왕조가 다시 간다라 지역에서 번성했던 쿠샨왕조를 점령하게 된다. 이처럼 일찍이 인두(Indu, 印度)강 유역에 진출한 페르시아는 천축국에게 있어 서쪽에 이웃한 가장 강력한 나라였다.

현장의 『대당서역기』에는 파랄사국(波剌斯國)이라 했고 서울이 소랄사당나(蘇剌薩儻那)[259]라고 했다.[260] 현장이 천축에 간 629~645년은 사산왕조 말기다. 633년부터 이미 아랍의 침공이 있었고, 637년에 수도 크세시폰을 빼앗아 마다엔(Madayen)이라고 이름을 바꾸어 버렸다. 642년 네하반드(Nehavand) 전투에서 진 사산왕조는 사실상 아랍에 합병되었고, 651년 마지막 야즈드게르드(Yazdgerd) 3세가 살해되며 완전히 멸망한다.

3. 돌궐(突厥): 뜨루싸까, 가나(𑀢𑁆𑀭𑀼𑀲𑀓 𑀕𑀡, trūsaka, gana, 靚嚕娑迦, 誐曩)

돌궐은 540년 한문 역사책에 처음 나타나서 552년 부민 카간(土門可汗)이 처음으로 카간이 되면서 제국이 성립된다. 555년, 유연(柔然)을 멸하고 여러 곳을 정벌하여 동

---

258) 인두(Indu)강을 영국사람들이 Indu에 복수 어미 -s를 붙여 인더스(Indu+s)라고 불렀다.
259) 사산왕조시대의 서울은 크테시폰(Ctesiphon)이지만 현장이 말하는 소랄사당나(蘇剌薩儻那)와는 발음이 크게 차이가 난다.
260) 三藏法師 玄奘 奉詔譯 『大唐西域記』(11) 「波剌斯國」, 波剌斯國, 周數萬里, 國大都城號蘇剌薩儻那, 周四十餘里。

은 요하, 서는 카스피해 일대, 북은 바이칼호, 남은 장성에 이르는 거대 유목제국을 건설하였다. 3대 무칸 카간(木杆可汗) 때 사산왕조 페르시아와 협력하여 에프탈을 멸 망시켰다(563~567). 에프탈(Heptal, Ephthal, Ephtalite)은 5세기 중엽에서 7세기 중엽에 이르 기까지 중앙아시아 아무다리야강 상류를 중심으로 동서 투르키스탄과 서북인두를 지배하던 유목민족이다. 그 뒤 583년 동서로 나뉘어 각 세력의 피비린내 나는 싸움 이 계속되었다. 동돌궐은 630년 당나라에 복속되고, 서돌궐은 658년까지 이어진다.

바로 이때 서돌궐 지역을 지나간 현장의 『대당서역기』(629~645)를 보면 도중에 들른 많은 나라가 돌궐에 예속되거나 돌궐 사람이 왕 노릇을 하고 있다고 기록하였다. ⓐ 굴지국(屈支國, 현재의 쿠차) 왕이 돌궐을 끌어들여 정적을 죽였다는 이야기가 나오고, ⓑ 발록가국(跋祿迦國)은 돌궐에 예속되었고, 소엽성(素葉城)은 돌궐 왕이 피서를 하고 (突厥可汗每來避暑), ⓒ 자시국(赭時國, 현재의 타시켄트), 솔도리슬라국(窣堵利瑟那國)도 돌궐 에 예속되어 있고, ⓓ 투하라국(覩貨邏國)도 돌궐에 예속되고, ⓔ 홀로마국(忽露摩國) 왕 해소(奚素)는 돌궐족이고, ⓕ 박갈국(縛喝國, 현재 아프가니스탄의 Balkh)에서는 돌궐의 엽호 카간 아들인 사엽호 카간(肆葉護可汗)이 절을 쳐서 보물을 빼앗으려다 죽은 이야 기를 기록하고 있어 현재의 쿠차에서 중앙아시아 타시켄트, 그리고 아프가니스탄까 지 돌궐의 세력권에 들어 있었다는 것을 알 수 있다.

돌아오는 길에도 다시 ⓖ 불율시살당나국(弗栗恃薩儻那國, 현 아프가니스탄 북쪽)을 거치 면서 이 나라 왕은 돌궐 핏줄(突闕種)이라 했고, 와칸 계곡의 투화라국 옛 땅이었던 활실다국(闊悉多國), 활국(活國), 몽건국(瞢健國), 희마달라국(呬摩呾羅國) 같은 나라들이 모두 돌궐에 예속되었다고 기록하였다.[261] 이 기록을 보면 현장이 천축에 간 629~ 645년경 천축의 서북지역은 모두 서돌궐의 영향 아래 놓여 있었다는 것을 알 수 있다.

서돌궐도 658년 당나라에 멸망했으나 끈질긴 독립운동을 통해 682년 쿠틀룩(骨咄 祿, 682~691)을 구심으로 하여 고비사막의 남쪽(漠南) 지역을 중심으로 제2돌궐이 재건 된다. 제2돌궐의 기틀은 쿠틀룩이 죽은 뒤 임금 자리에 오른 묵철(黙啜) 카간(691~716) 이 마련했다. 그 뒤 묵철 카간이 바이르쿠(拔曳固)의 반란을 진압하는 과정에서 피살 된 뒤 쿠틀룩의 아들 빌개(毗伽) 카간(716~734)이 즉위하였다. 바로 이 빌개 카간이 다

---

261) 三藏法師 玄奘 奉詔譯 『大唐西域記』. 屈支國 같은 여러 나라 기사.

스릴 때 혜초가 중앙아시아를 지나면서 돌궐에 대한 기록을 남겼다. 빌개 카간은 동생 퀼 테긴 등의 도움을 받으며 나라를 이끌어 갔는데, 이때 세운 비석에 고리(高麗)에 관한 기록이 나온다(앞 마당에서 이미 자세히 다루었다). 그러나 여러 부족의 불만이 쌓여 가면서 사양길에 접어들다가 734년 빌개 카간이 신하에게 독살당했고, 이 기회를 이용하여 부족 가운데 강력했던 위구르 등이 반란을 일으켜 745년 멸망하고 위구르 제국이 세워졌다.[262]

여기서 돌궐이란 6세기 후반 인두(印度)의 서북지역을 지배했던 돌궐을 이야기하는 것이다. 왜냐하면 여기서 다루고 있는 두 자료에는 진(秦)·한(漢)이라는 큰 나라와 그 뒤 분열된 삼국시대 가운데 오(吳)와 촉(蜀)만 나오고 다시 통일된 수(隋, 581~618)와 당(唐, 618~907)은 나오지 않기 때문이다.

위에서 본 서돌궐은 한때 천축 중심부까지 쳐들어가고 오랫동안 서북 천축을 점령한다. 그러므로 이 산스크리트 용어집에 돌궐이 들어가는 것은 당연한 일이다.

돌궐을 산스크리트로는 『당범양어쌍대집(唐梵兩語雙對集)』에서는 ❶ 도로사가(覩嚕沙迦) 또는 호낭(護曩)이라고 하고, 『범어잡명(梵語雜名)』에서는 ❷ 도로사가(覩嚕娑迦) 또는 아낭(誐曩)이라고 했다. ❶ 도로사가(覩嚕沙迦)와 ❷ 도로사가(覩嚕娑迦)는 '사' 자만 다른 글자를 썼을 뿐 같은 말이다. 『신수대장경』에서는 【뜨루싸까(trūsaka)】라고 옮겼다.

【뜨루싸까(trūsaka)】는 𑁍(trū)+𑁍(sa)+𑁍(ka)라는 세 소리마디(音節)를 합친 것이다. 이 낱말이 산스크리트-영어 사전에는 올림말로 나와 있지 않지만, 그 사전보다 나중에 나온 산스크리트-일본어 사전에는 올림말로 나와 있는데, 뚜르스까【turuṣka】라고 나와 있다. 산스크리트-일본어 사전에서는 이 단어의 출처가 이 논문에서 논하고 있는 것과 똑같은 『범어잡명(梵語雜名)』이라고 밝혔다. 그렇다면 똑같은 도로사가(覩嚕沙迦)는 왜 서로 다른가? 그것은 산스크리트로 옮기는 과정에서 생긴 차이나 착오 때문이라고 볼 수 있다. 이 두 가지 소리 가운데 하나를 고르기 위해 다른 번역문들을 검토해 보기로 한다.

---

262) 정수일 역주, 『혜초의 왕오천축국전 2』, 학고재, 2008, 220~221쪽.

① 먼저, '도(覩)' 소리가 **ᢚ**(trū)'인가 **ᢖ**(tu)'인가?

산스크리트를 한문으로 옮긴 보기를 모은 도미오 다께히로(富尾武弘)의 『범한음사례일람표(梵漢音寫例一覽表)』[263]를 보면 '도(覩)'로 옮긴 낱말 5가지가 나온다.

摩**覩**羅 mātula, 毗**覩**羅 viturṇa, **覩**佉羅 tukhāra, 素**覩**波 stūpa, 摩**覩**羅 māluda

이 보기들에서 보면 [覩] 소리는 [tu], [tū], [lu] 3가지를 옮긴 것이라는 것을 알 수 있다. 그 가운데 [覩]=[tu]가 산스크리트-일본어 사전과 맞고 [覩]=[trū]라는 보기는 없으므로 [覩]=[tu]를 골랐다.

② [嚕]는 **ᢚ**[trū]인가 **ᢝ**[ru]인가?

覩嚕=**ᢚ**[trū]라면 보통 覩嚕(二合)이란 표시가 있어야 한다. 다시 말해 두 글자를 합해서 한 소리마디로 만들라는 표시(二合)가 들어가야 하는데 여기서는 그런 표시가 없으므로 [嚕] 자 하나의 소릿값을 봐야 한다. [嚕] 자는 일람표에 5가지 보기가 나온다.

謎嚕陀 māluda, 惡揭嚕 agaru, 酤嚕 kuru, 設咄嚕 śaturu, 訥嚕拏左哩野 droṇācārya

[嚕]=[lu][ru]와 [訥嚕]=[dro]라는 보기가 나오는데, 여기서는 쉽게 [嚕]=[ru]를 고를 수 있다.

③ [沙迦·娑迦]는 **ᢈ**(sa) **ᢚ**(ka)인가 [ṣka]인가?

먼저 실담문자 입력기로 [ṣka]를 입력해 보았지만 그런 글자가 존재하지 않았다. [ṣka] [śka]도 입력이 되지 않고 오직 [**ᢚ**(ska)]만 입력이 되었다. 그러므로 [沙迦·娑迦]는 [saka] 아니면 [ska]가 된다. 한 소리마디(音節)인가 두 소리마디인가의 차이가 나는 것이다. 결과를 보면 뚜르싸까(turusaka)와 뚜르스까(turuska)라는 2가지 결론이 나오는데 【뜨루싸

---

263)   富尾武弘, 『梵漢音寫例一覽表 ― 萩原雲來 「漢譯對照 梵和大辭典」より―』, 京都, 松香堂, 1999.

까(trūsaka)】,【뚜루스까(turuṣka)】가 모두 세 소리마디(音節)로 되어 있으므로 뚜(tu)+루(ह, ru)+스까(ख, ska)를 합쳐서 도로사가(靚嚕沙迦)=뚜루스까(ह्त turuska)로 발음하는 것이 가장 알맞다고 본다. 이것은 요즘 쓰이는 Turk나 Türk와도 아주 가까운 소리다.

끝으로 '가나(गन, gana, 誐曩·護曩)라고도 한다'는 뚜루스까 말고 달리 '가나'라고도 부른다는 뜻이다. 산스크리트 사전에 gana라는 올림말은 없고 gāna(노래라는 뜻)라는 올림말만 있는데, 뜻으로는 통하지 않기 때문에 '뚜루스까'는 외래어이고 '가나'는 천축 현지에서 부르는 다른 이름이 아닌가 하는 생각이 든다.

V. 한국(漢國)과 천축국(天竺國) 사이에 있는 나라들

한국(漢國)과 천축국 사이에 있는 나라는 크게 두 가지로 나뉘어 있다. 첫째는 뭍으로 이어지는 나라이고, 다른 하나는 바다로 이어지는 나라다. 여기서는 뭍으로 이어지는 이른바 서역의 5개 나라(9~13)를 호(胡)라는 개념으로 묶고 있다. 또 바다로 이어지는 나라는 14~15번의 곤륜과 이 논문의 주제가 되는 고리(高麗)가 들어간다.

<표 6> 한국(漢國)과 천축국(天竺國) 사이에 있는 나라들

8	호(胡)	蘇理	죄끼	sulī	쑬리
9	계빈(罽賓)	劫比舍也	깨따딴떠	karpiśaya	까르삐사야
10	토화라(吐火羅) ❷ 吠火	吐佉羅 ❷ 覩佉羅	뚜뷔떠	tukhara	뚜카라
11	구자(龜茲)	俱支曩	꾸찌떠	kucīna	꾸치나
12	우전(于闐)	嬌[引]喋多曩 ❷ 矯[引]喋多(二合)曩	꼬르따떠	korttana	꼬르따나
13	토번(吐蕃)	僕吒	부따	bhuṭa	부따
14	곤륜(崑崙) ❷ 곤룬(崑崙)	儞波[引]多[重]羅	지빠떨떠	jipāttala	지빳딸라
15	고리(高麗)	畝俱理	무꾸리	mukuri	무꾸리

1. 육지를 통해 이어지는 나라들 - 호국(胡)

1) 호국(胡): 쑬리(쑬리, sulī, 蘇哩)

호국(胡國)은 산스크리트로 쑬리(쑬리, sulī, 蘇哩)라고 했다. 사전에는 같은 올림말이 없다. 오히려 이 자료를 통해 산스크리트로 쑬리(쑬리, sulī, 蘇哩)는 호(胡), 곧 호국이나 호족을 말한다고 보는 것이 맞을 것이다. 다시 말해 사전에 추가해야 할 새 낱말인 것이다.

그렇다면 호국(胡國)이란 어느 나라를 말하는 것인가? 많은 논의가 있는 낱말인데, 『일체경음의(一切經音義)』에서 그 실마리를 찾을 수 있다.

> 산스크리트 경전(梵經) …… 또는 상주(常住)라고 한다. 상주라고 하는 것은 산스크리트 글자에만 있는 것이고 그것을 일컫는 여러 나라 문자가 다르다. 보기를 들면 동이(東夷)·남만(南蠻)·서융(西戎)·북적(北狄) 및 여러 <u>호국(胡國)</u>이 가지고 있는 문자는 모두 작은 성인이나 임금들이 말한 것을 문자로 만들었다.**264)**

흔히 호국(胡國)이라고 하면 오랑캐 나라라고 옮긴다. 그러나 주나라 이후 이른바 4가지 오랑캐(四夷), 곧 가운데 나라인 중국(中國)을 둘러싼 네 방향에 동이(東夷)·남만(南蠻)·서융(西戎)·북적(北狄)은 글자만 다르지 모두 오랑캐라는 뜻이다. 그런데 『일체경음의』에서는 이런 4가지 오랑캐와 호국(胡國)은 다르다고 정의하고 있다. 그러니까 5개의 오랑캐가 있는 것이다. 그렇다면 4가지 오랑캐와 호국은 어떻게 다른가? 이에 대해서는 『번역명의집(翻譯名義集)』에서 아주 정확하게 정의하고 있다.

> 호국(胡)에서 쓰는 말과 산스크리트(梵)는 소리(吟)가 다르다. 한나라부터 수나라에 이르기까지 모두 서역(西域)을 호국(胡國)이라고 했다. 당나라에 언종(彦琮) 법사란 분이 있어 홀로 호국 말을 쓰는 곳과 산스크리트 쓰는 곳을 나누었는데, 파미르고원(葱嶺) 서쪽을

---

264) 唐 慧琳 撰, 『一切經音義』(25) 「次辯文字功德及出生次第」. 梵經。…… 或云常住,言常住者 梵字獨得 其稱諸國文字不同 此例何者 如東夷南蠻西戎北狄及諸胡國 所有文字並是小聖睿才 隨方語言演說文字。

모두 산스크리트 쓰는 혈통으로 넣고, <u>철문(鐵門) 왼쪽은 모두 호국(胡鄉)이라고 했다.</u>[265]

한(漢)나라 이후 새로 개척한 여러 작은 나라를 두루 일컬어 서역(西域)이라고 했는데, 바로 이 서역의 나라들을 호국(胡國)이라고 정했고, 산스크리트를 쓰는 중국(中國= 印度)과 호국어(胡國語)를 쓰는 호국과의 경계는 철문(鐵門)이라는 것을 알 수 있다. 현장이 천축을 찾아갈 때 둔황을 떠나 고창국을 거쳐 철문까지 거쳐 간 나라들을 따라가 보면 호국(胡國)들을 알 수 있다.

① 아기니국(阿耆尼國) ② 굴지국(屈支國) ③ 발록가국(跋祿迦國) ④ 노적건국(笯赤建國) ⑤ 자시국(赭時國) ⑥ 포한국(怖捍國) ⑦ 솔도리슬나국(窣堵利瑟那國) ⑧ 삽말건국(颯秣建國) ⑨ 미말하국(弭秣賀國) ⑩ 겁포달나국(劫布呾那國) ⑪ 굴상이가국(屈霜儞伽國) ⑫ 갈한국(喝捍國) ⑬ 포갈국(捕喝國) ⑭ 벌지국(伐地國) ⑮ 화리습미가국(貨利習彌伽國) ⑯ 갈상나국(羯霜那國)

그리고 갈상나국을 지나면 철문으로 들어간다고 했다.

철문은 좌우로 산을 끼고 있는데, 그 산은 아주 가파르고 높다. 비록 좁은 길이 있지만 갈수록 험해진다. 양쪽에 돌벽이 있는데 그 색이 쇠와 같다. 문짝이 달려 있고, 거멀쇠를 박았으며 쇠방울이 많이 있는데, 여러 문짝에 달려 있다. 이처럼 험하고 단단하므로 (철문이라고) 부르는 것이다. 철문을 나서면 투카라국(覩貨邏國: 이전에 吐火羅國이라고 한 것은 그릇된 것이다)에 이르게 된다.[266]

결국 투카라국 이전에 있던 나라들이 호국에 들어가는 것이다. 위에 나열한 16개 가운데 우리가 잘 알고 있는 몇 나라만 지금의 이름을 알아보면 대강 그 경로를 짐

---

265) 宋 法雲 編, 『翻譯名義集』. 胡梵音別. 自漢至隋. 皆指西域以爲胡國. 唐有彥琮法師. 獨分胡梵. 葱嶺已西. 並屬梵種. 鐵門之左. 皆曰胡鄉.

266) 三藏法師 玄奘 奉詔譯 『大唐西域記』. 「羯霜那國」. 鐵門者, 左右帶山, 山極峭峻, 雖有狹徑, 加之險阻, 兩傍石壁, 其色如鐵. 旣設門扉, 又以鐵鋦, 多有鐵鈴, 懸諸戶扇, 因其險固, 遂以爲名. 出鐵門, 至覩貨邏國(舊曰吐火羅國, 訛也).

작할 수 있다.

② 굴지국(屈支國): 천산남로에 있는 현재의 쿠차(庫車)
⑤ 자시국(赭時國): 현재 우즈베키스탄의 서울 타슈켄트
⑧ 삽말건국(颯秣建國): 우즈베키스탄의 사마르칸드
⑬ 포갈국(捕喝國): 우즈베키스탄의 부하라
⑯ 갈상나국(羯霜那國): 사마르칸드 남남서쪽 사흐리삽즈(Shahrisabz)[267]

이렇게 보면 현재 중국의 둔황 서쪽을 따라 키르기스스탄, 우즈베키스탄에 이르는 지역이 호국이라는 것을 알 수 있다. 아울러 당시 당나라에서 호국(胡國)이라고 한 이 나라들을 아울러서 천축에서는 산스크리트로 쑬리(सुलि, sulī, 蘇哩)라고 했다는 것이다.

모리야스 다까오(森安 孝夫)는 『범어잡명(梵語雜名)』에 나온 '호(胡)'는 소그드라고 주장하였다.

이 「소리(蘇哩)=Sulī=ソリ」「손린(孫隣)」이 현장(玄奬)이 전하는 「졸리(窣利)」, 의정(義淨)이 전하는 「솔리(速利)」, 또 시대를 거슬러 올라가 「대지도론(大智度論)」 권25에 나오는 「수리(修利)」와 어원이 같다는 것, 거기에 그 어원이 소그드어 수그딕(Suɣδīk) 「소그드(더 정확하게는 소그드라는 땅 이름의 형용사형으로, 그 뜻은 소그디아나 출신자, 소그드 말을 하는 사람)」이라는 것에 대해서는 학계에 이론이 없다. …… 이처럼 『범어잡명(梵語雜名)』에서 뚜렷하게 소그드를 뜻한다는 것이 논증된 「胡」는 사실 「천축(天竺)」「파사(波斯)」「돌궐(突闕)」의 뒤, 「계빈(罽賓)」「토화라(吐火羅)」「구자(龜玆)」「우전(于闐)」「토번(吐藩)」 앞에 배열되어 있다. 이 사실도 또 「胡」가 중국의 서녘~북녘의 여러 민족 일반을 가리키는 두루이름씨(普通名詞)가 아니고, 구체적으로 「소그드」를 뜻하는 홀이름씨(固有名詞)라는 것을 뒷받침해 준다. 「胡」가 「토화라(吐火羅)=도거라(覩佉羅)=Tukhara」, 곧 토하리스탄(옛 박트리아)

---

267) 김규현 역주 『대당서역기』(글로벌콘텐츠, 2013)의 비정에 따름.

과도 구별되어 있다는 것에 눈여겨보아야 한다.[268]

내용을 찬찬히 뜯어보면 소그드 출신자들과 소그드 말을 쓰는 사람들이라는 것을 알 수 있다. 다시 말해 호국(胡國)은 소그드 출신자들이고 소그드 말을 쓰는 사람들이라는 뜻이다. 앞에서 당나라에 언종(彦琮)법사가 총령(葱嶺)과 철문을 기준으로 호국의 위치를 이야기한 것과 거의 같은 내용이다.

2) 계빈(罽賓): 까르삐사야(कर्पिशय, karpiśaya, 劫比舍也)

지금부터 이른바 호국(胡國)에 들어가는 나라를 자료에 나온 순서에 따라 하나씩 보기로 한다. 가장 먼저 나오는 계빈(罽賓)은 문헌에 자주 등장하는 나라다. 여기서 계빈은 산스크리트로 까르삐사야(कर्पिशय, karpiśaya)라고 했다. 『불광대사전』에는 계빈국을 이렇게 쓰고 있다.

> 한(漢)나라 때 서역에 있던 나라 이름으로, 천축 북부에 자리 잡고 있는데 바로 오늘날의 카슈미르 일대 지역이다. 이 나라에 관한 여러 책의 기록은 하나같지 않다. 『정원신정석교목록(貞元新定釋教目錄)』17권에서는 까삐사 나라(skt. Kapiśa, 迦畢試國)라고 했고, 『범어잡명(梵語雜名)』에서는 까르삐사야(skt. Karpiśaya, 劫比舍也)를 줄인 것이라고 했고, 레무사(A. Rémusat)는 카불(Kabul)강의 옛 이름인 카페이스(Kophes, 喀菲斯)를 옮긴 소리라고 했고, 레비(S. Lèvi)와 샤반(E. Chavannes)은 카스미라(Kaśmīra, 迦濕彌羅國)의 옛 이름이라고 했다. 이 나라 이름은 예부터 우리나라(중국=대만)의 정사에 실려 있고, 또 불전(佛典)에도 자주 보이는데, 시대에 따라 다르고 가리키는 지역도 차이가 있지만 대체로 보아서 계빈(罽賓)은 카슈미르 나라(迦濕彌羅國)의 옛 이름이다.[269]

여러 가지 설이 있지만, 이 사전에서는 결론적으로 '계빈(罽賓)=카슈미르 나라(迦濕彌羅國)'로 보았다. 그러나 그것은 잘못된 것으로 보인다. 우선 여기서 자료로 삼고 있는 『범어잡명(梵語雜名)』에 나온 2개의 이름, 곧 계빈(罽賓, karpiśaya)과 까사미라(迦閃弭,

---

268) 森安孝夫, 「唐代における胡と佛教的世界地理」, 『東洋史研究』(66-3), 2007, 533~534쪽.
269) 『佛光大辭典』, 「罽賓」.

kaśamira)가 함께 실려 있으므로 같은 나라일 수가 없다. 혜초의 『왕오천축국전』에도 계빈국(罽賓國)과 카슈미르를 뜻하는 가엽미라국(迦葉彌羅國)이라는 두 나라가 함께 실려 있는 것을 보면 전혀 다른 나라라는 것이 분명하다. 또 현장의 『대당서역기』「카슈미르 나라(迦濕彌羅國)」를 보면 '(카슈미르를) 옛날 계빈(罽賓)이라고 한 것은 잘못된 것이다(舊曰罽賓 訛也).'라고 또렷하게 주를 달았고, 『오공입축기』에서는 '간다라 나라는 계빈의 동쪽 서울이다.'[270]라고 했다. 간다라가 계빈의 동쪽에 있는 서울이라면 계빈은 간다라의 서쪽에 있어야 하므로 간다라의 동북쪽에 있는 카슈미르가 계빈일 수가 없는 것이다.

8세기 혜초가 이곳을 찾았을 때 계빈국은 간다라에 속해 있는데 당시는 돌궐이 지배하고 있다고 했다.

> 계빈국: 이 나라도 간다라 왕이 다스리고 있다. 이 왕은 여름은 계빈에 있으면서 서늘한 곳을 찾아 머물렀고, 겨울에는 간다라에 살면서 따뜻한 곳을 찾아 살았다. 간다라는 눈이 오지 않고 따뜻하며 춥지 않지만 계빈국은 겨울에 눈이 쌓이고 이렇게 추워진다. 이 나라 사람들은 호인(胡人)들이고 왕과 군사들은 돌궐 사람들이다. 입는 옷과 말, 먹는 것은 투화라 나라(吐火羅國)와 거의 같다.[271]

혜초의 기록에도 계빈은 호인(胡人)들이라고 했고, 지배계급은 돌궐 사람이라고 했다. 이때 왕은 여름에는 해발 1,500m(현재 아프가니스탄 베그람)에 가까운 시원한 계빈국에서 보내고, 겨울에는 해발 325m(현재 파키스탄 페샤와르)밖에 되지 않는 따뜻한 간다라에서 보냈다고 했다.

계빈국은 서녘에도 일찍이 알려졌다. 아케메네스조 다리우스 1세의 마애 비문 중에 '카피사(Kāpisa)'라는 이름이 나오며, 플리니우스(S. Plinius, 23?~79)의 『박물지(Histoire Naturalis)』에도 '카피사(Capissa)'라는 이름이 보인다. 프톨레마이오스(Ptolemaios, 90~168)의

---

270) 唐 圓照 撰 「悟空入竺記」, No. 2089. 至乾陀羅國(梵音正曰健馱邏國) 此即罽賓東都城也.

271) 新羅 慧超 撰, 「徃五天竺國傳」 No. 2089. (罽賓國)至罽賓國,此國亦是建馱羅王所管。此王夏在罽賓,逐涼而坐,冬往建馱羅,趁暖而住。彼即無雪,暖而不寒,其罽賓國冬天積雪,為此冷也。此國土人是胡,王及兵馬突厥。衣著言音食飲,與吐火羅國。大同少異。

『지리학 입문(Geographike Hypheotesis)』에는 이 나라가 카불 동북부 150마일 지점[현 아프가니스탄의 판즈쉬르(Panjshir)와 타고아(Tagoa)강 계곡지역]에 있다고 하였다.[272] 김규현은 2013년에 옮긴 『대당서역기』에서 현재 아프가니스탄의 서울 카불에서 북쪽으로 58㎞ 떨어진 베그람(Begram)이라고 했다.

이상에서 본 바와 같이 계빈국은 카슈미르지방이 아니고 현재 아프가니스탄의 카불 동쪽이라는 것을 알 수 있다.

3) 폐화(呋火): 뚜카라(ड्रार, tukhara, 覩佉羅)

『한서』에 두거륵국(兜佉勒國), 『위서』와 『신당서』에 토화라국(吐火羅國), 『구당서』에 토활라(土豁羅)라고 기록되어 있고, 여기서 보고 있는 두 자료에서는 폐화(呋火)라 쓰고 소리는 도거라(覩佉羅)라고 하였다. 결국은 모두가 산스크리트 뚜카라(ड्रार, tukhara, 覩佉羅)를 소리 나는 대로 읽은 것이라는 것을 알 수 있다. 현재 아프가니스탄 북부의 발흐(Balkh)라는 데 큰 이견이 없는 것으로 보인다.

『신당서』「토화라국(吐火羅國)」전에는 "총령(葱嶺, Pamir고원) 서쪽과 오호하(烏滸河, Vakṣu) 남쪽의 옛날 대하(大夏, Bactria) 땅이다."[273]라고 했다. 박트리아는 일찍이 페르시아의 아케메네스(Achaemenid Empire, BC 550~330) 지배 아래 있었다. 기원전 334년 마케도니아 수도 펠라를 떠난 알렉산더 대왕이 이집트를 점령하고 331년 아르벨라(Arbela) 전투에서 페르시아 다리우스 3세를 무찌르고 아무강(Amu Darya) 유역에 있는 박트리아(Bactria, 大夏)를 공략한 뒤, 북으로 올라가 소그디아나(Sogdiana, 栗特, 현 사마르칸드)까지 점령하였다. 알렉산더는 박트리아를 중앙아시아와 천축 경영의 중심지로 보아, 그곳에 1만 3,500명의 그리스 병사들을 남겨 놓고 도시를 건설해 중앙아시아의 거점을 확보하였다.[274]

323년 알렉산더가 이른 나이에 바빌론에서 세상을 뜨자 부하 장군 셀레우쿠스 1세(Seleucus I)가 지배하는 셀레우코스(Seleukos)왕국이 탄생한다. 기원전 3세기 중엽

---

272) 정수일 역주, 『혜초의 왕오천축국전 2』, 학고재, 2008, 102쪽.

273) 『新唐書』 권221(하), 열전 146(하), 「吐火羅國」, 居蔥嶺西, 烏滸河之南, 古大夏地.

274) 정수일, 『고대문명교류사』, 사계절, 2001, 356쪽.

셀레우코스왕조와 이집트 프톨레마이오스왕조가 전쟁을 일으킨 틈을 타서 BC 246년에 박트리아(BC 246~138, 大夏)의 그리스인 이오도토스가 독립을 선포하고, 다음 해인 BC 247년에 파르티아(BC 247~AD 224, 安息)가 독립한다. 박트리아는 점차 힌두쿠시 산맥 너머로 세력을 뻗쳐 4대 왕인 데메트리오스(BC 200~170년경) 때는 파탈리푸트라까지 세력을 뻗쳤다. 그러나 2세기 중엽 제국을 형성한 파르티아와 북쪽에서 내려온 유목민 싸까(Saka)족의 침입을 받아 박트리아 땅을 빼앗기게 된다.

그 뒤 흉노에게 쫓긴 대월지(大月氏)가 파르티아를 몰아내고 쿠샨(貴霜)왕조를 세운 뒤, 기원 전후 쿠줄라 카드피세스 때 다른 네 제후를 쓰러뜨리고 힌두쿠시 이남으로 진출하여 간다라를 지배하였다. 그리고 카니슈카왕은 사방으로 영토를 넓혀 쿠샨왕조 전성기를 이루어 간다라 미술 같은 특색 있는 문화를 형성하였으며, 대승불교도 이때 성립·발전하였다. 그러나 226년 이란에서 파르티아를 멸하고 사산왕조가 일어나 아프가니스탄을 병합하자 쿠샨왕조는 그의 번속국(藩屬國)이 되었다. 사산왕조의 세력이 이완되자 그 세력을 회복하였으나(기타라 쿠샨왕조), 5세기(470~480) 후반 에프탈(Ephtalites, 嚈噠, 白匈奴)에 의해 멸망하였다.

에프탈 3세(484~545) 때에는 인근의 30여 개 부족을 지배할 만큼 위력이 강했다. 사산왕조 페르시아와 인접해 있었기 때문에 처음에는 사산왕조에 협력하여 동방 로마령을 침공하였고 이로 인해 광대한 영토를 획득하였다. 나중에는 사산왕조와 돌궐의 무칸 카간(木杆可汗) 연합군에게 567년 멸망하였다.

4) 구자(龜玆): 꾸치나(ꢀꢁꢂ, kucīna, 俱支曩)

구자(龜玆)는 서한 때 서역 36개 나라 가운데 하나로 일찍이 알려졌고, 지금도 신장성(新疆省) 천산남로에 쿠차(庫車)라는 큰 도시가 남아 있기 때문에 잘 알려져 있다. 이 쿠차가 산스크리트로는 꾸치나(ꢀꢁꢂ, kucīna, 俱支曩)라고 기록되어 있다.

현장의 『대당서역기』에서는 굴지국(屈支國)이라고 쓰고 "옛날에는 구자라고 했다(舊日龜玆)."라고 하면서, "문자는 천축의 것을 쓰는데 조잡하고 고쳐 바꾼 것도 있다(文字取則印度 粗有改變)."라고 했다. 근년에 쿠차에서 많은 경전과 유물이 나와 산스크리트와 쿠차 말의 비교 연구가 많이 진전되었다. 보기를 들면 사문(沙門)이란 낱말이 산스크리트의 스라마나(śramaṇa)가 아닌 쿠차 말 싸마네(samāne)에서 한자로 옮겼다는 설이 있다. 산스크리트 원본에서 옮긴 것이 아니라 산스크리트를 꾸치나 말로 옮긴 것을 다시 한자로 옮겼다고 보는 것이다. 이는 꾸마라지바(Kumārajīva, 鳩摩羅什, 350~409)를 비롯한 많은 역경승이 쿠차 출신이기 때문일 수도 있다.

현장보다 늦게 8세기에 이곳을 지난 혜초는 "구자국에 다다랐는데, 바로 안서대도 호부다. 한국(漢國)의 병졸과 군마들이 많이 모여 있는 곳이다(至龜玆國。即是安西大都護府。漢國兵馬大都集處)."라고 했다. 당나라의 서역 경영의 최대 전진기지였다. 한 가지 특이한 것은 당나라가 동아시아를 제패한 8세기에도 서역에서는 한국(漢國)이라고 썼다는 점이다.

5) 우전(于闐): 꼬른따나[𑀓𑁄𑀭𑀢𑀦, korttana, 矯(引)嘍多(二合)曩]

한나라나 당나라에서 천축을 가려면 반드시 타클라마칸 사막을 지나야 하는데 북쪽 길(北路)과 남쪽 길(南路)이 있다. 북쪽 길로 가면 반드시 앞에서 본 쿠차를 거쳐야 하고, 남쪽 길을 가면 반드시 우전(于闐)을 거쳐야 한다. 물론 혜초처럼 특이하게 두 곳을 모두 거친 경우도 있다.

현장은 이곳을 구살단나국(瞿薩旦那國)이라고 부르고, 이렇게 주를 달았다.

> 당나라 말로는 '지유(地乳)'라고 하는데, 풍속에 따른 우아한 말이고 속된 말로는 '환나국(渙那國)'이라 한다. 흉노는 우둔(于遁)이라 하고, 여러 호국(胡)은 활탄(豁旦)이라 하고, 천축에서는 굴단(屈丹)이라고 한다. 옛날에 우전(于闐)이라고 한 것은 잘못된 것이다.[275]

여기서 지유(地乳)는 뜻으로 옮긴 것이고 우전(于闐)은 소리 나는 대로 옮긴 것인데 현장은 우전(于闐)이 잘못되었다고 지적한 것이다. 그리고 스스로 산스크리트 원음과 가장 가깝게 옮긴 것이 꼬스따나(瞿薩旦那, kostana)이다. 이 번역이 여기 나오는 꼬른따나(人痛巧, korttana)와 꽤 가깝다는 것을 알 수 있다.

5세기 초, 이곳을 찾은 법현은 대승불교가 흥한 상황을 설명하고 있고, 6세기 초에 들른 송운(宋雲)은 본디 불교를 믿지 않았던 이곳 왕과 백성들이 불교를 믿게 된 이야기를 기록하였다. 8세기에 혜초는 돌아오는 길에 북쪽 길 쿠차에 들렀다가 다시

---

275) 三藏法師 玄奘 奉詔譯『大唐西域記』「斫句迦國」, 瞿薩旦那國 註釋. 唐言地乳. 即其俗之雅言也。俗語謂之渙那國,]匈奴 謂之于遁 諸胡謂之豁旦 印度謂之屈丹。舊曰于闐訛也

이곳 남쪽 길에 와서 "여기서부터 동쪽은 모두 당나라 땅이다."라고 했다. 당시 이곳은 당나라의 안서(安西) 4진(鎭) 가운데 하나였다.

6) 토번(吐蕃): 부따(ฮC bhuṭa, 僕吒)

현재의 티베트를 말한다. 『당범양어쌍대집(唐梵兩語雙對集)』과 『범어잡명(梵語雜名)』에서 모두 산스크리트로는 '복타(僕吒)'라고 읽는다고 했고, 『범어잡명(梵語雜名)』에서는 더 정확하게 부따(禾巴 bhuṭa)라고 했다. 그러나 산스크리트 사전들은 모두 보따(裵巴 bhoṭa)라고 해서 첫 소리마디 모음에서 차이가 난다. [u]와 [o] 음은 자주 넘나드는 경우가 있으므로 시간과 장소에 따라 차이가 있을 수 있다.

토번(吐蕃)은 앞 마당에서 돌궐 비문을 볼 때 퇴푈(töpöt)에서 자세히 보았다. 630년에 송첸감뽀가 세운 토번국(吐蕃國)을 그 시작으로 본다. 그러나 그렇게 되면 돌궐 비문에 나온 카간들의 장례식은 그보다 훨씬 이전의 사실이 된다. 그래서 630년 이전의 토번을 자세히 살펴본 결과 토번은 이미 번니(禿髪樊尼)가 493년 북량이 망하자 강(羌)의 무리 사이에서 나라를 세워 토번(吐蕃)의 시조가 되었다는 사실이 있었고 적어도 6세기 초에 이미 건국되었다고 볼 수 있다.

송첸감뽀(松贊干布)가 아버지 나무리 송첸이 독살되자 왕으로 즉위(630~650)하여 반란을 일으킨 여러 부족을 평정하고 라사에 수도를 정한 630년 이전에 이미 전통적으로 토번왕조의 찬보(贊普, btsan po)들이 있고, 송첸감뽀는 33번째 찬보였다. 그러므로 송첸감뽀가 나라를 세워 당나라와 통교하기 이전에 이미 다른 찬보(贊普)가 돌궐에 조문사절을 보냈다는 것을 볼 수 있다.

송첸감뽀가 나라를 세운 630년은 당나라가 나라를 세운 618년 이후의 사실로, 『당범양어쌍대집(唐梵兩語雙對集)』에 당(唐)은 나오지 않고 토번만 나오는 것은 앞뒤가 맞지 않는다. 그러므로 여기서 토번이란 앞에서 본 돌궐 비문의 경우와 마찬가지로 수나라 건국(581) 이전의 찬보가 다스리던 토번이라는 것을 알 수 있다. 돌궐 비문에서 퇴푈(töpöt)이라고 했는데, 여기서는 부따(禾巴 bhuṭa, 僕吒)라고 하여 전혀 다르다는 것을 알 수 있다. '토번=부따'는 인두(印度)와 서로 맞닿아 있으므로 돌궐 비문에 비해서 훨씬 믿을 만한 나라 이름이라고 할 수 있다. 그런 측면에서 돌궐 비문에 나온 퇴푈(töpöt)도 다시 검토할 필요가 있는지도 모른다.

2. 바닷길을 통해 이어지는 나라 곤륜(崑崙): 지빨딸라[ᢀᨮᩈᩈᩈ, jipāttala, 儞波(引)多(重)攞]

곤륜(崑崙)은 한나라(漢國) 남쪽 바다에 있던 여러 나라를 통틀어 일컫는 말인데, 산스크리트로 지빨딸라(元扒攃匡, jipāttala)라고 했다. 이 낱말은 현재의 산스크리트 사전에는 나와 있지 않다. 『불광대사전』에서는 드비빠딸라(Dvīpatala)라고 했다. 드비빠딸라는 Dvīpa+tala의 겹낱말로 드비빠(Dvīpa)는 섬이라는 뜻이고, 딸라(tala)는 표면(surface)이라는 뜻이 있으니 드비빠딸라(Dvīpatala)는 섬나라(島國)라고 할 수 있을 것이다.

곤륜(崑崙)은 곤륜국(崑崙國)·굴륜국(掘倫國)·골륜국(骨倫國)이라고도 한다. 본디 한국(漢國) 본토 동남쪽 섬나라를 말하는 것인데, 수·당시대에 이르면 널리 보르네오(婆羅洲)·자바(爪哇)·수마트라(蘇門答臘) 부근의 여러 섬과 아울러 미얀마·말레이시아반도를 통틀어 말하는 것이다. 곤륜사람들이 널리 퍼져 옮겨 살고 많아짐에 따라 당시 당나라에서 천축과 페르시아를 오가는 항로의 중요한 요충지가 되었다.[276]

이 곤륜은 사실상 천축과 치나를 잇는 바닷길을 모두 아우르는 이름일 수 있다. 천축과 치나(秦)를 오가는 구법승들의 경로 가운데 서역을 통하지 않고 바닷길을 이용한 기록도 꽤 많다.

399~412년 가장 먼저 천축을 간 법현(法顯)은 갈 때는 서역을 통해서 갔지만, 돌아올 때는 바로 이 바닷길을 통해서 왔다. 법현은 천축 동쪽 끝에 있는 땀라맆띠(Tamrālipti, 多摩梨帝國) 근처 항구에서 배로 떠나 14일 만에 현재의 스리랑카(師子國)에 다다라 2년을 머문 뒤, 다시 배를 타고 90일 만에 현재 인도네시아의 자바(耶婆提國)에 이르러 50일을 보낸다. 그리고 다시 200명이 탄 상선을 타고 광주(廣州)로 가려고 했는데 길을 잘못 들어 90일 만에 지금의 산동성에 다다른다. 당시 법현의 바닷길은 원래 천축-스리랑카-자바섬-광주로 이어지는 경로라는 것을 알 수 있다.[277]

671~713년, 의정(義淨)은 법현과 달리 광주를 떠나 바닷길로 가서 바닷길로 돌아온다. 광주를 떠난 의정은 먼저 임읍국(林邑國), 곧 지금의 베트남 남쪽 참(Cham)의 근거지에 다다른다. 1개월 뒤 임읍국을 떠나 다시 뱃길로 한 달을 달려 스리보자(Srīboja,

---

276) 『불광대사전』「崑崙」.
277) 東晉 釋法顯 自記, 『高僧法顯傳』一卷, No. 2085.

室利佛逝)섬, 곧 오늘날 수마트라섬의 동부에 있는 빨램방(Palembang, 巴鄰旁 또는 巨港)에 다다른다. 빨램방은 당시 불교가 번성했기 때문에 의정이 천축을 오갈 때 모두 이곳에 들러 시간을 보낸다. 여기서 겨울을 보낸 의정은 다음 해 5월 출발하여 15일 뒤 말라유에 다다르고, 이곳에서 두 달 동안 머문 뒤 다시 배를 타고 15일 만에 현재 말레이반도의 서해안인 캐다(Keda, 羯茶)에 이르러 4개월을 머문다. 그리고 그해 12월에 다시 배를 타고 10일 남짓 달려 나인국(裸人國)을 거쳐 천축의 땀라립띠(Tamrālipti, 耽摩立底國)에 이른다.[278]

혜초도 이 뱃길로 천축을 갔다가 돌아올 때는 타클라마칸사막을 넘어 육로를 이용하였다.

이처럼 곤륜(崐崙)의 뱃길은 천축과 치나에 잘 알려진 교통로였기 때문에 천축으로서는 동남해안 전체를 묶은 곤륜이란 지역을 주요 지명으로 하고 있다는 것을 알 수 있다.

3. 고리(高麗): 무꾸리(시초ㄱ, mukuri, 畝俱理)

1) Mukuri=Mu(貊)+Kuri(高麗)

고리(高麗)나라는 천축 현지에서 산스크리트로 '무꾸리(시초ㄱ, mukuri, 畝俱理)'라고 했다. 무꾸리(Mukuri)는 Mu-kuri의 합성어일 가능성이 크다. 당시 나라 이름이 '고리(高麗)=kori'였지만 그 이전에 구리(句麗)였기 때문에 'kori=kuri'로 볼 수 있다. 홀소리(母音) [o]와 [u]는 모음 가운데 가장 가까운 소리라 서로 넘나들 수 있으므로 당시의 이름은 kori를 kuri로 옮겼다고 해도 큰 무리는 없을 것이다. 문제는 앞에 왜 [mu]를 붙였는가 하는 설이다. 이 문제는 앞에서 돌궐 비문을 보면서 아주 자세히 보았지만, 현재로서는 맥(貊)을 덧붙인 것이라는 설이 가장 설득력이 있다. 크다(大)는 설도 아직은 더 생각해보아야 할 뜻이다. 곧 Mu-kuri(貊句麗)라는 것인데, 여기서는 우선 6세기 이전부터 인두(印度)에서 고리(高麗)를 무꾸리(Mukuri)라고 했다는 사실만은 확실하다.

---

278) 義淨 撰, 『南海寄歸內法傳』卷第一; 김규현 역주, 『대당서역구법고승전』(글로벌콘텐츠)에 아주 자세하게 추적하여 설명하고 있다.

돌궐 비문과 견주어 보면 mük=mu, kuli=kuri로 바뀌어 있는 것을 알 수 있다.

여기서 나라 이름을 고리(高麗)라고 한 것은 『당범양어쌍대집(唐梵兩語雙對集)』이 고구리(高句麗)가 나라 이름을 고리(高麗)로 바꾼 413년 이후에 엮였다는 것을 알 수 있다.

이 고리나라(高麗國) 이름을 동남아시아 섬나라들 다음에 넣은 것은 천축 현지에서 고리(高麗)는 바다 건너 먼 나라로 인식하고 있다는 것을 보여 준다. 아울러 천축 현지에서 이처럼 먼 나라를 주요 주변국 목록을 만들 때 집어넣은 것은 고리나라(高麗國)가 그만큼 이곳에서 널리 알려져 있었기 때문이었을 것이다.

그렇다면 어떻게 해서 이처럼 멀리 떨어진 인두(印度)에 고리나라(高麗國) 이름이 퍼진 것일까?

일차적으로 이곳을 방문하는 승려들 때문이었을 것이라고 볼 수 있고, 또 그러한 사실은 이곳을 찾는 승려들이 적지 않았다는 것을 말해 준다. 이곳에 나라 이름이 남아 있을 정도라면 인원은 물론 이름난 승려들도 있었을 것이라고 볼 수 있다.

고구리나라(高句麗國)에서는 소수림왕(小獸林王) 2년(서기 372) 6월, 진(秦)나라의 왕 부견(苻堅)이 사신과 승려 순도(順道)를 파견하여 임금에게 불상과 경문을 보내옴으로써 공식적으로 불교가 시작된다.[279] 374년 또 아도(阿島)가 와서 다음 해(375년) 성문사(省門寺, 나중에 興國寺)를 지어 순도를 머물게 하고, 이불란사(伊弗蘭寺, 나중에 興福寺)를 지어 아도를 머무르게 하여 고구리(高句麗)에 처음으로 불법이 시작되었다. 아도는 고구리(高句麗) 사람이라고도 하고 천축 사람이고도 한다. 불교가 들어온 지 2년 만에 고구리(高句麗) 사람이 왔다고 볼 수 없으므로 천축 사람이었을 가능성이 크다. 고구리(高句麗)는 불교가 들어오는 초기부터 천축의 승려가 진출하였으므로 새로 불교를 배우는 고구리(高句麗) 승려들에게 불교는 물론 천축과 산스크리트에 대한 지식도 전해 주었으리라고 본다.

고구리(高句麗)는 불교가 들어온 지 얼마 되지 않아 고구리(高句麗) 승려들이 후진(後秦)으로 유학한 기록이 나온다.

---

279) 『삼국사기』(18) 「고구려본기」(6): 二年 夏六月 秦王苻堅 遣使及浮屠順道 送佛像經文 王遣使廻謝以貢方物.

섭산(攝山)의 고리(高麗) 낭대사(朗大師)는 본디 요동성 사람이다. 북녘땅에서 멀리 와 꾸마라지바(Kumārajīva, 鳩摩羅什, 344~413) 스승으로부터 가르침을 익히고 남녘땅으로 와서 종산(鍾山) 초당사(草堂寺)에 머물렀다.[280]

요동성 출신의 고구리(高句麗) 승려가 당시 최고의 고승인 꾸마라지바(Kumārajīva, 鳩摩羅什, 313~413)의 제자가 된 것이다. 꾸마라지바는 현재는 중국 신장성(新疆省) 티엔산(天山) 남로 지역인 쿠차(Kucha, 龜玆)나라 출신이다. 꾸마라지바는 진(秦)나라가 쿠차국을 점령했을 때 진나라로 와서 후진(後秦) 왕 요흥(姚興)의 극진한 대접을 받으며 장안에서 대품반야경(大品般若經), 묘법연화경, 아미따경 같은 경전을 번역하였다. 특히 삼론(三論) 중관(中觀)의 불교를 널리 펴, 삼론종(三論宗)의 조사(祖師)가 되었다. 꾸마라지바는 413년에 세상을 떴기 때문에 적어도 그 이전에 제자가 되었다면 고리나라(高麗國)에서는 불교가 들어온 지 수십 년 사이에 벌써 이런 유학승을 보내 걸출한 국제적 고승을 만들어 낸 것이다.

한나라 이후 수많은 서녘의 역경승이 동녘에 와서 경전을 번역하면서 한국(漢國)의 승려들도 서역, 천축에 대한 관심을 갖고 진리를 찾아 천축으로 떠나게 된다. 꾸마라지바와 거의 같은 시기, 법현(334~420)이 399년 천축으로 떠나 14년 만에 돌아와 글을 발표한 뒤 당나라 때까지, 지금 밝혀진 것만 200명에 가까운 구법승들이 목숨을 걸고 천축을 찾았다. 그리고 그러한 구법승들 가운데는 고리(高麗) 구법승도 끼어 있었다. 의정(義淨, 635~713)이 쓴 『대당서역구법고승전』에 보면 아리야바르마(阿離耶跋摩)라는 고리(高麗) 승려는 천축의 날란다대학에서 열심히 공부하고 수행하다 70살에 그곳에서 세상을 떠났다.[281] 바닷길을 통해 떠나 스리랑카에서 출가한 고리(高麗) 비구 이야기도 나온다.

승철(僧哲) 선사는 레주(澧州) 사람이다. …… 거룩한 발자취를 마음으로 뒤따르기 위해 배를 타고 서역으로 갔다. 서쪽 나라(印度)에 다다라 인연 따라 돌아다니면서 여러

---

280) 隋, 吉藏 撰, 『大乘玄論』(1). 大正藏 第45冊 No. 1853. 攝山高麗朗大師 本是遼東城人. 從北土遠習羅什師義 來入南土 住鍾山草堂寺.
281) 서길수, 〈고구리·고리사 연구 총서〉 4 『실크로드에 핀 고리(高麗)의 상징 닭깃털관』, 맑은나라, 2020.

곳을 차례로 방문하여 두루 둘러보고 동천축으로 돌아와 삼마달타국(三摩呾吒國)[282]에 이르렀다. 임금의 이름은 칼라사발탁(曷羅社跋毛)인데 삼보를 깊이 받드는 큰 재가신도 (upāsaka, 鄔波索迦)였다. …… 그 승철(선사)이 왕의 절에 머물고 있는데 특별한 예우를 받고 있었다. 산스크리트 경전 연구에 마음을 두어 날로 새로워지고 있다고 한다. 돌아올 때 서로 만나 보지 못했지만, 그곳에 있은 지가 40년 남짓 된다고 들었다.

승철의 제자인 현유(玄遊)는 고리나라(高麗國) 사람이다. 스승을 따라 사자국(獅子國, 현재 스리랑카)에서 출가하였는데, 그 때문에 그곳에 살고 있다.[283]

한국 불교사에서 가장 먼저 천축에 가서 법을 구해 온 백제의 겸익(謙益)도 바닷길을 통해서 천축을 다녀왔다.

(백제) 성왕(聖王) 4년(526), 사문 겸익(謙益)이 율법을 구하겠다는 마음을 굳게 다지고 바다를 건너 (천축으로) 넘어갔다. 중천축 상가나대율사(常伽那大律寺)에 이르러 산스크리트를 5년간 익혀 천축 말을 환히 깨달아 알게 되었고, 율부를 깊이 연구하여 계체(戒體)[284]를 획득하게 되었다. 천축 스님 배달다(倍達多) 삼장과 함께 산스크리트로 된 「아비담장(阿毘曇藏)」과 「오부율문(五部律文)」을 가지고 (백제로) 돌아왔다.[285]

겸익이 어떤 경로를 거쳐 천축에 갔는지 정확한 내용은 나오지 않았지만, 바닷길을 통해 천축에 간 것만은 사실이다. 시대적으로 훨씬 뒤지만 유명한 신라의 혜초도 바로 이 바닷길을 따라 천축으로 건너갔다. 천축에서는 이처럼 해동에서 오가는 수많은 구법승을 쉽게 고리(高麗)에서 온 것으로 보았을 것이고, 바다 건너 먼 곳에서 온 구법승으로 인식했을 것이다. 진나라와 한나라 이후 수많은 나라가 바뀌었지만

---

282) 『佛光大辭典』에는 현재의 방글라데시로 비정하였다.
283) 義淨 撰, 『大唐西域求法高僧傳』 卷下: 僧哲禪師者, 澧州人也。 …… 思慕聖蹤泛舶西域, 既至西土適化隨緣, 巡禮略周歸 東印度到三摩呾吒國, 國王名曷羅社跋毛, 其王既深敬三寶 爲大鄔波索迦。 …… 其僧哲住此王寺, 尤蒙別禮, 存情梵本 頗有日新矣。 來時不與相見。 承聞尚在年可四十許, 僧哲弟子玄遊者, 高麗國人也, 隨師於師子國出家, 因住彼矣。
284) 계체(戒體): 계를 받은 뒤 몸에 악을 저지르지 않는 공능이 생겨난 것을 말하며, 계법에 대한 믿음과 계법을 받들겠다는 의지가 갖추어지는 것을 뜻한다.
285) 이능화, 『조선불교통사』, 「미륵불광사 사적(彌勒佛光寺事蹟)」, 1918: 聖王四年丙午 沙門謙益 矢心求律 航海以轉 至 中印度常伽那大律寺 學梵文五載 通曉竺語 深攻律部 莊嚴戒體 與梵僧倍達多三藏 齎梵本 阿毘曇藏 五部律文 歸國。

오로지 치나(秦)·한국(漢國)이라고 한 것과 같은 이치다.

그렇지만 과연 몇몇 구법승만으로 '무꾸리'라는 나라 이름이 그렇게 널리 알려질 수 있을까? 그렇지 않은 것 같다. 〈고구리·고리사연구 총서〉 4권에서 따로 다루겠지만 이런 자료가 있다.

> 계귀(鷄貴)란 산스크리트로 '구구타왜설라(矩矩吒瞖說羅)'를 말한다. '구구타(矩矩吒)'는 닭(鷄)이고, '왜설라(瞖說羅)'는 귀하게 여긴다(貴)는 것인데, 바로 고리나라(高麗國)다. 전하는 바에 따르면, 그 나라는 닭신(鷄神)을 공경(敬)하고 높이 우러러보기 때문에 (닭의) 깃털을 머리에 꽂아 겉을 꾸민다고 한다. 날란다에 못이 있는데 용천(龍泉)이라 부른다. 서녘(西方)에서는 고리(高麗)를 꾹꾸떼스바라(乃? 戈灄先, Kukkuṭeśvara, 矩矩吒瞖說羅)라고 부른다.286)

이 기록을 보면 천축에서 '무꾸리'라는 나라 이름과 함께 꾹꾸떼스바라(??, Kukkuṭeśvara)라는 별명이 있었다는 것을 알 수 있다. 이런 별명은 바로 고리 사람들이 머리에 닭 깃털을 꾸미고 다녔기 때문에 생긴 것인데, 천축에 간 승려들이 그렇게 꾸미지는 않았을 것이다. 다시 말해 이 별명은 승려들 때문에 생긴 것이 아니라는 것이다. 또 천축이나 서역 사람들이 고리나라(高麗國)에 가서 직접 보고 만든 별명도 아닐 것이다. 그렇다면 그렇게 옷을 입은 고리 사람들이 서녘에 드나들며 그곳 사람들에게 깊은 인상을 남겼다고 해석할 수 있다. '무꾸리'라는 나라 이름과 닭의 신이라는 뜻을 가진 '꾹꾸떼스바라'라는 별명까지 가진 고리나라(高麗國)는 서녘이나 천축과 생각보다 깊은 관계를 유지하고 있었다는 것을 보여 주고, 높은 위상을 가지고 있었다는 것을 보여 주는 좋은 자료라고 할 수 있다. 이 문제는 다음 장에서 자세히 보기로 한다.

2) 일본에 전해 내려오는 Mukuri(むくりこくり)

일본에 전해 내려오는 민속어 중에 무꾸리·고꾸리(むくりこくり)라는 말이 있다. 일본

---

286) 義淨 撰,『大唐西域求法高僧傳』. 雞貴者 梵云矩矩吒瞖說羅. 矩矩吒是雞 瞖說羅是貴 即**高麗國**也. 相傳云 彼國敬雞神而取尊 故戴翎羽而表飾矣. 那爛陀有池 名曰龍泉. 西方喚**高麗**為矩矩吒瞖說羅也.

어 대사전인 『대사림(大辭林)』에는 다음과 같이 설명하였다.

'무꾸리(むくり)'는 몽골(蒙古), '고꾸리(こくり)'는 고구리(高句麗, こうくり)를 말하는 것으로, 원나라 침입(元寇) 때 "무꾸리·고구리 귀신이 온다."라며 두려워했던 데서 온 말.
① 무서운(두려운) 것을 비유한 것. 아이들 울음을 그치게 할 때 말했다.
② 무리하고 도리에 벗어난 것(無理非道).

1274년과 1281년, 두 차례에 걸쳐 원나라 몽골군과 고리(高麗) 연합군이 동쪽에 마지막 남은 일본을 공격하였으나 실패하였다. 세계 최강의 몽골군 침입은 일본에게 엄청난 공포였을 것이고, 이때 두 나라의 연합군을 무꾸리·고꾸리(むくりこくり)라고 했다고 이해할 수 있다. 그리고 이렇게 시작된 무꾸리·고꾸리(むくりこくり)는 우는 아이 울음을 그치게 할 정도로 공포를 일으키는 말로 이어져 내려온 것이다.

일본말에서 고구리(高句麗)는 고-꾸리(こうくり)이므로 '고꾸리'를 고구리로 보는 것은 자연스럽다. 다만 무꾸리를 몽골(蒙古)이라고 하는 것은 그 근거가 확실하지 않다. 일본말로 몽고(蒙古)는 모―꼬(もうこ)이기 때문 무꾸리(むくり)와 쉽게 연관시키기 어렵다. 앞에서 보았지만 '고리(高麗)=무꾸리(Mukuri)'라고 기록된 단어집이 일본에서 나왔고, 그 자료가 몽골과 고리(高麗)의 침입이 있기 이전부터 있었다는 점에서 무꾸리(むくり)도 고구리일 가능성을 상정해 볼 수 있다.

한편 8세기에 성립된 『일본서기』에 고구리(高句麗)는 나오지 않고 모두 고리(高麗)라고 기록되어 있다. 그런데 13세기 몽골과 고리(高麗)가 쳐들어간 것을 고리(高麗)라고 하지 않고 고구리(高句麗)라고 한 것을 보면, 이 말이 원나라 침입보다 훨씬 이전부터 내려왔을 수도 있다. 고구리는 413년 이후 공식적으로 쓰이지 않았기 때문이다. 마침 무꾸리에 대한 정확한 뜻이 밝혀졌기 때문에 언급해 본다.

VI. 천축 안에 있는 나라와 다른 나라들

천축 안에 있는 나라는 모두 6개이고 경사(京師), 곧 서울에 관한 단어가 하나 나온다. 그리고 이어서 한국(漢國)의 삼국시대 오나라와 촉나라가 들어 있다. 이 두 나라는 천축 국내가 아니기 때문에 기타 나라에서 따로 다루었다.

<표 7> 천축 안에 있는 나라와 다른 나라들

16	오장(烏長)	烏儞也[引]曩	᠌	udyana	우댜나
17	마가타국 (摩伽陀國)	摩迦那尾沙野 ❷摩誐娜尾沙野		magadabiṣaya	마가다비싸야
18	왕사(王舍)	囉惹訖囉 ❷囉惹訖哩(二合)呬		rājakṛhi	라자끄리히
19	사위(舍衛)	室囉縛悉底 ❷室囉(二合)縛悉地(二合)		śravasthi	스라바스티
20	가비라성 (迦毘羅城)	迦尾囉沙多 ❷迦尾攞縛娑多(二合)		kabilavasta	까빌라바스따
21	가섬미 (迦閃弭)	迦閃弭囉		kaśamira	까사미라
22	경사(京師)	矩畝娜曩		kumudana	꾸무다나
23	오(吳)	攞攞縛那 ❷播囉縛娜		paravada	빠라바다
24	촉(蜀)	阿弭里努		amṛdu	암리두

1. 천축국 안에 있는 나라들

1) 오장(烏長): 우댜나(𑀉𑀡𑁆𑀬𑀦, udyana, 烏儞也曩)

　오장(烏長)은 『대방등대집경(大方等大集經)』[287], 『불설신일경(佛說申日經)』[288], 『불모대공작명왕경(佛母大孔雀明王經)』[289] 같은 대승경전에도 나오는 나라다. 이런 대승경전은 모두 천축국 삼장이나 월지국 삼장처럼 산스크리트를 모국어로 쓰는 삼장들이 번역했다. 그러나 당시 번역했던 산스크리트 원본은 현재 하나도 남아 있지 않다. 그러므로 정확하게 오장(烏長)이 산스크리트로 어떻게 소리 나는지는 알 수가 없다. 그와 같은 어려움에 대답해 주는 것이 바로 이 장에서 다루고 있는 『범어잡명(梵語雜名)』이다. 『범어잡명(梵語雜名)』에서는 오장(烏長)은 산스크리트 우댜나(𑀉𑀡𑁆𑀬𑀦, udyana)를 소리 나는 대로 옮긴 것이라고 했다. 그렇다면 우댜나라는 곳은 어디를 말하는 것인가? 정확한 위치를 알아보고, 또 우댜나(𑀉𑀡𑁆𑀬𑀦, udyana) 자체에 대한 정확성을 확인하기 위해서 현지를 직접 방문하고 쓴 기록을 확인하는 작업이 필요하다.

(1) 『고승법현전(高僧法顯傳)』의 법현 – 오장국(烏長國)

　399년, 동진(東晉)을 떠난 법현이 가장 먼저 우댜나를 찾는다. 구법승 법현은 총령(葱嶺, 현재의 파미르고원)을 넘어서 인두강(新頭河)을 건너 오장국(烏長國)에 다다른다.

> (총)령에서 서남쪽으로 15일을 간다. 그 길은 돌산 벼랑이고 기슭이 높이 깎여 있어 가기 힘들어 앞으로 나아가면 뛰어들게 되고 아래는 발 디딜 곳이 없다. 신두하(新頭河, Indu 또는 Hindu)라는 강이 있다. …… 강을 건너면 곧 오장국(烏長國)에 이른다. 이 오장국은 바로 북천축인데, 모두 중천축말을 쓴다. 중천축이란 이른바 중국(中國)을 말하는데, (이곳) 일반 사람들의 옷과 먹을거리는 중국(中國)과 같다.[290]

---

287)　高齊 天竺三藏 那連提耶舍 譯, 『大方等大集經』(56), 「月藏分」 第十二 星宿攝受品 第十八.

288)　西晉 月氏三藏 竺法護 譯, 『佛說申日經』 No. 535 [No. 534, 536].

289)　唐 大興善寺 三藏沙門 不空 奉詔譯, 『佛母大孔雀明王經』 卷中.

290)　東晉沙門 釋法顯 自記 遊天竺事, 『高僧法顯傳』(1), No. 2085. 順嶺西南行十五日, 其道艱岨崖岸嶮絕 其山唯石壁立千仞 臨之目眩. 欲進則投 足無所下 有水名新頭河, …… 度河便到烏長國. 其烏長國是正北天竺也. 盡作中天竺語, 中天竺所謂中國, 俗人衣服飲食亦與中國同.

총령을 넘어 천축강(新頭河)를 건너면 오장국이라고 했고 북천축 나라라고 했다. 법현이 파미르고원(葱嶺)을 넘어 처음 다다른 곳이다.

(2) 『낙양성북가람기(洛陽城北伽藍記)』의 송운(宋雲) - 오장국(烏場國)

518년 북위(北魏)의 서울 낙양을 떠난 송운은 520년쯤 오장국에 이르렀는데, 법현과 마찬가지로 총령 남쪽이라고 했으나 가는 길은 좀 달라 발로륵국(鉢盧勒國)을 통해서 갔다.

> 발로륵국(鉢盧勒國)에서 오장국(烏場國)으로 떠났다. …… 12월 초 오장국에 들어섰다. 북으로 총령(葱嶺)에 닿아 있고 남으로 천축으로 이어진다.[291]

(3) 『대당서역기(大唐西域記)』의 현장(玄奬) - 오장나국(烏長那國)

629년, 천축을 간 현장의 기록이 꽤 자세하다. "우다한다성(烏鐸迦漢荼城, Uḍakhāṇḍa, Udaka-khāṇḍa, Utakhanda)에서 북쪽으로 산을 넘고 시내를 건너 600리 남짓 가면 우댜나 나라(Udyāna, 烏仗那國)[292]에 이른다."라고 하고, 우댜나(Udyāna)에 대해 다음 두 가지 주석을 달았다.

① 당나라 말로는 '동산(苑)'이다. 옛날 윤왕(輪王)의 동산이다(唐言苑 昔輪王之苑囿也).
② 옛날 오장(烏場)이나 오차(烏茶)라고 한 것은 모두 잘못된 것이다. 북인두 경계다 (舊云烏場 或曰烏茶 皆訛 北印度境).[293]

한편 『대당대자은사삼장법사전(大唐大慈恩寺三藏法師傳)』에는 약간의 차이가 난다.

① 당나라 말로는 '동산'이다. 옛날 아쇼카왕의 동산이다(唐言苑 昔阿輪迦王之苑也).

291) (元)魏 撫軍府司馬 楊衒之 撰, 『洛陽城北伽藍記』(5). 從鉢盧勒國向烏場國. …… 十二月初入烏場國. 北接葱嶺 南連天竺.
292) 우댜나 나라(Udyāna, 烏仗那國): 한문 경전에 오손국(烏孫國)·오장국(烏長國)·오장국(烏場國)·오전국(烏纏國)·오장국(烏萇國)으로 나오는데 모두 우댜나를 소리 나는 대로 옮긴 것이다. 지금의 스왈(Swat) 계곡이다.
293) 三藏法師 玄奬 奉詔 譯『大唐西域記』(2).

② 옛날 오장(烏長)이라고 일컫는 것은 잘못된 것이다(舊稱烏長, 訛也).**294)**

이어서 현장은 우댜나에 대한 설명을 하는데 여기서 우댜나 위치를 알 수 있는 도시 이름이 등장한다.

> 우댜나 나라는 둘레가 5,000리 남짓 되고 산과 골짜기가 서로 이어져 있다. …… 말은 인두(印度)와 거의 같고 문자와 예의범절도 관계가 깊다. 불법을 존중하며 대승을 믿고 경배한다. 소파벌(蘇婆伐) 스투파를 끼고 옛날에는 무려 1,400개의 절이 있었지만, 대부분은 이미 무너져 황폐해졌다. …… 단단한 성이 4~5개 있는데, 왕은 대개 몽게리성(瞢揭釐城)에서 다스리고 있다.**295)**

여기 나오는 몽게리성(Muṅgli, 瞢揭釐城)은 현재의 밍고라(Mingora)가 확실해 보인다. 밍고라는 스와트 계곡의 중심 도시로, 유명한 붇카라(Butkara) 유적을 비롯하여 수많은 불교유적이 발굴되었다.

(4) 『왕오천축국전』의 혜초 – 오장국(烏場國)

723년부터 727년까지의 구법 순례를 기록한 책이다. 장안을 떠나 천축에 간 혜초는 간다라에서 북쪽으로 3일을 가서 오장국에 이르렀다고 했다.

> 또 이곳 간나라국에서 북쪽으로 똑바로 산으로 들어가 3일을 가면 오장국(烏場國)에 이른다. 그들 스스로 우댜나(Uḍḍyāna, 欝地引那)라고 부른다. 이곳 임금은 3보를 크게 받들고, 백성들의 마을에서는 많은 몫을 절에 시주하여 공양하고, 작은 몫만 자기 집에 남겨 입고 먹는 데 쓴다. 날마다 재와 공양을 올리고, 절도 많고 중도 많은데, 중이 속인들보다 약간 더 많다. 오로지 대승법만 행한다. 옷 입고 먹을거리를 먹는 사람들의 풍습은 간다라 나라와 서로 비슷하지만, 말소리는 다르다. 이 땅에는 낙타·노새·양·말·모포·베 같은 것

---

294) 沙門慧立 本 釋彦悰 箋, 『大唐大慈恩寺三藏法師傳』(2) 起阿耆尼國終揭若鞠闍國.
295) 三藏法師 玄奘 奉詔 譯 『大唐西域記』(2). 烏仗那國 周五千餘里 山谷相屬 …… 語言雖異 大同印度 文字禮儀 頗相參預. 崇重佛法 敬信大乘. 夾蘇婆伐窣堵河 舊有一千四百伽藍 多已荒蕪. …… 堅城四五 其王多治瞢揭釐城.

들이 많이 난다. 절기는 몹시 춥다.²⁹⁶⁾ [296)]

혜초는 이곳에 불교가 성해 중이 속인보다 더 많다고 했다.

(5) 『오공입축기(悟公入竺記)』의 오공(悟空) - 오장나국(烏仗那國)

754년, 국가 사절단 일원으로 계빈국(罽賓國)에 갔는데 중병으로 홀로 남았다가 출가한 오공(悟公)은 그 뒤 천축의 여러 곳을 돌아다니다가 790년 돌아와서 800년에 이 기록을 남겼다.

이 기록에 보면 사신을 따라 거쳐 간 나라 이름이 나오는데, '남파국(藍婆國) → 얼화국(孼和國) → 오장나국(烏仗那國 - 亦云烏長及烏纏國) → 망아발국[茫誐(平聲呼虐伽反)勃國] ······ 신도성[信度城(近信度河也。亦云信圖或云辛頭城)]'을 거쳐 753년 2월 21일, 건타라[乾陀羅國(梵音正曰健馱邏國)]에 다다랐다고 했다.²⁹⁷⁾ [297)]

우다냐는 오전국(烏纏國)이라고도 했다는 것을 알 수 있다.

2) 마가다국(摩伽陀國): 마가다비싸야(सगद(बषय, magadabiṣaya, 摩誐娜尾沙野)

마가다 나라(摩伽陀國)는 마가다 비싸야(magada-biṣaya)라고 했는데, 사전에는 Magadha라고 되어 있어 [d]와 [dh] 글자의 차이가 난다. 앞에서 한국(漢國)이나 천축국(天竺國)은 나라를 데사(deśa)라고 했는데, 마가다만 비싸야(biṣaya)라고 했다. 사전에도 나오지 않는 말이라 정확하게 뜻을 알 수 없지만, 한문의 뜻으로 보면 이것도 나라를 뜻하는 것이다. 마가다는 중천축, 곧 중국(中國)의 수도가 있는 곳으로 붇다가 살아 있을 때 16개 나라 가운데 가장 강력한 나라 가운데 하나였다. 일찍이 불교와 깊은 관계가 있어 많은 자료에 마게타국(摩揭陀國)·마갈타국(摩羯陀國)·마가타국(摩伽陀國)·마갈타국(摩竭陀國)·마갈제국(摩竭提國)·묵갈타국(黑竭陀國)·묵갈제국(黑竭提國)·마가타국(摩訶

---

296) 新羅 慧超記『往五天竺國傳』『遊方記抄』, No. 2089. 又從此建馱羅國 正北入山三日程 至烏長國 彼自云欝地引那. 此王大敬三寶. 百姓村莊 多分施入寺家供養 少分自留以供養衣食. 設齋供養 每日是常 足寺足僧 僧稍多於俗人也. 專行大乘法也. 衣著飲食人風 與建馱羅國相似 言音不同. 土地足駝騾羊馬氎布之類 節氣甚冷.

297) 鮮卑人 圓照 撰写,「悟空入竺記」,『遊方記抄』, No. 2089. 至楊興嶺及播蜜川五赤匿國(亦云式匿)次護密國 次拘緯國 次葛藍國 次藍婆國 次孼和國 次烏仗那國(亦云烏長及烏纏國) 茫誐(平聲呼虐伽反)勃國 及高頭城 次摩但國 次信度城(近信度河也 亦云信圖或云辛頭城) 至十二載癸巳二月二十一日 至乾陀羅國(梵音正曰健馱邏國)此即罽賓東都城也.

陀國) 같은 여러 발음으로 등장한다. 결국 모두 Magadha를 옮긴 것이다. 뜻으로는 무해국(無害國)·불악처국(不惡處國)·치감로처국(致甘露處國)·선승국(善勝國)이라고 옮겼다 (불광대사전).

현재 천축 비하르(Bihar)지방으로 빠뜨나(Patna, 華氏城)·붇다가야(佛陀伽耶)가 그 중심지다.

3) 왕사(王舍): 라자끄리히(རྒྱ་ཙ་ཁྲི, rājakṛhi, 囉惹訖哩(二合)呬)

왕사(王舍)는 붇다가 살아 있을 때 마가다 나라의 서울이었다. 라자(rāja)는 임금(王)이라는 뜻이고 끄리히(kṛhi)는 집(舍)이라는 뜻이다. 사전에는 끄리히(kṛhi)가 나오지 않고 그리하(gṛha)라고 나온다. 그러니까 라자그리하(Rājagṛha)는 임금집(王舍)이라는 뜻을 가진 마가다 나라의 서울이다.

붇다가 깨달음을 얻은 곳이고, 사리뿌뜨라(舍利佛)와 마웃갈랴야나(目犍連) 같은 수제자를 받아들여 불교 교단을 처음 세운 곳이기도 하다. 첫 번째 절인 죽림정사와 영취산 같은 불교 유적들이 지금도 많다.

현재 강가강(恆河, 영어로 갠지스강) 중류 빠뜨나(Patna) 남쪽 비하르(Behar)지방에 있는 라즈기르(Rajgir)다. 빔비사라왕 때 꾸사그라뿌라(Kuśāgrapura, 上茅宮城)로부터 이곳으로 서울을 옮겼다. 흔히 옛 왕사성(稱舊王舍城·山城)이라고 부르는 곳이다. 나중에 아쇼카왕이 마가다국의 서울을 빠뜨나로 옮겼다.

4) 사위(舍衛): 스라바스티[ཤྲ་ཝ་སྠི, śravasthi, 室囉(二合)縛悉地(二合)]

여러 자료에 여기 나온 스라바스티(ཤྲ་ཝ་སྠི, śravasthi)는 스라바스띠(ཤྲ་ཝ་སྟི, Śrāvastī)로 나와 마지막 소리마디에서 [thi]와 [ti]의 차이가 있다. 옛날 중천축 왕국의 이름으로 흔히 한자로 사위성(舍衛城)이라고 하며 사바제국(舍婆提國)·실라벌국(室羅伐國)·시라발제국이라고 옮긴 자료도 많다. 본디 북 꼬살라나라(梵 Uttara-Kośalā)의 서울 이름인데 남꼬살라국(Dakṣiṇa-Kośalā)과 이름이 같아 구별하기 위해 성(城)이라는 말을 붙여 차별화했다.

남쪽에 유명한 기원정사(祇園精舍)가 있다. 붇다가 말년에 가장 오래 머물렀던 곳이고, 여기서 금강경을 비롯한 많은 주요 경전이 형성된 곳이다.

스라바스띠 유적은 현재 천축 우타르프라데슈(Uttar Pradesh)주의 동북부, 네팔에 가까운 발람뿌르(Balrampur)역에서 내려 랍티강(Rapti Reiver)을 거슬러 서쪽으로 17km 가면 제따바나(Jetavana)라는 작은 마을이 나오는데, 바로 여기가 기원정사이고, 거기서 북쪽으로 조금 가면 스라바스티(舍衛城) 성벽이 나온다. 둘레 5km의 흙으로 된 성벽이 반월형으로 남아 있는데 4개의 문이 있다. 성안에는 두 개의 건축 유적만 남아 있다.

5) 가비라성(迦毘羅城): 까빌라바스따[𑖎𑖰𑖩𑖪𑖭𑖿𑖝, kabilavasta, 迦尾攞縛娑多(二合)]

붇다가 어려서 자랐던 곳이고 사꺄족(釋迦族)의 나라다. 사전에는 까삘라 바스뚜(Kapila-vastu)로 나오는데 여기서는 철자가 약간 다르다. 현재 까삘라 바스뚜라고 발굴된 곳은 네팔과 인두 두 곳에 있으며 두 나라는 모두 서로 자기 나라의 유적이 옛날 붇다가 자란 곳이라고 주장하고 있다. 네팔 쪽의 까삘라 바스뚜는 붇다가 태어난 룸비니에서 서쪽으로 조금 가서 띨라우라꼬뜨(Tilaurakot)라는 작은 마을 옆에 있다. 룸비니에서 국경을 넘어 천축으로 넘어가면 삐쁘라화(Piprahwa)라는 작은 마을이 있고 가까운 곳에 까삘바스뚜 공원(Kapilvastu Park)이 있는데, 이곳이 인두 쪽 까삘라 바스뚜다.

6) 가섬미(迦閃弭): 까사미라(𑖎𑖫𑖦𑖰𑖨, kaśamira, 迦閃弭囉)

가섬미(迦閃弭)나 가섬미라(迦閃弭囉)는 다른 자료에 나타나지 않고 여기서만 나온다. 다행히 산스크리트가 곁들여 있어 이 낱말이 카슈미르라는 것을 알 수 있다. 일반적으로 구법승들의 기록이나 사서에 산스크리트 까스미라(Kaśmīra)를 소리 나는 대로 한자로 옮긴 가습미라(迦濕彌羅, 玄奬), 갈습미라국(羯濕弭羅國, 義淨)·가섭미라국(迦葉彌羅國, 慧超)·개실미국(箇失蜜國) 따위가 모두 같은 발음이다.

현장은 "산으로 둘러싸여 있는데 산들은 매우 가파르고 험하다. 산을 거쳐 도성으로 들어가는 길이 있다고 하지만 이 또한 매우 좁아 예로부터 이웃 나라 적들이 침공하여 정벌하지 못하였다."[298]라고 하였다. 혜초는 "기후는 몹시 추워서 앞에 말한 여러 나라와 다르다."라고 했고, "나라 안에는 절도 많고 중도 많으며, 대승과 소승이

---

298) 三藏法師 玄奘 奉詔 譯『大唐西域記』(2). 迦濕彌羅國 周七千餘里 四境負山 山極階峻. 雖有門徑 而復隘狹 自古隣 敵無能攻伐.

모두 행해지고 있다."²⁹⁹⁾라며 불교가 융성한 나라였다고 전하고 있다.

7) 경사(京師): 꾸무다나 (ཀུ་མུ་དཱ་ན, kumudana, 矩臾娜曩)

경사(京師)란 수도, 곧 서울을 뜻한다. 여기서는 특별한 지명이 아니고, 서울이란 뜻의 현지 말을 올려놓은 것으로 보인다. 현재 산스크리트 사전에는 꾸무다나(kumu-dana)라는 올림말이 없다.

2. 기타 - 천축 밖에 있는 다른 나라들

천축국을 중심으로 한국(漢國)을 비롯한 주변 여러 나라를 나열하고 마지막에 천축국 안에 있는 몇 나라를 소개하는 순서로 진행된 일람표에 갑자기 마지막에 오(吳)와 촉(蜀)이 추가되어 어리둥절하다.

이미 한국(漢國)이란 나라 이름은 나왔기 때문에 한나라가 망하고 다음에 들어서는 이른바 삼국시대의 가운데 두 나라를 넣었다고 할 수 있지만, 그 뒤 수많은 나라가 일어났다는 점에서 이해하기 어렵다. 후한(後漢)이 멸망한 220년에 위(魏)가 세워지고, 221년에 촉(蜀)이 세워지고, 222년에 오(吳)가 세워지면서 이른바 삼국시대가 시작된다. 그런데 이상하게 3국 가운데 위나라는 빼고 오나라와 촉나라만 나온다. 위나라는 촉(蜀)이나 오(吳)에 비해 북쪽에 있어 인두(印度)와 멀리 떨어져 있었기 때문이 아닌가 하는 생각이 든다.

1) 오(吳): 빠라바다(扔先向叨, paravada, 播囉縛娜)

오나라는 222년 손권(孫權)에 세운 나라이며, 현재의 강소성·안휘성·저강성·강서성·호북성·복건성·광동성 같은 양자강 이남의 동쪽을 차지한 곳이다.

오(吳)를 천축국에서 산스크리트로 빠라바다(པཱ་ར་ཝ་ད, paravada)라 한다고 했다. 빠라바다는 '빠라(para)'와 '바다(vada)'라는 두 낱말이 겹친 것으로 보인다. para는 ① 먼, 건너

---

299) 新羅 慧超記 「往五天竺國傳」 「遊方記抄」, No. 2089. 土地極寒 不同已前諸國 …… 國內足寺足僧 大小乘俱行.

편 ② 과거의, 미래의 ③ 초과한, 보다 많은 ④ 이어서 ⑤ 최상의, 최선의 ⑥ (범위를) 넘어선 ⑦ 다른, 다른 데서 온 ⑧ 다른 사람, 절대자, 정상 같은 많은 뜻이 있다. vada는 '말하다'라는 뜻이다. 그러므로 이 두 낱말을 합하면 많은 뜻을 만들어 낼 수 있으나 어떤 의미에서 오나라를 빠라바다라고 했는지는 알 수가 없다. 산스크리트-일본어 사전에는 paravāda라는 올림말이 있는데, 거짓말, 욕, 이론(異論), 외도론(外道論) 같은 뜻이라고 소개하고 있다. 그러나 어떤 뜻을 취하느냐에 따라 '최상의 말', '최선의 말'이라는 전혀 다른 뜻도 가질 수 있으므로 여기서는 그 뜻에 대해서는 결론을 내리지 않고, 다만 오나라를 '빠라바다'라고 했다는 것을 아는 선에서 마친다.

2) 촉(蜀): 암리두(狨妲掐, amṛdu, 阿弭里努)

촉나라는 221년 유비(劉備)가 세운 나라로 현재의 사천성에서 일어나 귀주성 운남성을 아울러 오나라 서쪽의 땅을 차지하였다. 촉나라는 천축에서 암리두(ﾒﾖﾝ, amṛdu)라고 했다. 산스크리트-영어 사전에는 없지만, 나중에 나온 산스크리트-일본어 사전에는 암리두(ﾒﾖﾝ, amṛdu)가 굳은(硬) 단단한(堅固) 같은 뜻이라고 했다. 이러한 뜻과 나라 이름의 상관관계는 확실하게 알 길이 없다.

3. 중국(中國=天竺)과 변지(邊地)의 역사적 의미와 고리(高麗)의 위상

1) 중국(中國)과 변지(邊地)의 역사적 의미

이 논문에서 검토한 사료에 따르면 천축국이 오랫동안 스스로 중국(中國)이라고 불렀을 뿐 아니라 동진(東晉)과 당(唐)나라 방문자들도 스스로 천축국을 중국(中國)이라고 높여 불렀고 자기 나라를 변지(邊地)라고 했다는 것을 알 수 있다. 아울러 바다 건너 멀리 떨어진 고리(高麗)는 당당하게 당시 아시아의 주요 국가로서 자리 잡고 있었던 것으로 볼 수 있다.

그런데 이 자료에서 보면 지금까지 우리가 중국(中國)이라고 불렀던 치나(秦)는 한나라(漢國)와 삼국시대인 오(吳)와 촉(蜀) 두 나라만 나와 있다. 이는 동진이나 당나라 사람들이 기록한 것이기 때문에 일부러 자기 나라를 깎아내리기 위해 그렇지는 않았을 것이다. 그렇다면 왜 기원전의 진(秦), 기원 전후 나라인 한나라(漢國)와 삼국시대만 나왔을까? 왜 고리(高麗)를 대등한 주요 나라로 기록하면서 그 사이 수없이 명멸했던 중원의 나라는 언급을 하지 않았을까? 다음 표를 보면 그 답을 얻을 수가 있다.

<표 8> 치나(秦)의 각 나라 지속 연수

고구리(高句麗)		치나(지속 연수)	
28대 705년 (BC 37~AD 668년) ❶ 고구리(高句麗) (BC 37~AD 413) ❷ 고리(高麗) (413~668년)	한(234년)	전한(215년), 신(15년), 후한(196년)	
	삼국시대(60년)	촉(43년), 오(59년), 위(46년)	
	진(153년)	진(52년), 동진 (103년)	
	5호16국(137년) 북방민족(흉노, 갈, 선비, 저, 강) 지배	전월(22년), 북양(43년), 하(26년), 후월(34년), 전연(22년), 후연(25년), 서연(10년), 남연(13년), 서진(47년), 남양(18년), 성(46년), 전진(61년), 후양(7년), 후진(34년), 한(26년), 북연(28년), 전양(64년), 서양(22년)	
	남북조시대 (169년)	남조(한족) - 송(60년), 제(24년), 양(56년), 진(33년) 북조(북방민족) - 북위(149년), 서위(22년), 동위(17년), 북제(28년), 북주(26년)	
	수(38년)	수(38년)	
	당(50년)	당(290년)	

資料: 徐吉洙, 大陸에 남은 高句麗, 高句麗研究會, 2003.

한나라가 멸망한 뒤 당나라가 설 때까지 한나라처럼 치나(秦)를 대표할 수 있는 나라가 거의 없다. 삼국시대 세 나라 가운데 가장 오래간 오나라도 59년 만에 망하고, 그 뒤 동진이 100년 좀 넘었지만 한나라의 명성을 넘어설 수 없었고, 동진 이후 수나라가 통일할 때까지 수십 개의 나라가 세워지고 망한다. 그 가운데 흔히 우리가 5호(五胡) 16국이라고 하는 16개 나라는 흉노, 갈, 선비, 저, 상 같은 북방민족이었고, 이어지는 남북조시대도 북조의 북위(149년), 서위(22년), 동위(17년), 북제(28년), 북주(26년) 같은 나라들은 모두 북방민족이고 한족(漢族)들이 아니다. 곧 한국(漢國)이 아니다. 그러므로 천축국에서 이런 복잡한 역사의 주체들을 다 구분할 수도 없고, 이들을 대변할 수 있는 나라를 고를 수도 없으므로 전체를 말할 때는 대국이었던 한국(漢國)이란 말을 계속 썼던 것으로 보인다. 다만 초기 삼국시대 오나라와 촉나라를 언급한 것은 그 나라들이 천축과 비교적 가까운 남방의 나라이기 때문에 천축에 알려졌을 가능성이 있다.

여기서 한 가지 짚고 넘어가고 싶은 것은 천축에 잘 알려진 고구리(高句麗)=고리(高

麗)가 705년 동안 변함없이 전통을 이어가는 사이 치나(秦)에서는 무려 37개 나라가 일어서고 망하는 피나는 살육전이 계속되었다. 고구리(高句麗)는 413년에 나라 이름을 고리(高麗)라고 바꾸었지만 같은 왕조가 705년간 계속되었다는 것과 크게 대조적인 역사적 사실이라고 할 수 있다.

그런데 최근 중화인민공화국이 지난 30년간 역사 다시 만들기를 통해 '고구리(高句麗)는 치나(漢國) 변방의 한 소수민족이다.'라고 주장하고 있다. 그렇다면 705년간 한 번도 변함없이 이어간 고구리(高句麗)가 37개 나라 가운데 어느 나라에 속한 소수민족이란 말인가?

37개 나라 가운데 한나라(221년)는 대부분 고구리(高句麗) 건국 이전에(고구리 건국 10년에 망함) 존재하였고, 당나라(290년)는 대부분 고리(高麗) 멸망(당나라 건국 후 50년) 이후에 존재하였기 때문에 실제 고구리(高句麗) 한 나라가 705년 동안 번영을 누리는 동안 고구리(高句麗)의 서녘(현재의 중화인민공화국)과 북서녘(현재의 몽골)에서는 35개의 나라가 생겼다가 없어졌다는 것을 알 수 있다. 그 가운데 50년도 못 가고 망한 나라가 무려 24개 나라이고,[300] 100년 미만인 나라가 6개 나라이며,[301] 100년이 넘은 나라는 동진의 103년과 선비족이 세운 북위 두 나라뿐이다. 다시 말해 35개 나라 가운데 70%에 가까운 24개 국가가 50년도 못 가고 망하고, 86%가 넘는 30개 국가는 100년도 못 가서 망했는데 705년 역사를 이은 나라가 어떻게 그런 나라들의 지방정권이 된다는 말인가? 더구나 35개 나라 가운데 절반 정도는 한족이 아닌 북방민족이 지배한 나라였다는 것을 감안하면 너무나 터무니없는 역사인식이라는 것을 알 수 있다.

또 300년 넘게 양자강 이북은 이민족들이 지배했었기 때문에 고구리(高句麗)는 한족 정권과는 국경조차 접하지 않았고, 수나라는 4번에 걸쳐 고구리(高句麗)를 치다가 결국은 국력이 약해져 망했다는 것은 이미 앞에서 보았다. 그렇다면 자기 나라 백성인 변방 소수민족을 치다가 망했다는 말인가?

중화인민공화국은 이처럼 이질적이고 복잡한 37개 나라를 모두 '중국(中國)'이라는

---

300) 후양(氏) - 7년, 서연(선비) - 10년, 남연(선비) - 13년, 동위 - 17년, 남양(선비) - 18년, 전연(선비) - 22년, 서위 - 22년, 서양 - 22년, 제 - 24년, 후연(선비) - 25년, 전조(흉노) - 26년, 하(흉노) - 26년, 북주 - 26년, 북연 - 28년, 북제 - 28년, 진 - 33년, 후조(羯) - 34년, 후진(羌) - 34년, 수 - 38년, 촉 - 43년, 북양(흉노) - 43년, 위 - 46년, 성(氏) - 46년, 서진(선비) - 47년.

301) 오 - 52년, 진 - 52년, 양 - 56년, 송 - 60년, 전진(氏) - 61년, 전양- 64년.

이름으로 묶어서 '37개 나라는 중국(中國)이고 고구리(高句麗)는 그 중국 변방의 소수 민족이다.'라는 앞뒤가 맞지 않는 주장을 한다. 그러나 앞의 표에서도 보았듯이 역사 적으로 중국(中國)이라는 나라 이름은 없었다. 여기서 보듯이 천축(天竺)·인두(印度)가 중국(中國)이었고 치나(支那)는 변방이었다. 그뿐 아니라 일본도 스스로 중국(中國)이라 고 큰소리를 쳤다. 앞에서 천축(印度)의 보기를 보았으니 일본이 스스로 중국(中國)이 라고 한 예를 보기로 한다.

① 산골의 하이(蝦夷, 에조)들은 본디 짐승 같은 마음이 있어 **중국(中國)**에 살기 어렵 다. 그러므로 그들의 진정한 바람에 따라 서울 바깥을 나누어 주었다. 지금의 파마(播磨)· 찬기(讚岐)·이예(伊豫)·안예(安藝)·아파(阿波) 같은 다섯 나라 좌백부(佐伯部, 사에키베)의 선조들이다.[302]

하이(蝦夷, 일본어로는 에조)는 일본 관동지역 북녘에 살던 일본의 선주(先住)민족, 곧 아 이누족의 옛 이름이며, 북해도(北海道)의 옛 이름이기도 하다. 여기서 보면 일본에서 도 서울(邦畿) 지역을 중국(中國)이라고 하여 소수민족인 하이(蝦夷, 에조)들이 살고 있는 지역과 구별하고 있다는 것을 알 수 있다.

한편 대륙의 반도에 있는 신라에 대해 중국이라고 부른 보기도 있다.

② 이때 신라는 중국(中國=일본 : 글쓴이 주)을 섬기지 않고 있었다. 천황이 전협(田狹) 신하의 아들 제군(弟君)과 길비해부직(吉備海部直) 적미(赤尾)에게 명하여 "너희들은 가서 신라를 징벌하라"고 하였다.[303]

③ 천왕이 즉위한 뒤 올해까지 신라가 등을 돌려 8년 동안 선물(苞苴)을 보내지 않으 면서 **중국(中國=일본 : 글쓴이 주)**을 크게 두려워하여 고리(高麗)와 사이좋게 지내고(修 好) 있다.[304]

---

302) 『日本書紀』, 卷第七, 景行天皇~成務天皇: 山傍之蝦夷, 是本有獸心, 難住中國。故, 隨其情願, 令班邦畿之外。是今播磨·讚 岐·伊豫·安藝·阿波, 凡五國佐伯部之祖也。

303) 『日本書紀』, 卷第十四, 雄略天皇紀.

304) 『日本書紀』, 卷第十四, 雄略天皇紀: 八年春二月, 自天皇卽位至于是歲 新羅國背誕 苞苴不入於今八年 而大懼中國之 心 脩好於高麗.

이 두 기사는 모두 「웅략기(雄略紀)」에 나오는 내용으로 ②는 웅략 7년(463년) 기사이고 ③은 8년에 나온 것이니 464년 기사다. 464년은 고리(高麗) 장수왕 51년이고, 신라 자비왕 6년이다. 신라는 백제로부터의 침략 위협에서 벗어나려고 4세기 후반에 고구리(高句麗)와 우호관계를 맺어 군사 정치적인 도움을 받았다. 그러나 433년에 백제와 동맹을 맺고 450년에 하슬라 성주 삼직(三直)이 실직(悉直)에서 고리(高麗) 장수를 죽인 사건 때문에 두 나라 사이가 크게 나빠졌다. 그런데 『일본서기』 기사에서는 464년 당시 고리(高麗) 군사가 신라에 주둔하고 있었다고 한 사실(이어지는 내용에 나옴)은 『삼국사기』 내용과 차이가 난다.

여기서 우리는 일본도 스스로를 중국(中國)이라고 일컬으며 신라가 일본을 섬기도록 강요했으나 뜻대로 되지 않았던 사실을 알 수 있으며, 중국(中國)이란 이름은 강대국을 자처하는 나라가 주변 나라에게 사대를 강요하는 수단으로 쓰였다는 것을 알 수 있다. 아니면 후대의 역사가가 이처럼 자기 나라를 강국으로 묘사하기 위해 꾸며 낸 기록일 수도 있다.

이런 점은 천축이 문화적·정신적인 측면에서 주변국을 변지라 하고 자신을 중국이라 했던 역사적 사실과 크게 다른 것으로, 일본은 물론 진나라와 한나라 그리고 중화인민공화국이 정치와 권력을 통한 상하관계를 만드는 도구이자 이웃 나라 역사를 빼앗는 수단으로 중국(中國)이란 이름을 잘못 쓰고 있다는 것을 알 수 있다.

2) 고대 고리(高麗)나라의 위상

지금까지 나온 나라들을 중국(中國)인 천축국을 중심으로 지도에 배치해 보면(그림 50) 당시 천축국에서 보는 고리(高麗)에 대한 위상을 쉽게 가늠할 수 있다.

지도를 보면 한가운데 중국(中國)인 천축(Indu)이 있고, 동북쪽에 한국(漢國), 서북쪽에 페르시아, 북쪽에 돌궐, 그리고 한국(漢國)의 동쪽에는 고리(高麗)가 자리 잡고 있다. 한국(漢國)에는 그사이 진(晋), 송(宋), 제(齊), 양(梁). 진(陳), 전연(前燕), 전진(前秦), 북위(北魏) 같은 수많은 나라가 오갔지만 모두 아울러 한국(漢國)이라고 부르고 있다.

한편 그 동쪽에는 신라, 백제, 왜 같은 나라들이 있지만, 고리(高麗)만 나타난 것은 천축국에서 고리(高麗)는 꽤 위상이 높았다는 것을 보여 주는 것이다.

[그림 50] 6세기 후반 중국(Indu, 天竺國)의 천하관

VII. 맺음말

위에서 『당범양어쌍대집(唐梵兩語雙對集)』과 『범어잡명(梵語雜名)』이란 두 자료를 분석해 본 결과 다음과 같은 결론을 얻었다.

(1) 천축국에서는 스스로 중국(中國)이라고 부르고 다른 나라를 변지(邊地)라고 부르는 천하관을 가지고 있었다. 이러한 천하관은 BC 6~5세기에 붇다가 있을 때부터 존재했던 개념으로, 경전에 나온 중국과 변국이라는 관점은 불법이 행해지고 있는가 아닌가 하는 도덕적 종교적 관점에서 구분하였다. 그 뒤 천축국 안에서 가장 번성했던 마가다 나라를 중심으로 불법이 성했던 곳은 중국이라 했고 주변의 작은 나라들은 변지라고 불렀다. 그 뒤 한국(漢國)과 고리(高麗) 같은 다른 나라에서 구법승들이 찾아갔을 때 천축국은 중국(中國)이고 한국(漢國)을 비롯한 다른 나라는 변지(邊地)로 여겼다는 사실이 뚜렷하게 밝혀졌다.

(2) 천축국(天竺國)을 중심으로 북동쪽의 한국(漢國), 서쪽의 파사(波斯), 서북쪽의 돌궐(突厥)을 변지 가운데서도 강대국으로 여겼다는 것을 알 수 있었다.

(3) 천축국(天竺國)에서 한국(漢國)으로 가는 도중에 있는 계빈(罽賓), 토화라(吐火羅), 구자(龜玆), 우전(于闐), 토번(吐蕃) 같은 변지(邊地)의 나라들을 호(胡)라고 불렀다는 것을

알 수 있다. 또 현재의 인도네시아와 말레이반도 부근의 섬들을 이야기하는 곤륜(崑崙)을 바닷길로 한국(漢國)으로 가는 호(胡)라고 보았고, 바닷길의 마지막에 고리(高麗)를 들었다는 것을 알 수 있다.

(4) 고리(高麗)나라는 산스크리트로 '무꾸리(श्रुतट, mukuri, 畝俱理)'라고 하였다. 무꾸리(Mukuri)는 Mu-kuri의 합성어일 가능성이 크다. 이 경우 '고리(高麗)=kori'이기 때문에 'kori=kuri'로 볼 수 있다. 다만 그 앞에 [mu]를 붙인 것은 현재까지의 연구성과를 반영하면 맥(貊)이라는 설이 가장 유력하다.

(5) 고리(高麗)나라가 이처럼 천축(天竺)에 잘 알려진 것은 이곳을 방문하는 고리(高麗) 스님들이 많았기 때문이라고 볼 수 있다. 그러나 '무꾸리'라는 나라 이름과 함께 꾸꾸떼스바라(श्रुतटट्, Kukkuṭeśvara)라는 별명이 있었다는 점에서 반드시 스님들을 통해서만 알려졌다고 할 수 없다. '꾸꾸떼스바라'는 고리(高麗)나라가 닭의 신(鷄神)을 숭배하여 머리에 닭 깃털을 꾸미고 다녔기 때문에 생긴 이름이라는데, 천축에 간 스님들이 그렇게 꾸미지는 않았을 것이기 때문이다. '무꾸리'라는 나라 이름과 닭의 신이라는 뜻을 가진 '꾸꾸떼스바라'라는 별명을 가진 고리나라는 서녘이나 천축과 생각보다 깊은 관계를 유지하고 있었고, 높은 위상을 가지고 있었다는 것을 보여 주는 좋은 자료라고 할 수 있다.

(6) 『범어잡명(梵語雜名)』의 바탕이 되었던 『당범양어쌍대집(唐梵兩語雙對集)』이 편찬된 시기에 대한 문제이다.

① 『당범양어쌍대집(唐梵兩語雙對集)』은 한국(漢國)에서 천축국(天竺國)에 간 구법승이 쓴 것이기 때문에 법현이 처음 천축에 간 399~412년보다는 늦은 시기가 될 것이다.
② 『당범양어쌍대집(唐梵兩語雙對集)』에서는 고리(高麗)라고 했는데, 고구리(高句麗)라는 나라 이름을 고리(高麗)로 바꾼 것이 413년이니 그보다 더 늦은 시기가 될 것이다.
③ 돌궐이 독립정권을 세운 것은 533년 무렵이고, 거대한 유목제국을 수립한 것은

552년이다. 그러므로 그보다는 더 늦은 시기가 될 것이다.

한편 7세기 후반에 아시아의 맹주로 등장했던 당나라의 이름이 나오지 않고 삼국 시대의 촉나라와 오나라의 이름이 나오는 것은 『당범양어쌍대집(唐梵兩語雙對集)』이 수·당시대 이전에 형성된 자료라고 볼 수 있다. 수나라가 581년에 나라를 세웠으므 로 돌궐이 천축국까지 접근한 6세기 중반에서 수나라가 서기 이전인 6세기 후반에 성립된 것이라고 볼 수 있다.

이런 결론은 『범어잡명(梵語雜名)』에 나온 고리(高麗)가 발해가 아니라는 사실이 명백 하게 증명하고 있다. 여기서 어떤 사료를 그 사료의 생성연대를 가지고 사건이 일어 난 연대로 보는 연구 방법에 신중해야 한다는 교훈을 얻을 수 있다. 많은 역사 기록 이 자료가 생성된 당시의 일이 아니며 그 이전의 이야기를 기록한 것들이 많기 때문 이다.

(7) 중국(中國)인 천축국을 중심으로 한국(漢國), 서북쪽에 페르시아, 북쪽에 돌궐, 그리고 한국(漢國)의 동쪽에는 고리(高麗)가 있다고 보았다는 것을 알 수 있다. 동쪽에 는 신라, 백제, 왜 같은 나라들이 있지만, 고리(高麗)만 기록하고 있는 것을 통해 천축 국에서 고리(高麗)의 위상이 꽤 높았다는 것을 알 수 있었다.

셋째 마당

로마제국에서 부른 고리(高麗) '무크리(Mouxri)'

ἡττηϑέντων γοῦν τῶν Ἀβάρων
10 (πρὸς γὰρ τὸν λόγον ἐπάνιμεν) οἱ μὲν πρὸς τοὺς κατέχοντας τὴν
Ταυγὰστ παραγίνονται. πόλις ἐπιφανής, τῶν τε λεγομένων D
Τούρκων ἀπῴκισται χιλίοις πρὸς τοῖς πεντακοσίοις σημείοις·
αὐτὴ ὅμορος καϑέστηκε τοῖς Ἰνδοῖς. οἱ δὲ περὶ τὴν Ταυγὰστ
αὐλιζόμενοι βάρβαροι ἔϑνος ἀλκιμώτατον καὶ πολυανϑρωπότατον,
15 καὶ τοῖς κατὰ τὴν οἰκουμένην ἔϑνεσι διὰ τὸ μέγεϑος ἀπαράλλη-
λον. ἕτεροι τῶν Ἀβάρων ἐπὶ τὴν ἧτταν πρὸς ταπεινοτέραν ἀπο-
κλίναντες τύχην παραγίνονται πρὸς τοὺς λεγομένους Μουχρί.
τοῦτο δὲ τὸ ἔϑνος πλησιέστατον πέφυκε τῶν Ταυγὰστ, ἀλκὴ δὲ
αὐτῷ πρὸς τὰς παρατάξεις πολλὴ διά τε τὰ ἐκ τῶν γυμνασίων
20 ὁσημέραι μελετήματα διά τε τὴν περὶ τοὺς κινδύνους τῆς ψυχῆς
ἐγκαρτέρησιν. ἐπιβαίνει τοίνυν καὶ ἑτέρου ἐγχειρήσεως ὁ Χα-
γᾶνος, καὶ τοὺς Ὀγὼρ ἐχειρώσατο πάντας. ἔϑνος δὲ τοῦτο
τῶν ἰσχυροτάτων καϑέστηκεν διά τε τὴν πολυανδρίαν καὶ τὴν
πρὸς τὸν πόλεμον ἔνοπλον ἄσκησιν.

I. 동로마제국의 역사책 『역사(Historiarum)』(613년)에 나온 고리(高麗)

고구리(高句麗)·고리(高麗) 당시 서양은 동로마제국시대였다. 훈족(匈奴)의 침략에 밀린 게르만민족의 대이동 결과, 고대 로마제국은 서방의 판도를 잃고 330년(고구리 미천왕 31년)에 콘스탄티누스 1세(Constantinus I, 306~337)가 그리스 식민지인 비잔티움(지금의 터키 이스탄불)에 제2의 로마 수도를 건설하고 콘스탄티노폴리스(콘스탄티누스의 도시)라는 이름을 붙였다. 새로운 수도에서는 정치적으로 로마의 이념과 제도를 이어받고, 종교적으로 그리스도교를 국교로 삼았으며, 문화적으로는 헬레니즘을 바탕으로 하였다.

그 뒤 로마 지배층의 사치와 하층민에게 부과된 무거운 세금, 하층민의 반항을 억누르기 위한 군대의 확장에 따라 '반란'이 일어났다. 그렇게 제국이 날로 쇠퇴해 가던 394년, 테오도시우스 황제가 두 아들에게 제국을 동로마와 서로마로 나누어 주었다. 395년(고구리 광개토태왕 5년) 테오도시우스 황제가 죽은 뒤, 큰아들인 아르카디우스 (395~408)가 동(東)로마제국의 첫 황제가 되고, 둘째 아들인 호노리우스가 서로마제국을 통치하기 시작하였다.

그 뒤 호노리우스(384~423)가 통치하는 서로마제국(이탈리아·에스파냐·북아프리카)은 국력이 약하여 안팎으로 많은 어려움을 겪다가 476년(고리 장수왕 64년) 게르만인 용병 대장 오도아케르에 의해 황제 로물루스 아우구스툴루스가 폐위되자 멸망하였다.

동로마는 그리스를 중심으로 아나톨리아와 동지중해안의 여러 섬을 포함하여 강력한 중앙집권적 국가로 성장했으며, 유스티니아누스 1세(Justinianus I, 527~565) 황제 시대의 과도기를 거쳐 왕권이 안정기에 접어든 헤라클리우스 황제(Heraclius, 610~641) 때 전성기를 누렸다.[305]

　바로 이 헤라클리우스 황제 때인 613년(고리 영양왕 24년)에 테오필락티 시모칼타(Theophylacti Simocattae)가 쓴 『역사(Historiarum)』[306]라는 책에 고리(高麗)가 무크리(Mouxri)라는 이름으로 나온다. 『역사(Historiarum)』[307]는 바로 이전의 황제인 모리스 황제(Maurice 582~602, 평원왕 24년~영양왕 13년) 통치 기간의 군사·외교·정치사에 관한 내용이다. 주로 발칸에서 있었던 슬라브(Slaves)와 아바르(Avars, 柔然), 그리고 동쪽 전선인 페르시아와의 전쟁에 관한 것인데, 모리스 황제가 동생인 피터를 동로마(비잔틴)의 총사령관으로 임명하여 594년 발칸전쟁에 나아가 싸우도록 한 내용이다.

1. 테오필락티 시모칼타(Theophylacti Simocattae)의 그리스어 원문(613년)

　그리스어 원문은 613년 원본을 구할 수 없어 임마누엘 베케루스(Immanuel Bekkerus)의 라틴어 번역본(1834)[308]에 실린 원문을 그대로 실었다.

---

305)　동로마는 1557년 독일인 역사학자 볼프(Hieronymus Wolf)가 자신의 역사서에서 '비잔틴'이라는 용어를 사용하면서부터 비잔틴으로 널리 불리게 되었다.

306)　Theophylacti Simocattae, *Historiarum*: Libri Octo (Classic Reprint, Latin Edition), March 8, 2017.

307)　이 고전은 『테오필락트 시모칼타의 역사("The History of Theophylact Simocatta)』란 제목으로 Michael and Mary Whitby가 영어로 옮겼다.(Oxford: Clarendon Press, 1986).

308)　Immanuel Bekkerus, *Theophylacti Scimocattae Historiarum*, Libri Octo. Bonnae, Impensis ed. Weberi, 1834. VII-7, 283쪽.

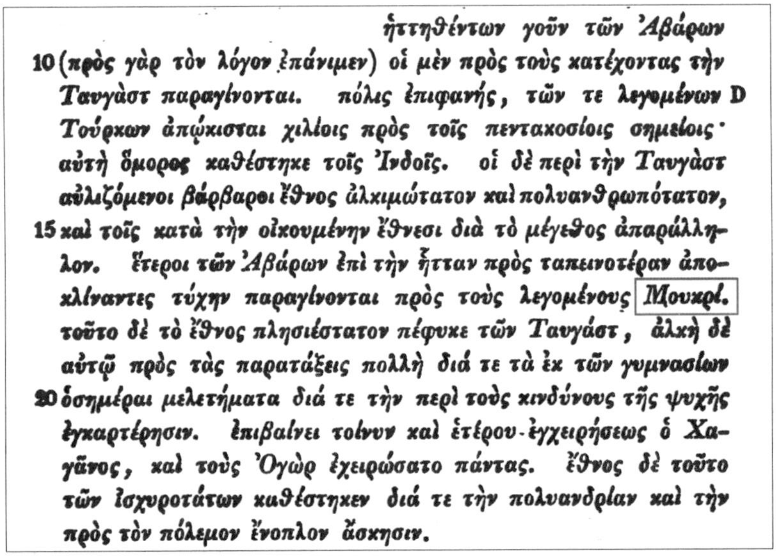

ἡττηθέντων γοῦν τῶν Ἀβάρων

10 (πρὸς γὰρ τὸν λόγον ἐπάνιμεν) οἱ μὲν πρὸς τοὺς κατέχοντας τὴν
Ταυγὰστ παραγίνονται. πόλις ἐπιφανής, τῶν τε λεγομένων D
Τούρκων ἀπῴκισται χιλίοις πρὸς τοῖς πεντακοσίοις σημείοις·
αὐτὴ ὅμορος καθέστηκε τοῖς Ἰνδοῖς. οἱ δὲ περὶ τὴν Ταυγὰστ
αὐλιζόμενοι βάρβαροι ἔθνος ἀλκιμώτατον καὶ πολυανθρωπότατον,

15 καὶ τοῖς κατὰ τὴν οἰκουμένην ἔθνεσι διὰ τὸ μέγεθος ἀπαράλλη-
λον. ἕτεροι τῶν Ἀβάρων ἐπὶ τὴν ἧτταν πρὸς ταπεινοτέραν ἀπο-
κλίναντες τύχην παραγίνονται πρὸς τοὺς λεγομένους Μουχρι.
τοῦτο δὲ τὸ ἔθνος πλησιέστατον πέφυκε τῶν Ταυγάστ, ἀλκὴ δὲ
αὐτῷ πρὸς τὰς παρατάξεις πολλὴ διά τε τὰ ἐκ τῶν γυμνασίων

20 ὁσημέραι μελετήματα διά τε τὴν περὶ τοὺς κινδύνους τῆς ψυχῆς
ἐγκαρτέρησιν. ἐπιβαίνει τοίνυν καὶ ἑτέρου·ἐγχειρήσεως ὁ Χα-
γᾶνος, καὶ τοὺς Ὀγὼρ ἐχειρώσατο πάντας. ἔθνος δὲ τοῦτο
τῶν ἰσχυροτάτων καθέστηκεν διά τε τὴν πολυανδρίαν καὶ τὴν
πρὸς τὸν πόλεμον ἔνοπλον ἄσκησιν.

[그림 51] 시모캍타의 역사(Historiarum)에 나온 '무크리(Μουχρι)'

여기서 고리(高麗)는 '무크리(Μουχρι)'라고 기록하였다. 라틴글자로 옮기면 'Mouxri'가
된다. 그리스 말에서 겹홀소리(二重母音) [ou]는 [u]로 소리 내기 때문에 'Μου=Mu'가 된
다. 그리스 말에서 χ=[kʰ]로 지금 영어의 'k'와 정확하게 일치한다. 그러므로 소리 나
는 대로 충실하게 옮기면 무크리(Mukri)라고 읽고 쓸 수 있는 것이다.

2. 꾸쟁(L. Cousin)의 최초 프랑스어 번역본(1685)

6세기 후반 동로마제국의 역사를 쓴 이 귀중한 자료는 그리스어로 되어 있고
1,400년이 지났기 때문에 그 자료 자체가 낡았고, 고대 그리스어 자체가 난해하기 때
문에 전문 학자들도 접근하기가 어려웠다. 1685년 프랑스의 꾸쟁(L. Cousin)이 주석을
달지 않고 프랑스말로 옮겨서 『콘스탄틴의 역사(Histoire de Constantinople)』(iii, Paris, 1685)
라는 책으로 펴냈다.

Parmi les Abaroi vaincus, les uns s'enfuirent chez les havitants de Taugast. Taugast est une ville célèbre qui esta à 1500 milles de ceux qu'on appelle les Tures; elle est située aux confins de l'Inde. Les barbares qui habitent autour de Taugast forment une nation très vaillante et très populense, d'une grandeur avec laquelle auncun des peuples de la terre ne saurait rivaliser. Le reste des Abaroi penehant, à cause de leur défaite, pour une condition plus bumble, s'en furent chez ceux que l'onnomme <u>Moukri</u>. Cette peuplade se trouve être très voisine des Taugast; ils font preuve dans les combats d'une grande valeur qui vient de ce qu'ils font chaque jour des exercices physiques et qu'ils habituent leur âme aux dangers.[309)

이 책도 이미 400년이 넘었기 때문에 찾기가 어려웠으나 1910년 파리에서 그리스와 라틴어로 된 주요 원문을 모아 낸 책이 있어서 그 내용을 찾아낼 수 있었다.[310) 그리스 원문과 프랑스어 번역을 함께 실은 이 책에서 보면 당시 프랑스말로는 무크리(Moukri)라고 했다.

프랑스말도 그리스어와 마찬가지로 겹홀소리(二重母音) [ou]는 [u]로 소리내기 때문에 'Moukri=Mukri'가 된다.

---

309) Cœdès, George, 『BC 4세기부터 14세기까지 극동에 관해 쓴 그리스·라틴 저자들의 원문(Textes d'auteurs grecs et latins relatifs à l'Extrême Orient depuis le IVe siècle av. J.-C. jusqu'au XIVe siècle)』, Topics Historical geography Publisher Paris, 1910.

310) 최근 영어로 번역한 Michael은 이 첫 번역본에 대해 "이 책은 1648년 파브로투스(Fabrottus, Paris)가 펴낸 정밀하지 않은 원본을 사용하였고, 현재 일반인들이 접근하기 어려운 상황이다."라고 평가하였다.

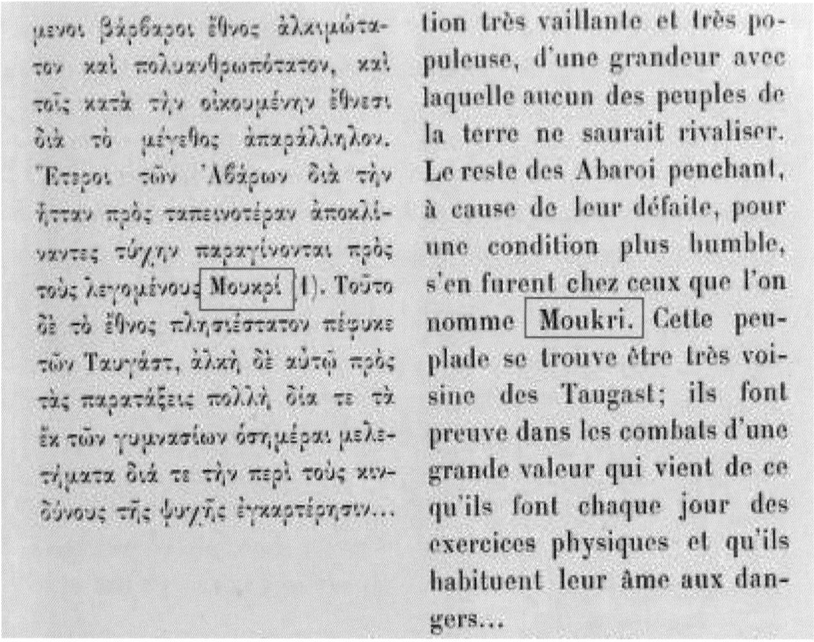

μενοι βάρβαροι ἔθνος ἀλκιμώτα-
τον καὶ πολυανθρωπότατον, καὶ
τοῖς κατὰ τὴν οἰκουμένην ἔθνεσι
διὰ τὸ μέγεθος ἀπαράλληλον.
Ἕτεροι τῶν Ἀβάρων διὰ τὴν
ἧτταν πρὸς ταπεινοτέραν ἀποκλί-
ναντες τύχην παραγίνονται πρὸς
τοὺς λεγομένους Μουκρί (1). Τοῦτο
δὲ τὸ ἔθνος πλησιέστατον πέφυκε
τῶν Ταυγάστ, ἀλκὴ δὲ αὐτῷ πρὸς
τὰς παρατάξεις πολλὴ διά τε τὰ
ἐκ τῶν γυμνασίων ὁσημέραι μελε-
τήματα διά τε τὴν περὶ τοὺς κιν-
δύνους τῆς ψυχῆς ἐγκαρτέρησιν...

tion très vaillante et très po-
puleuse, d'une grandeur avec
laquelle aucun des peuples de
la terre ne saurait rivaliser.
Le reste des Abaroi penchant,
à cause de leur défaite, pour
une condition plus humble,
s'en furent chez ceux que l'on
nomme Moukri. Cette peu-
plade se trouve être très voi-
sine des Taugast; ils font
preuve dans les combats d'une
grande valeur qui vient de ce
qu'ils font chaque jour des
exercices physiques et qu'ils
habituent leur âme aux dan-
gers...

[그림 52] 꾸쟁(L. Cousin)의 최초 프랑스어 번역본(1685)

3. 임마누엘 베케루스(Immanuel Bekkerus)의 라틴어 번역본(1834)

1834년 베커(I. Bekker)가 라틴어로 원문과 함께 대역하여 본(Bonn)에서 출판하였다. 이 라틴어 본은 그 뒤 이 사료를 연구하는 많은 연구자에게 큰 도움을 주었다.

falso enim id nomen barbari Istrum accolentes usurpant. unde porro et illias genus infra dicetur.

ergo devictis a Chagano Abaris (sursum enim redeo) alii corum ad Taugastenses confugerunt (est autem Tautast Turcarum nobilis colonia, stadiis mille quingentis ab India distans, cuius indigenae et strenuissimi et frequentissimi es praestantia quovis populo in orbe terrarum superiores), alii propter amissam libertatem humiliorem sortiti conditionemi ad Mucritas qui dicuatur, Taugastensibus vicinissimos se contulerant, ad praelia ineunda tum propter quotidiana belli exercitia tum propter tolerantiam in periculis eximio animorum robore praeditos.[311]

라틴어에서는 'Mucri'라고 옮겼다.[312] 라틴어에서는 원래 [k] 소릿값(音價)을 표기할 때 a 앞에는 [k], e·i 앞에는 [c], o·u 앞에는 [q]를 썼으나 시간이 지남에 따라 u 앞의 경우를 빼고 모두 [c]로 통합되었다. 그러므로 Mucri를 소릿값에 따라 옮기면 Mukri 가 된다.

4. 파커(E. H. Parker)의 영어 번역(1896)

In the reign of Mauries the khan of the Turks sent envoys to announce his victories. This khan had subdued first th Abdeli, who ar also called Ephithalitae, and afterwards the Avars. Some of the defeated Avars betook Themselves to the inhabitants of Tangast, which is a famous city, 1,500miles distant from the Turks here spoken of, and on the borders of India. The barbarous people who occupied the country in the neighbourbood of Tangast were very populous an warlike. Other of the Avars fled to the people called <u>Moukri</u>, who were near the land of Tangast. Next the khan subdued the race of the Ogor, who were stuated towards the east, near the river Til, whch the Turks call 'Black'. The earliest chiefs of this race were called Var and Chunni, from which certain tribes obtained their names.[313]

이 영역본에서는 프랑스어 번역본과 마찬가지로 Moukri라고 했다는 것을 알 수 있다.

---

311) Immanuel Bekkerus, *Theophylacti Scimocattae Historiarum*, Libri Octo. Bonnae Impensis ed. Weberi, 1834, Ⅶ-7, 283쪽.
　　https://archive.org/details/theophylactisim01bekkgoog/page/n349/mode/2up
312) 다음에 볼 영어 번역자 마이클은 '본문이 어설프고 원문보다 더 애매하다'는 평가를 했다.
313) E. H. Parker, *The Origin of the Turks*, The English Historical Review, volume 11, 1896, pp.431~445.

5. 마이클(Michael)과 메리 위트비(Mary Whitby)의 현대 영어 번역(1986)

현대에 들어와서 피굴렙스카야(N. Pigulevskaja, Moskva, 1957)가 간단한 주를 달아 러시아말로 옮겼고, 가장 최근에 영어로 옮겨진 것이 1986년 마이클(Michael)과 메리 위트비(Mary Whitby)의 『테오필락트 시모캍타의 역사(The History of Theophylact Simocatta)』다.[314] 이 영역본은 주석이 아주 충실하다는 것이 특징이다. 번역은 마이클이 하였지만, 해설과 주석은 모두 바로 이 주제를 가지고 옥스퍼드에서 박사학위를 받은 메리 위트비의 학위논문을 바탕으로 하였기 때문이다.[315]

(10) For it is by a misnomer that the barbarians on the Ister have assumed the appellation of Avars; the origin of their race will shortly be revealed. So, when the Avars had been defeated (for we are returning to the account), some of them made their escape to those who inhabit Taugast.[316]

(11) Taugast is a famous city, which is a total of one thousand five hundred miles distant from those who are called Turks, and which borders on the Indians. The barbarians whose abode is near Taugast are a very brave and numerous nation, and without rival in size among the nations of the world.

(12) Others of the Avars, who declined to humbler fortune because of their defeat, came to those who are called Mucri; this nation is the closest neighbour to the men of Taugast; it has great might in battle both because of its daily practice of drill and because of endurance of spirit in danger.[317]

---

314) Michael and Mary Whitby(An English Translation with Introduction and Notes), "*The History of Theophylact Simocatta*," Oxford University Press, 1986, 서문 요약.

315) 이 박사학위 논문은 옥스퍼드에서 'The Emperor Maurice and his Historian'이란 이름으로 출판되었다.

316) Apart from the Avars who fled to the west, and whom Theophylact ignored because (as a result of his chronological error) he believed that these could only be Pseudo-Avars, others apparently fled east to China (Taugast) and the Korean peninsula (inhabited by the nation of the Mucri).

317) Michael and Mary Whitby(An English Translation with Introduction and Notes), "*The History of Theophylact Simocatta*," Oxford University Press, 1986, Book seven, 7-10~12.

파커의 영역본과는 달리 이 최신 영역본에서는 라틴어 번역과 같이 Mucri라고 했다.

[그림 53] Bekkerus 라틴어 번역본(1834)

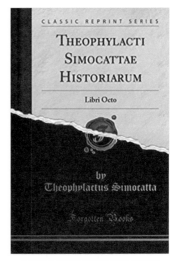

[그림 54] 라틴어 번역본 복사판(2018)

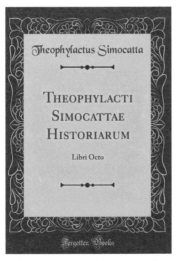

[그림 55] 라틴어 번역본 복사판(2019)

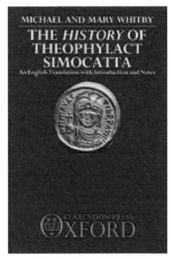

[그림 56] Oxford, 영어판(1986)

6. 글쓴이의 우리말 번역

글쓴이는 다른 언어에 약하기 때문에 가장 쉽게 할 수 있는 마이클 위트비의 영역본을 바탕으로 우리말로 옮겨 그 전체의 뜻을 보기로 한다.

(10) 이스터(다뉴브 하류)에 사는 야만인들을 아바르(Avars, 柔然)라고 부르는 것은 이름을 잘못 붙인 것이기 때문이다. 그 종족의 기원은 곧 드러날 것이다. (다시 본 계정으로 돌아와서) 아바르(Avars)가 패배했을 때 그들 가운데 일부는 타우가스트(Taugast)가 사는 곳으로 달아났다.

(11) 타우가스트는 튀르크(Turk)라 불리는 곳에서 1,500마일 떨어진 유명한 도시고, 인도와 국경을 맞대고 있다. 타우가스트 가까이 사는 그 야만인들은 매우 용감하고 많은 종족이 있어 전 세계에서 같은 규모의 나라 가운데서는 맞설 나라가 없었다.

(12) <u>패배하여 비천한 운명으로 떨어진 다른 아바르들은 무크리(Mukri)라고 부르는 곳으로 갔다. 이 나라는 타우가스트 사람들과 가장 가까운 이웃이었는데, 날마다 반복해서 훈련하고, 위험 속에서 견뎌 내는 인내심이 강하기 때문에 전투에서 엄청난 실력을 발휘한다.</u>

이 번역에서는 그리스어본 원형인 'Μουχρι'를 어떤 언어로 읽더라도 잘못 읽을 확률이 가장 작은 무크리(Mukri)라고 옮겼다.

II. 무크리(Mouxri)에 대한 연구사

이 기사에서 주제가 되는 것은 아바르(Avar)가 망한 뒤 일부가 무크리(Mouxri)로 갔다는 부분이다. 그러므로 아바르(Avar)와 무크리(Mouxri)에 대한 기초적 고찰이 필요하다. 그런데 유럽사에서 보는 아바르는 동아시아 역사와 연결점을 쉽게 찾을 수 없다.

아바르(Avar)는 그 기원과 말이 뚜렷하지 않은 민족으로 (6~9세기) 동유럽에서 아주 중요한 역할을 하였다. (6~8세기) 아드리아해와 발트해 사이, 엘베(Elbe)강과 드니프로(Dnieper)강 사이에 제국을 건설하였다. 558년 코카서스 지역에 살면서 게르만민족들의 전쟁에 개입하여 롬바르드족과 동맹을 맺어 비잔틴과 동맹을 맺은 게피다이(Gepidae)[318]를 무너뜨리고, 550년에서 575년 사이에 다뉴브강과 티사(Tisza)강 사이의 헝가리평원에 자리를 잡았다. 이 지역은 (아바르)제국의 중심이 되었고, 6세기 말에 절정에 이르렀다.[319]

---

318) 1세기 무렵 스웨덴 남부에서 발트해를 건너 그 대안(對岸) 지역으로 옮기고 2세기부터 3세기 말에 지금의 루마니아 북서부, 트란실바니아 북쪽에 정착하였다. 267년에 고트족 등과 함께 트리키아·그리스를 침략하고 269년에 크라우디우스 2세의 로마군과의 전투에서 크게 패퇴하였다. 453년에 훈왕국이 멸망하자 454년에 도나우강(江) 하류 다키아(루마니아)에 나라를 세우고(454~504), 같은 해 동(東)고트 판노니아의 네다오 강변에서 훈족을 궤멸하고 훈족의 상속자인 아틸라왕의 장자를 패사시킴으로써 훈족 멸망의 결정적 계기를 만들었다. 그러나 그들도 560년대 후반에 롬바르드·아바르족 연합군에 패배하여, 이후 아바르족에 흡수되었다. 게피다이[Gepidae](두산백과).

319) 「Avar people」, 『Encyclopædia Britannica』: Avar, one of a people of undetermined origin and language, who, playing an important role in eastern Europe (6th-9th century), built an empire in the area between the Adriatic and the Baltic Sea and between the Elbe and Dnieper rivers (6th-8th century). Inhabiting an area in the Caucasus region in 558, they

이처럼 기사의 내용 가운데 주제를 이루는 아바르에 대한 관점이 동양사와 많이 동떨어지기 때문에 그것을 연결하는 학자들 사이에 아바르와 무크리에 대한 관점이 많이 차이가 난다. 따라서 아바르를 역사상 어떤 나라로 볼 것인가, 동시에 무크리가 어떤 나라인가를 함께 검토해 볼 필요가 있다.

1. 죠셉 드 기느(Joseph de Guignes, 1721~1800): 메크리트(Mecrites)

그동안의 연구 결과를 보면 아바르가 유연(柔然, Róurán)이라는 연구 결과가 많다. '아바르(Avar)=유연(柔然)'이란 설을 가장 먼저 주장한 것은 프랑스의 죠셉 드 기느(Joseph de Guignes, 1721~1800)라는 동양사학자이다. 그는 위에서 본 동로마의 역사학자 테오필락티 시모칼타(Theophylacti Simocattae)의 기록과 중국의 사서를 비교 검토하여 그 공통점을 뽑아냈다.

테오필락티의 기록에 ① 돌궐(Türk)에 망한 이전의 아바르는 스키타이 가운데 가장 강력하였다. ② 아바르는 돌궐에 의해 망한 뒤 그 일부가 타우가스(Tau-gas)라는 나라와 무크리(Mukri)로 도망하였다. ③ 아바

[그림 57] 기느, 1757.

르의 군주는 카간(可汗)이라 부른다. 그런데 중국 사서에서 ① 유연이 돌궐에게 망하기 전에는 북적(北狄)에서 가장 강력하였다. ② 유연은 돌궐에 망한 뒤 그 일부가 서위(西魏)로 도망하였다. ③ 유연의 군주는 카간(可汗)이라고 불렀다.[320]

---

intervened in Germanic tribal wars, allied with the Lombards to overthrow the Gepidae (allies of Byzantium), and between 550 and 575 established themselves in the Hungarian plain between the Danube and Tisza rivers. This area became the centre of their empire, which reached its peak at the end of the 6th century.

320) Joseph de Guignes, *Histoire générale des Huns, des Turcs, des Mongols, et des autres Tartares occidentaux, &c.,*(vol. *II)*, Desaint & Saillant, 1757, 352쪽.
https://archive.org/details/histoiregnraled02guiggoog

죠셉 드 기느(Joseph de Guignes)는 또 Avar가 튀르크에게 망해 도망한 무크리(Mukri)를 메크리트(Mecrites)라고 했다.

> 타타르는 아주 다른 두 종족이 있었는데, 유럽 사람들은 같은 이름을 붙였다. 용감하고 숫자가 많은 진짜 아바르는 나중에 터키에게 멸망하여 일부는 중국으로, 일부는 메크리테스(Mecrites)로 물러났다. 가짜 아바르, 좀 더 정확히 Ogors 또는 Sogors는 Til강 가까이 살고 있었다.[321]

여기서 메크리테스=메크리트(Mecrites)는 메르키트(Merkit)를 말하는 것이다.[322] 학계에서 메르키트는 『신당서』 회흘전(回鶻傳)에 나오는 미열가(彌列哥)라고 본다.

> 동쪽으로 목마돌궐(木馬突闕) 3부락에 이르는데, 도파(都播)·미열가(彌列哥)·아지(餓支)라고 부르면 그 추장은 모두 이르킨(頡斤, Irkin)이라 했다. 자작나무 껍질로 집을 덮었고, 좋은 말이 많았다. 풍속에 나무로 만든 말을 타고 얼음 위를 달리고, 널빤지를 깔고 달리며, 굽은 나무로 겨드랑이를 받치고 쉽게 100보를 찰 만큼 기세가 빠르고 세차다.[323]

13세기 칭기즈 칸이 몽골을 세울 때 가장 먼저 정복했던 종족으로 몽골어로는 메르기트(Mergit)라 하고 『원사(元史)』를 비롯한 한자표기는 멸리길(滅里吉)이라고 하며, 『원조비사(元朝秘史)』에서는 멸어걸척(蔑兒乞惕)이라고 한다. 페르시아의 유명한 역사책 『집사(集史)』에서는 Markīt라고 했기 때문에 서양에서는 메르키트(Merkit)라고 많이 쓴다.

---

321) Joseph de Guignes, *Histoire générale des Huns, des Turcs, des Mongols, et des autres Tartares occidentaux, &c.,(vol. II)*, Desaint & Saillant, 1757, 352쪽. Il faut deftinguer dans la Tartarie deux peuples fort différens, auxquels les Européens ont donné le même nom. Les vrais Abares qui étoient braves & fort nombreux, & qui après avoir ète vaincus parles Turcs, fe retirerent en partie dans la Chine & en partie chez les Mecrites; les faux Awares ou plutôt les Ogors ou Sogors qui habitoient auprès du fleuve Til.

322) Les Mercrites, chez lesquels une partie des vrais Awares se retira, sont les Merkites, nation Tartare qui étoit campée proche les riviéres de Selinga, de Jenisea, d'Oby & d'Irtisch[진짜 아바르의 한 무리가 물러난 메크리테스(Mecrites)는 타타르의 메르키트(Merkit)로 셀렝가(Selinga), 예니세이(Jenisea), 오비(Oby), 이르티쉬(Irtisch) 강 가까이 자리 잡고 있다].

323) 『新唐書』 列傳 142(下) 回鶻傳(下). 東至木馬突厥三部落, 曰都播·彌列哥·餓支, 其酋長皆爲頡斤. 樺皮覆室, 多善馬, 俗乘木馬馳冰上, 以板藉足, 屈木支腋, 蹴輒百步, 勢迅激.

2. 요제프 마르크바르트(Josef Marquart, 1864~1930): 몽골(Mongolen)?

독일의 역사학자이며 동양학자인 요제프 마르크바르트(Josef Marquart, 1864~1930)는 '무크리(Mukri)'로 도망한 아바르에 대하여 '몽골'이라고 보았지만 이에 대해 완전한 주장은 하지 못하고 의문표를 붙였다.

여여(茹茹, Žu-žu)나 연연(蠕蠕, Žuan-žuan)[324], 즉 Avar (옛 돌궐에서는 Apar라 했다)는 1차 전쟁(552)과 2차 전쟁에서 패했다. 중국으로 도망간 유민(3000명)은 돌궐로 넘겨져 살해되었다. 그 나머지 (유연) 사람들은 무크리(Μουχρί, 몽골인? 7장 7-12)라는 종족에게 가 의탁하였다. 유연과 맞서고 난 뒤 Mo-kan-k'an((木杆可汗)은 바로 Je-ta(에프탈)을 쳐서 정복하였다.[325]

[그림 58] 마르크바르트, 1898.

여기서 보면 아바르(Avar)는 유연(柔然, Žu-žu)이나 연연(蠕蠕, Žuan-žuan)이라고 했지만, 무크리(Μουχρί)에 대해서는 몽골이 아닌가 하는 의문을 표시하고 있다. 몽골을 상정한 마르크바르트의 비정은 아주 비역사적이다. 왜냐하면, 몽골이란 12세기 이후에야 생긴 이름이기 때문이다. 뒤에서 더 자세히 보겠다.

처음에 마르크바르트는 이 Moukri를 Mongol?이라고 생각하였지만[326] 1903년 샤반이 물길(勿吉, 靺鞨)이라고 비정하자,[327] 마르크바르트도 거의 이 설로 기울어졌다.[328]

---

324) 유연(柔然)은 연연(蠕蠕), 예예(芮芮), 여여(茹茹)처럼 여러 가지 이름으로 불렸다.

325) J. Marquart, Historische Glossen zu den alttürkischen Inschriften, Wiener Zeitschrift für die Kunde des Morgenlandes. Bd.12, Wien, 1898, p.189. Der erste Feldzug gegen die Žu-žu oder Žuan-žuan(Avaren, alttürk. Apar) fällt in das Jahr 552, der zweite 553 und bald darauf ward der zu den Chinesen geflüchtete Rest (3000 Mann) an die Türken ausgeliefert und abgeschlachtet. Ein andere Theil der Nation hatte sich zu dem Volke Μουχρί (Mongolen? Kap. 7, 7.12) gerettet. Alsbald nach der Bewältigung der Žu-žu wandte sich Mo-kan-k'an gegen die Je-ta(Hephthaliten) und unterwarf sie.

326) T. Marquart, Historische Glossen zu den alttürkischen Inschriften, (W. Z. K. M. XII, 1898.) p.189. https://www.jstor.org/stable/23863489

327) Édouard CHAVANNES, Documents sur les Tou-kiue (Turcs) occidentaux, St. Petersbourg, 1903, p.230.

328) W. Bang & J. Marquart, Alttürkische Dialektstudien, AKGWG, Philologisch-Historische Klasse, N.F. Bd. XIII/1,

3. 1896년, 에드워드 하퍼 파커(Edward Harper Parker): 메르크리트?

에드워드 하퍼 파커(1849~1926)는 영국의 변호사이며 중국학자로 1·2차 아편전쟁을 비롯한 중국을 주제로 많은 책을 썼다. 중국에서 영국으로 돌아온 뒤 대학교수를 지냈다. 파커는 1896년 『튀르크의 기원』이란 책을 썼는데, 그 책에서 아바르(Avar)와 무크리(Moukri)에 관해서 이렇게 쓰고 있다.

[그림 59] 파커, 「돌궐의 기원」, 1896.

> 놀궐의 칸 노리스(582~602) 동치 시절, 칸이 그의 승리를 알리기 위해 사절을 보냈다. 이 칸은 먼저 압델리(Abdeli)를 정복했는데, (압델리는) 에프탈(Ephthalitae)이라고도 부르고 나중에는 아바르(Avars)라고 불렀다. 패망한 아바르들은 튀르크에서 1,500마일 떨어지고 인두와 국경을 접하고 있는 타우가스트(Taugast) 주민들에게 갔는데, 그 나라를 점령하고 있는 야만족들은 인구가 아주 많고 아주 호전적이다. 다른 아바르족들은 타우가스트 나라 이웃에 있는 무크리(Moukri)라 부르는 민족에게 달아났다. 다음 칸은 동쪽으로 돌궐이 '검은(강)'이라 부르는 틸(Til)강 가까이 있는 Ogor종족을 정복하였다. 이 종족의 첫 우두머리는 바르(Var)와 춘니(Chunni)라고 부르는데, 여러 부족이 이 이름을 따서 썼다.[329]

그는 먼저 압델리(Abdeli)=엽탈(嚈噠)=에프탈(Ephthalitae)=아바르(Avars)라고 주장한다. 본문에서 "압델리(Abdeli)=에프탈(Ephthalitae)=아바르(Avars)이라고 주장하였는데, 주석에서 압델리(Abdeli)라는 낱말은 중국어의 엡탈(嚈噠, 또는 지금도 한국인이 그대로 발음하고 있는

Berlin, Weidmannsche Buchhandlung, 1914, p.87~88.

[329] E. H. Parker, *The Origin of the Turks*, The English Historical Review, volume 11, 1896, pp.444~445. https://archive.org/details/OriginsOfTheTurks?q=

Moukri In the reign of Maurice the khan of the Turks sent envoys to announce his victories. This khan had subdued first the Abdeli, who are also called Ephtholitae, and afterwards the Avars. Some of the defeated Avars betook themselves to the inhabitants of Tangast, which is a famous city, 1,500 miles distant from the Turks here spoken of, and on the borders of India. The barbarous people who occupied the country in the neighbourhood of Tangas were very populous and warlike. Others of the Avars fled to the people called **Moukri**, who were near the land of Tangast. Next the khan subdued the race of the Ogor, who were situated towards the east, near the river Til, which the Turks call 'Black.' The earliest chiefs of this race were called Var and Chunni, from which certain tribes obtained their names.

엽달)이다."라고 했으며, "그의 선조인 무칸(Mukan, 553~572)의 승리를 자랑한 것으로 보인다. 중국에서는 그 시기의 에프탈에 대한 언급이 없다. Yüe-pan은 아바르족 같은데, 앞에서 본 것처럼 확신하기 어렵다."라고 했다.[330] 결국 아바르는 예프탈이고 한자로는 엽탈(囈噠)이라는 것이다.

앞에서 본 죠셉 드 기느나 마르크바르트는 아바르가 유연(柔然)=여여(茹茹)=연연(蠕蠕)이라고 주장하였지만 파커는 에프탈이라고 주장하는 것이다. 에프탈은 5세기 중엽부터 7세기 중반까지 투르키스탄과 아프가니스탄을 통일한 민족이다. 에프탈 3세(재위 484~545) 때에는 인근의 30여 개 부족을 지배할 만큼 위력이 강했다. 페르시아 사산왕조와 이웃하고 있었기 때문에 처음에는 사산왕조에 협력하여 동로마 영토를 침공하였고 이로 인해 광대한 영토를 획득하였다. 나중에는 사산왕조와 돌궐의 무칸 카간(木杆可汗) 연합군에 의해 567년에 멸망하였다.

한편 무크리(Moukri)의 메르크리트설에 대해서도 회의를 나타낸다.

> 무크리(Moukri)는 메르크리트(Mercrits)일 수 있다. 그러나 죠셉 드 기느(Joseph de Guignes)가 말하는 메르키트(Merkits, vol.ii, p.352)나 호워드(Howorth, vol. I. p.22)가 말하는 메르크리트(Mercrits)는 찾을 수가 없었다. 한문(자료)에도 그런 이름은 없다.[331]

자신의 정확한 대안을 제시할 수 없었기 때문에 강력하게 부정하지는 못했으나 위두 사람의 주장을 긍정할 수 없다는 의견을 분명하게 제시한 것이다.

---

330) E. H. Parker, *The Origin of the Turks*, The English Historical Review, volume 11, 1896, p.444. The word Abdeli is quite compatible with the Chinese 'Yep-tal(or Öptal, as the Coreans still Pronounce it). It looks as though the khan were boasting of his ancestor Mukan's victories, as the Chinese say nothing of the Ephithalites at this date. The Yüe-pan may be the Avars, but, as we have seen, it is difficult to be certain.

331) E. H. Parker, *The Origin of the Turks*, The English Historical Review, volume 11, 1896, p.445. the **Moukri** may be the Mercrits, but I have never been able to discover whom Deguignes(vol.ii, p.352) and Howorth(vol. I. p.22) mean by the Merkits or Mercrits. The Chinese have no such name.

4. 1903년, 에드와르 샤반(Édouard Chavannes): Mukri=물길(勿吉, Muki)

1900년대에 들어서면서 프랑스의 에드와르 샤반(Édouard Chavannes)은 이런 마르크바르트설을 부정하고 'Mukri=물길(勿吉, Muki)'이라고 주장하였다.

테오필락투스 시모칼타(Theophylactus Simocatta, VII, 7)에 따르면, 스키타이 나라들 가운데 가장 첫 국가인 진짜 아바르(Avars)는 돌궐에 패하여 그 일부 주민들이 타우가츠(Taugats)로, 일부는 무크리(Moukri)로 피난하였다. 타우길(Taugat), 더 정확히는 타우가츠(Taugats)는 튀르크 사람들이 Chinois에게 지어 준 이름이다. 무크리(Moukri)는 아마 Chinois가 무키(Mou-ki)라 부르고, 나중에 Mo-ho라고 부른 퉁구스족 사람들일 것이다.[332]

[그림 60] 샤반, 서돌궐, 1903.

샤반은 무키(Mou-ki)에 다음과 같은 주를 달았다.

무키(Mou-ki)라는 철자법은 『북사(北史)』에 나온다. "물길(勿吉)나라는 고구리(高句麗) 북쪽에 있는데 말갈이라고도 한다."[333]

바로 『북사(北史)』 말갈전에 나오는 "勿吉國在高句麗北, 一日靺鞨"[334]이란 문장을 그대로 프랑스말로 옮긴 것이다. 이 샤반의 말갈설은 많이 인용되었고, 앞에서 본 마르

---

332) Édouard CHAVANNES, Documents sur les Tou-kiue (Turcs) occidentaux, St. Petersbourg, 1903, p.230. D'après Théophylacte Simocatta (VII, 7), les véritables Avares, qui étaient réputés la première des nations scythiques, furent vaincus par les Turcs et leurs débris se réfugièrent, les uns chez les habitants de la ville de Taugast, les autres chez les Moukri. Taugast, ou plus exactement Taugats, est le nom que les Turcs donnaient aux Chinois; quant aux Moukri, ils sont vraisemblablement le peuple de race tongouse que les Chinois appelaient alors Mou-ki et qu'ils appelèrent plus tard MO-ho.

333) Édouard CHAVANNES, Documents sur les Tou-kiue (Turcs) occidentaux, St. Petersbourg, 1903, p.230. L'orthographe Mou-ki apparaît dans le Pei che (chap. XCIV, p.7 r°): 《Le royaume des Mou-ki est au nord du Kao-keou-li; ou l'appelle aussi Mo-ho.

334) 『北史』 권94, 열전 82. 勿吉國在高句麗北, 一日靺鞨.

크바르트335)처럼 몽골이나 메리크리트설을 주장하던 학자들도 많이 이 설로 돌아서게 되었다. 당시 유럽 학계에서 샤반의 권위는 그만큼 높았다.

5. 1936년, 이와사 세이이치로(岩佐精一郎)의 고구리(高句麗)론

동로마의 『역사』에 나온 'Moukri는 고리(高麗)'라고 강력하게 주장한 것은 일본의 이와사 세이이치로(岩佐精一郎, 1911~1935)다. 이 문제는 주로 돌궐사를 연구하는 학자들이 다루었는데, 아시아 학자들은 주로 한적(漢籍)을 위주로 하고 돌궐의 비문들을 보조 자료로 사용하는 데 반해 유럽 학자들은 거꾸로 돌궐의 비문을 위주로 하고 한적을 보조 자료로 사용하는 경향이 있었다. 가장 많이 연구된 것은 앞 장에서 보았지만 코쇼 차이담에서 발견된 돌궐 비문이다. 이 돌궐 비문에 대해서 아주 뛰어난 논문이 이와사 세이이치로(岩佐精一郎)의 연구 결과다. 그는 돌궐에 대해 논리를 전개하는 과정에서 동로마의 『역사』에 나온 Moukri를 증빙자료로 쓴다.

> 그렇지만 단지 돌궐 비문에 나온 Bökli만이 고구리(高句麗)에 비정하는 것은 아니다. 아니, 이를 더 증명해 줄 수 있는 것으로 동로마의 역사가 Theophylactus Simocatta(Ca 580~630 A.D.)가 전하는 Moukri(μουκρι)라는 부족도 역시 다분히 고구리(高句麗)임이 틀림없다. …… 이 민족이 사는 땅은 지나(支那)에 아주 가깝고 호전적인데, 돌궐에 패한 연연(蠕蠕)의 남은 무리가 이 민족의 곁으로 달아나 이들이 연합하였다는 것을 볼 수 있다.336)

이와사는 지금까지 유럽 학자들이 주장한 몽골설이나 말갈설에 대해 비판하면서 동로마의 『역사』에 나온 내용은 한적(漢籍)에 나온 고구리(高句麗) 말고는 있을 수 없다

335) W. Bang & J. Marquart, Alttürkische Dialektstudien, Berlin, 1914, 87~88쪽.
336) 岩佐精一郎, 「古突闕碑文のBökli及びParPurumについて」, 『岩佐精一郎遺稿』, 岩佐伝一, 1936, 67쪽. 併し, 啻に突厥碑文のBökliが高句麗に比定されるのみではない. 否, 更に之を證據付けるものとして, 東羅馬の史家Theophylactus Simocatta(Ca 580-630 A.D.)(40)の傳ふるMoukri(μουκρι)なる部族も亦恐らく高句麗であるに相違ない. …… 此の民族の住地が支那に頗る近く好戦的で, 突厥に敗れた蠕蠕の餘衆が此の民族の許に奔り込んで之とを連合したと云ふ事が見えてゐる.

고 확신한다.

　　그러나 그때 돌궐인이라고 하는 타타르(Tatar)의 일부인 몽골이 나올 수 없고, 또 말갈과 Moukri와는 음이 서로 통하지 않을 뿐 아니라 당시 특히 세력이 강해 무력을 떨치는 민족도 아니고, 나아가 지나(支那)에 아주 가깝다고 할 수도 없으며, 북제(北齊)·북주(北周)의 땅과 북만주와는 꽤 거리가 멀다. 그러므로 <u>이 내용과 서로 맞는 단 하나의 민족은 고구리(高句麗) 말고 있을 수가 없다.</u> 대체로 그 위치가 지나에 가까울 뿐 아니라 고구리(高句麗)는 「多大山深谷_無原澤_隨山谷以爲居_食澗水_無良田_雖力佃作_不足以實口腹_其俗節食」라고 했고, 「其人性凶急_喜冦鈔」하고 「國人有氣力_習戰鬪」하다(『三國志』魏志 卷30, 東夷傳)고 한사(漢史)가 전하는 것은 바로 이 비잔틴 사가의 기록에 딱 들어맞는다.[337]

　　유럽 학자들이 돌궐사를 연구하면서 서돌궐은 유럽사 측면에서, 그리고 동돌궐은 주로 몽골사란 측면에서 연구하는데, 이와사가 이 부분을 비판한 것이다. 왜냐하면, 돌궐사에서 다루는 6~8세기에는 몽골이란 나라가 존재하지도 않았기 때문이다. 몽골은 1206년 테무진이 현재 몽골지방의 동부를 흐르는 아무르강의 지류인 오논 강변에서 부족 연합의 군장인 칭기즈 칸으로 추대되면서 처음 비롯되었다.[338] 그런데 어떻게 그보다 몇백 년이나 앞선 돌궐사에서 몽골이란 나라 이름이 등장할 수 있겠

---

[337]　岩佐精一郎,「古突闕碑文のBökli及びParPurumについて」,『岩佐精一郎遺稿』, 岩佐伝一, 1936, 67쪽. 幷し此の頃突厥人の云ふTatarの一部であるMongolが出る筈はなし、又靺鞨とMoukriとでは畕に音の相通じないのみならず、當時特に偏強で武を輝かした民族でもなく、況して支那に甚だ近いなどとは固より云はるべきでない。マルクワルト氏は此の甚だ近いといふ語は餘り文字通りに解すべきでないと云つてゐるが、北齊北周の地と北滿洲とでは餘りに遠さが甚しい。で此の所傳に合致する唯一の民族は高句麗以外にはあり得ないと考へる。盖し其の位置が支那に隣つてゐるのみでない、高句麗が「多大山深谷_無原澤_隨山谷以爲居_食澗水_無良田_雖力佃作_不足以實口腹_其俗節食」と云ひ「其人性凶急_喜冦鈔」とあり、「國人有氣力_習戰鬪」と見える漢史の所傳(46)は正に此のビザンツ史家の記録に符節を合せてゐる。
　　　　http://otuken.world.coocan.jp/reference/bokli.htm
[338]　현재 한국에서 많이 읽히고 있는 르네 그루쎄(René Grousset)의 『유라시아 유목제국사』(김호동·유원수·정재훈 옮김, 사계절, 1998)를 보면 유럽 학자들의 인식을 쉽게 알 수 있다. "540년 초원의 제국은 튀르크-몽골계 영역으로 분할되어 있었다. 몽골계인 유연은 만주 경계에서 투르판(심지어 발하쉬 호 동단)까지, 또 오르콘 강에서 만리장성까지 이르는 몽골리아를 지배했다. 역시 몽골계인 에프탈은 율두즈 강(카라샤르의 북방) 상류로부터 메르브까지, 발하쉬 호와 아랄 해로부터 아프가니스탄과 편잡의 심장부까지 미치는, 즉 현재의 세미레체에, 러시아령 투르키스탄, 소그디아나, 동부 이란, 카불 등지를 지배했다." 이 문장을 보면 마치 돌궐시대인 6세기에 몽골리아가 있고, 몽골계가 존재한 것처럼 생각하게 된다. 물론 역사적으로 당시는 몽골리아도 몽골계도 없었다.

샤반의 물길설에 대한 반박은 다음 3가지다.

① Moukri와 말갈의 음인 무키(Mou-ki)나 모호(Mo-ho)와 음이 통하지 않는다.
② 지나(支那)에서 멀리 떨어져 있다.
③ 따라서 동로마에서 나온 『역사』에 들어맞는 것은 고구리(高句麗)뿐이다.

여기서 ①의 음에 관한 논의는 샤반이 말하는 무키(Mou-ki)가 고구리(高句麗)나 이와사가 주제로 삼고 있던 뵈클리(Bökli)와 비교했을 때 오히려 샤반의 설이 더 무리가 없다고 볼 수 있다. ②번에서 이와사가 기준을 지나(支那)**340)**로 잡은 것은 아바르가 망할 때의 위치를 중원 북부지역으로 생각하였고, 중원과 아바르의 동쪽 끝은 고구리(高句麗)에 접하고 있고, 말갈은 그 고구리(高句麗)의 동북쪽에 있으므로 아바르가 고구리(高句麗)를 넘어 말갈까지 도망갈 수 없기 때문이다.

이러한 이와사의 주장을 검증하기 위해서 테오필락투스가 『역사』에서 Moukri를 어떻게 설명하였는가를 다시 새겨 볼 필요가 있다.

(12) 패배하였기 때문에 비천한 운명으로 떨어진 다른 아바르들은 무크리(Mukri)라고 부르는 곳으로 갔다. 이 나라는 타우가스트 사람들과 가장 가까운 이웃이었는데, 날마다

---

339) 이와 같은 유럽 학자들의 단순한 개념 규정이 현재도 크게 영향을 미친 보기가 바로 몽골로이드(Mongoloid)라는 개념이다. 그래서 한국 사람들도 몽골과 같은 계통이라고 오해하는 사람들이 많다. 그러나 한국의 역사를 보면 기원전 옛조선을 비롯하여 5,000년 역사를 가졌는데 어떻게 1206년에 생긴 몽골의 후손이 되겠는가? 몽골로이드(Mongoloid)란 인류학이 처음 생겨날 때 형태인류학에서 인류를 나누기 위해 만든 개념 가운데 하나이다. 1775년 독일의 인류학자 요한 프리드리히 블루멘바흐(Johann Friedrich Blumenbach, 1752~1840)가 인류를 5가지 인종, 곧 코카시아(백인종), 몽골리카(황인종), 에티오피카(흑인종), 아메리카나(적색인종), 말라이카(茶色인종)으로 나누어 생긴 이름이다. 그 범위가 동아시아, 동남아시아를 중심으로 중앙아시아·남북아메리카 대륙·태평양 섬들, 심지어 아프리카 마다가스카르까지 포함되는 광범위한 개념이다. * 자세한 내용은 서길수 『아시아의 진주 알타이』(학연문화사, 2009) 91쪽 이하「알타이는 우리에게 무엇인가」 참조.

340) 지나(支那)는 일본 제국주의 시대 학자들이 중국(中國)이란 높임말을 쓰지 않고, 그 대신 진(秦)나라의 산스크리트음인 치나(Cina)를 한자로 옮겨서 쓴 것이다.

반복적인 훈련을 실시하고, 위험 속에서 견뎌 내는 인내심이 강하기 때문에 전투에서 엄청난 실력을 발휘한다.

여기서 테오필락투스가 쓴 무크리의 특징은 두 가지다.

① 타우가스트와 가장 가까운 이웃이다.
② 날마다 반복적인 훈련을 실시하고, 위험 속에서 견뎌 내는 인내심이 강하기 때문에 전투에서 엄청난 실력을 발휘한다.

먼저 타우가스트와 가장 가까운 이웃이다. 이와사는 유럽 학자들이 주장해 온 아바르(Avar)=유연(柔然, 蠕蠕)론은 그대로 받아들였지만, 한적(漢籍)에 그 내용이 나오지 않는다는 점을 인정한다. 그리고 그 부분은 다음과 같은 논리로 보강한다. 좀 긴 내용이지만 중요하기 때문에 그대로 옮겨 본다.

제(齊)로 도망간 연연(蠕蠕)의 남은 무리가 북제 천보(天保) 3년(552) 제(齊)의 후원으로 북쪽으로 돌아가면서 그의 우두머리 철벌(鐵伐)이 거란에 살해되고 다음 해 12월 돌궐의 세찬 공격을 받자 남쪽으로 달아나 간신히 제(齊)의 구원을 받았다.341) 그들이 색외의 동남 언저리에 자리 잡았다고 추측할 수 있고, 여기에도 하나의 가능성이 보이지만, 문제는 오히려 같은 (연호) 5년(554) 3월 마읍주(馬邑州)에서 반란을 일으켜 북쪽으로 달아난 연연의 우두머리 암라진(菴羅辰) 일당의 행동에 있다. 그는 사주(肆州)를 공격했지만, 오히려 황화퇴(黃花堆)에서 크게 패하고 다시 제(齊)나라 왕의 추격을 받아 동쪽으로 옮겨 멀리 달아난 그들이 마지막으로 나타난 것은 갑자기 제(齊)의 동북쪽 끝에 가까운 영주(營州) 지역의 서쪽이었다. 여기서 (영주)자사 왕준(王峻)의 복병을 만나 명왕 등342) 수십 명

---

341) [원자료 주]『北齊書』卷4, 文宣帝, 天保三年二月, 四年二月, 十二月條。

342) [원자료 주]『北齊書』卷25 王峻傳. 營州地接邊城, 賊數為民患. 峻至州, 遠設斥候, 廣置疑兵, 每有賊發, 常出其不意要擊之, 賊不敢發, 合境獲安. 先是刺史陸士茂詐殺失韋八百餘人, 因此朝貢遂絕. 至是, 峻分命將士, 要其行路, 失韋果至, 大破之, 虜其首帥而還. 因厚加恩禮, 放遣之. 失韋遂獻誠款, 朝貢不絕. 峻有力焉. 初茹茹主菴羅辰率其餘黨東徙, 峻度其必來, 預為之備. 未幾, 菴羅辰到, 頓軍城西. 峻乃設奇伏大破之, 獲其名王鬱久閭豆拔提等數十人, 送於京師. 菴羅辰於此遁走. 帝甚嘉之. [五]遷祕書監.

을 잃고 달아난 뒤 암라진(菴羅辰) 등의 말로가 어떻게 되었는지 그 소식은 명확하게 할 수가 없다.[343]

그러나 남쪽에 제(齊)의 단단한 수비가 기다리고, (고비)사막 북녘은 돌궐의 공격으로 패하여 쇠잔해진 나머지 무리들은 요서의 조양(朝陽) 부근으로 어지럽게 달아나 그 자취가 끊어졌다고 하면 본디 산간에 의지할 곳도 없는 기마민족이기 때문에 전부는 아니라 해도 그들의 주력은 요서에서 고구리(高句麗)로 달아나 숨은 것이었다.

이렇게 생각해야지만 Taugast에 들어간 일부가 마지막에 돌궐의 세찬 공격을 이기지 못하고 회삭(懷朔)·옥야(沃野) 같은 여러 진의 북쪽에서 남쪽으로 내려와 북주(北周)로 달아난 연연(蠕蠕)의 남은 무리는 서부 등숙자(鄧叔子) 같은 여러 부(部)를 가리키고, 한편 **Moukri로 들어간 다른 부(部)란 앞에서 본 암라진(菴羅辰)의 여러 부를 말하는 것으로** 해야 테오플릭투스의 전기가 지나(支那)의 사서와 완전히 맞아떨어진다고 하는 것은 위험한 일이지만 적어도 테오플릭투스가 전하는 사실이 고구리(高句麗)였다는 것은 승인할 수 있다고 본다. 관계되는 전기와 일치하는 것 말고도 움직일 수 없는 증거는 동로마 사람이 돌궐에서 전한 Moukri라는 이름은 분명히 돌궐 사람 스스로 말하는 Bökli라는 이름을 소리 나는 대로 옮긴 것이지 않으면 안 된다.[344][345]

---

343) [원자료 주]『北齊書』卷25, 王峻傳。우리가 아는 연연(蠕蠕)의 말로는 나중에 주(周)로 도망갔다가 살해된 서방의 별부(別部)인 등숙자(鄧叔子) 등에 관한 것에 불과하다.

344) [원자료 주] 突厥語에서 [b]와 [m] 두 음이 바뀌어 변하는 것(轉化)에 대해서는 orthographie에 나온다(Radlov, Alttürkische Studien V. i, Die alte norddialekt, S. 431-432). [ou=u]는 [i]와 잘 어울리지 않기 때문에 아마 돌궐에서 동로마 사람에게 전해질 때 후자에 의해 [ö]가 [ou]로 변했을 것이다.

345) 齊に奔つた蠕蠕の餘衆が北齊天保三年, 齊の後援で北還せんとし乍ら, 其の主鐵伐は契丹に殺され, 翌年十二月突厥の猛撃に遇つて南奔, 辛うじて齊に救はれた(47)。彼等が塞外の東南陲に據れること推測すべく, 茲にも一の可能性を見るが, 問題は寧ろ同五年三月馬邑州に叛して北遁した蠕蠕主菴羅辰一黨の行動にある。其の肆州を衝いて, 却つて黄花堆に大敗し, 更に齊主の迫撃を受けて東遷遠遁した彼等が, 最後に現はれるのは突如齊の東北近邊營州の城西であつて, 茲に刺史王峻の伏に遭ひ, 名王數十人を喪つて遁走した以後, 菴羅辰等の末路は如何であつたか, 其の消息を明確にする事が出來ない(48)。併し乍ら南に齊の堅壘を控へ, 漠北一帶を突厥に掩はれた敗殘衰餘の彼等遺薛が遼西の朝陽附近に潰走し, 其の跡を絶つたと云ふならば, 固より山間に倚るべくもない騎馬民族だから, 假令全部ではない迄も, 彼等の主力は遼河下流の平原に奔つて高句麗に賴る外は無かつたに相違ない。古來匈奴や宇文逸豆歸·北燕の馮弘·魏末の流民等は何れも遼西より高句麗に遁民してゐる。さう考へてこそTaugastに入つた一部とは最後に突厥の猛撃に支へ得ず, 懷朔·沃野諸鎭の北から南下して北周に奔入した蠕蠕餘黨の西部鄧叔子の諸部を指し, 他方Moukriに入つた別部とは前の菴羅辰の諸部を云ふとして, テオフィラクトスの傳が支那の史籍と全く一致する事となるであらう假りに茲まで云ひ切る事は危險であるにしても, 少くもテオフィラクトスの所傳の事實が高句麗にあつた事は承認出來ると思ふ。かる所傳の一致を外にしても, 動かすべからざる證據は東ローマ人が突厥から傳へたMoukriの名は瞭かに突厥人自身が云ふBökliの名稱の轉音である事でなければならぬ。

돌궐에 멸망한 아바르, 곧 유연(柔然, 蠕蠕) 가운데 한 무리는 북제(北齊)로 들어갔다고 했다. 그렇다면 Taugast란 바로 북제를 이야기하는 것이다.[346] 북제(北齊, 550~577)는 중국 남북조시대(439~589) 선비족 고씨(高氏)가 건국한 왕조이다. 국호는 제(齊)이지만 남조의 남제(南齊, 479~502)와 구별하기 위해 북제라고 불렀다. 이와사는 『북제서』를 바탕으로 유연의 유민 가운데 암라진(菴羅辰)의 여러 부가 동쪽으로 이동해 조양진까지 간 것을 바탕으로 그다음 조양에서 가까운 고구리(高句麗)로 들어갔다고 연결한 것이다.

한편 "② 날마다 반복적인 훈련을 하고, 위험 속에서 견뎌 내는 인내심이 강하기 때문에 전투에서 엄청난 실력을 발휘한다."라는 내용에 대해 결정적인 증거로 제시한 것이 『삼국지(三國志)』의 기록이다. 『삼국지(三國志)』에서 뽑은 내용은 다음 3가지다.

① 큰 산과 깊은 골짜기가 많고 넓은 들은 없어 산골짜기에 기대 살면서 산골의 물을 먹을 물로 쓴다. 좋은 밭이 없어 힘들여 농사를 지어도 배를 채우기 어렵기 때문에 음식을 아껴먹는 습속이 있다. …… ② 그 나라 사람들은 성질이 흉악하고 노략질을 좋아한다. …… ③ 사람들은 힘이 세고 싸움(戰鬪)을 되풀이하여 익힌다(習). 이 가운데 "③ 사람들은 힘이 세고 싸움(戰鬪)을 되풀이하여 익힌다(習)."라고 한 부분과 연결하였다.

이와사 세이이치로(岩佐精一郎, 1911~1935)는 24살이라는 젊은 나이에 요절했지만, 그의 깊고 빈틈없는 연구성과는 그 뒤 이 분야 연구에 큰 이정표가 되었다.

6. 1937년 펠리오(Pelliot)와 1940·1952년 헤닝(W. B. Henning)의 무크리(Μουχρι)

이와사(岩佐)의 연구 결과가 1936년 유고로 출간되자 그 뒤 연구자들에게 큰 영향

---

346) 앞에서 이용성이 논문에서 말하는 'tabgač=북제'라는 주장과 일치한다.

을 미친다. 이 연구 결과를 가장 먼저 활용한 것은 폴 펠리오다. 1937년 발행된 산스크리트-중국어 사전(Deux lexiques sanskrit-chinois)의 **Mukuri**를 설명하면서 '무크리(Μουχρι)=산스크리트 무꾸리(Mukuri)=티베트어 무글릭(Muglig)=뵈클리(Bökli)'라는 것을 밝힘으로써 일반화되기 시작한다.[347]

3년 뒤 헤닝도 '무크리(Μουχρι)=산스크리트 무꾸리(Mukuri)=티베트어 무글릭(Muglig)=뵈클리(Bökli)설'을 확립한다. 월터 브르노 헤닝(Walter Bruno Henning, 1908~1967)은 독일 출신 동양학자인데, 특히 중기 이란의 여러 언어와 마니교 연구로 잘 알려져 있다. 그는 1940년에 이미 『Sogdica』라는 책에서 '무크리(Μουχρι)=산스크리트 무꾸리(Mukuri)=티베트어 무글릭(Muglig)'에 대해서 언급하였다.[348]

헤닝은 1950년 이란 정부의 초청으로 이란에서 현장 조사 업무를 맡았는데, 이때가 보기 어려운 곳에 있는 팔라비(Pahlavi)로 쓰인 바위 표면 비문을 많이 연구할 수 있었다.[349] 이때 「악-아카테란 카간에게 작별 인사(A Farewell to the Khagan of the Aq-Aqatārān)」란 논문을 써서 런던대 동양·아프리카학회 기관지에 실었는데, 논문 서문에 나오는 아바르(Avars) 카간에 대한 긴 주석에서 **Mukri**를 비롯한 고리(高麗) 나라 이름 4가지를 모두 같은 뜻으로 연결하였다. 이것은 1950년 초 학자들의 인식을 그대로 반영하는 것이다.

D. Sinor는 그의 논문 「5세기 민족 이동(Autour d'une migration de peuples au ve siècle」 (J.A., 1946~7, 34쪽)에서 아바르(Avars)가 유연(柔然, Žuan-žuan)이라는 것에 대해 의문을 제기했으나 글쓴이는 아바르=유연설이 확고하게 정립된 것이라고 본다. 내가 보기에 그 밝혀진 사실은 튀르크 밑에서 억압받던 아바르의 패망에 관한 이야기로, 테오필락투스 시모칼타(Theophylactus Simocatta, vii, 7)에 따르면 아바르의 유민들이 탑가스트(Tavγást)와 무크리(Μουχρι)로 달아났다고 했는데, 내가 지금 알고 있는 것으로는 (북)중국과 고리 (高麗, Korea)다. 이는 유연의 역사에 잘 들어맞는 것이고 아바르가 우랄의 주변에 있었다

---

347) Prabodh Chandra Bagchi, "Deux lexiques sanskrit-chinois", Librarie Orientaliste Paul Geuthner, 1937, 2권, 총 348쪽.

348) W. B. Henning, "Sogdica", London, Royal Asiatic Society. 1940, 7쪽.

349) 1961년 이후에는 세상을 뜰 때까지 미국 캘리포니아대 버클리에서 이란학 교수로 지냈다.

는 가능성을 배제하는 것이다.

아직까지 이 이름이 오르콘의 비문에서도 뷔클리(Bökli)나 뷔클리(Bükli)라는 이름으로 발견되어 있다는 사실을 모르고 있었다. 부민 카간(i E 4 - ii E 5)의 죽음을 조문하기 위해 온 나라들의 명단이 뷔클리 횔릭 일(Bükli čölig il)[톰슨은 '먼 뷔클리 민족(das ferne Bökli Volk)'이라 했다]부터 시작하여 타브가츠(Tavγač, 拓拔)로 이어지고, 그 명단은 동쪽(öň.rä kün toγsiqda)에서 시작되며, 뷔클리 카간(Bükli qayan, i E 8=ii E 8)이 적군들 가운데 가장 먼 동쪽에 있고, 튀르크가 옛날 중국의 명령에 따라 그 나라와 싸웠던 사실을 모르고 있었다(Schaeder, Iranica, 39, n. 6 참조). 따라서 테오필락투스(Theophylactus)가 재현한 튀르크 보고서에서 아바르가 타브가스트(Tavγáστ/Ταbγač)와 무크리(Μουχρi/Bükli)로 도망갔다고 공표할 때 우리는 '우리의 동쪽의 (주로 적대적인) 이웃으로'라고 이해해야 했다.[350]

7. 한국에서의 연구 성과

한국에서는 노태돈이 돌궐 비문을 논하면서 간단히 소개하고 있고,[351] 우덕찬도

---

350) W. B. Henning, "A Farewell to the Khagan of the Aq-Aqatärän", Bulletin of the School of Oriental and African Studies, University of London, 14/3, Studies Presented to Vladimir Minorsky by His Colleagues and Friends, London, 1952, pp.501~522. D. Sinor, in his paper *Autour d'une migration de peuples au ve siècle, J.A.*, 1946~7, 34 sqq., has thrown doubt upon the identity of the Žuan-žuan with the (true) Avars, which I continue to regard as firmly established. The determining factor, it seems to me, is the story of the defeat suffered by the true Avars at the hands of the Turks, Theophylactus Simocatta, vii, 7. According to it, the remnant fo the Avars flee to *Tavγást* and the *Μουχρi* : we know now that these are the name of (Northern) China and Korea. This fits well with the history of the Žuan-žuan, but excludes the possibility of placing the Avars in the neighbourhood of the Ural. -On *Μουχρi* = Skt. *Mukuri* = Tibetan *Muglig* see Pelliot apud Bagchi, *deux Lexiques*, ii, 348, cf. my *Sogdica*, p.7. It has not so far been recognized that this name is found also in the Orkhon inscription, in the form *Bökli* or rather *Bükli*: the list of the nations that came to mourn the passing of Bumin qayan(i E 4-ii E 5) opens with *Bükli čölig il*(Thomsen 'das ferne *Bökli* Volk') and kontinues with *Tavγač*; the list began in the east(*öňrä kün toγsiqda*); the *Bükli qayan*(i E 8 = ii E 8) had been the easternmost of the enemies with whom the Turks had had to fight, in former times, at the behest of the Chinese(on this passage see Schaeder, *Iranica*, 39, n. 6). Thus when the Turkish report reproduced by Theophylactus declared that the avara fled to *Tavγáστ/Tabγač* and *Μουχρi/Bükli*, we shoud understand 'to our eastern(mainly hostile) neighbours'. http://www.jstor.org/stable/609112.

351) 노태돈, 『고구려사연구』, 사계절, 1999, 536~537쪽.

논문에서 간단히 소개하고 있다.[352] 최근 김병호도 돌궐 비문을 논하면서 간단히 자료를 소개하는 선에서 끝났다.[353]

---

352) 우덕찬, 「6-7세기 고구려와 중앙아시아 교섭에 관한 연구」, 『韓國中東學會論叢』 제24-2호, 2003, 241~242쪽.

353) 김병호, 「오르혼 옛 튀르크語 비문과 한반도의 옛 이름 - 퀼 테긴 碑와 빌개 카간 碑에 나타나는 'Bökli' 해석 -」, 동북아역사재단 『東北亞歷史論叢』 (42), 2013, 22쪽.

Ⅲ. 시모칼타(T. Simocattae)의『역사(Historiarum)』와 나라 이름 무크리(Mouxri)

1. 유연과 고리(高麗)

이와사 세이이치로(岩佐精一郎)가 1936년[354] 'Moukri=고구리(高句麗)'란 논문을 쓴 뒤이 주제를 연구하는 학자들에게 가장 큰 영향을 미친다. 사실 Avar가 유연이라는 사실을 인정한다면, 유연이 멸망했을 때 유민의 일부가 고리(高麗)로 들어갔을 것이라는 점은 쉽게 긍정할 수 있다.

유연(柔然, Róurán)은 5~6세기 북위의 북쪽을 지배한 유목국가로『위서(魏書)』,『북사』,『남사』에서는 연연(蠕蠕)[355]이라 했고『송서(宋書)』,『남제서(南齊書)』,『양서(梁書)』에서는 예예(芮芮)라고 했으며『주서(周書)』,『수서』에서는 여여(茹茹),『진서(晋書)』에서는 유연(蝚蠕)이라고 기록하였다. 결국 유연(柔然)·유연(蝚蠕)·예예(芮芮)·여여(如如)·연연(蠕蠕)는 모두

---

[354] 이와사 세이이치로(岩佐精一郎)는 1936년에 세상을 뜨고 같은 해에 유고집이 나왔기 때문에 이 논문은 1935년 이전에 쓰인 것이다.

[355] 『魏書』卷103 列傳 第90, 蠕蠕. 뒤에 세조(太武帝)는 그들이 무지하고 생김새가 벌레 같다고 해서 연연(蠕蠕)이라고 했다(後世祖以其無知 狀類於蟲 故改其號為蠕蠕). 서로 적대관계에 있는 북위 황제가 벌레 충(虫) 변을 붙여 낮추어 부른 것이다.

같은 나라의 이름이라는 것을 알 수 있다.

먼저 『위서(魏書)』에 나온 영토를 보면 유연과 고리(高麗)의 관계를 쉽게 알 수 있다.

> 그 (나라의) 서쪽은 언기(焉耆) 땅이고, 동쪽은 조선(朝鮮)[356]의 땅이고, 북쪽은 사막을 넘어 한해(瀚海)에 이르고, 남쪽은 고비사막(大磧)에 이른다.[357]

유연이 동쪽으로 접하고 있는 나라는 바로 옛 조선 땅이라고 했으니 바로 고리(高麗)를 이야기하고 있는 것으로, 두 나라는 국경을 접하고 있었다는 것을 알 수 있다. 아울러 고리(高麗)와 연연(蠕蠕)이 얼마나 밀접한 관계였는지는 『위서(魏書)』 백제전에 나온 기사를 보면 알 수 있다.

> 또 고리(高麗)의 의리에 어긋나고 거슬려 속이는 것은 한둘이 아닙니다. 겉으로는 외효(隗囂)처럼 번신으로서 낮추어 이야기하지만, 안으로는 흉악하게 해치려고 저돌적인 행동을 하고 있습니다. 남쪽으로는 유(劉宋)씨와 통하고 북으로는 연연(蠕蠕)과 약속을 통해 서로 입술과 이의 사이가 되어 왕의 경략을 짓밟으려 하고 있습니다.[358]

당시 고리(高麗)와 다투고 있던 백제가 강력한 북위의 후원을 얻기 위해 올린 표인데, 여기서 고리(高麗)가 연연(蠕蠕)과 맹약을 맺고 함께 북위에 대처하고 있다는 것을 알 수 있다. 유연과의 관계를 더 깊이 보여 주는 기사가 있다.

> 태화 3년, 고구리(高句麗)가 몰래 연연(蠕蠕)과 더불어 지두우(地頭于)를 나누어 가지려고 꾀하였다.[359]

---

356) 『위서(魏書)』에서 고리(高麗) 땅을 조선(朝鮮)의 땅이라고 한 것은 고리가 조선의 땅을 이어받았다고 인식하고 있었다는 것을 말해 준다.

357) 『魏書』 卷103 列傳 第90, 蠕蠕. 其西則焉耆之地, 東則朝鮮之地, 北則渡沙漠, 窮瀚海, 南則臨大磧.

358) 『魏書』 卷100 列傳 第88, 百濟. 且高麗不義, 逆詐非一, 外慕隗囂藩卑之辭, 內懷兇禍豕突之行. 或南通劉氏, 或北約蠕蠕, 共相脣齒, 謀陵王略.

359) 『魏書』 卷100 列傳 第88, 契丹. 太和三年, 高句麗竊與蠕蠕謀, 欲取地豆于以分之.

이런 두 나라의 역사적 관계를 생각하면 유연이 돌궐에게 망했을 때 유연의 유민 일부가 고리(高麗), 곧 테오필락투스가 말하는 Moukri로 갔다는 것은 아주 쉽게 인정할 수 있다.

2. 사료 형성의 연대와 나라 이름 무크리(Mouxri)에 대한 정리

1) 사료 형성의 확실한 연대

테오필락티 시모칼타(Theophylacti Simocattae)의 『역사(Historiarum)』라는 책은 동로마 헤라클리우스 황제 때인 613년(고리 영양왕 24년)에 쓴 것이고, 책에 기록된 내용은 그 이전의 황제인 마우리키우스(Mauricius Flavius Tiberius, 582~602, 평원왕 24년~영양왕 13년) 통치 기간 동안의 군사, 외교, 정치사에 대한 내용이다. 그러므로 한문 사료가 아닌 자료로서 이 책에서 다루고 있는 4가지 고리(高麗)에 관한 사료 가운데 성립연대가 가장 확실하다는 점에서 큰 의의가 있다고 할 수 있다.

그렇다면 '동로마의 테오필락티 시모칼타는 이 내용을 어디서 입수했을까?'라는 점도 흥미로운 부분이다. 현재까지 본 결과로는 당시 치열하게 싸우고 있던 적국인 아바르에서 자신들의 역사를 직접 전했을 가능성과 꽤 가까운 사이로 지냈던 돌궐에서 전해 들었을 가능성이 있다.

우선 이 기사의 내용이 직접적으로 대하고 있던 아바르(柔然, Avars)라는 점에서 상대국의 역사를 알고 있는 것은 당연한 일이라고 생각할 수 있다. 동로마는 북쪽에서 쳐들어오는 아바르(Avar, 柔然)와 대치하며 자주 싸웠다. 앞에서 보았듯이 552년에 돌궐이 독립하면서 세력을 키운 뒤 얼마 안 되어 멸망한 유연은 서쪽으로 달아나 서양사에 아바르라는 이름으로 등장했다. 이들은 프랑크족과 충돌할 때까지 서쪽으로 계속 이동해 다뉴브 분지의 저지대에 자리를 잡고 프랑크족의 땅과 동로마(비잔틴)제국의 발칸 영토를 공략하기 위한 진지를 구축하였다. 아바르족의 동로마 공격은 잔혹했다. 그들의 무자비한 공격을 피한 곳은 거의 없었다. 수많은 아바르족 분파가 다뉴브강 이남으로 쳐들어와 눌러앉자 비잔틴제국은 군사적·행정적 혼돈에 빠졌다. 제국에서 두 번째로 큰 상업항이었던 테살로니키는 수시로 봉쇄됐고, 콘스탄티노플 주변의 평야도 주기적으로 침략자들에게 짓밟혀 발칸 서부에서는 사실상 동로마제국의 통제력이 마비될 정도였다.

동로마제국의 황제 티베리우스 2세 콘스탄티누스(Flavius Tiberius Constantinus, 재위 574~582)는 유스티누스 황제 때 동로마의 장군으로 아바르족과의 전투에 참가했으나 패했다. 574년 유스티누스의 죽음으로 단독 황제가 된 티베리우스는 아바르족에게 매년 공물을 바쳤지만 결국 영토를 내주어야 했다.

다음 황제가 된 마우리키우스(Mauricius Flavius Tiberius, 582~602) 시대가 바로 테오필락티 시모칼타가 쓴 『역사(Historiarum)』의 배경이다. 황제가 된 이후에도 페르시아와의 전쟁을 계속하여 우위를 점했다. 그러던 중 페르시아 제국 내에서 내전이 일어나 사산조의 황제 호르미즈드 4세가 살해되고 그의 아들 호스로우 2세가 비잔티움으로 피신했다. 마우리키우스는 호스로우 2세를 지원하여 591년 비잔티움에 유리한 조건으로 전쟁을 마무리 지을 수 있었다. 아바르족과의 관계에서 마우리키우스는 어려움을 겪고 있었는데 페르시아와의 휴전으로 여유가 생겨 서녘으로 군대를 보낼 수 있었다. 마우리키우스는 제국의 영토를 침범하여 정착하던 슬라브족과 아바르족을 공격했다. 이 전쟁에서 성과를 거두어 602년 아바르족을 제국 편이 되도록 했다.[360]

시모칼타는 바로 이처럼 처절하게 싸우고 있는 적군의 유래에 대해 기술하고 있다. 그러므로 당시 동로마에서는 아바르의 포로나 여러 가지 통로를 통해 아바르의 역사를 비롯한 문제들을 수집하여 정리했을 것으로 보인다. 613년은 유연이 멸망한 554년에서 불과 60년밖에 지나지 않은 시점이고, 또 유연의 세력이 다시 일어난 아바르 역사이기 때문에 아주 신빙성 있는 사료라고 할 수 있다.

---

[360] 이러한 아바르의 침략은 헤라클리우스 황제(Flavius Heraclius Augustus, 610~641 재위) 시절인 629년에 아바르족이 페르시아인들과 연합해 콘스탄티노플을 포위했지만 크게 패해 다시 일어설 수 없을 만큼 타격을 입을 때까지 계속되었다.

[그림 61] 아바르시대 말갖춤(馬具)-헝가리 국립박물관(2016. 7. 30.)

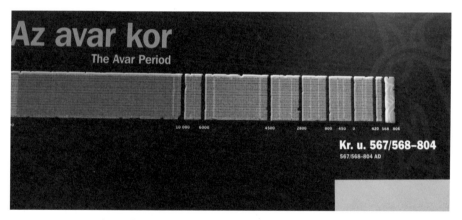

Az avar kor
The Avar Period

10 000 6000   4500   2800 800 450 0 420 568 804

Kr. u. 567/568-804
567/568-804 AD

[그림 62] 아바르시대(567/568~804)-헝가리 국립박물관(2016. 7. 30.)

552년, 돌궐이 세워지면서 동돌궐은 형인 부민 카간이 맡았고 서돌궐은 동생인 이 시태미(552~575) 카간이 맡았다. 이시태미는 페르시아와 국경을 맞대고 실크로드 실 권을 장악하기 위해 페르시아와 논의했지만 거절당하자 페르시아에 대항하기 위해 동로마와 직접 교섭하기로 마음먹고 567년에 소그드인 마니악(Maniakh)을 콘스탄티노 플의 조정으로 파견하였다.

당시 로마의 황제인 유스티누스 2세(Justinus II, 재위 565~578)는 제위에 오르자마자 아바르족과 사산조 페르시아의 공물 요구를 단호하게 물리치고 이에 대처하느라 고심했다. 그러던 차에 돌궐의 제안은 반가운 일이었다. 그래서 568년 마니악이 돌아갈 때 제마르코스(Zemarchos)를 사절로 보내 공동의 적인 페르시아에 대항하기 위해 확고한 동맹을 맺었다.

이때 돌궐 군주는 바로 페르시아에 선전포고했고, 572년 동로마도 20년간 이어갈 (572~591) 선전포고를 했다. 그 때문에 동로마와 돌궐은 아주 가까운 관계를 이어갔다. 제마르코스가 볼가강 상류, 코카서스 라지카(Lazica)를 거쳐 돌아갈 때 이시태미는 두 번째 사신인 아난카스트(Anankast)를 콘스탄티노플에 보냈고 동로마도 끊이지 않고 유티키오스(Eutychios), 발렌티노스(Valentinos), 헤로디안(Herodian), 킬리키아(Cilicia)의 파울(Paul) 같은 사신을 보냈다. 이런 여러 사신은 동로마 사람들에게 돌궐의 관습과 종교에 대한 정확한 이해를 가능하게 만들었다.[361]

576년 동로마 황제 티베리우스 2세(재위 574~582)는 다시 한번 발렌티누스를 사절로 서돌궐에 보냈다. 앞에서 보았지만, 그 사절단이 돌궐에 도착했을 때는 카간의 장례식이 진행되고 있었다.[362]

이처럼 돌궐과 동로마는 많은 접촉이 있었기 때문에 돌궐이 멸한 유연의 역사가 로마에 쉽게 전해졌다는 것을 알 수 있으며, 아울러 함께 장례식에 참석한 동로마의 사절과 고리(高麗) 사절의 접촉도 충분히 가능하다고 생각한다.

2) 나라 이름 표기

지금까지 테오필락티의 『역사』에 나오는 Μουχρι(Mouxri)는 연구사에서 본 바와 같이 1930년대에 와서야 비로소 일본 학자에 의해 고리(高麗)라는 설이 나오게 되었다. Μουχρι(Mouxri)는 그 뒤 프랑스어로 Moukri, 라틴어로 Mucri, 영어로는 Moukri 또는 Mucri라고 여러 가지로 썼지만 발음에 따라 쉽게 옮겨 보면 무크리(Mukri)라고 할 수 있고, 소리마디를 나누어 보면 Mu-kri가 된다.

---

361) 레네 그루쎄(René Grousset) 지음, 김호동·유원수·정재훈 옮김, 『유라시아 유목제국사』, 사계절, 1998, 144쪽.

362) John Robert Martindale, Arnold Hugh Martin Jones, J. Morris, *"Anancastes", The Prosopography of the Later Roman Empire*, Volume III: A.D. 527~641, Cambridge: Cambridge University Press, 1992, 59쪽.

<표 9> 원본과 번역본에 나온 무크리

1	613	Theophylacti Simocattae	그리스어	Μουχρι (Mou-kri)
2	1685	L. Cousin	프랑스어	Moukri
3	1834	Immanuel Bekkerus	라틴어	Mucri
4	1896	E. H. Parker	영어(1)	Moukri
5	1986	Mary Whitby	영어(2)	Mucri

이 무크리(Mukri)를 앞에서 본 돌궐 비문의 Bükli와 산스크리트 무꾸리(원본글자, mukuri, 畝俱理)와 비교해 보는 것은 아주 중요한 연구 방법이 될 수 있다. 우선 위의 사료들이 이루는 시대를 보면 돌궐 비문의 부민 카간이 죽은 552년이 상한, 이시태미 카간이 죽은 575년이 하한 연대가 되어 552~581년으로 볼 수 있다. 『당범양어쌍대집(唐梵兩語雙對集)』은 내용에 나온 나라들 가운데 돌궐이 세워진 552년을 상한으로, 수나라가 중원을 통일한 581년을 하한으로 보아 552~581년으로 볼 수 있으며, 테오필락티 시모칼타의 『역사』에 나온 내용은 마우리키우스(Mauricius Flavius Tiberius) 황제 때의 역사를 기술한 것으로 그 황제가 재위한 582~602년으로 볼 수 있고, 늦어도 책을 펴낸 613년 이전이라는 것을 보았다. 위의 연대를 볼 때 3가지 사료가 만들어진 연대는 대체로 6세기 후반이라고 볼 수 있다. 그리고 전해진 경로는 다를 수 있지만 돌궐에서 불리는 고리(高麗)의 나라 이름 Mük-koli(Mük-kori)나 Mük-kuli(Mük-kuri)가 동로마나 인두(印度)로 전해졌다는 추정이 가능해진다.

돌궐 비문에 나온 Bökli는 [ö]와 [ü]는 같은 글자로 표기되므로 Bükli라고도 읽고, Bükli는 같은 입술소리인 Mükli로 기록되는 보기가 많으며, Mük-koli나 Mük-kuli로 읽을 수 있다는 것도 보았다. 이러한 Mük-kuli가 산스크리트에서는 Mu-kuri로 쓰이게 되었고, 동로마에서는 Mu-kri로 쓰였다고 보면 세 자료는 약간씩 차이가 있기는 하지만 당시 세 나라의 시간과 공간적 차이를 보면 큰 무리가 없을 것이라고 본다. 두 음절을 나누어 보면 Mük=Mu=Mou(Mu)로 현재까지의 연구로는 맥(貊)을 일컫는 것이고, Koli(kuli)=Kuri=Kri는 모두 Kori(高麗)의 변형이라고 할 수 있다.

<표 10> 무크리(Μουχρι)=무꾸리(Mukuri)=뵈클리(B ökli)

1	552~575	돌궐 비문	돌궐어	Bükli Bük-koli Mük-koli
2	552~581	당범양어쌍대집 (唐梵兩語雙對集)	한자	畝俱理
	8세기	범어잡명(梵語雜名)	산스크리트	𑀫𑀼𑀓𑀭𑀺 (Mu-kuri)
3	582~602	Theophylacti Simocattae	그리스어	Μουχρι (Mou-kri)

넷째 마당

둔황 티베트 문헌에서 나온 고리(高麗) 무글릭(mug-lig)

ηττηθέντων γοῦν τῶν Ἀβάρων
10 (πρὸς γὰρ τὸν λόγον ἐπάνιμει) οἱ μὲν πρὸς τοὺς κατέχοντας τὴν
Ταυγὰστ παραγίνονται. πόλις ἐπιφανής, τῶν τε λεγομένων D
Τούρκων ἀπῴκισται χιλίοις πρὸς τοῖς πεντακοσίοις σημείοις·
αὐτὴ ὅμορος καθέστηκε τοῖς Ἰνδοῖς. οἱ δὲ περὶ τὴν Ταυγὰστ
αὐλιζόμενοι βάρβαροι ἔθνος ἀλκιμώτατον καὶ πολυανθρωπότατον,
15 καὶ τοῖς κατὰ τὴν οἰκουμένην ἔθνεσι διὰ τὸ μέγεθος ἀπαράλλη-
λον. ἕτεροι τῶν Ἀβάρων ἐπὶ τὴν ἧτταν πρὸς ταπεινοτέραν ἀπο-
κλίναντες τύχην παραγίνονται πρὸς τοὺς λεγομένους Μουκρί.
τοῦτο δὲ τὸ ἔθνος πλησιέστατον πέφυκε τῶν Ταυγάστ, ἀλκὴ δὲ
αὐτῷ πρὸς τὰς παρατάξεις πολλὴ διά τε τὰ ἐκ τῶν γυμνασίων
20 ὁσημέραι μελετήματα διά τε τὴν περὶ τοὺς κινδύνους τῆς ψυχῆς
ἐγκαρτέρησιν. ἐπιβαίνει τοίνυν καὶ ἑτέρου ἐγχειρήσεως ὁ Χα-
γάνος, καὶ τοὺς Ὀγὼρ ἐχειρώσατο πάντας. ἔθνος δὲ τοῦτο
τῶν ἰσχυροτάτων καθέστηκεν διά τε τὴν πολυανδρίαν καὶ τὴν
πρὸς τὸν πόλεμον ἔνοπλον ἄσκησιν.

I. 둔황문헌의 발견과 그 가치

1. 둔황문헌의 발견과정

프랑스 국립도서관 둔황문헌(敦煌文獻)[363] 분류번호 P. 1283(Pelliot tibetain 1283)은 티베트어로 된 문헌사료인데, 이 문헌에 고리(高麗)가 나온다. 이런 둔황 문헌은 모두 둔황에 자리 잡은 막고굴(莫高窟, 일명 천불동)과 가까운 안서유림굴(安西楡林窟) 같은 석굴 유적에서 발견된 것들이다.

1900년쯤 둔황 막고굴(莫高窟)의 16번 굴에서 도교의 도사(道士) 왕원록(王圓籙)이 무너진 벽 속의 작은 방에서 많은 양의 경전·필사본·문헌들을 발견하였는데, 왕도사가 발견한 경위는 확실하지 않다. 왕원록은 글자를 읽을 수 없었으므로 지방관에게 보고했지만, 지방관도 제대로 처리하지 않았다고 한다. 뒤에 이 방에 17번째 굴(第17窟)이란 번호를 붙였고 경서가 많이 나왔다고 해서 '장경굴(藏經窟)' 또는 '보굴(寶窟)'이라

---

363) 간혹 '둔황사본(敦煌寫本)'이나 '둔황문서(敦煌文書)'가 으레 『둔황문헌』의 동의어처럼 쓰이고 있는데, 이것은 개념상의 혼동으로서 바로잡아야 할 것이다. 대부분의 문헌은 사본이지만, 일부는 인쇄본(예컨대 『금강경』)도 있기 때문에 일괄해 『둔황사본』이라고 하는 것은 부당하며, '문서'는 다분히 서적이나 사료기록과는 구별되는 '서류'라는 뜻으로 사용되므로 둔황 석굴유적에서 나온 다량의 전적 같은 것은 포괄할 수가 없어 이 역시 지양해야 할 것이다(정수일 편저, 『실크로드사전』(창비, 2013).

고도 불렀다. 이 굴을 보굴이라고 한 것은 드물고 진귀한 보물들이 많이 쏟아져 나왔기 때문이다.

둔황의 막고굴에서 가장 먼저 숨겨진 고대의 서고를 찾아 그곳에서 1,000년 넘게 잠들어 있던 문헌들이 세상의 빛을 보게 한 것은 영국의 탐험가 마르크 오렐 스타인(Marc Aurel Stein, 1862~1943)이었다. 1907년, 2차 탐험 때 둔황에 이른 스타인은 우루무치의 한 상인으로부터 왕원록이란 도사가 석굴 안에서 방대한 고문서를 발견하였다는 소식을 듣고 왕원록을 설득하여 1907년 5월 21일에 처음으로 이 굴에 들어가게 된다. 그 뒤 그 굴 안에서 이 문헌들을 검토하는 작업을 시작하였는데 중국어, 산스크리트어, 소그드어, 티베트어, 룬튀르크어, 위구르어, 그 밖에 알 수 없는 문자들이 수도 없이 쏟아져 나왔다.

이런 유물들의 가치를 잘 아는 스타인은 4개월간 검토한 문헌 가운데 "필사본 24상자(완전한 것이 7,000권 남짓, 일부만 남은 것이 6,000권이나 되었다), 회화와 자수품 같은 미술품 5상자"를 런던 대영박물관으로 보내는 성과를 거두었다.[364]

다음 해인 1908년, 프랑스의 저명한 동양학자 폴 펠리오(Paul Pelliot, 1878~1945)는 우루무치에서 둔황 출토 법화경 고사본을 보고 즉시 둔황으로 갔다. 펠리오의 중국어 실력에 기가 질린 왕도사는 장경굴에 들어가는 것을 허락하였고, 그 안에서 펠리오는 3주 동안 목록을 작성하면서 ① 어떤 비용을 들여서라도 반드시 손에 넣어야 할 것, ② 원하는 것이기는 하지만 필수적이지 않은 것으로 나누었다. 마침내 따로 챙겨 놓은 두 부류의 필사본을 팔라고 극비리에 설득하여 왕도사에게 단돈 500량(약 90파운드)을 주고 프랑스로 보냈다.[365]

펠리오는 중국어를 포함하여 13개 나라 말을 할 줄 알기 때문에 그가 뽑은 문헌들은 모두 가장 가치 있는 것들이었다. 지금 이 장에서 다루고 있는 둔황문헌(敦煌文獻) 분류번호 P. 1283호(Pelliot tibetain 1283)는 바로 이때 가져간 것이고, 유명한 신라 혜초의 『왕오천축국전(往五天竺國傳)』도 이 문헌들 속에서 발견된 것이다.

---

364) Peter Hopkirk, *Foreign Devils on the Silk Road*, John Murray, 1985, pp.156~170. 피터 홉커크 지음, 『실크로드의 악마들』, 사계절, 2000, 228~242쪽.

365) Peter Hopkirk, *Foreign Devils on the Silk Road*, John Murray, 1985, pp.177~184. 피터 홉커크 지음, 『실크로드의 악마들』, 사계절, 2000, 253~265쪽.

[그림 63] 당시의 막고굴(『실크로드의 악마들』)　　　　[그림 64] 펠리오 작업
　　　　　　　　　　　　　　　　　　　　　　　　　　　　　(『실크로드의 악마들』)

2. 둔황 문헌의 가치와 둔황 연구

　그때 가져간 물건 가운데 유물들은 현재 기메박물관이 간직하고 있고, 문헌들은
파리국립박물관이 간직하고 있다. 당시는 헐값에 팔려 간 자료들이 현대에 들어와
큰 빛을 발하게 된 것은 그 문서들이 갖는 특별한 의미가 있기 때문이다.

　① 우선 그 양이 많다는 것이다.
　모두 3~4만 점이나 되는 문헌들이 잘 보존되어 있다가 한꺼번에 나타난 것이다. 스
타인이 가져간 문헌은 대영도서관에, 펠리오가 가져간 것은 프랑스국립도서관에, 청
나라 정부 것은 북경경사도서관(北京京師圖書館)에, 일본 오따니(大谷) 탐험대가 가져간
것은 용곡(龍谷)대학, 동경국립박물관, 한국 국립중앙박물관, 중국 여순(旅順)박물관
에, 러시아로 간 자료는 상트페테르부르크의 과학아카데미 동양학연구소 등에 간직
되어 있어 아주 풍부한 연구 자료가 되었다.

　② 시기가 올라간 드문 자료들이다.
　이러한 자료들은 아주 드물고 귀한 것들이었다. 당나라 무종의 법난, 곧 회창법난
(會昌法難) 때 중요한 문화재와 자료들이 거의 없어져 버렸기 때문이다.

회창 3년(843), 전국의 사원과 비구를 조사하니 절이 44,600개, 비구가 265,000명 남짓 되었다. 그러나 회창 5년(845), 장안과 낙양에 각각 절 4곳 승려 30명씩을 남기고, 각 주와 군에 각각 절 1곳씩만 남기고 모두 없애 버렸다. 큰 절은 비구 28명, 중간 절은 10명, 작은 절은 5명만 남기고 나머지 승려 26만여 명을 환속시키고, 절은 헐고, 종과 불상 같은 것들은 모두 염철사(鹽鐵使)에 넘겨 동전을 만들도록 하였다. 국가적 사업으로 모든 문화재와 자료를 말살시킨 사건이다.

당나라가 망하고 들어선 후주(後周)의 세종도 955년 조서에 정한 일정한 수를 빼고는 모든 절을 헐게 하니 모두 30,336개소였다. 불상은 헐어 돈을 만들고, 비구 42,440명과 비구니 8,756명을 환속시켰다. 다행히 둔황에서는 이런 법난에 대비해서 장경동 같은 굴에 자료를 숨겼고, 781년부터 848년까지 67년 동안 당나라가 아닌 토번(吐蕃, 현재의 티베트)이 통치하였기 때문에 그런 야만적인 문화말살을 피할 수 있었다. 반면에 토번은 불교를 적극적으로 지지하였기 때문에 둔황석굴을 계속 만들었으며 석굴 벽화에도 독특한 토번의 문화예술이 반영되었다.

한편 당나라가 멸망한 907년부터 979년까지의 70년 남짓한 시기에 생겨났던 5대 10국 시대와 북송(960~1127) 때 인쇄술이 빠르고 눈부시게 발전하였다. 인쇄시대에 접어들어 인쇄본이 보급되면서 그때까지 내려온 필사본을 보존하려 하지 않고 소홀히 하였다. 그러므로 당나라 이전의 필사본은 판본으로 대치되어 청나라 때에 이르기까지 거의 보존되지 않게 되었다. 둔황 문헌에는 이렇게 유실된 책과 문서들이 다량 남아 있어 둔황에서 당나라 때의 문헌을 비롯하여 원나라 때까지 한꺼번에 발견되었고, 모두 드문 자료들이기 때문에 그 가치가 크다고 할 수 있다.

③ 내용의 다양성이다.

문헌은 대부분 한어(漢語)로 쓰여 있는 불교 경전이다. 그러나 그 밖에 티베트어, 산스크리트어, 코탄어, 쿠차어, 소그드어, 서하어(西夏語), 위구르어, 몽골어 같은 갖가지 말로 쓰인 자료가 나왔고, 내용도 조로아스터교, 마니교, 경교(景敎, Nestorianism), 매매계약서처럼 아주 다양하다. 그 밖에 당나라 때의 토지제도나 균전제 같은 당시의 여러 제도가 실제 어떻게 운영되었는지를 알 수 있는 중요한 자료들이 많다.

자료를 가져간 유럽의 각 기관에서는 자료 정리를 비롯한 기초 연구가 진행되어 점차 그 진가가 세상에 알려졌다. 다만 이처럼 다른 나라 자료를 훔쳐 온 것에 대한 비

판의 소리도 높고 지금도 그 논란은 계속되고 있다.[366]

각국의 연구 기관에서 진행되던 연구는 나중에 마이크로필름으로 정리되고, 현재는 디지털 자료로 쉽게 접근이 가능해져 국제적 연구가 진행되고 여러 나라 연구자들이 모여 국제대회도 열리면서 '둔황학(敦煌學)'이라는 학문도 생겨날 정도이다.

---

366) 자세한 내용은 글쓴이가 쓴 다음 논문 참조. So Gilsu, *La Diabloj en Silka Vojo-ĉu rabistoj aŭ savintoj(The Devils on the Silk Road: robbers or saviours?)*, Internacia Kongresa Universitato 2016. 69-a sesio. Red. J.A. Vergara kaj A. André. Scienco kaj tekniko. UEA. Roterdamo. 2016.

II. 펠리오 티베트 문헌 P. 1283호에 대한 기본 연구

1. 펠리오 티베트 문헌 P. 1283호(Pelliot tibetain 1283)의 원본

현재 펠리오 티베트 문헌 P. 1283호는 프랑스국립도서관이 간직하고 있다.

글쓴이는 2006년 모리스 꾸랑의 「고구리(高句麗) 왕국의 한문 비석」이란 논문을 한국어로 옮기면서 그가 가져간 광개토태왕비 탁본을 직접 보고 사진을 찍기 위해 프랑스국립박물관에 가서 작업을 한 일이 있다. 아울러 기메박물관에 가서 에두아르 샤반이 가져간 고구리(高句麗) 유물들을 사진으로 찍어, 수집된 자료들을 바탕으로 『한말 유럽 학자의 고구려 연구』라는 책을 낸 적이 있다.[367] 이때 프랑스국립박물관에서는 광개토태왕비 탁본을 특별히 신청하여 실물을 보고 사진은 나중에야 받을 수 있었다. 이처럼 고문서를 보는 데는 절차도 간단하지 않고 탁본이 크기 때문에 사진을 찍는 데 특별한 비용을 지불해야 했다.

이번 펠리오의 티베트 문헌을 보기 위해 먼저 프랑스국립도서관 홈페이지에 들어가 검색해 보니 다행히도 이 문서가 디지털로 공개되어 있어 큰 도움이 되었다.

---

367) 서길수, 『한말 유럽 학자의 고구려 연구』, 여유당, 2007.

P. 1283호 티베트 문헌은 모두 41쪽인데,[368] 프랑스국립도서관에서 보존 처리를 잘해 상태는 아주 좋은 편이다. 이 문서는 크게 티베트말로 된 문서와 한자로 된 경전 일부로 구성되어 있는데, 티베트말로 된 자료가 20쪽, 한자로 된 자료가 21쪽이다.

그 가운데 티베트말로 된 문헌은 두 가지 내용이 들어 있다.

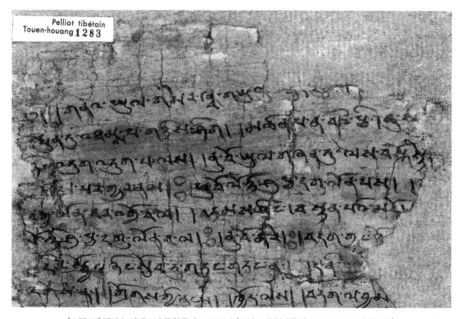

[그림 65] 펠리오 티베트어 둔황문서 P. 1283호(프랑스 국립박물관, 2009. 10. 9. 다운로드)

그리고 한자로 된 경전 일부가 이어지는데, 내용을 검토해 보면 『대보적경(大寶積經)』[369]이 틀림없다. 이 문헌은 서품(제1)의 첫 시작에서 80자쯤이 파손되고 심선해탈(心善解脫)부터 시작하여 엄팔만보마 어기마상각(嚴八萬寶馬 於其馬上各)까지만 남아 있어 대보적경의 첫 부분만 남은 것임을 알 수 있다. 『대보적경(大寶積經)』은 모두 120권

---

368) 프랑스국립도서관 온라인 다운로드(http://gallica.bnf.fr/ark:/12148/btv1b8305761g,r=Pelliot%20tib%C3%A9tain%20 1283?rk=21459;2).

369) 『大寶積經』卷61, 大正藏第 11 冊 No. 0310 大寶積經.

이나 되는데, 그 가운데 61권은 수나라 때 인두 출신 역경승 나렌드라야사스(Narend rayaśas, 那連提黎耶舍, 490~589)가 한문으로 옮긴 경이다.

2. 펠리오 티베트 문헌 P. 1283호 관련 부분 해석

글쓴이는 티베트말을 읽어 낼 수 없으므로 '온라인 고대 티베트 문헌(Old Tibetan Documents Online, OTDO)'에서 옮긴 텍스트를 활용하였다. OTDO는 둔황 문헌들을 라틴문자로 풀어서 데이터베이스를 만들어 제공하는 단체이나. 주로 티베트제국(吐藩, 약 600~850)의 문화역사와 중앙아시아에서 활동한 사실을 다룬 문헌들, 불교와 불교가 아닌 문헌들이 포함되어 있다. 특히 이 사이트에서는 검색이 가능하므로 티베트 역사를 연구하는 데 큰 도움이 된다. 이 사이트에 나온 펠리오 티베트 문헌 P. 1283호는 1979년 완성된 『가려 뽑은 국립도서관 소장 티베트문헌』(2)[370]을 바탕으로 한 것이다.

이 사이트에서는 이 문헌의 각 줄에 따라 번호를 붙였는데 모두 642줄이다. 그리고 그 내용은 다음 두 가지로 나뉜다.

① 두 형제간의 대화(A dialogue between two brothers, ll. 1-532)
② 북아시아에 파견한 5명의 위구르 사신 임무보고(Report of the mission consisting of five Uighur envoys sent to the North Asia, ll. 533-642)

① 「두 형제간의 대화」는 532줄인데 비해 ② 「북아시아에 보낸 5명의 위구르 사신 임무보고」는 109줄로 내용이 훨씬 짧다. 고리(高麗)에 관한 기록은 ② 「북아시아에 보낸 5명의 위구르 사신 임무보고」 가운데 547줄과 548줄에 2번 나온다. 먼저 관련된 문서에서 앞부분과 고리(高麗)와 관련된 부분을 정확히 옮겨 본다. 원문은 OTDO(Old Tibetan Documents Online)에서 라틴화한 것을 썼다.[371] 이 문서에 대한 번역은 여러 사람

---

370) Spanien, Ariane and Imaeda, Yoshiro, *Choix de documents tibétains conservés à la Bibliothèque nationale*, Tome II, Bibliothèque nationale, Paris, 1979.
http://otdo.aa-ken.jp/archives.cgi?p=Pt_1283
371) OTDO(Old Tibetan Documents Online)/Text Archives/Pelliot tibétain 1283.

이 시도하였으나 이 책에서는 모리야스 다까오(森安孝夫)의 「티베트어 사료에 나타난 북방민족 - Drug와 Hor」[372]를 바탕으로 하고 다른 해석들을 참고하여 옮긴다.

1) 이 문서의 성격을 나타내는 첫머리 해석

❶ (533) / byang phyogs na rgyal po du bzhugs pa'i rĵe[373]

　　　　북녘에 왕으로 계시는 왕-

❷ (534) rabs gyi yi geo.

　　　　통에 관한 기록이다.

❸ (535) // gzha

　　　　　　(훼손된 부분)

❹ (536) /// gna' / hor gyi rgyal pos // bka' stsal te // byang phyogs na /

　　　　일찍이 Hor 왕이　　　　조서를 내려　　　북녘에

❺ (537) rgyal po du mchis par // hor myi lnga rtog tu btang ba'I bka' mchid

　　　　왕이 몇 명 있는가를　　　5명의 Hor 사람에게 알아보도록 파견했던 보고

❻ (538) gyi yi ge / phyag sbyal na mchis pa las dpe blangs pa'o //

　　　　기록이　문서보관소에 있던 것을 베껴 썼다.

❼ (539) // yul gyi mying rgya skad du ji'ur // drug skad du // ba ker pa leg ches

　　　　나라 이름은 르갸(rgya)가[374] ji'ur[375], 드르구(Dru-gu)[376] 말로 ba ker pa leg라고

❽ (540) bgyi // yan chad gyi phyogsna // drugu 'bug chor sde bchu gnyis mchis te //

　　　　한다.　그 건너편에는　　　　　Dru-gu의 bug chor[377] 12부락이 있는데,

---

http://otdo.aa.tufᄒs.ac.jp/archives.cgi?p=Pt_1283#

372)　森安孝夫, 「チベット語史料中に現われる北方民族 - DrugとHor」, 『アジア·アフリカ語文化研究』 (14), 1977.

373)　森安孝夫가 추가 판독한 것.

374)　르갸(rgya): Bacot는 China 사람(chinois), 모리야스는 중국어(中國語), 왕야오(王堯)는 한인(漢人)이라고 옮겼다(王尧·陈践, 『敦煌古藏文本《北方若干国君之王统叙记》文书』, 『敦煌学辑刊』, 1981-12-31, 17쪽). 우선 한인(漢人)으로 옮기고 다음 장에서 자세히 보기로 한다.

375)　왕야오(王堯)는 실위(室韋)라고 옮겼다.

376)　드루그(Dru-gu): 돌궐이라는 것이 중론이다. 다음 장에서 자세히 보려고 한다.

377)　북초르(bug chor): Pelliot과 Bacot은 묵철(默啜?~716)이라고 했고, 모리야스도와 왕야오도 묵철이라고 했다. 1990년 까오쑹(高嵩)은 부락 이름이 아니라 지역의 이름이며, 포장(蒲昌)의 음역이라고 했다[高嵩, 「关于P.1283号藏语文卷

❾ (541) rgyal po zha ma mo ngan sde chig // hali sde chig / a sha ste'i sde chig / shar du li'i

왕족인 zha ma mo ngan **부락이 하나,** hali **부락이 하나,** a sha ste'i **부락이 하나,** shar du li'i

❿ (542) sde chig / lo lad gyi sde chig / par mil sde chig / rngi ke'i sde chig / so ni sde chig

부락이 하나, lo lad **부락이 하나,** par mil **부락이 하나,** rngi ke'i **부락이 하나,** so ni **부락이 하나,**

⓫ (543) jol to sde chig / yan ti sde chig / hc ba dal sde chig / gar rga pur sde chig / 'di rgams

jol to **부락이 하나,** yan ti **부락이 하나,** he ba dal **부락이 하나,** gar rga pur **부락이 하나다.**378) **이들**

⓬ (544) la rgyal po ni ma mchis // 'di rnams la dmag drug stong mchis // ⋯⋯

에게 왕은 없다.　　　　　**이들 사이에 군대가 6,000명 있다.**

번역문만 모아서 쉽게 풀어 보면 다음과 같다.

북녘에 있는 왕들의 왕통에 관한 기록이다.

일찍이 Hor 왕이 조서를 내려 Hor 사람 5명을 보내 북녘에 왕이 몇 명 있는가를 알아보도록 하였다. (이 문서는 그 결과를) 보고한 기록이 문서보관소에 있어 (그것을) 베껴 쓴 것이다.

나라 이름은 한인(漢人)이 ji'ur, 돌궐(Dru-gu)말로 ba ker pa leg라고 한다. 그 건너편에는 돌궐(Dru-gu)의 묵철(默啜, bug chor) 12부락(部落)이 있는데, 왕인 zha ma mo ngan 부락이 하나, hali 부락이 하나, a sha ste'i 부락이 하나, shar du li'i 부락이 하나, lo lad 부락이 하나, par mil 부락이 하나, rngi ke'i 부락이 하나, so ni 부락이 하나, jol to 부락이 하나, yan ti 부락이 하나, he ba dal 부락이 하나, gar rga pur 부락이 하나다. 이들에게 왕은 없다.

이들 사이에 군대가 6,000명 있다.

中的Hor国,『宁夏社会科学』(41), 1990, 87쪽].

378) 왕야오(王堯)는 王者阿史那部(rgyal po zha ma mo ngan), 頡利部(賀魯, hali), 阿史那德部(a sha ste'i), 舍利突利部(shar du li'i), 奴剌部(皎馬 o lad gyi), 卑失部(par mil), 移吉部(rngi ke'i), 蘇農部(so ni), 足羅多部(jol to), 阿跌部(yan ti), 恒恒部(嘽嘽 頡跌 he ba dal), 喝邏歌布邏部(gar rga pur)라고 했다.

2) 고리(高麗)=Mug-lig에 관한 부분 해석

⓬ (544) ······ de'i shar [phyogs?]

　　　　······ 그 동방을

⓭ (545) ltar / bod gyis ni he zhes bgyi // rgya'i ni he tshe / dru gu [ni?] dad pyi zhes bgyi ba sde dpon

　　보면, 티베트인이 He[379]라고 부르고, 한인(漢人)이 He-tse[380], 돌궐인이 Dad-pyi라고 부르는 종족(이 있고 그) 우두머리는

⓮ (546) cong bong ya // dad pyi 'dI'i pha myes rung ba'I mgo bo // gser dngul gyis brgyan ching

　　Cong-bong-ya다. 이 Dad-pyi는 선조라 할지라도 그 두개골을 금이나 은으로 꾸며 (그것을)

⓯ (547) chang 'phor du bgyid // de nas shar phyogs ltar // dru gus ni / mug lig / rgya ni ke'u li

술잔으로 썼다. 여기서 동방을 보면, 돌궐인이 Mug-lig, 한인(漢人)이 고리(高麗 Ke'u-li)라고

⓰ (548) zhes bgyi ba // shan tong phyogs gyi dbang blon / chang chung chi'i khams / ke'u li 'di phyogsna

　　부르는(자가 있다). Shan-tong[381] 지방의 대신인 Chang-chung-chi'i의 영역인 고리(高麗 Ke'u-li)지방에서는

⓱ (549) myi sko sko brang la 'byar ching // myi sha 'tshal te // pha ma rgan rgon dang myi rgan rgon rnams

　　주민은 턱이 가슴에 닿고, 　　사람 살을 먹고, 　　나이 많은 부모와 노인들을

---

379) Pelliot가 해(奚)라고 한자로 주를 단 뒤 일반화되었다. 까오쑹(高嵩)은 흑(黑)이라고 했다.
380) Pelliot가 흑차(黑車)나 해자(奚子)라고 주를 달았고, Ligeti는 돌궐비의 Tatabi(Tat-bï)라고 했으며, 모리야스는 해자(奚子)를 지지했다. 왕야오(王堯)는 흑차(黑車)로 옮겼다.
381) 왕야오(王堯)는 상동(上東)이라고 옮겼다.

⑱ (550) skyin por gtong zhing gsodo // de nas shar phyogs ltar // mon ba beg tse zhes gcher[382]

빨가벗겨 죽인다.　　　　여기서 동녘을 보면　　　Mon-ba[383] Beg-tse[384]

라는 빨가벗고

⑲ (551) bur mchi ba mchis //

사는 사람이 있다.

번역문만 모아 보면 다음과 같다.

그 동녘을 보면 티베트인이 해(He), 한인(漢人)이 해자(奚子 He-tse), 돌궐인이 닷피(Dad-pyi)라고 부르는 종족(이 있고 그) 우두머리는 쫑봉야(Cong-bong-ya)다. 이 닷피(Dad-pyi)는 선조라 할지라도 그 두개골을 금이나 은으로 꾸며 (그것을) 술잔으로 썼다.

여기서 동녘을 보면 돌궐인이 무글릭(Mug-lig)[385], 한인(漢人)이 고리(高麗 Ke'u-li)라고 부르는데(가 있다.) 샨통(Shan-tong)지방의 대신인 창충치(Chang-chung-chi'i)의 영역인 고리(高麗 Ke'u-li)지방에서는 주민은 턱이 가슴에 닿고, 사람 살을 먹고, 나이 많은 부모와 노인들을 빨가벗겨 죽인다. 여기서 동녘을 보면 Mon-ba 백제(百濟 Beg-tse)라는 빨가벗고 사는 사람이 있다.

---

382) OTDO(Old Tibetan Documents Online)/Text Archives/Pelliot tibétain 1283.
http://otdo.aa.tufs.ac.jp/archives.cgi?p=Pt_1283#
383) 왕야오(王堯)는 만자(蠻子)라고 옮겼다.
384) Pelliot가 먼저 백제(百濟)라는 한문 주석을 단 뒤 다른 의견이 없다.
385) 왕야오(王堯)는 맥구리(貊勾麗)라고 옮겼다.

III. 자료의 해석을 위한 기초연구 검토

먼저 이 문서를 만든 사람은 호르(Hor)라는 나라의 왕이라는 것을 알 수 있다. 그리고 이 왕이 5명의 신하를 보내 북녘땅에 어떤 왕들이 있는지 알아보도록 명령을 내린다. 돌아온 신하 5명이 북녘의 왕에 대해 보고서를 작성하였는데, 문서보관소에 있던 그 보고서를 다시 베낀 것이 티베트 문서다. 그런데 원본에 나라 이름이 모두 Rgya 말과 Dru-gu 말로 기록되어 있다. 그러므로 이 문서를 제대로 해석하기 위해서는 Hor, Rgya, Dru-gu에 대한 정확한 해석이 필요하다.

1. 호르(Hor)에 대한 연구사 검토

1) 1950년대 'Hor=위구르(回紇)'

초기 유럽 학자들이 대부분 'Hor=위구르(回紇)설'을 주장하였으므로 그 뒤 가장 강력한 설로 등장한다. 1956년 바콧(Jacques Bacot, 1877~1965)은 문서 전문을 불어로 옮기면서 Hor에 대해 다음과 같은 주를 달았다.

당시 호르(Hor)라는 이름은 돌궐족 위구르(Ouigours)를 일컫는 것으로, 오늘날 북서쪽의 따젠루(Tatsienlou, 打箭炉) 서북쪽에 티베트인들이 사는 5개 지역의 이름이다. 중부

지방에서는 라사 영토의 북쪽, 낙차카(Nag-ču-ka) 지역의 이름으로 그 뒤로는 낙타 캐러밴이 지날 수 없는 세관이 있는 곳이다. 강 반대편에는 주된 동물은 노새나 야크다.[386]

따젠루(Tatsienlou, 打箭炉)는 시촨성(四川省) 깐즈 장족자치주(甘孜藏族自治州)의 주도인 지금의 강딩(Kangding, 康定)을 말하고, 낙차카(Nag-ču-ka)는 티베트 수도 라사에서 북쪽으로 350㎞쯤 떨어진 낙추(Nagqu, 邢曲)시를 말하는 것으로 낙추강 지류에 있는 도시다. 현재 시촨성 강딩에서 서쪽으로 1,600㎞ 떨어진 라사의 북쪽 낙추까지의 지역을 말한다. 티베트 북쪽 지역이라고 이해할 수 있다.

1957년 제라드 클로슨(Gerard Clauson, 1891~1974)은 "Ho-yo-hor-če는 의심할 여지 없이 위구르인(Ouïghours)이다(보통 Hor는 이 이름을 줄인 것이다)."[387]라고 해서 Ho-yo-hor를 줄인 것이라고 했다. 여기서 Ho-yo-hor는 위구르를 뜻한다.

이러한 구미학자들의 Hor에 대한 해석은 2000년대 이후에도 이어진다. 2008년 Federica Venturis는 다음과 같이 보았다.

이 문서에서 Hor는 낱말은 위구르족 그룹을 나타내는 것이 확실하다. 이것은 특히 II. 59~63에서 분명해진다. 적어도 그 구절에서는 Hor는 745년 위구르제국을 세운 위구르인들을 가리킨다. 리게티(Ligeti, 1971: p.176)가 열거한 Hor라는 단어가 모두 제국의 위구르인이나 제국이 무너진 뒤 흩어진 위구르인에 속하는지 분명하지 않지만, 만일 위에 언급한 Hor들이 모두 위구르 제국에 속한다면, 5명 사절단은 제국이 세워진 직후에 파견되어 소란스러운 쿠데타 이후 누가 동맹국이고 누가 적국인지 알아보기 위한 임무였다는 생각에 동의한다. 그렇지 않으면 Hor라는 용어가 (앞에서 인용한) 구절에서만 위구르 제국을

386) Jacques Bacot, "*Reconnaissance en haute Asie septentrionale par cinq envoyés ouigours au VIIIe Siècle*", Journal Asiatique, 1956, p.149. Le nom Hor, à cette époque, désignait !es Ouigours, de race turque, alors qu'aujourd'hui c'est le nom de cinq districts au Nord-Ouest de Ta-tsien-lou et de la population tibétaine qui les habite. Dans la province centrale, c'est aussi le nom, au Nord du territoire de Lhasa, de la région de Nag-ču-ka, poste de douane que les caravanes de chameaux ne dépassent pas. De l'autre côté du fleuve les animaux de hât sont des mulets ou des yaks.

387) Gerard Clauson, "*À propos du manuscrit Pelliot Tibetain 1283*", Journal Asiatique, 245, 1957, p.15. Les Ho-yo-hor-če sont sans doute les Ouïghours (le mot habituel Hor serait une abréviation de ce nom-ci).

가리킨다고 추측할 수 있다.[388]

"리게티가 언급한 Hor가 모두 위구르제국에 속한다면"이라는 전제가 붙었지만, 기본적으로 'Hor=위구르(回紇)'라는 사실에 동의한 것이다.

2) 1977년, 모리야스(森安)의 'Hor≠위구르(回鶻)'

1977년, 모리야스(森安)는 기존 위구르설에 대한 연구사를 찬찬히 분석하여 'Hor=위구르(回鶻)'에 관한 자료를 소개하고, 이어서 Hor가 위구르(回鶻)로 쓰이지 않은 3가지 보기도 들어 8세기 중엽에서 9세기 초에는 'Hor≠위구르(回鶻)'였다고 주장하며 'Hor=위구르 기원설'은 완전히 뒤집혔다[389]고 하였다. 이어서 토마스(Thomas)[390]와 호프만(Hoffmann)[391]이 주장한 'Hor=호(胡)'라는 설도 부정한다.[392]

모리야스는 "Hor는 아주 크게 보면 티베트인의 눈으로 본 '북방의 이민족'이라고 볼 수 있다."라고 했으나 그렇다고 북방의 이민족을 모두 이야기하는 것이 아니라 시대에 따라 그 대상이 달라졌다고 했다.

> 7세기에 들어와 토번왕국(吐蕃王國)이 일어나 그 동북녘에 있던 다미(多彌)·백란(白蘭)·토욕혼(土谷渾)들을 병합하고 티베트족의 국가는 청해(靑海)~하서지방에서 직접 당(唐)과 국경을 접하게 되었다. 그들은 이 지방에 티베트계도 중국계도 아닌 전혀 종류가 다른 사람들이 살고 있는 것을 보았는데 이런 사람들은 티베트인들은 Hor라고 불렀다. 아마 이 Hor에는 소월씨(小月氏)의 후예인 소그드상인, 또는 튀르크족도 포함되어 있었다고 본다. ……
>
> P. 1283 문서에 나온 여러 보고의 출발점이 된 Hor 나라의 위치에 대해서는 이것이 하서(河西)~투르판~북정지방(北庭地方)의 어딘가에 있었다는 것 이상은 알 수 없었다. 중국

---

388) Federica Venturi, *"An Old Tibetan document on the Uighurs: A new translation and interpretation"*, Journal of Asian History, J2008. 19쪽, 주 30).
https://www.researchgate.net/publication/291857546

389) 三安孝夫, 「チベット語史料中に現われる北方民族 - Drug Hor」, 『アジア・アフリカ語文化研究』(14), 1977, 40쪽.

390) F. W. Thomas, "Tibetan Literary Texts and Documents concerning Chinese Turkestan, Ⅰ~Ⅲ"(London, 1935~55).

391) H. Hoffmann, "Die Qarluq in der tibetishen Literatur"(Oriens, Ⅲ, 1950), pp.190~208.

392) 三安孝夫, 「チベット語史料中に現われる北方民族 - Drug Hor」, 『アジア・アフリカ語文化研究』(14), 1977, 41~42쪽.

사료에서도 8세기 중엽에 이 지역에 이러한 나라가 존재하였다는 것은 전혀 알려지지 않았다. 다만 주의해야 할 것은 Hor 나라라고 하지만 실제로는 하나의 성곽에 거처로 한 Hor 부락이라고 바꾸어 말해도 좋을 것이다. 왜냐하면, P. 1283 7번째 줄에 "나라 이름은 중국어로 ji-ur, Dru-gu 말로 Ba-ker Balïq라고 하는"이라고 할 때 그 나라는 확실히 Hor 나라를 가리키는 나라로, 그것이 고대 튀르크말로 성곽도시를 뜻하는 Balïq를 붙여 부르고 있기 때문이다. 그리고 당시 하서는 당이나 토번이 지배하고 있었으므로 여기서는 하나의 나라가 성립되어 있을 수 없어, Hor 나라 같은 것은 존재할 수 없다고 하는 비판은 옳지 않다. 보기를 들어 잘 알려진 둔황의 소그드인 취락(聚落) 같은 것이 Hor 나라일 가능성도 절대 아니라고 할 수 없을 것이다.[393]

모리야스는 문서에 나오는 시기인 7세기~8세기 중엽의 Hor는 이처럼 아주 큰 나라를 형성하였다고 보지 않았다. 그러나 8세기 말에서 9세기까지는 'Dru-gu=Hor(위구르)'가 되었고, 13~15세기는 몽골이 Hor였다는 주장이다.

3) 1981년, 왕야오(王堯)의 'Hor=위구르(回紇)'

티베트 문서를 한어(漢語)로 옮긴 왕야오는 Hor에 대한 주를 달면서 'Hor=위구르(回紇)'임을 분명히 하였다.

Hor(hoyohor라고도 한다)는 당대(唐代) 이미 '회흘(回紇)', '회홀回鶻' 같은 다른 번역 이름이 있었다. 이는 현대 우루무치족의 직계 선조다. <토번 때의 회흘(回紇)을 hor라고 한 것은 원명(元明) 이후 티베트인들이 몽골 옛사람을 hor라고 한 것과는 다르다.> 문헌 기록에 따르면 8세기 중기 몽골고원 돌궐 카간국의 북녘에서 유목생활을 하던 이른바 철륵 9부 가운데 하나로 발실밀(拔悉蜜) 갈라록(葛邏祿)과 연합하여 돌궐에 반항하였다. 744년(天寶 3년) 돌궐을 빼앗아 회흘칸국(回紇汗國)을 세웠다. 회흘칸국은 회홀(回鶻)부락을 우두머리로 한 9개 주요 철륵부락으로 이루어졌기 때문에 우리나라 사료에는 통칭 '9성철륵(九姓鐵勒)'이나 '9성회흘(九姓回紇)'이라고 한다.[394]

---

393) 三安孝夫, 「チベット語史料中に現われる北方民族 - Drug Hor」, 『アジア·アフリカ語文化研究』(14), 1977, 44~46쪽.

394) 王尧·陈践, 「敦煌古藏文本《北方若干国君之王统叙记》文书」, 『敦煌学辑刊』, 1981, 19쪽.

4) 1990년, 까오숭(高嵩)의 'Hor=미란(米蘭)'

1983년 모리야스의 논문이 번역되면서[395] 중화인민공화국에서도 새로운 논문이 나온다. 1990년 까오숭(高嵩)은 모리야스의 'Hor≠회홀(回紇)설'을 인정하고 더 발전시킨다.

> Hor는 위구르를 줄인 것이다. 종족(族系) 차원에서는 'Hor=회홀(回紇)'이지만 부족 차원에서는 'Hor≠회홀(回紇)'이다. 티베트 사람들이 볼 때 가장 이른 Hor 사람은 [역사 시(詩)「꺼사얼왕전(格薩爾王傳)」[396]에 나오는 호르인(霍尔人) 같은] 백란인(白蘭人)이었다. 7~9세기 회홀(回紇)제국은 부족 차원에서 Hor국과 완전히 달랐지만, 종족 수준에서는 같은 종족의 한 가지 같은 관계였다. Hor 사람들은 아주 널리 퍼져 있었다. 그러나 8세기 Hor 지역은 제한되어 있어 (토번의 대신) 상치신얼(尚绮心儿)[397]이 말한 "회홀소국(回紇小國)"이었다. 수도는 미란(米蘭)일 가능성이 아주 크다. Hor를 티베트어의 뜻 범위 안에서 확정한다면 토욕혼인(土谷渾人)·좁은 의미의 돌궐인(突厥人)·몽골인과 만주인은 제외해야 한다. 이런 방식으로 접근해야지만 민족사적 사실에 가깝게 될 수 있다.[398]

모리야스가 Hor의 정확한 위치를 비정하지 못한 점을 보강하기 위해 Hor의 수도를 미란(米蘭)으로 비정하고 나름대로 증거를 제시하고 있다. Hor의 위치에 대해서 처음으로 정확한 위치를 제시하고 있는 연구이기 때문에 내용이 길지만 모두 인용해 보기로 한다.

> 고고발굴에 따르면 미란의 주된 주민들이 8세기 때 스스로 Hor라고 일컬었다는 것이다. Hor가 사신들을 보내는 과정과 지역(輿地)을 자세하게 살펴보면 Hor 나라는 북방 천지에서 오래되고 동떨어진 역사를 거쳤다. 여기서 연구하려고 하는 것은 Hor의 도성(都城)

---

395) 森安孝夫 著_陈俊谋 译, 「敦煌藏语史料中出现的北方民族」, 『西北史地』(9), 1983-2(总第9期) 西北史地(2), 1983.

396) 「꺼사얼왕전(格薩爾王傳)」: 티베트의 위대한 영웅·역사시(英雄史詩). 티베트(西藏)·시촨(四川)·내몽골(内蒙古)·칭하(青海) 같은 지구에 전해 내려온 영웅 꺼사얼왕의 풍부하고 위대한 공적을 노래한 것으로 2018년 300권의 책으로 출판되었다(『百度百科』).

397) 상치신얼(尚绮心儿, ~849)은 티베트의 왕 렐빠짼(赤祖德赞, 815~838) 때의 대신으로, 티베트가 점령한 하주(河州: 당나라 때의 夏川)에 오래 살았다(『百度百科』).

398) 高嵩, 「关于P.1283号藏语文卷中的Hor国」, 『宁夏社会科学』, 1990(4), 90쪽.

이 어디인가 하는 것이다. 나는 가장 가능한 곳이 미란(米蘭, miran)이라고 본다.

1959년 10월, 신쟝(新疆) 고고학자들이 미란고성에서 발굴한 「감만이 시첩(坎曼爾詩籤)」 2건은 이에 대한 증거를 제공해 준다. 그 가운데 A는 감만이(坎曼爾)가 스스로 짓고 쓴 3편의 한문 시이고, B는 그가 뽑아 적은 백거이(白居易)의 명시 '숯 파는 늙은이(賣炭翁)' 다. 눈여겨보아야 할 것은 A의 (시 마지막에) 써넣은 이름 '흘감만이(紇坎曼爾)'로, '흘·감만이(紇·坎曼爾)'라고 점을 찍어 'Hor 감만이(紇坎曼爾)'가 되어야 한다. 어떤 사람은 후얼·감만이(霍爾·坎曼爾)라고도 한다. 곽말약(郭沫若) 선생은 살았을 적에 "'흘(紇)' 자는 감만이가 스스로 회흘(回紇) 사람(바로 오늘날의 우루무치)이라는 것을 표시한 것이다."[399]라고 보았다.

그러나 P. 1283호 문서에 뚜렷하게 나타난 "회흘인(回紇人)은 자기의 통치자에게 회흘(回紇)제국의 개황을 보고하였다."라고 한 아주 이상한 내용을 고려하면 먼저 '흘(紇)' 자를 Hor로 되돌리는 것이 더 옳다고 본다. 바꾸어 말하면 'Hor≠回紇'라는 부등식을 먼저 보류하는 것이 좋다는 것이다. Hor에 관하여 티베트사에서 중요한 책인 『현자회연(賢者喜宴)』에 'Hor-bya-zhu-rin-po'라는 서명이 있는데, 한어로 옮기면 '흘·파주인파(紇·巴珠仁波)'가 된다. 이 사람 이름은 티베트화된 것이 분명하다. 그런데 그 이름이 '호르·감만이(紇·坎曼尔)'와 완벽하게 일치하는 것은 두 가지 이름의 서명 방법이 같은 한 민족의 풍습에서 나왔다는 것을 설명해 주는 것으로 모두 Hor 민족의 존재가 배경이 된다. 파주인파(巴珠仁波)라는 이름이 티베트화되었다는 것은 토번이 Hor 사람을 통치했다는 것을 보여 주는 것이다.

「감만이 시첩(坎曼爾詩籤)」같은 유물은 대당(大唐)과 연결된(亲附) 작은 독립국 Hor 나라의 문화유산이라고 보는 것이 설득력 있다. 이 두 건의 시첩(詩籤)과 그 이전 스타인 등이 발견한 미란(米蘭)의 고고학적 성과를 종합하여 보면 8세기 중반 이전의 이른바 '돌궐계 백성'이 주체가 되고 발달된 농업문화도 미란에서 개발되었다고 볼 수 있으므로 Hor 나라의 도성 형상일 가능성이 아주 크다.

모리야스 선생이 만일 회흘(回紇)이 회흘제국을 특별하게 지칭하는 것으로 본다면 Hor≠회흘제국(回紇帝国)이 정확하다. Hor 나라는 아울러 회흘제국에서 떨어져 나온 부

---

399) 郭沫若, 「出土文物二三事」, 『文物』, 1972-3, 8쪽.

분이 아니라 오랫동안 곤륜산 한 모퉁이에서 스스로 독특한 길을 겪어 왔기 때문에 Hor
와 회흘의 관계를 분명하게 하기 위해서는 사료를 더 보충하는 것 외에도 회흘학 관념에
대해 변혁이 필요하다.[400]

고고학적으로 발굴된 유물이나 민속학적 사료를 활용하여 나름대로 회흘제국과
Hor의 관계를 설정해 보고 그 수도로 미란(米蘭)을 제시해 보았지만 스스로 언급한
것처럼 앞으로 새로운 사료의 보충이 필요하다고 할 수 있다.

[그림 66] 「감만이 시첩(坎曼爾詩簽)」

[그림 67] 미란 고성(2018. 9. 15.)

---

400) 高嵩, 「关于P.1283号藏语文卷中的Hor国」, 『宁夏社会科学』, 1990(4), 87~88쪽.

2. Rgya, Dru-gu에 대한 연구사 검토

펠리오 P. 1283호 문서를 보면 모든 홀이름씨(固有名詞)를 두 가지 말로 기록하고 있다. 드루구(dru-gu)와 르갸(rgya)다. 드르구(dru-gu)는 돌궐이라는 데 이견이 없다. 그러나 르갸는 옮기는 연구자마다 조금씩 다르다. 먼저 르갸부터 보기로 한다.

1) 르갸(rgya)=한인(漢人)

티베트 문서에 나오는 르갸(rgya)는 1957년 Bacot이 프랑스말로 chinois(치나어)라고 했고, 모리야스 다까오(森安孝夫)는 중국어(中國語)라고 옮겼고, 왕야오(王堯)는 한어(漢語)라고 했다. 왜 이렇게 서로 다른 말로 옮겼을까? 먼저 그 어원부터 보기로 한다.

티베트어에서 르갸(rgya: rgʲa)는 넓이(extent), 크기(size); 광대함(vastness); 제국(empire)이라는 뜻이다. 여기서는 제국을 뜻하는 것인데, 티베트에서 본 '큰 나라', 곧 대국(大國)·제국(帝國)을 뜻하는 것이었다. 이 낱말은 주로 두 가지 제국을 말할 때 쓰였다.

① 흰 제국: rgya(제국)+gar(희다)=(티베트 남쪽의) 흰 제국=인두(印度, India)
  → 옛날 인두(印度) 사람들이 흰옷을 입었기 때문일 것으로 보인다.[401]
② 검은 제국: Rgya(제국)+nags(검다)=(티베트 북쪽의) 검은 제국=진한(秦漢)·당(唐)
  → 옛날 진한(秦漢)·당(唐) 사람들이 검은 옷을 입었기 때문일 것으로 보인다.[402]

이 당시 검은 제국, 다시 말해 티베트 북쪽의 검은 제국은 당(唐)이다. 그러나 티베트에서는 당이라는 나라 이름을 쓰지 않고 그냥 제국(rgya)이라고 썼다는 것을 알 수

---

[401] 【rgya gar】 Etymology: From རྒྱ(rgya, "extent, size; vastness; empire")+གར(gar) (variant of དཀར dkar, "white"), literally "white expanse, white empire". So named perhaps because its ancient inhabitants wore white clothing(The Tibetan & Himalayan Library, 2017; Wiktionary).
http://www.cqvip.com/read/read.aspx?id=1002871395.

[402] 『佛光大辭典』【震旦】: 此外, 西藏稱我國爲 Rgya 或 Rgya-nags. rgya 是廣大之義, nags 爲黑之義, 意卽著黑衣住民之廣大國土.『釋迦方志』卷下「遊履篇」.『華嚴探玄記』卷15·「止觀輔行傳弘決」卷4-2, 卷10-2·『大唐貞元續開元釋教錄』卷上·『希麟音義』卷10·『唐書』「西域列傳」第146(上)·『悉曇要訣卷』4·H. Yule, H. Cordier: Cathay and the Way Thither; F. F. von Richthofen: China.

있다. 이 rgya(제국)라는 낱말을 서녘 학자들은 China라고 옮긴다. China는 산스크리트 치나(cīna)에서 온 것이라는 것은 앞에서 『당범양어쌍대집(唐梵兩語雙對集)』과 『범어잡명(梵語雜名)』을 연구할 때 자세하게 보았다.

<표 11> 한국(漢國)=치나(cīna)

| | \
『당범양어쌍대집(唐梵兩語雙對集)』 | | \
『범어잡명(梵語雜名)』 | | |
|---|---|---|---|---|---|
| 4 | 한국(漢國) | 支那泥舍 | ཙིནཌེཤ | cīna-deśa | 치나-데사 |

『당범양어쌍대집(唐梵兩語雙對集)』은 당나라 이전에 만들어진 사전이고 『범어잡명(梵語雜名)』은 당나라 때 만들어진 사전이지만 인두(印度)을 비롯한 산스크리트 언어권에서는 당이란 나라 이름을 쓰지 않고 한자로는 한국(漢國)으로 한(漢)나라 이름을 그대로 쓰고 있고, 산스크리트로는 치나(cīna, 支那)라고 했다. 이 치나(cīna)는 진(秦)나라에서 비롯된 것이다. 그러니까 북쪽의 제국은 진한(秦漢)시대의 이름이 인두(印度)와 서녘(西域)의 산스크리트어권에서 쓰였다는 것을 알 수 있다. 산스크리트를 받아들여 티베트어를 만든 토번(吐蕃)에서도 그렇게 썼을 가능성이 크다. 그런 측면에서 rgya(제국)를 한국(漢國), 그 말을 한어(漢語)라고 옮기는 것은 타당하다고 본다. 다만 중국(中國)이라고 옮기는 것은 중국이라는 나라가 없었고, 지금의 중국도 중화인민공화국(中華人民共和國)의 약자이기 때문에 중국이라고 옮기는 것은 맞지 않다고 본다. 서양 사람들이 China라고 옮기는 것은 바로 산스크리트 치나(cīna, 支那)에서 비롯되었고, 일본 제국주의 시대 지나(支那)라고 부른 것도 산스크리트를 바탕으로 한 것이다.

현재 중화인민공화국에서도 한어(漢語)라고 하는 것은 이런 역사적 배경을 바탕으로 한 것이다. 그러므로 앞에서 티베트 문서를 옮기면서 rgya(제국)를 한어(漢語)로 옮겼다.

2) 드루구(dru-gu)=돌궐(突厥, Türk)

'Dru-gu=Türk=돌궐(突厥)'설은 펠리오가 가장 먼저 주장하면서 가장 유력한 설로 등장하였다. 그 뒤 모리야스(森安孝夫)는 Dru-gu를 제1돌궐, 철륵 여러 부, 제2돌궐을 아우르는 큰 개념으로 보았다.

dru-gu는 Türk족 전반을 가리키는 총칭으로 결코 좁은 뜻의 돌궐을 말하는 것이 아니다. 또 P. 1283문서 24줄째에 나오는 '9성(九姓) Drugu (Drugu 九姓)'가 때로는 '구성돌궐(九姓突厥)'이나 '돌궐구성(突厥九姓)'이라고도 쓰이는데, 넓게는 '구성철륵(九姓鐵勒)' 같은 형태로 여러 사료에 자주 나오기 때문에 다음과 같이 결론을 내려도 큰 흠이 없을 것이다.

(1) Dru-gu·철륵·돌궐 모두 Türk~Türük를 소리 나는 대로 옮긴 것이다.

(2) 그러나 한문 사료에서 철륵이라든가 돌궐이라고 하는 경우는 반드시 한정된 협의의 Türk족, 다시 말해 Türk족 가운데 한 부족이나 몇 부족 및 부족연합을 가리킨다.

(3) 그리고 Dru-gu가 내용·상으로 보면 철륵이라고 할 수도 없고, 돌궐이라고 할 수도 없다. 따라서 'Dru-gu=돌궐'이라는 기원설은 이제 성립되지 않는다.

(4) 다만 9성 Dru-gu(Dru-gu 九姓)는 9성철륵(九姓鐵勒)이나 9성돌궐(九姓突厥)·돌궐 9성과 같은 것이다.[403]

그러므로 '드루구(dru-gu)=돌궐(突厥, Türk)'로 옮기는 것은 무리가 없다고 본다.

---

403) 三安孝夫, 「チベット語史料中に現われる北方民族 - Drug Hor」, 『アジア·アフリカ語文化研究』(14), 1977, 16쪽.

IV. 고리(高麗)=ΠШug-lig에 대한 연구사

1. 폴 펠리오(Paul Pelliot)의 'Mug-lig=Mukuri'

펠리오는 1909년 10월 24일, 떠난 지 만 3년 만에 파리로 돌아왔다. 그는 영웅으로 환호를 받았지만, 동시에 수상한 기류도 감지할 수 있었다. 그것은 자신뿐 아니라 샤반 교수와 하노이의 프랑스 극동학원까지 싸잡아 비난하는 운동으로 발전하고 있었다. 펠리오를 비난하는 이유는 두 가지였다. 하나는 일반적인 비난으로, 학원의 교수진 전체에 대한 비난 속에서 그를 거론하는 것인데, 이들이 엘리트주의에 빠졌으며 더 심각하게는 자신들의 저작을 출판하는 데 지역 통역자의 도움에 의존한다는 것이었다. 펠리오를 비난하는 주요 인사 가운데 파리 국립도서관 동양부의 고참 사서가 있었다. 이 도서관의 한 창고에 둔황의 고사본들이 수장되어 있는데, 펠리오만이 열쇠를 가지고 다녔다. 문서의 접근을 거부당한 사서는 격노해서 한 신문에 펠리오 필사본의 신빙성과 중국학 학자로서의 능력에 강력한 의문을 제기하는 투서를 보냈다.

펠리오는 우선 1910년 「고지(高地) 아시아에서 보낸 3년」[404]이란 글로 그의 탐험을

---

404)   Paul Pelliot, "Trois Ans dans la haute Asie", Paris, Comité de l'Asie Française, 1910.

소개하고, 10년간 꾸준히 연구하여 1920년부터 4년간 무려 6권이나 되는『둔황의 동굴들(Les grottes de Touen-Houang)』[405]이란 도록을 펴내 비난을 완전히 잠재웠다.

[그림 68] Les grottes de Touen-Houang

1980년대 중국이 개방하여 대량으로 출판되기 이전까지 둔황 막고굴에 관한 연구에서 이 도록이 차지하는 위치는 절대적이었다. 그뿐 아니라 그동안 동굴이 많이 훼손되었기 때문에 초기의 상태를 영상으로 보여 주는 유일한 자료로서 현대에도 그 가치는 조금도 줄어들지 않았다.

그 뒤로도 몽골사를 비롯하여 여러 가지 연구업적을 내놓았지만, 그 내용이 방대하여 티베트 문서 P. 1283호에 대한 구체적인 연구 성과는 없었다. 1959년 이후 집필한『마르코폴로 주석(Notes on Marco Polo)』에서 고리(高麗)가 티베트어로는 Mug-lig으로 중앙아시아에 알려져 있다고 언급하면서 'Mug-lig=Mukuri'라고 주장하였다.

　　CAULI: Chin. 말로 까오리(Kao-li)라고 하는데, (불어는) Corea다. 코리아의 옛날 이름

---

405) Paul Pelliot, "Les grottes de Touen-Houang", Paris, librairie Paul Geuthner, 1920~24. 책 4권은 모두 일본 国立情報学研究所 - ディジタル·シルクロード·プロジェクト에서 볼 수 있다. 이 사이트에서는 이 밖에도 실크로드에 관한 광범위한 자료를 제공하고 있다(http://dsr.nii.ac.jp/). 펠리오의 책은 그 가운데서『東洋文庫所蔵』貴重書デジタルアーカイブ에 들어가면 나온다(http://dsr.nii.ac.jp/toyobunko/VIII-5-B6-3/V-2/).

은 가오구리(Kaokou-li)다. 코리아의 또 다른 옛날 이름이 중앙아시아에 알려져 있는데 (산스크리트로 Mukuri, 티베트어로 Mug-lig) 15세기 중엽 '고리(Gori)'로 유럽에 알려진 것 같다(pp.234~235 참조).[406]

2. 1956년, 자크 바콧(Jacques Bacot)의 불어 번역

티베트 고대문서 가운데 P. 1283호가 본격적으로 시작된 것은 1945년 펠리오가 세상을 뜨고 나서도 10년이 훨씬 넘은 뒤인 1957년이었다. 자크 바콧(1877~1965)은 탐험가이고 프랑스 티베트학의 선구자로 티베트어 문법을 연구한 최초의 서양 학자였다. 그는 인두, 중국 서부 및 티베트 국경 지역을 광범위하게 여행했고, École pratique des hautes études에서 근무하였다. 자크 바콧은 P. 1283호 문서를 불어로 옮겼는데, 고리(高麗)에 관한 부분만 뽑아서 보면 다음과 같다.

> 이 부족의 동쪽에는 Drugu가 Mug-lig, China가 Ke'u-li라고 부르는 나라가 있다. 샨동(Çan-toň)의 크고 작은 지사가 다스리는 지방이다. 이 나라가 Ke'u-li에서 남자들은 턱 끝이 가슴에 붙어 있다. 사람의 살을 먹는 그들은 (다른) 노인과 같이 자신의 아버지와 어머니도 옷을 벗겨 죽인다.[407]

고리(高麗)에 대한 특별한 언급은 없지만, 이 번역은 그 뒤 많은 학자가 이 방면을 연구하는 데 중요한 바탕이 되었다.

---

406) Paul Pelliot, *Notes on Marco Polo* : vol. 3, paris, Impr. nationale, 1959, p.54.
CAULI: It is the Chin. Kao-li, Corea. Another ancient name of Corea was known in Central Asia (Mukuri in Sanskrit, Mug-lig in Tibetan) and seems to have reached Europe in the middle of the 15th cent., as ≪Gori≫. See pp.234~235. 〈National Institute of Informatics - Digital Silk Road Project, Digital Archive of Toyo Bunko Rare Books〉. http://dsr.nii.ac.jp/toyobunko/III-2-F-c-104/V-3/page/0054.html.en

407) Jacques Bacot(notes par P. Pelliot), "*Reconnaissance en haute Asie septentrionale par cinq envoyés ouigours au VIIIe Siècle*", Journal Asiatique, 1956, pp.137~153. A 1'Est de cette tribu le pays appelé Mug-lig par les Drugu et Ke'u-li par les Chinois. C'est une province des grands et petits gouverneurs du Çan-toň. Vers ce pays de Ke'u-li, les hommes ont le menton adhérent à la poitrine. Mangeurs de chair humaine, ils mettent nus leurs pères et mères vieux ainsi que ies vieillards et ils les tuent.

3. 1957년, 클로슨(G. Clauson)과 풀리블랑크(E. G. Pulleyblank)의 발해·말갈론

제라드 클로슨(Gerard Clauson, 1891~1974)은 영국의 동양학자인데 돌궐어 연구로 잘 알려졌고, 에드윈 풀리블랑크(Edwin George Pulleyblank, 1922~2013)는 캐나다의 언어학자이며 역사학자로 중국사 가운데서도 음운사(音韻史)에 정통하였다. 두 사람은 모두 Mug-lig은 말갈이라고 주장하였다.

> Mug-lig은 돌궐어 이름 Bükli(ORKUN, op. Cit. I, 30, 위에서 인용한 문장 참조)로, 음성학적으로 Ke'u-li는 高麗 Kao-Ii ̦kâu-liei'여야 하지만, <u>China 사람들이 기록한 말갈(靺鞨 Mo-ho, muât-γât?)로 보인다.</u>
> <u>Pulleyblank 교수는 문제의 국가는 8세기 초 옛 고구리(Kao-kiu-li, 高句麗) 왕국의 후예들이 북코리아와 동만주에서 설립한 발해(Po-hai)여야 한다고 조언해 주었다.</u> 지배계급은 말갈이었다.[408]

Mug-lig=Bükli=고리(高麗, Ke'u-li)이지만, 시대가 8세기 초라는 점에서 고리(高麗) 후예들이 세운 발해말갈이라고 본 것이다.

4. 1958년, 첸종몐(岑仲勉) 「Bökli=莫離=mokuri=Mug-lig」설

앞에서 돌궐 비문에서 보았지만 첸종몐(岑仲勉)은 「Bökli=莫離=mokuri=Mug-lig」설을 주창하였다.[409] 첸종몐(岑仲勉)은 이미 『법어잡명』이나 펠리오의 티베트어 문서

---

408) Gerard Clauson, "*À propos du manuscrit Pelliot Tibetain 1283*", Journal Asiatique, 245, 1957, pp.11~24. Mug-lig est le nom turc Bükli (voir ORKUN, op. cit.. I, 30, la phrase citée ci-dessus), apparemment transcrit 靺鞨 *Mo-ho* (*muât-γât?*) par les Chinois, quoique la concordance phonétique soit peu salisfaisante Ke'u-li doit être 高麗 Kao-Ii (̦kâu-liei'). Le professeur Pulleyblank me signale que l'état en question doit être celui de Po-hai qui fut fondé, au début du VIIIe siécle, dans la Corée du Nord et la Manchourie de l'Est, et formé des débris du vieux royaume de Kao-kiu-li. La famille regnante était des Mo-ho.

409) 岑仲勉 「突厥文闕特勤碑」, 『突厥集史』下冊, 北京, 中華書局, 1958, 880·892~893·1133쪽.

를 통해서 bökli가 고구리(高句麗)를 가리키는 것이라는 것을 충분히 이해하고 받아들였으나 그 음에서 뵈클리(Bökli)와 고구리(高句麗)가 전혀 일치되지 않는다고 보고 그 대안을 찾은 것이 고구리(高句麗)의 한 관직인 '막리지'였고, 그것이 그 나라를 나타내는 낱말이라고 해석하였으며, 그래서 고구리(高句麗) 왕을 bökli kaɣan 곧 「막리 카간(莫離可汗)」이라고 주장한 것이다.

첸종몐(岑仲勉)의 주장은 언어학적 측면이나 문맥으로 볼 때 아주 무리가 있다고 본다. 이 점은 다음에 보는 모리 마사오(護雅夫)도 비판하였다.[410]

5. 1977년, 모리 마사오(護雅夫)의 발해설

모리의 Mug-lig 해석은 앞에서 본 다른 연구자들과 좀 다르다.

> 앞에서 든 8세기 티베트어 문서에 「Drugu(튀르크)가 Mug-lig, 지나(支那)인이 Ke'u-li (高麗)라고 부른 지역」이라고 한 가운데 Mug-lig란 Mug에 "mit etwas versehen, zu etwas gehölig"[411]를 나타내는 +lig을 붙인 것으로 「Mug의 땅(地)」, 「Mug에 속한 땅」 같은 것을 의미하고, 이 Mug도 「貊」이라고 쓴 원음을 옮겨 쓴 것이라고 본다.[412]

그리고 "다만 여기서 말하는 「貊의 땅」, 「貊에 속하는 땅」은 高(句)麗는 아닐 것이다."라고 보고 발해라는 결론을 내린다.

그런데 글로슨(Glauson)은 이 Mug-lig을 저 bükli에 맞추어 그것을 말갈(muât ɣât)을 소리 나는 대로 옮긴 것이라고 하며, 이것은 발해를 가리키는 것이 틀림없다고 한 풀리블랑크(E. G. Pulleyblank)의 의견을 소개하고 있다.

---

410)　護雅夫, 「いわゆるBökliについて」, 『江上波夫教授古稀記念論集 - 民俗·文化篇』, 山川出版社, 1977, 305쪽.

411)　provided with something, something too, provizita per io, ankaŭ io, 무언가, 무언가도 제공.

412)　護雅夫, 「いわゆるBökliについて」, 『江上波夫教授古稀記念論集 - 民俗·文化篇』, 1977, 321쪽.

나는 이 「bükli(bökli=Mug-lig=말갈」설은 취하지 않지만 여기서 말하는 Mug-lig, 곧 「貊의 땅」, 「貊에 속하는 땅」이 발해라는 것은 확실하다고 생각한다. 발해의 건국자 대조영 이 고구리(高句麗) 사람(貊人)일 뿐 아니라 발해는 고구리(高句麗, 貊의 나라)에 세워졌기 때문이다. 나는 『범어잡명(梵語雜名)』에 「高(句)麗」를 나타내는 「산스크리트(梵語)」라고 볼 수 있는 mokuri는 첸중몐(쏙仲勉)이 말하는 것처럼 bökli에 해당되는 것이 아니고 Mug-lig 에서 잘못 옮겨진 것으로 이것도 발해에 지나지 않는다고 생각한다.

간추리면 나는 돌궐을 아우르는 고대 튀르크는 bök이라는 소리(音) 또는 mug에 가까운 소리로 「貊」을 나타내고, 그 「貊의 나라, 貊의 땅」(먼저 고구리(高句麗), 이어서 발해)를 bök eli라는 말, 또는 Mug-lig에 가까운 말로 나타냈다. 그리고 테오필락토스가 말하는 이른바 Moukri도 후세의 『범어잡명』에서 이야기하는 mokuri와 마찬가지로 Mug-lig이라고 소리 를 정확하지 않게 전한 것으로, 그것은 고구리(高句麗)를 나타내는 것이라고 생각한다.[413]

6. 1977년, 모리야스 다까오(森安孝夫)의 발해설

지금까지 Mug-lig 문제를 가장 깊이 있게 다룬 것은 모리야스 다까오(森安孝夫)다. 모리야스는 티베트 문서에 나온 고리(高麗) 문제를 다루면서 앞에서 본 3가지 사료를 종합적으로 검토하여 시대를 추정하고 있다.

Dad-pyi, 곧 해(奚, He)의 동쪽에 있는 민족이나 국가는 Dru-gu에서는 Mug-lig이라 고 부르고, 중국에서는 Ke'u-li라고 부르고 있다고 한다(II. 15~16). 한·티베트(番) 대음천 자문(對音千字文)에 따르면 「高=Ke'u」이니 Ke'u-li가 고리(高麗)에 해당되는 것은 틀림없 다. 문제는 Mug-lig인데, 8세기 말에 나온 책인 『범어잡명(梵語雜名)』에는 「高麗=Muquri」 라고 되어 있으므로 이 Muquri와 본 문서의 Mug-lig과는 같은 것이라고 생각한다. 그런 데 이 Muquri에서 바로 떠오르는 것이 7세기 첫머리에 나온 비잔틴 사료(史料)가 전하는 Moukri가 있다. 중국과 이웃한 용감한 민족이었다고 하는 이 Moukri에 대하여 예전에는

---

413) 護雅夫, 「いわゆるBökliについて」, 『江上波夫教授古稀紀念論集 - 民俗·文化篇』, 1977, 321쪽.

갖가지 비정이 있었는데, 이것을 고구리(高句麗)에 해당된다는 이와사(岩佐) 씨의 해석은 움직일 수 없는 결론으로, 지금도 의문의 여지가 없다. 그렇다면 당연히 이 문서에 나온 Mug-lig도 고구리(高句麗)라고 비정할 수 있다.

사실 이미 Henning 씨가 Mug-lig과 돌궐의 호쇼 차이담 비문에 나온 Bökli는 같은 것으로 보았고, 나아가 이와사(岩佐) 씨가 그 Bökli가 고구리(高句麗)라고 비정하고 있기 때문에 Mug-lig을 고구리(高句麗)라고 보는 것은 전적으로 옳다. Bökli에 대한 설명에서 이와사 씨는 「Bö(k)+kli=貊+句麗」라고 추정하였는데, 그 밖에 「Bök+li=貊+接尾辭인 -lig의 g가 탈락한=貊의 나라(사람)」이라고 볼 수도 있다. 다만 마지막 결론은 뒷날을 기대한다.[414]

아무튼 이미 7세기 첫머리부터 고구리(高句麗)는 튀르크족 사이에 Bökli나 Mug-lig이라고 부르고 있었다. 그러나 이 문서의 대상이 된 8세기 중엽에는 이미 고구리나라(高句麗國)는 존재하지 않았기 때문에 이 문서에서 「중국에서는 고리(高麗)라 부르고 튀르크에서는 Mug-lig이라고 불렀다」고 하는 동녘의 나라는 발해(渤海) 말고는 있을 수 없다. 발해(渤海) 건국의 중심이 되었던 인물들 가운데 많은 고구리(高句麗) 유민이 들어 있었던 점, 또는 발해 왕이 일본 조정에 보낸 친서 가운데 스스로 「고리(高麗)」 왕이란 이름을 올린 것처럼 발해가 고구리(高句麗)를 다시 일으켰다고 내세우고 있는 것 같은 사실은 여러 사람이 두루 알고 있는 사실이다.[415]

---

414) [원저자 보주] 이 원고를 탈고한 뒤 모리 마사오(護雅夫)는 「이른바 bökli에 관하여」라는 논문을 발표하여(『江上波夫 敎授古稀紀念論集 民族·文化篇』, 東京, 1977, pp.299~324) bökli에 대해 최종적 결론이라고 할 만한 것을 내놓았다. 그 논문에 따르면 지금까지 bökli라고 읽어 왔던 것은 사실 bök eli[고대 튀르크에서 「bök의 나라」=맥(貊)의 나라」라는 뜻라고 읽어야 하고, 이것은 곧 고구리(高句麗)를 가리키는 것이라고 한다. 그는 또 Mug-lig에 대해서도 언급해, 이것은 「貊이라고 쓴 원음의 전사(轉寫)+"mit etwas verschen, zu etwas gehörig"를 나타내는 접미사인 -lig」=「맥(貊)에 속한 땅」=「발해(渤海)」라고 쓰고 있다. 그의 정교하고 치밀한 논증 과정을 지금 여기에 소개하는 것은 도저히 불가능하므로 꼭 원문을 참조하길 바란다.

415) 三安孝夫, 「チベット語史料中に現われる北方民族 - Drug Hor」, 『アジア·アフリカ語文化研究』 (14), 1977, 19쪽. Dad-pyi 卽ち奚(He)の東にある民族ないし國家は Dru-gu からは Mug-lig と呼ばれ, 中國からは Ke'u-li と呼ばれているという(Ⅱ. 15~16). 漢番對音千字文によれば 「高=Ke'u」とあり, Ke'u-li が高麗にあたることにか何の疑いもない。問題は Mug-ligであるが, 8世紀末の書 『梵語雜名』には 「高麗=Muquri」とあるから, この Muquri と本文書の Mug-lig とは同じものと考えられる。ところでこの Muquri で卽座に思い出されるものに, 7世紀初頭のビザンチン史料が傳える Moukri がある。中國に隣接している勇敢な民族であったと言われているこの Moukri に對して, かつては色々な比定がなされたが, これを高句麗に當てた 岩佐氏の解釋が鐵案であって, 今や疑問の餘地はない。とすれば當然本文書の Mug-lig も高句麗に比定さるべきである。 事實すでに Henning 氏によって Mug-lig と突闕のホショーツァイダム碑文に見える Bökli とが同一視され, かつ岩佐氏 によってその Bökli が高句麗に比定されているから, Mug-lig を高句麗とみることは全く正しい。 Bökli の說明としては, 岩 佐氏は 「Bö(k)+kli=貊+句麗」と推定したが, あるいは 「Bök+li=貊+接尾辭の -lig の g が落ちたもの=貊の 國(人)」と考えることも可能かもしれない。 ただし最終的結論は後日に俟ちたい。 いずれもせよ 旣に7世紀初頭から高句麗はチュルク族

지금까지 연구성과를 총정리하면서 '티베트어 Mug-lig=돌궐 비문의 Bökli=범어잡명(梵語雜名)의 Muquri=비잔틴 사료(史料)의 Moukri'라는 마지막 결론을 내렸다. 아울러 '고리(高麗)=고구리(高句麗)'라는 점도 뚜렷하게 밝혔으나 '8세기 중엽에는 고리(高麗)가 존재하지 않았기 때문에 이런 사료에 나오는 것은 고리(高麗)가 아니라 발해'라고 보아 기존 발해설을 뒷받침하였다.

7. 1989년, 노태돈의 발해설

이러한 모리야스 다까오(森安孝夫)의 연구 성과는 한국에서도 큰 영향을 받는다. 1989년부터 이 문제를 다룬 노태돈은 그 내용을 다음과 같이 소개한다.

> 그런데 앞의 인용문에서 주의되는 것은 밑줄 친 ⓐ 부분이다. 이에서 Ke'u-li가 고려임은 확실하다. 곧 고구려를 당시 Drug인(돌궐·위구르 등 터키계 주민)이 Mug-lig이라고 불렀다는 것이다. 또한 당 덕종(德宗) 정원(貞元) 연간(785~804)에 번경대덕 겸 한림대조(翻經大德兼翰林待詔)였던 귀자국(龜玆國) 출신의 승려인 예언(禮言)이 편찬하고 예산(睿山) 사문(沙門) 진원(眞源)이 교(較)한 『범어잡명(梵語雜名)』에서도 '실담(悉曇: Siddham)' 문자로 기술된 한 단어의 음을 한자로 '무꾸리(畝俱理)'라고 표기하고 이어 그 뜻을 '고려(高麗)'라 하였다. 즉 8세기~9세기 초에 서역에서 고려를 Mokuli라 불렀음을 전해 준다.[416]

노태돈은 앞에서 본 둔황문서를 다루면서 같은 시기에 고리(高麗)나라 이름이 나오는 자료로 『범어잡명(梵語雜名)』을 들고 있다. 여기서 논란의 대상이 되는 부분은 이

の間で Bökli とか Mug-lig とか呼ばれたわけである. しかしながら本文書の對象となった8世紀中葉にはもはや高句麗國は存在していないから,本文書に「中國からは高麗と呼よばれ,チュルクからは Mug-lig と呼ばれた」とある東方の國とは,渤海以外にはありえない. 渤海建國の中心となった人物たちの中には多くの高句麗流民が含まれていたこと,あるいはまた渤海王が日本の朝廷に送った親書の中で自から「高麗」王と名乗っているように,渤海が高句麗の再興を標榜していたことなどは周知の通りである.

416) 노태돈, 『고구려사연구』, 사계절, 1999, 530쪽. 10년 전인 1989년에 이미 이 문제를 다루었다. 盧泰敦, 「高句麗·渤海人과 內陸아시아人과의 交涉에 대한 一考察」, 『大東文化研究』 (23), 成均館大, 1989. 내용이 거의 같기 때문에 여기서는 최근 가장 많이 보고 있는 책을 바탕으로 인용한다.

두 가지 자료가 모두 생성된 연대가 고구리(高句麗)가 망하고 100년이 지난 뒤라는 것이고, 그러므로 이는 고구리(高句麗)에 관한 자료가 아니고 '여기서 말하는 고리(高麗)는 발해를 뜻한다.'라는 모리야스 다까오(森安孝夫)의 주장을 그대로 이어받는다.

> ① 그런데 그 무렵은 고구려가 망한 지 1백여 년 이상이 지난 뒤다. 위의 둔황문서에서 전하는 고려란 어느 나라를 지칭하는 것일까. …… <u>이에서 말하는 고려는 발해를 뜻한다.</u>417)

그리고 한발 더 나아가 그 의미를 이렇게 주장하였다.

> ② 이 문서에서 당시 당인(唐人)들이 발해를 Keʼu-li, 즉 고려라고도 불렀음을 보여 준다. 즉 당시 당나라 조정은 공식적으로 발해라고 불렀지만, 일반 민간에서 발해를 고려라고 하였음을 말해 준다. 이렇게 볼 때 이 <u>둔황문서는 발해가 고구려의 계승국임을 나타내 주는 또 하나의 자료가 된다</u> 하겠다.418)

이와 같은 노태돈의 연구는 그 뒤 발해사 연구에 크게 영향을 미친다.

③ 보기: 국사편찬위원회, 『신편 한국사』.

> 이 밖에 프랑스 국립도서관에 소장되어 있는 둔황문서 〈북방 몇몇 나라의 王統에 관한 叙記〉(Pelliot Tibetain 1283)에서 발해에 대하여 "…… 티베트인이 He라 부르고 중국인이 Hetse(奚)라 하며 Drug인이 Dadpyi라고 부르는 종족이 있는데 …… 그(奚) 동방을 보면 Drug인이 Muglig으로, 중국인이 Keʼuli라 부르는 나라가 있다."라고 하였다. 여기에서 Drug는 터키계 종족을 지칭하며 Muglig은 발해를 의미한다. Muglig은 원래 돌궐에서 고구려를 지칭하는 'Mökli(貊句麗)'에서 비롯한 말인데, 8세기 이후 발해를 지칭하는 용어로 계속 사용되고 있음을 보여 준다. 고구려 멸망 후 상당수의 고구려유민들이 돌궐로 이

---

417)　노태돈, 『고구려사연구』, 사계절, 1999, 530~531쪽.
418)　노태돈, 『고구려사연구』, 사계절, 1999, 532쪽.

주하였으며 발해는 건국 직후부터 돌궐과 교섭을 가졌기 때문에, 고구려와 발해에 대한 상당한 지식을 가지고 있었을 내륙 아시아 터키계 주민들이 발해를 지칭하여 계속 Muglig 이라고 한 것은 발해국의 성격을 이들이 어떻게 이해하였는지를 나타내 준다. 아울러 당시 중국인들이 발해를 Ke'uli, 즉 고려라고 하였다는 것도 당나라인들의 발해국의 성격에 대한 인식을 나타내 주는 자료가 된다.[419]

그리고 일반 역사 애호가들에게도 자주 인용되고 있다. 포털에 9,000명이 넘는 회원을 가진 역사 카페에 이렇게 나와 있다.

> 무엇보다도 동로마의 무꾸리 기록(7세기 초) 외에는, 무꾸리(법어잡명, 8~9세기에 편찬), 뵈클리(돌궐 비문, 8세기 초), 무그리(둔황 문서, 8~9세기) 전부 발해 시기의 기록입니다. 무꾸리, 뵈클리, 무그리 모두 발해를 가리키는 말들인데, 발해가 말갈로 여겨지면서도 고구려의 후신이라서 혼동이 있던 것 같습니다.[420]

여기에 위에 나온 4가지 사료의 생성연대에 대한 깊이 있는 연구의 당위성이 있다.

8. 2009년, 페데리카 벤투리(Federica Venturi)의 발해설

2000년대 들어와 인디아나대학의 페데리카 벤투리(Federica Venturi)가 앞에서 본 선학들의 연구를 바탕으로 발해설을 잇고 있다.

> Mug lig이란 이름은 오르혼 비문의 돌궐어 Bükli와 같고, 비잔틴의 기록에 나온 Μουκρί 와 같은 나라라는 것이 증명되었는데, 코리아의 북부와 만주 동부에 자리 잡은 발해와 일치한다.[421]

---

419) 국사편찬위원회, 『신편 한국사』 10권 발해. 5) 발해국의 성격에 대한 인접국인의 인식. 다음 논문을 인용한 것이다. 盧泰敦, 〈高句麗·渤海人과 內陸아시아인과의 交涉에 대한 一考察〉(《大東文化硏究》23, 成均館大, 1989).
420) 네이버 대표 역사카페 부흥(http://cafe.naver.com/booheong/80585).
421) Federica Venturi, An Old Tibetan document on the Uighurs: A new translation and interpretation, Journal of Asian

V. P. 1283호 티베트 문서에 대한 종합 검토

1. P. 1283호 문서의 연대에 대한 검토

1) 자크 바콧(Jacques Bacot)의 '8세기 후반설'

자크 바콧은 ① '이 문서에 나오는 내용은 어느 시대인가?' ② '이 문서는 언제 작성되었는가?' ③ '이 문서는 언제 티베트말로 번역되었는가?'라는 3가지 질문을 던지고 이렇게 결론짓고 있다.

이 문서를 읽는 이들에게 연대(年代)에 관한 3가지 문제가 제기된다. 이 문서에 나오는 탐험대를 보낸 때, 이 문서가 만들어진 때, 이 문서를 (티베트말로) 베낀 때다. 아마 위구르 왕은 그가 정착하기 위해 바로 점령한 이웃 북녘 나라에 대해 알고 싶었던 것으로 보인다. 이는 한 세기에 두 번 있었는데, 745년 오르혼(Orkhon) 지역은 돌궐(T'ou kiue)을 멸

History, January 2008, 22쪽, 주 53). The name Mug lig, corresponding to the Turkic Bükli of the Orkhon inscriptions, and also attested in a Byzantine account under the form Μουκρί, has been identified with the state of Po-hai, located between the northern part of Korea and the eastern area of Manchuria. (see Clauson, 1957: pp.19~20; Ligeti, 1971: p.186 n. 72; Moriyasu, 1980: pp.175~176). On the correspondence between Bükli and Μουκρί see Gyula Moravcsik, Byzantinoturcica, (Leiden: Brill, 1983): vol. 2, p.193.

하고 정착하였고, 이어서 841년 위구르인들이 키르기스인들에게 패배해 투르판 서녘에 정착했다. 두 경우 모두 남쪽은 중앙 고원의 사막이 막아 주고 있으므로 북쪽만 두려워했다. 보고서가 고리(Ke'u-li, Corée)에서 시작하기 때문에 첫 번째 원정(8세기 후반) 때의 문서일 가능성이 가장 높다.

보고서의 편집과 티베트어 번역이 둔황의 천불동에서 이루어졌다면, <u>787~848년 사이 토번이 사주(沙州, Cha-tcheou)를 지배하고 있을 때였을 것이다.</u>[422]

바콧은 ① 문서의 내용은 745년 위구르가 돌궐을 물리치고 정착하였을 때의 상황이라고 보아 8세기 후반이라고 했는데 정확하게 하면 745년은 8세기 중반이라고 할 수 있을 것이다. 이때의 기록이 남아 있었던 것을 ③ 토번(吐蕃)이 둔황(沙州)을 지배하고 있었던 787~848년 사이에 티베트말로 옮겼다고 보았다. 그런데 위구르인이 투르판 서쪽으로 이동한 841년이 아니고 돌궐을 멸하고 위구르(回紇)가 세워진 때라고 단정한 이유를 "보고서가 고리(Ke'u-li, Corée)부터 시작하기 때문이다."라고 했는데 그 이유는 뚜렷하게 밝히지 않았다.

Ligeti 씨도 본 문서가 쓰인 장소를 둔황으로 추정하고, 그 성립연대를 Bacot와 같은 시기로 보았다.[423] 다만 Hamis 씨는 이를 10세기까지 내려보고[424] 있었다.[425]

---

422) Jacques Bacot, *"Reconnaissance en haute Asie septentrionale par cinq envoyés ouigours au VIIIe Siècle"*, Journal Asiatique, 1956, 139~140쪽. Une triple question se pose au lecteur de ce document quant à la datation : date de l'expédition que relate le manuscrit; date de la rédaction; date de la copie. On peut supposer que le roi des Ouigours s'est soucié de savoir quels étaient ses voisins au Nord d'un pays qu'il avait nouvellement occupé avec l'intention de s'y fixer. Ce fut le cas deux fois à un siècle d'intervalle, en 745 dans la région de l'Orkhon, habitat de congénères T'ou kiue qu'il en avait chassés, et en 841 quand les Ouigours furent à leur tour chassés par les Kirghiz et s'établirent à Tourfan, plus à l'Ouest. Dans les deux cas le Nord seul etait à craindre puisque au Sud ils etaient adossés aux deserts du plateau central. Pour l'expédition, la première datation (deuxième moitié du VIIIe siècle) est al plus probable, puisque le rapport commence par la Corée. La rédaction ou la traduction en tibétain du rapport, si tant est qu'elle ait été faite au Ts'ien-fo-tong de Touen-houang même, pren-drait place entre 787 et 848, période d'occupation de Cha-tcheou par les Tibétains.

423) Lajos Ligeti, *A propos du "Rapport sur les rois demeurant dans le Nord",* Etudes tibétaines dédiées à la mémoire de Marcelle Lalou, Paris, 1977, 172쪽.

424) L. Hambis, *Note sur les Tuyuɣun,* Journal Asiatique, 1948, 240쪽.

425) 三安孝夫, 「チベット語史料中に現われる北方民族 - Drug Hor」, 『アジア・アフリカ語文化研究』(14), 1977, 13쪽.

2) 모리야스(三安)의 8세기 중엽설

모리야스는 바콧(Bacot)과 리게티(Ligeti) 두 사람의 설을 따르면서 이 배경이 8세기 후반이라는 것을 증명하기 위해 둔황문서에서 중요한 사건들을 빼내서 그에 맞는 한적(漢籍)의 기록을 찾아 연대를 복원하는 방법을 썼다. 문서의 연대 판명을 가장 자세하게 연구하였으므로 간추려 본다.

(1) 〈Ⅱ. 59~66〉의 내용은 Ba-smel이 Hor 및 Gar-log와 모의하여 Bug-čhor 카간을 격파하고 Ba-smel 족장이 새로운 카간이 되었으며, 이어서 Hor와 Gar-log가 Ba-smel 카간을 죽인 사건이다. 모리야스는 다음과 같은 역사적 사실을 연결한다.

① 742년: Ba-smel(拔悉蜜)·Hor(回紇)·Gar-log(葛邏錄) 연합군이 돌궐의 Bug-čhor (骨咄葉護) 카간[426]을 몰아내고 Ba-smel(拔悉蜜)의 추장 아사나 시(阿史那施)를 카간으로 세웠다.

② 743~744년: Hor(回紇)·Gar-log(葛邏錄)·Ba-smel(拔悉蜜) 연합하여 돌궐을 격파한다.

③ 744년: Hor(回紇)·Gar-log(葛邏錄)이 Ba-smel(拔悉蜜)을 깨고 Hor(回紇)의 족장이 Köl Bilgä Qaɣan(賀臘毗伽可汗)으로 즉위한다.

④ 745년: Gar-log(葛邏錄)이 Hor(回紇)과 헤어져 고향인 세미폐체로 돌아갔다.

(2) 〈Ⅱ. 24~26〉의 내용은 9성(九姓) Dru-gu의 족장이 중국의 책봉을 받아 카간이 되는 내용인데, 빌개 카간(744~747)이 당나라로부터 '회인 카간(懷仁可汗)'으로 책봉받은 기사와 일치한다.

(3) 〈Ⅱ. 8~11〉에 나오는 12성 Bug-čhol은 돌궐 제2카간국(突厥第二可汗國) 카간이 분명하다.[427]

---

426) 734년 돌궐 비문에서 본 퀼 테긴의 형 빌개 카간(毘伽可汗)이 대신에게 독살되자 그의 아들 이연 카간(伊然可汗)이 뒤를 이었다. 그러나 7년 뒤 골돌엽호(骨咄葉護)가 이연 카간을 죽이고 동생을 카간으로 세웠는데 살해되자 골돌엽호가 스스로 카간이 된다. 그 뒤 742년 동돌궐에서 세력이 강한 Ba-smel(拔悉蜜)·Hor(回紇)·Gar-log(葛邏錄) 같은 3부족이 함께 일어나 Bug-čhor(骨咄葉護) 카간을 죽인 사건을 말한다.

427) 三安孝夫, 「チベット語史料中に現われる北方民族 - Drug Hor」, 『アジア·アフリカ語文化研究』(14), 1977, 9~10쪽.

위의 (1)(2)(3)의 내용은 모두 돌궐 제2카간국과 관련된 기사이기 때문에 아직 돌궐의 역사가 중요하게 기억되는 위구르카간국이 세워진 직후의 정세를 전하는 것이라고 볼 수 있다. 그러나 모리야스는 이어서 위구르제국이 설립된 이후의 사실들을 들어 시대를 더 뒤로 잡는다.

(4) 〈Ⅱ. 85~86〉에 보이는 Du-rgyus와 Tazhig의 싸움은 튀르기시(突騎施)와 아랍(大食)의 싸움으로 해석하였다. 이 전쟁은 751년 탈라스전투 이후의 정세다.

(5) 〈Ⅱ. 86~88〉는 Neshang이 대위구르와 싸웠다는 기록을 '위구르에 마니교 세력이 침투하자 전통적인 샤마니즘을 믿는 세력과의 싸움으로 모우카간(牟羽可汗, 759~778) 때의 일이다.'

(6) 〈Ⅱ. 27~29〉에는 위구르와 거란(契丹)이 "어느 때는 싸우고, 어느 때는 가까이 지낸다."라는 내용인데 위구르비나 한문 사료에 두 나라의 관계가 나오지 않는 것으로 보아 아주 먼 훗날의 이야기라는 것을 암시하는 것이므로, 이 기사도 모우카간(牟羽可汗, 759~778) 시대의 것을 전한 것으로 본다.[428]

모리야스는 위와 같은 여러 자료 해석을 바탕으로 P. 1283 문서에서 대상이 되었던 연대는 위구르 건국 직후보다는 범위를 더 넓혀 8세기 중엽이라는 결론을 내렸다.

위와 같은 여러 연구자의 연구 결과를 종합해 보면 ① 문서에 나온 사실들은 8세기 중엽의 정세를 반영한 것이고, ② 그때 파견된 사절들이 돌아와 보고서를 작성하고, ③ 문서보관서에 보관되어 있던 이 문서를 티베트어로 옮긴 것은 토번이 둔황(沙州)를 지배하고 있었던 787~848년 사이라고 볼 수 있다.

2008년에 미국에서 742~744년이라는 주장이 나왔으나 이 주장도 '8세기 중엽설'을 크게 벗어나지 않았다.[429]

---

428) 三安孝夫,「チベット語史料中に現われる北方民族 - Drug Hor」,『アジア·アフリカ語文化研究』(14), 1977, 10~13쪽.

429) Federica Venturi, *An Old Tibetan document on the Uighurs: A new translation and interpretation,* Journal of Asian History, January 2008, 7쪽. The only time frame found within the text is the one mentioned above, regarding the years 742-744. These dates obviously represent a useful terminus post quem, but may also represent the frame in which to insert the event narrated in the subtitle, that is, the orders of the king of the Hor. In fact, the document could have been

2. 'Mug-lig=발해'설에 대한 검토

1) '고리(高麗, Ke'u-li)=발해'설

앞 장에서 연구사를 정리할 때 1957년에 클로슨(G. Clauson)과 풀리블랑크(E. G. Pulley-blank)가 발해·말갈론을 주장한 뒤 이 설이 정설이 되었다는 것을 보았다. 그렇지만 당시 Hor의 사신들이 발해를 직접 가 보았고, 그 발해의 이름이 Mug-lig나 Ke'u-li라는 것은 아니다. 다시 말해 8세기 중엽 옛 고리(高麗, Ke'u-li) 땅에 발해가 존재한 것은 역사적 사실이지만 Hor 나라 사신이 그 발해를 가 보고 그 이름을 언급한 것이 아니라, 기록에 있는 것을 옮겼거나 전해 들은 것을 기록한 것이다. 앞에서 보았지만 고리 부분과 이어지는 다른 나라들을 다시 보기로 한다.

① 여기서 동녘을 보면 돌궐인이 무글릭(Mug-lig), 한인(漢人)이 고리(高麗 Ke'u-li)라고 부르는 데(가 있다.) 샨퉁(Shan-tong)지방의 대신인 창충치(Chang-chung-chi'i)의 영역인 고리(高麗 Ke'u-li)지방에서는 주민은 턱이 가슴에 닿고, 사람 살을 먹고, 나이 많은 부모와 노인들을 빨가벗겨 죽인다.

② 여기서 동녘을 보면 Mon-ba[430] 백제(百濟 Beg-tse)라는 빨가벗고 사는 사람이 있다.

③ 여기서 남녘을 보면 사람들이 물속에서 물고기처럼 살고 있다.

④ 여기서 남녘을 보면 (피부가) 검고 눈만 희며 해마(水馬)처럼 곱슬곱슬한 머리를 한 Mon-ba인이 있어 물고기처럼 수영을 잘한다.

(1) 먼저 돌궐 사람들이 무글릭(Mug-lig)[431]이라고 불렀다는 것은 위구르(回紇)칸국 이전 돌궐 때의 이야기를 그대로 옮긴 것으로 8세기 중엽의 사실을 반영한 것이 아니고 그 이전 돌궐시대 돌궐 사람들이 부르던 이름이다. 한편 당시 '제국(rgya)'이란 당나

---

commissioned by the king of the Uighurs not long after his rise to power in 744, to find out which tribes were his allies or his enemies after the coup against the Basmil and the Qarluq.
https://www.researchgate.net/publication/291857546

430) 펠리오는 'mon=만(蠻)?'이라고 했고(Bacot 151쪽), 까오송은 'Mon-ba=蠻人'이라고 옮겼다.

431) 왕야오(王堯)는 맥구리(貊勾麗)라고 옮겼다.

라였는데, 고리(高麗) 조정이 항복하였으나 고리(高麗)를 성공적으로 지배하지 못하고 30년 뒤인 698년 발해가 들어섰다. 이즈음 당(唐)에서는 고리(高麗)라는 이름을 의도적으로 쓰지 않았기 때문에[432] 이 부분도 8세기 중엽의 현실을 반영한 것이 아니고, 이전 시절부터 내려온 이야기를 옮겨 적은 것으로 보인다.

(2) 샨퉁(Shan-tong)지방의 창충치(Chang-chung-chi'i)에 대한 검토이다. 고리(高麗)는 668년에 조정이 당에 항복할 때까지 수십 년간 수당(隋唐)과 싸웠던 강국이지 어느 지방에 속한 작은 지방의 이름이 아니다. 고리(高麗)의 유민들이 698년 발해를 세운 뒤 거란과 당을 치기도 하고, 당의 침략을 받기도 하였지만 40~50년 동안 국력을 키워 755년 수도를 상경용천부로 옮겨 나라의 기반을 갖추었다.

이 과정에서 혹시 당의 절도사 가운데 창충치(Chang-chung-chi'i)라고 볼 수 있는 인물이 있는지 검토해 보았다. 당에서는 절도사를 두어 주변 국가들을 접촉하였고 발해는 평로절도사(平盧節度使) 관할이었기 때문이다. 그러나 절도사 가운데 창충치(Chang-chung-chi'i)와 비슷한 인물을 찾지 못했다.

755년 평로절도사였던 안록산이 반란을 일으켜 당이 혼란에 빠진다. 당에서는 서귀도(徐歸道)를 대리로 임명했지만 756년 서귀도도 반란을 일으킨다. 그 뒤 758년 임명된 양현지(王玄志)는 그해 말, 병으로 죽는다. 이때의 양현지도 창충치와는 관련이 없으며, 762년 당은 발해군왕에서 정식으로 발해국왕이라고 고쳐 부른다. 발해 국권이 더 강화된 것이다.

샨퉁(Shan-tong)을 까오숭(高嵩)은 '상동(上東)'이라고 옮겼지만 '산동(山東)'일 가능성을 가지고 검토해 보았다. 안록산의 난 이후 중앙정부가 절도사들을 통제하지 못하고, 절도사들이 독립국가처럼 행세하며 절도사 직도 왕처럼 자식들이 세습하기에 이르렀다. 평로절도사(平盧節度使)는 안사난 때 남으로 쳐들어가 치주(淄州, 현재의 산둥성 쯔보 시)와 청주(青州, 현재의 산둥성 칭저우 시) 일대 6개 주를 관할지로 하여 762년 치청평로절도사(淄青平盧節度使)로 바뀌고 산둥지역까지 관할하게 된다. 그러나 이때 산둥지역까지 지배한 치청평로절도사도 창충치(Chang-chung-chi'i)와는 거리가 먼 이름들이다. 765

---

432) 최진열, 『발해 국호 연구 당조가 인정한 발해의 고구려 계승 묵인과 부인』(서강대학교출판부, 2015)에서 「당대(唐代) '고구려' 표기의 회피」라는 장을 설치하여 자세하게 다루고 있다.

년, 절도사 후희일(侯希逸)을 쫓아내고 고리(高麗) 후예인 이정기(李正己)가 절도사가 되고, 이정기가 죽은 뒤 그 자손들이 뒤를 잇는다. 아들인 이납(李納, 759~792)이 자리를 이어받아 782년에는 스스로 제왕(齊王)이라 일컬을 만큼 세력을 넓혔다. 이납 이후 아들 이사고(李師古)가 들어선다. 그러므로 산동지역을 확보한 절도사는 모두 이정기 집안인데, 창충치라는 이름과는 거리가 멀다.

이처럼 산통(Shan-tong)지방 창충치(Chang-chung-chïi)를 역사적 사실로 뒷받침하기 어려우므로 그 내용을 발해사와 연결하기 어렵고, 결국 발해의 정세를 설명할 수 없다는 결론에 이르게 되었다.

(3) 고리(高麗)에 대해서 "주민은 턱이 가슴에 닿고, 사람 살을 먹고, 나이 많은 부모와 노인들을 빨가벗겨 죽인다."라고 한 내용도 전설적이고 기이한 것을 전해 들어 기록한 것이지 이는 당시 정황이나 한문 사료의 기록과 일치하지 않는다.

(4) ②의 백제가 고리(高麗)의 남쪽에 있다고 하지 않고 동쪽에 있다는 것도 틀리고, 빨가벗고 산다는 내용도 전혀 사실이 아니다. 더 중요한 것은 백제도 8세기 중엽에는 이미 존재하지 않았다는 것이다. 따라서 역사적 사실로 본다면 백제가 660년에 멸망했으니 660년 이전의 정황이 되어야 하고, 고리(高麗)를 발해로 해석한다면, 백제가 아니라 신라(新羅)가 등장해야 한다. 이처럼 문서의 기록은 역사적 기록과 전혀 맞지 않기 때문에 먼 나라 이야기를 전해 듣고 확인하지 않은 채 기록했다고 보아야 한다.

(5) 현장 확인 없이 전설적인 이야기를 전해 듣고 기록했다는 것은 백제의 남쪽에 있는 ③, ④번의 기록을 보면 더 뚜렷하게 알 수 있다. 모리야스도 "백제 남녘에 있다는 2개의 민족, 곧 인어족과 Mon-ba의 나라(II. 19~21)에 와서는 전설에 나오는 나라로, Hor 사신이 실제 갔다고 보지 않는다. 그 내용을 보면 이들 전설은 중국인이나 조선인이 구주연안~류구열도, 또는 동남아시아의 해양민족에 관한 것을 과장하여 전한 것일 것이다."[433]라고 해서 사신이 백제 이하는 가지 않은 것을 인정하였다.

---

433)　三安孝夫,「チベット語史料中に現われる北方民族 - Drug Hor」,『アジア・アフリカ語文化研究』(14), 1977, 20쪽.

이상의 내용을 검토해 본 결과 P. 1283 문서에 나온 Mug-lig(Keu'li, 高麗)은 발해를 말하는 것이 아니고, 그 이전부터 돌궐과 수당(隋唐)에 내려오던 고리(高麗) 이야기를 전설처럼 옮긴 것이라고 할 수 있다.

2) Mug-lig=Mukli

P. 1283 문서는 8세기 중엽 Hor 나라에서 사신을 북녘에 보내 수집한 당시 세계정세를 기록한 것을 100년 이후 787~848년쯤 티베트어로 옮긴 것이다. 이렇게 옮기는 과정에서 그 소릿값을 세 나라 말로 표기한 것과 두 나라 말로 표기한 것이 있다.

<표 12> Mug-lig=고리(高麗)

		티베트어	한어(漢語)	돌궐어
1	해(He)	He	奚子(He-tse)	Dad-pyi
2	고리(高麗)		高麗(Keu'li)	Mug-lig

위의 표에서 해(He)은 티베트어·한어·돌궐어 같은 3가지 말로 기록했지만 고리(高麗)는 한어와 돌궐어 두 가지로만 기록하였다. 이것은 Mug-lig가 티베트어가 아니라 돌궐어를 티베트어로 소리 나는 대로 옮긴 것이지 그 이전에 티베트어 표기는 없었다는 것을 알 수 있다. 다시 말하면 돌궐말을 티베트말로 옮기면서 티베트식 발음이 된 것이므로 티베트에서 쓰인 외래어라고 할 수 있다.

돌궐에서는 고리(高麗)를 Bökli라고 했다는 것은 첫째 마당에서 자세하게 보았다. 그리고 이런 막북의 민족들이 부른 Bökli를 동로마에서는 Mukri라고 썼다는 것을 둘째 마당에서 보았고, 세 번째 마당에서는 천축국에서 고리(高麗)를 산스크리트로 Mukuri라고 한다는 것도 보았다. 그리고 이번 네 번째 마당에서 돌궐의 Bökli를 후대의 티베트 발음으로는 Mug-lig으로 옮겼다는 것을 알 수 있다. 결국 'Bökli=Mukri=Mukuri=Mug-lig'이라는 결론에 이르게 된다. 그리고 이러한 이름들은 모두 '맥(貊)+고리(高麗)'에서 비롯된 것으로, 돌궐 고어에서 B=M으로 변형되었다는 것도 이미 첫 마당에서 보았다.

그렇다면 Mukli가 왜 Mug-lig이라고 발음되었을까? 이는 돌궐어의 안울림소리(無聲音) /k/가 티베트어에서는 울림소리(有聲音) /g/로 옮겨졌다는 것을 알 수 있다. 이런 언어학적 차이는 **Turk**=**Dur-gu**에서도 찾아볼 수 있었다. 안울림소리 /t/→/d/로, /k/→/g/로 옮겨졌다는 것을 볼 수 있다. 이 법칙을 거꾸로 복원해 보면 'Dur-gu=Tur-ku'가 된다. 여기서 마지막 /u/는 긴소리를 나타내거나 탈락한 소리라고 보면 'Turk=Tur-ku(Dur-gu)'가 된다. 같은 법칙을 Mukli에 적용해 보면 'Muglig=Mukli(g)'가 된다. /g/ 소리가 아주 약한 비음을 내다가 탈락한 것으로 보면 **Muklii**를 정확하게 티베트식으로 **Mugli**(g)라고 옮긴 것이다.

물론 앞에서 본 모리 마사오(護雅夫)처럼 Mug-lig을 전혀 다르게 해석한 경우도 있다.

> 앞에서 든 8세기 티베트어 문서에「Drugu(튀르크)가 Mug-lig, 지나(支那)인이 Ke'u-li (高麗)라고 부른 지역」이라고 하였는데, Mug-lig이란 Mug에 "mit etwas versehen, zu etwas gehölig"[434]를 나타내는 +lig을 붙인 것으로「Mug의 땅(地)」,「Mug에 속한 땅」같은 것을 의미하고, 이 Mug도「貊」이라고 쓴 원음을 옮겨 쓴 것이라고 생각한다.[435]

이에 대해 모리야스는 "Bökli에 대한 설명에서 이와사(岩佐精一郞)[436] 씨는「Bö(k)+ kli=貊+句麗」라고 추정하였는데, 그 밖에「Bök+li=貊+接尾辭인 -lig의 g가 탈락한=貊의 나라(사람)」이라고 볼 수도 있다."라고 두 가지 해석을 모두 언급하면서 후자의 경우 /g/ 음이 탈락한 것이라는 설명을 덧붙였다.

그러나 위에서 본 바와 같이 Mug-lig은 앞의 세 마당에서 본 것과 같은 이름의 티베트식 발음으로 Bökli=Mukri=Mukuri=Mug-lig이라고 보는 것이 타당하다고 본다. 이와 같은 결론은 고리(高麗, Kori)라는 나라 이름이 로마·천축·돌궐에 알려져 있었으며, 고리(高麗) 조정이 당에 항복한 뒤에도 오랫동안 전설적인 이름으로 이어졌다는 것을 역사적으로 방증해 준다고 볼 수 있다.

---

434) provided with something, something too, provizita per io, ankaŭ io, 무언가, 무언가도 제공
435) 護雅夫,「いわゆるBökliについて」,『江上波夫教授古稀紀念論集 - 民俗·文化篇』, 1977, 321쪽.
436) 岩佐精一郞,「古突闕碑文のBökli及びParPurumについて」,『岩佐精一郞遺稿』, 1936, 65쪽.